Allegría

Der Autor

Autor, Tarot-Meister und Astrologe, Vortragsredner und Seminarleiter, geboren am 15. 05. 1949 um 00.02 Uhr in Gütersloh, gestorben 11. 02. 2009 um 14.45 Uhr in München. Nach dem Abitur absolvierte er ein Sprachstudium in Frankreich, ein Philosophiestudium in Münster sowie eine zwölfjährige Laufbahn in einer Münchener Privatbank. Seit 1985 war er freiberuflich tätig, davon gut 8 Jahre als Herausgeber der Buchreihe »Kailash«. Er ist Autor oder Co-Autor von 21 Büchern über Astrologie und Tarot, von denen »Das Arbeitsbuch zum Tarot« in 20 Sprachen erschienen ist. Hajo Banzhaf hat in den Jahrzehnten seiner Arbeit als Autor Grundlegendes zur Popularität und Akzeptanz des Tarot als Teil der Alltagskultur beigetragen. Seine Seminare und Vorträge zum Tarot und zur Astrologie sind legendär und haben Zehntausende Menschen mit der Welt der Symbolsprachen vertraut gemacht. Mit der Gründung des Tarotverbandes e. V. hat er den vielen interessierten und praktisch mit dem Tarot tätigen Menschen in Deutschland eine Plattform und Struktur gegeben.

Hajo Banzhaf

Zwischen Himmel und Erde

Die Quintessenz aus Esoterik, Astrologie und Tarot

Ullstein

Besuchen Sie uns im Internet:
www.ullstein-taschenbuch.de

Allegria im Ullstein Taschenbuch

MIX
Papier
FSC FSC® C083411

Ullstein Taschenbuch ist ein Verlag der Ullstein Buchverlage GmbH
Neuausgabe im Ullstein Taschenbuch
1. Auflage Dezember 2013

Umschlaggestaltung: FranklDesign, München unter Verwendung der Karte *Der Stern*
aus dem Universal-Waite-Tarot, © U.S. Games Systems Inc. / AGM AGMüller
Illustrationen: Hermann Betken und Bildquellenverzeichnis ab S. 343
Gesetzt aus der Minion
Satz: Keller & Keller GbR
Papier: Munken Print von Arctic Paper Munkedals AB, Schweden
Druck und Bindearbeiten: CPI books GmbH, Leck
Druck und Bindearbeiten:
Printed in Germany
ISBN 978-3-548-74518-3

Inhalt

Vorwort

Als mir Johannes Fiebig anbot, zu meinem sechzigsten Geburtstag eine »Festschrift« herauszubringen, habe ich das spontan abgelehnt. Als er mir aber wenig später vorschlug, alle meine Vorträge und Artikel in einem farbig illustrierten Buch zu meinem 60sten zu veröffentlichen, war ich begeistert. Die Gelegenheit, all die Themen, die mir am Herzen liegen, die aber für sich allein genommen kein Buch füllen, in einer schönen Sammlung vorzustellen, fand ich wunderbar.

Mit viel Begeisterung habe ich ältere Artikel überarbeitet und sie auf den neuesten Stand gebracht. Vor allem aber war es eine Freude, einige Vorträge erstmals zu Papier zu bringen und sie dabei auszufeilen und zu ergänzen. Das gilt vor allem für *Das Geheimnis der Hohenpriesterin* und *Die Entwicklung des menschlichen Bewusstseins im Laufe der Weltzeitalter.*

Da es sich jeweils um abgeschlossene Themenkreise handelt, ist das Buch so geschrieben, dass man die einzelnen Kapitel unabhängig voneinander lesen und verstehen kann. Dafür muss an manchen Stellen etwas kurz wiederholt werden, was schon in einem anderen Kapitel gesagt oder angesprochen wurde.

Ich danke Johannes Fiebig für die großartige Idee und wünsche allen Lesern eine spannende und bereichernde Lektüre.

Februar 2009

Hajo Banzhaf

Was ist Esoterik?

Seit den 70er Jahren des vergangenen Jahrhunderts wird das Abendland von einer immer weiter anschwellenden »Esowelle« überschwemmt, die in diesem Ausmaß wohl nur die wenigsten am Ende eines so aufgeklärten und hochtechnisierten Jahrhunderts erwartet hätten, das ja auch ganz anders begann. Nietzsche hatte kurz zuvor den Tod Gottes verkündet und Freud bemühte sich mit heiligem Eifer darum, aus seiner Sexualtheorie ein »Bollwerk gegen die Schlammflut des Okkultismus« zu zimmern.

Mit dem Dritten Reich ging nicht nur das wiedererwachte Interesse an Mythen, Symbolen und esoterischen Traditionen unter, es ließ überdies viele in ihrem jugendlichen Idealismus missbrauchte Menschen mit einem tief sitzenden Schock zurück, der immer noch nachwirkt. In Deutschland und Österreich ist die Skepsis und Zurückhaltung gegenüber der Esoterik bis heute spürbar höher als etwa in der vom Krieg und Faschismus verschonten Schweiz, in der sie eine ungebrochene Tradition hat.

Die zusätzliche Enttäuschung über die zweifelhafte Rolle der Kirchen ließ dann in den 50er Jahren einen apathischen Atheismus aufkommen, der seiner Natur gemäß keine Antwort auf die brennenden Fragen der Jugend nach dem Sinn des Lebens hatte. So drängte die Nachkriegsgeneration umso heftiger in den Osten und fand dort bei Derwischen, Yogis, Gurus und Zenmeistern, was sie suchte: Heilslehren, die Wege zeigten, drängende Probleme besser zu bewältigen und das Leben sinnvoller zu gestalten. Durch die anregenden Entdeckungen in Asien neugierig geworden, durchstöberten die Heimkehrer dann auch bei uns die Archive und waren überrascht, beeindruckt und fasziniert von der Reichhaltigkeit abendländischer Traditionen.

Bild links *Der Weg von der Einheit über die Vielfalt zur All-Einheit – Der Ursprung entspricht dem Kreis, der Weg dem Kreuz oder Quadrat, das Ziel wiederum dem Kreis.*

Der Boom, der damit einsetzte, hat inzwischen allerdings oft nur noch wenig mit dem zu tun, was Esoterik ursprünglich meint. Der Begriff selbst stammt aus den antiken Mysterienschulen, die zwischen einem inneren (*esoteros* = griech. das Innere) Kreis und einem äußeren (*exoteros* = griech. das Äußere) unterschieden. Um in den inneren, esoterischen Kreis aufgenommen zu werden, war es selbstverständlich notwendig, zuvor das äußere, exoterische Wissen erlernt zu haben. Erst dadurch erlangte der Myste die Voraussetzung, sich der esoterischen Seite der Schöpfung, dem Geheimwissen des inneren Kreises zuzuwenden.

Dabei handelt es sich bis heute um ein Wissen, das nichts mit Geheimniskrämerei zu tun hat und ebenso wenig ein »Hineingeheimnissen« ist, sondern um Einsichten, die ihrer Natur nach geheim sind, weil sie aus den wesentlichen, aber unsichtbaren Zusammenhängen hinter der äußeren Erscheinungswelt gewonnen werden, aus der Wirklichkeit hinter der Wirklichkeit. Dieses esoterische Wissen findet sich in auffallend ähnlicher Weise in allen Kulturen, ist zweifellos älter als jede Religion, bildet zumeist deren eigentliche Wurzel und ist in einigen Fällen bis heute als deren innerster Kern bewahrt worden. In seinem Zentrum steht die Frage nach dem Lebensweg des Menschen und nach der Bedeutung des Todes.

Auf das Engste komprimiert besagt der grundlegende Gedanke der Esoterik, dass wir in einer polaren Wirklichkeit leben, in einer Welt, in der wir nur dann etwas erkennen und begreifen können, wenn wir uns dazu einen Gegenpol als Bezugspunkt denken können. Es käme uns nicht in den Sinn, etwas als männlich zu bezeichnen (oder zu erkennen), gäbe es das Weibliche nicht, ohne Nacht wäre kein Tag, ohne den Tod wüssten wir nicht einmal, dass wir leben usw. Begreift man dieses Polaritätsgesetz als das allumfassende Prinzip unserer Wirklichkeit, dann lässt sich daraus folgerichtig auch auf den Gegenpol zur Polarität selbst schließen, auf die unvorstellbare Einheit, die alle Religionen in ihrer Weise mit ihren jeweiligen Bildern und Symbolen als göttlich und paradiesisch beschreiben. Der Sturz aus dieser ursprünglichen Einheit, die Zerrissenheit in der Vielheit und die mögliche Rückkehr zum verlorenen Paradies, ist das esoterische Wissen um den Lebensweg des Menschen.

Dieser Weg wird als ein Heilsweg beschrieben, weil sein Ziel die Ganzheit des Menschen ist (ganz = heil). Dabei ist man sich vor allem mit der Jung'schen Psychologie darüber einig ist, dass die menschliche Ausgangslage insofern »unheil« ist, als dass zunächst weite Teile dieser Ganzheit im sogenannten Schatten liegen, in einem Bereich, der vom Bewusstsein als fremd oder fehlend erlebt wird und erst nach und nach bewusst werden kann. Solange Teile unserer Wesensnatur im Schatten liegen, *fehlen* sie uns nicht nur zu unserer Ganzheit, sondern sind zugleich die wesentliche Quelle für manches *Fehl*verhalten, mit dem sie – vereinfacht gesagt – auf sich aufmerksam machen wollen.

Im Unterschied zu diesen sehr tiefen Ebenen bringt die heutige »Esoschwemme« in ihrer Breite allerlei Kuriositäten und Merkwürdigkeiten hervor, die nur noch entfernt an eigentliche Esoterik erinnern. Letztere kann niemals vermarktet oder zu einer leicht konsumierbaren Massenströmung werden und ist auf Esoterikmessen wohl nur selten zu finden. Dort serviert man lieber leichte Kost statt tiefschürfender Überlegungen, einfachste und sehr bequeme Pseudolösungen für komplexeste Probleme und jede Menge Prophezeiungen, bei denen die Guten letztlich auch immer gut davonkommen. Für die meisten dieser kassenträchtigen Veranstaltungen gilt tatsächlich, was die *Süddeutsche Zeitung* über eine der ersten Münchner Esoterikmessen schrieb: »Wer hier denkt, hat schon verloren!« Dennoch wäre es äußerst voreilig, angesichts solch wundersam grotesker Blüten die gesamte esoterische Bewegung als unsinnig, dumm, leichtgläubig und naiv abzustempeln oder als reine Geldschneiderei mehr oder minder verkrachter Existenzen. Denn wer ernsthaft sucht, dem bietet sie wirkliche Lebenshilfe, der findet Bücher, Vorträge und Seminare, die zu wahrhaft tiefen Einsichten verhelfen und die Augen für eine esoterische Sicht der Welt öffnen.

Was mit den verschiedenen Ebenen gemeint ist, mag anhand der Tarotkarten deutlich werden. Auf einer *exo*terischen Ebene zeigen sie sich in den heutigen Spielkarten, mit denen man unter anderen Tarock spielt. Die *eso*terische Sicht erkennt dagegen in der Struktur dieser Karten ein offenbar aus älterer Zeit überliefertes Orakelsystem. Dort wo Esoterik als leichte Kost genossen wird, geht man spielerisch damit um und versucht

»rein intuitiv« die Bedeutung von Karten zu erfassen, die zu einer bestimmten Frage gezogen wurden. In wenigen Fällen kommt dabei mehr heraus als gerade die Antwort, die zuvor durch Wunschdenken in die Karten hineingelegt wurde. Je ernsthafter man sich aber mit Tarot befasst, umso tiefer sind die Einsichten, die sich aus dem Kartenorakel gewinnen lassen und umso wertvoller werden seine Ratschläge. Das eigentliche Geheimwissen aber eröffnet sich erst dem, der die Struktur und Symbolik dieser Karten so tief durchdringt, dass er in ihrem Aufbau, ihrer Bildfolge und ihren vielfältigen Querverbindungen den Lebensweg des Menschen gespiegelt sieht, wie er sich auch in der Gralslegende, in der Grundstruktur von Mythen und Märchen, im alchemistischen Werk oder in der Zahlenmystik wiederfindet. Wer Tarot oder ein anderes esoterisches Erkenntnissystem auf dieser tiefen Ebene verstanden hat, ist über das Kartenlegen hinausgewachsen. Ihm bietet Tarot in allen wichtigen Lebenssituationen eine wertvolle Orientierungshilfe, ohne dass er sich dazu auch nur eine Karte ziehen müsste.

Damit soll nicht gesagt sein, dass es falsch, frevelhaft oder verwerflich sei, sich auf einer neugierig-spielerischen Ebene mit esoterischen Themen oder Techniken zu befassen. Eher ist es typisch, dass im positiven Sinn aus reinem Spiel plötzlich Ernst wird. Gerade weil etwa Tarot auch in der Hand des Laien zu wirklich verblüffenden Ergebnissen und Aussagen führen kann, ist so mancher über den spielerischen Umgang nachdenklich geworden und hat sich den tiefer liegenden Hintergründen zugewandt.

So wie Parzival sich im Laufe seiner Geschichte vom dummen Toren über den Ritter zum weisen Toren wandelt, geht auch in vielen anderen Bereichen die Entwicklung vom naiv Einfachen über das Komplizierte und Komplexe letztlich zum genial Einfachen. Und erst wenn wir das genial Einfache gefunden haben, dürfen wir sicher sein, am Ziel zu sein. Dabei ist die Krux, dass sich das naiv Einfache und das genial Einfache ähneln und durchaus verwechselt werden können. So glaubt sich in der Welt der Esoterik vielleicht schon mancher am Ziel der Erleuchtung, ist aber nur in kindliche Vorstellungswelten zurückgefallen und verwechselt Naivität mit Erleuchtung. Diesen Dreierschritt finden wir in manchen Mandalas, die Landkarten für die innere Reise darstellen. Der Kreis steht für das Vollkommene, für die Ganzheit, während Kreuz oder Quadrat das Irdische

Parzival – Kampf mit dem roten Ritter,
Ferdinand Piloty d. J.

Eine Szene aus dem Parzival-Roman (Anfang 13. Jh.), der die Entwicklung Parzivals vom unwissenden Narren zum Gralskönig erzählt.
Parzival verließ seine Mutter, um Ritter zu werden. Sie steckte ihn in ein Narrenkostüm, in der Absicht, sein Vorhaben zu verhindern. Doch das Schicksal nimmt seinen Lauf. Parzival begibt sich auf die Reise, auf der ihn zahlreiche Abenteuer, Prüfungen und Rückschläge erwarten, bevor er Gralskönig wird. Auf diesem Bild befindet sich Parzival noch am Anfang seines Weges. Seine Haltung gleicht dem Narren im Tarot, der Anfangs- und Endpunkt der Heldenreise darstellt. Parzival tötet den Ritter im roten Gewand und übernimmt dessen Rüstung und Pferd. Das Narrengewand legt er nicht ab, es bleibt unter der Rüstung verborgen. Ein Zeichen, dass man Status nicht allein durch äußerliche Tribute erwerben kann. Parzival kann am Schluss nur deshalb König werden, weil er im Laufe seiner Reise innere Qualitäten wie beispielsweise Mitgefühl erworben hat.

symbolisiert. Der Weg geht so von der anfänglichen Ganzheit, dem inneren Kreis, durch das Kreuz aus Raum und Zeit hin zum größeren Ganzen, das wir im äußeren Kreis finden. Aber auch auf vielen anderen Ebenen gibt es diesen Dreierschritt, bei dem Anfang und Ziel oft zum Verwechseln ähnlich sind:

Der Weg von der Einheit über die Vielheit zur All-Einheit			
Entsprechungs-ebene	Ursprung	Weg	Ziel
Symbolik	Kreis	Kreuz	Kreis
Märchen	verlorenes Paradies	polare Welt	wiedergefundenes Paradies
Psychologie	Unterbewusstes	Bewusstes	Überbewusstes
Persönlichkeits-entfaltung	einfältig	entfaltet	geeint
Lebensphase	Kind	Mann/Frau	Weiser/ Hermaphrodit
Lebensgefühl	sorglos	im Sorgenland	unbesorgt
Ich-Zustand	Ich-los	Ich-haft	Ich-frei
Erkenntnis	unwissend	wissend	weise
Wirklichkeits-verständnis	ununterschieden	polar	paradox
Buddhismus	Einheit	Vielheit	Ganzheit
Parzivals Weg	der dumme Tor	Ritter Parzival	der reine Tor
Besitz	besitzlos	besitzend/ besessen	besitzfrei

Es wäre müßig und würde nur Seiten füllen, wollte man alle Themen, Richtungen und Methoden erfassen und beschreiben, die sich heute esoterisch nennen. Um dennoch einen Überblick über diese Landschaft zu geben, mag diese Orientierung hilfreich sein.

Esoterik wendet sich natürlich an den ganzen Menschen, den sie als eine Einheit aus Körper, Seele und Geist versteht. Wenn man bedenkt, wie sehr das Abendland seit Jahrhunderten alles Körperliche abgewertet hat, wundert es nicht, dass die esoterischen Übungen und Methoden, die sich mit diesem Teil unserer Ganzheit befassen, hierzulande verloren gingen und erst jetzt wieder aus dem Osten zu uns kommen. Während sich Körpertraining bei uns im Sinne des Schlankheitskults immer einseitiger zu Leistungssport, Bodybuilding und einer leichtfüßigen Fitnesskultur entwickelt hat, haben die Kampfkünste des Ostens ihren spirituellen Kern, ihr ganzheitliches Menschenverständnis bewahrt. Sicherlich gibt es auch dort unübersehbare Verzerrungen, und gerade Begriffe wie Kung Fu oder Karate lassen uns eher an billige Actionfilme im Bahnhofsviertel oder an die martialisch gekleideten Finstermänner ziviler Sicherheitsdienste denken als an spirituelle Übungen. Wer sich aber näher mit diesen Kampfsportarten befasst, wird bald erkennen, dass es hierbei um mehr geht, als seine überschüssigen Kräfte abzureagieren oder den Nachbarn aufs Kreuz zu legen. Bei uns sind vor allem Aikido (aus Japan), Qi Gong und Tai Ji (aus China) in esoterischen Kreisen als »sportliche« Übung für Körper, Seele und Geist beliebt geworden. Aber auch bei den meditativen Übungen, die vom Osten zu uns kamen, bildet die körperliche Ebene einen wesentlichen Bestandteil, sei es im Yoga, im aufrechten und regungslosen Sitzen des Zen, in der Zenkunst des Bogenschießens oder im Tanz der Sufis.

Was der Seele guttut, hat man dagegen auch bei uns nie vergessen, wie sich an der Kunst, vor allem in der Musik erkennen lässt. So nimmt es nicht Wunder, dass heute neben vielen süßlich-seichten Synthesizermelodien vor allem die heilenden Klänge sakraler Musik wiederentdeckt wurden. Und an geistiger Nahrung besteht im Abendland ohnehin kein Mangel. Nicht nur Astrologie und Kabbala bieten hochkomplexe Welterklärungsmodelle, mit deren Hilfe sich der Mensch im Leben orientieren kann, auch die Alchemie hat in vielen Jahrtausenden ein so symbolreiches Wissen über tiefgreifende Wandlungsprozesse gesammelt, dass C. G. Jung sie als »Psychologie des Mittelalters« bezeichnete.

Zur Einsicht in das eigene Wesen, zur Erkundung der Lebensaufgabe, um den eigenen Standort zu bestimmen, den Weg zu erkennen oder die richtige Entscheidung zu treffen, bietet jedoch die Esoterik seit alters her die Divination, die Erkundung des göttlichen Willens (*Divinität* = lat. Göttlichkeit). Dazu versucht man mit Hilfe verschiedenster Zufallsorakel die Qualität des Augenblicks zu ermitteln, um darin eine Antwort auf die Frage zu finden, wie das Vorhaben eines Einzelnen sich zum großen Ganzen verhält, und ob die Zeit dazu reif ist. Zu den verbreitetsten dieser Methoden gehören heute neben Tarot, das altehrwürdige I Ging und das Runenorakel. Auf Letzteres gehen übrigens zwei für die Welt der Bücher höchst bedeutsame Worte zurück: Runen wurden als Stäbchen aus dem Holz der Buche geschnitzt. Wollte der Druide damit das Orakel befragen, musste er diese »Buchenstäbchen« werfen, um sie dann bei der Deutung der so entstandenen Zufallskonstellation einzeln »aufzulesen«. So gesehen ist das Lesen von Buchstaben reinster Orakelbrauch.

Für viele Menschen sind diese Orakel gleichbedeutend mit Esoterik und bilden den Hauptgrund ihres Interesses. Zugleich liegt hier aber auch die hauptsächliche Kritik, die der Esoterik entgegengebracht wird. In der Tat ist es für den Verstand kaum zu fassen, dass man einer rein zufällig entstandenen Konstellation irgendeine ernsthafte Bedeutung beimessen könnte, zumal man völlig sicher sein kann, dass mit jeder Wiederholung eine andere Konstellation entsteht. Das aber interessiert den esoterisch denkenden Menschen nicht. Für ihn gibt es – neben dem reinen Erfahrungswert – gute Gründe, diese Zufälle ernst zu nehmen. Sie erlauben ihm einen Einblick hinter die äußere Wirklichkeit.

Da es sich bei diesen Orakeln um etwas Irrationales handelt, lassen sie sich nicht mit rationalen Mitteln messen. Während bei einem rationalen Experiment der Beweis durch beliebig häufige Wiederholung erbracht werden kann, sofern der Zufall als Störfaktor ausgeschlossen bleibt, gilt in der irrationalen Welt der Orakel gerade das Gegenteil: Einzig signifikant ist der Zufall. Eine mögliche oder unmögliche Wiederholung besagt dagegen nichts. Denn dort, wo der Zufall bedeutsam ist, kann man nicht mit Methoden messen, die versuchen, den Zufall auszuschließen.

Eine andere Erklärung geht von der Überlegung aus: Oberflächen kann man sehen, Tiefe aber muss gedeutet werden. Nehmen wir etwa den Sternenhimmel als »Oberfläche«, dann gibt es bei dessen Beobachtung zwischen Astronomen und Astrologen keine Unstimmigkeiten. Beide haben dasselbe Bild vor Augen. Sobald aber der Astrologe die Frage stellt, welche Bedeutung »dahinter« liegt, schüttelt der Astronom den Kopf. Für ihn gibt es keine Tiefe, die zu deuten wäre. Anders der Astrologe. Ihm zeigt der Blick in die Sterne, was der Augenblick bedeutet. Er hat sozusagen zwei Uhren. Die eine misst die Quantität der Zeit und die andere deren Qualität. Der

Blick auf die eine Uhr zeigt, wie spät es ist und der zeitgleiche Blick auf die himmlische Uhr zeigt in der aktuellen Sternenkonstellation, was dieser Moment bedeutet. Natürlich findet sich die Qualität eines Augenblicks auch in dem, was zufällig in diesem Moment passiert, selbst wenn der Zufall provoziert wurde. Und genau das ist es, was Zufallsorakel tun. Man wirft das I Ging, legt sich die Karten, fragt die Runen oder was auch immer und erhält dabei eine Konstellation, deren Symbolik sich mit dem gesammelten Erfahrungswissen deuten lässt.

Bedenkt man zudem, dass die ganzheitliche, esoterische Sicht Frage und Antwort als die beiden Pole eines Ganzen betrachtet, dann versteht man, wieso der Frageaugenblick auch die Antwort enthält. Wenn die Möglichkeit besteht, die Qualität des Frageaugenblicks zu messen, lässt sich daraus auch die Antwort ablesen. Und wo könnte sich die Qualität eines Augenblicks besser offenbaren als in der Konstellation, die dem Menschen in diesem Augenblick zufällt? Dieser Gedanke wurde von der »Esowelle« so breitgetreten, dass er in der höchst vereinfachten Form: »Es gibt keinen Zufall!« zur häufigst zitierten Binsenweisheit verkam. Denn natürlich gibt es Zufälle, sogar unendlich viele, aber aus der esoterischen Sicht sind sie bedeutsam. Und so sollte man wohl richtigerweise sagen, dass es keinen sinnlosen Zufall gibt.

TORA

Das Geheimnis der Hohenpriesterin

Eine Reise durch die Jahrtausende vom Matriarchat bis zur Rückkehr der Göttin

Die Symbolik auf der Karte DIE HOHEPRIESTERIN führt uns weit zurück in eine alte Zeit, von der sehr vieles längst vergessen ist. Es war jene Zeit, in der sich der Mensch dem Ursprung noch nahe fühlte, Mutter Erde im Zentrum allen Seins stand, und der Boden wie die gesamte Natur so heilig war, dass es unvorstellbar war, sich daran Eigentumsrechte anzumaßen. Aus diesen Gründen gab es keinen Besitz, keinen Krieg und keinen Fortschritt. Ein Ethnologe beschrieb diese Epoche wunderschön als eine Zeit, in der die Flüsse noch nicht begradigt und die Frauen noch nicht hinter den Herd verbannt waren, als noch Wind, Fluss oder der Mond die Schwangerschaft bewirkte …

Damals herrschte SIE, die Große Göttin, Mutter allen Lebens, Herrin der Tiere, Göttin des Korns und der Fruchtbarkeit. Es war die Kindheit der Menschheit, nicht weil die Vorstellungen naiv waren, sondern weil in dieser Zeit die Große Mutter die alles bestimmende Kraft war. SIE allein war unsterblich und allmächtig. Viele nennen diese Zeit das Matriarchat, andere sagen dagegen, so etwas habe es nie gegeben. Tatsächlich ist wenig darüber bekannt, weil uns aus diesen alten Kulturen kaum etwas Schriftliches überliefert ist. Der Grund dafür liegt wohl darin, dass das Zeitempfinden so anders war, dass es sich gar nicht lohnte, irgendetwas aufzuzeichnen. Man lebte sozusagen im Runden, in der Zeitlosigkeit. Dieses Zeitgefühl kennen wir noch aus unserer eigenen Kindheit. Auch damals war das Jahr rund und

Bild links *Collage: »Die Sternenhalle der Königin der Nacht« und der Karte Hohepriesterin. Auf Karl Friedrich Schinkels Bühnenbild (1816) zu Mozarts Zauberflöte finden wir das Motiv der Großen Göttin und des Mondes, eines IHRER wichtigen Symbole.*

unermesslich lang. Es drehte sich immer um Weihnachten. Mal war es näher dran, mal weiter entfernt, aber es war immer dasselbe Jahr und dasselbe Weihnachten. Wenn aber alles stets wiederkehrt, um aufs Neue zu vergehen und wieder zu werden, warum sollte man dann irgendetwas aufschreiben?

Eines durfte allerdings niemals verloren gehen, und das waren die heiligen Texte, die an den zahlreichen Festtagen erklangen, mit denen der Jahreslauf begleitet wurde. Dass sie immer gleich blieben, stellte man sicher, indem man ihnen eine Reimform gab und sie mit einer Melodie unterlegte. So blieben sie als heilige Gesänge auch über Generationen unverändert, selbst wenn die Sprache sich wandelte. Die Etrusker, von denen man annimmt, dass sie matriarchal organisiert waren, kannten bereits die Schrift. Doch alles, was sie damit aufzeichneten, waren eben diese heiligen Texte, die sie den Verstorbenen mit ins Grab gaben.

In jener Zeit verehrte man die Große Göttin als Himmelskönigin unter vielerlei Namen. Isis hieß sie bei den Ägyptern und Ischtar in Babylon. Inanna nannten sie die Sumerer, Astarte die Phönizier, als Aschera wird sie viele Male in der Bibel erwähnt und es scheint, dass sie als Frau des alttestamentarischen Gottes Jahwe bis ins 7. Jahrhundert v. Chr. verehrt wurde. In Kleinasien huldigte man ihr als Kybele, als Demeter in Griechenland und als Diana in Rom.

In vielen Kulturen wurde die Große Göttin mit dem Mond verbunden, der mit seinem Zyklus die Menschen die Zeit lehrte. Aus seinen vier Phasen (☽○☾●) ergaben sich die vier Wochen, die mit 28 Tagen den ursprünglichen Monat bilden, ein Wort das auf den Mond zurückgeht. 13 Monde ergaben dann ein ganzes Jahr von 364 Tagen, einer der Gründe, warum IHR die Zahl 13 heilig war. Und natürlich zählte man in Nächten, wie man an dem heute noch gebräuchlichen altenglischen Begriff »fortnight« sieht, mit dem man die Zeitspanne von 14 Nächten meint. Auch unsere Festtage erinnern noch daran, so etwa die Fast*nacht*. Aber auch bei Feiertagen, die im Mittelalter christianisiert und dabei auf den Tag verlegt wurden, erinnert der Vorabend an das ursprüngliche Fest. Vor dem 1. Mai ist die Walpurgisnacht, in der der eigentliche Tanz in den Mai stattfindet. Die Nacht vor Allerheiligen ist Halloween. Das Wort kommt von all-hallow's-eve und meint den Vorabend (eve) von Allerheiligen. Selbst die Weihnacht, die die Nacht noch im Namen trägt, wird tags zuvor am Heiligen Abend gefeiert.

Und in der Antike gab es in den Nächten vom 13. bis 15. August große Feste zu Ehren der Hekate/Diana, lange bevor der 15. August zu Maria Himmelfahrt wurde.

In der Symbolik gilt das Männliche als das Trennende, während das Weibliche für das Verbindende steht. Deshalb bezeichnen wir ganzheitliches Denken als weiblich, weil es stets vor Augen hat, dass eine Medaille zwei Seiten hat. Männliches Denken ist dagegen trennend und auf Eindeutigkeit ausgerichtet. Natürlich ist damit nicht das Denken von Männern und Frauen gemeint, denn Mann wie Frau können männlich wie weiblich denken. Es wundert aber nicht, dass in der Zeit der Großen Göttin das weibliche Denken so dominierte, dass sogar die Sprache ganzheitliche Züge hatte, und ein Wort zwei Bedeutungspole umfassen konnte. Der Unterschied ergab sich oftmals nur aus der Dehnung des Vokals. In unserer Sprache haben sich noch einige Wortpaare erhalten, die an dieses Phänomen erinnern.

Der *Weg* ist hinführend, während das kurz gesprochene *weg* etwas abbricht oder eben wegführt. *Quelle* und *Qual* gehen auf dieselbe Sprachwurzel zurück, doch während der eine Pol erfrischt, ist der andere bedrückend. Auch *Sucht* und *Suche* haben denselben Ursprung, so als wollte uns die Sprache sagen, dass die Sucht eine fehlgeleitete Suche ist. Ebenso bilden *Achtung* und *Ächtung* ein Paar, *Maß* und *Masse* sowie *Muße* und *Müssen*. Das Wort *Alle* kann alles und nichts bedeuten, als allumfassend oder alle im Sinne von leer. Und im Lateinischen kann *sacer* zugleich heilig und verflucht heißen ebenso wie *altus* hoch oder tief meinen kann.

Die Menschen in dieser alten Zeit hatten noch ein völlig anderes Bewusstsein. Das Ich war bei Weitem nicht so ausgeprägt wie es beim heutigen Menschen der Fall ist, und auch die Trennung zwischen dem Ich und der übrigen Welt wurde nicht so erlebt wie heute. Der Bewusstseinsforscher Jean Gebser beschreibt die damalige Bewusstseinsform sehr anschaulich als eine »teppichhafte Naturverwobenheit des Menschen«. Damals war die Zugehörigkeit zur Gruppe weit wichtiger als das persönliche Ich. Man weiß, dass in diesen Kulturen nicht die Todesstrafe die schlimmste aller Strafen war, sondern die Verstoßung und Verbannung. An diese alte Vorrangstellung der Sippe erinnert noch ein wenig der Brauch in vielen Sprachgebieten, zunächst den Sippennamen und dann erst den Vornamen zu nennen (z. B. der Huber Schorsch).

Auf ihrem Schoß trägt die Hohepriesterin die Torarolle. Tora (oder Thora) nennt man die fünf Bücher Mose, die den Beginn des Alten Testaments und das Gesetz des jüdischen Volkes bilden. Sie werden nicht in Buchform, sondern als eine Schriftrolle aufbewahrt, die das heiligste Objekt in jeder Synagoge bildet. Dass die Hohepriesterin diesen heiligen Text auf dem Schoß trägt, ist ein Hinweis auf die Weisheit des Schoßes, das heißt die Innenwelt, in die Eindrücke eingehen. Hier geht es nicht um ein intellektuelles Verstehen, sondern um inneres Gewahr werden. Die Hohepriesterin ist nicht buchstabengläubig, sie begreift vielmehr den Sinn hinter den Buchstaben und zwischen den Zeilen. Am schönsten kommt diese Art des Aufnehmens und Verstehens in der Weihnachtsgeschichte zum Ausdruck, wenn es dort nach dem Bericht der Hirten so wunderbar heißt: »Maria aber behielt alle diese Worte und bewegte sie in ihrem Herzen.« Wobei im griechischen Urtext für »im Herzen bewegen« *symballousa* steht, was zusammenfügen heißt und der Ursprung unseres Wortes Symbol ist. Man darf daher sagen, dass sie einen intuitiven Zugang zu Symbolen hat, dass ihr Denken nicht nur weiblich im Sinne von ganzheitlich ist, sondern auch symbolisch. So wie ein Symbol stets über sich hinausweist (siehe Seite 175*ff*), fügt sie die Worte richtig zusammen und erfährt dadurch etwas, das über die reinen Worte hinausgeht. Sie weiß zutiefst, dass Gedanken, die uns kommen, besser sind, als solche, die wir uns machen.

Tora aus der Museumssynagoge in Włodawa, Polen

Als in den letzten vorchristlichen Jahrhunderten die Mysterienkulte erblühten, stand die Große Göttin vor allem als Isis oder als Kybele im Zentrum dieser Einweihungslehren. Wir wissen, dass es sich dabei um Wandlungsmysterien handelte, doch über die Kulthandlungen selbst ist so gut wie nichts bekannt, weil sie einer so strengen Geheimhaltung unterlagen, dass tatsächlich nichts nach außen drang. Nur aus der sehr verschlüsselten Form von Einweihungsromanen lassen sich manche Rückschlüsse ziehen. Das berühmteste Buch dieser Art, das eine Art Lesemysterium ist, sind die *Metamorphosen* von Lucius Apuleius, besser bekannt unter dem Titel *Der goldene Esel*[1].

Die Geschichte erzählt vom jungen römischen Anwalt Lucius, der die Kunst des Hexens erlernen will und sich dazu nach Thessalien in Mittelgriechenland begibt, weil es dort noch echte Hexen geben soll. Eines Nachts beobachtet er heimlich, wie Pamphile, die Frau seines Gastgebers, sich mit Hilfe einer Salbe in einen Uhu verwandelt. Lucius möchte das natürlich gleich nachmachen, erwischt aber leider die falsche Salbe, und wird in einen Esel verwandelt. Sicherlich liegt darin eine humorvolle Mahnung, dass eine Einweihung im Sinne eines Wandlungsmysteriums nicht im Schnellverfahren zu erreichen ist, sondern einen langwierigen Prozess voller Demutsübungen bedeutet. Die beginnen für Lucius jetzt. Denn obwohl seine Erlösung eigentlich ganz einfach wäre – er müsste dazu nur ein paar Rosen fressen – zieht sich sein Leidensweg immer weiter in die Länge. Zunächst überfallen Räuber das Haus und nehmen den Esel als Beute mit. Dann durchlebt er zahlreiche Abenteuer und erfährt wunderbare Geschichten (unter anderem die berühmte Erzählung von Amor und Psyche), bis sich ihm Isis am Ende mit diesen Worten offenbart und ihn erlöst:

> *Schau! Dein Gebet hat mich gerührt. Ich, Allmutter Natur, Beherrscherin der Elemente, erstgeborenes Kind der Zeit, Höchste der Gottheiten, Königin der Manen (Geister), Erste der Himmlischen; ich, die ich in mir allein die Gestalt aller Götter und Göttinnen vereine, mit einem Wink über des Himmels lichte Gewölbe, die heilsamen Lüfte des Meeres und der Unterwelt klägliche Schatten gebiete. Ich, die alleinige Gottheit, welche unter so mancherlei Gestalt, so verschiedenen Bräuchen und vielerlei Namen der ganze Erdkreis verehrt. (…)*
> *Ich erscheine dir aus Erbarmen über dein Unglück; ich komme zu dir in Huld und Gnaden. Hemme denn den Lauf deiner Tränen! Stelle ein dein Trauern, dein Klagen! Der Tag deines Heils ist da, kraft meiner Allmacht; öffne nur deine betrübte Seele meinem göttlichen Gebote!*

Auf der Tarotkarte sitzt die Hohepriesterin in der Mitte zwischen einer schwarzen und einer weißen Säule. Sie zeigt damit, dass ihr beide Seiten gleich viel bedeuten und ihr Weiß nicht lieber ist als Schwarz, der Tag nicht wichtiger als die Nacht, dass für sie auch Leben und Tod eine Einheit bilden und zusammengehören. Die beiden Buchstaben **B** und **J** machen deutlich, dass es sich um die beiden Säulen handelt, die König Salomon vor dem Tempel in Jerusalem aufstellte, den er etwa 950 v. Chr. erbauen ließ. Der Bibel zufolge nannte er die linke Säule Boas und die rechte Jachin, wobei keine Einigkeit über die Bedeutung dieser Namen besteht. In der Freimaurerei, in der die beiden Säulen zu einem zentralen Symbol wurden, werden die Namen als Stärke (Boas) und Festigkeit (Jachin) gedeutet, die beide zusammen Stabilität verbürgen. Als **B** und **J** könnten sie aber auch auf den alttestamentarischen Gott Jahwe hinweisen, der als Lichtgott von der weißen Säule dargestellt wird, sowie auf Baal, der im Alten Testament oft als Götze bezeichnet wird und auf den der Name *Belzebub* zurückgeht. Er war der Geliebte der Himmelskönigin Anat, deren Kult von Salomon zeitweise wieder eingeführt wurde. Da es sich dabei um einen Mond- und Nachtkult handelte, würde das der schwarzen Säule entsprechen.

Bild oben: Tempel von Jerusalem (Modell), erbaut von König Salomon.

Von der Himmelskönigin wusste man, dass sie zwei Söhne hat, die so unterschiedlich waren wie die beiden Säulen, zwischen denen sie sitzt. Ihr waren beide gleich viel wert, die Menschen aber liebten nur einen. Es war der Gott des zunehmenden Jahres, der von den Kelten als Eichenkönig verehrt wurde, während sein dunkler Bruder, der Stechpalmenkönig (Holly King) der Herr des abnehmenden Jahres war. Dem lichten Bruder gehörte die ganze Liebe und Verehrung. Er war der Frühlingsgott, der als Erlöser zur Welt kam, um die Menschen von der Dunkelheit, dem Mangel und der

Kälte des Winters zu befreien. Er wurde als wunderschöner Jüngling verehrt und hatte zahlreiche Namen, von denen Adonis, der Sohngeliebte der Aphrodite, bis heute ein Begriff für einen unwiderstehlich schönen Jüngling ist. Andere Paare waren Attis und Kybele, Dumuzi und Inanna, und in ähnlicher Weise auch Osiris und Isis sowie der germanische Frühlingsgott Baldur mit seiner Gattin Nanna.

Der Neujahrstag, an dem die Herrschaft des lichten Bruders begann, war je nach Kulturkreis entweder der Tag, der der Wintersonnenwende folgte, was noch in unserem Weihnachtsfest anklingt. Oder es war der Tag der Frühlingstagundnachtgleiche, der Widderpunkt im Tierkreis, mit dem die Astrologie bis heute das Jahr beginnen lässt. Wenn an diesem Tag die Kräfte des Lichts die Oberhand gewinnen, weil die Tage wieder länger als die Nächte sind, wurde die Wiedergeburt des Frühlingsgottes gefeiert. Dazu gehörten sogenannte Such-und-Finde-Rituale, bei denen die Menschen unter der Führung der Priesterschaft in die Wälder zogen und dort den zuvor versteckten Frühlingsgott fanden, der dann in einem Festzug von Gesängen begleitet zurück auf seinen Thron im Tempel getragen wurde. Ein wenig erinnert daran noch das christliche Frühlingsfest, wenn zu Ostern die Wiederauferstehung des Erlösers gefeiert wird, und Kinder zuvor versteckte Eier suchen und finden.

Das Schicksal aller Frühlingsgötter aber war es, dass sie jung sterben mussten, sobald die Nächte wieder länger wurden als die Tage, weil dann ihr dunkler Bruder als Herr des abnehmenden Jahres die Herrschaft übernahm. Im Tarot haben die beiden ihre Entsprechung in den Karten Der Wagen und Der Teufel. Der Wagenlenker ist ganz offenkundig der Sohn der Himmelskönigin. Als Baldachin dient ihm das gestirnte Himmelszelt, das als IHR Gewand gilt. Der Tierkreis ist IHR Gürtel, den SIE ihm offenbar geliehen hat und die Schulterklappen sind Mondmasken, die auf SIE als Mondgöttin verweisen. Wie in der Zahlensymbolik die Acht zwei Welten (Himmel und Erde, Oben und Unten) verbindet, steht die Vier oder das Quadrat für die Erde. Daher zeigt der Achtstern in seiner Krone, dass er »vom Himmel hoch« herabkommt, um auf Erden zu wirken (Quadrat auf seiner Brust).

Mit der Frühlingstagundnachtgleiche beginnt im Jahreslauf die Zeit des Widders, der nach einer plausiblen Zuordnung eine astrologische Entsprechung der Tarotkarte DER WAGEN ist. Als Lamm ist er zudem ein bekanntes Christussymbol und damit Zeichen des Erlösers, der in diese Frühlingssymbolik gehört. Demgegenüber ist das Sternzeichen, das den strengsten Winter anzeigt, der Steinbock. Vielleicht ist das einer der Gründe, warum der Teufel vorzugsweise als Bock oder zumindest mit einem Bocksfuß dargestellt wird?

In einer alten Sicht der Welt ist das Oben stets gleich dem, was unten ist. So war die Große Göttin himmlisches Vorbild für das, was auch auf Erden richtig war. Deshalb erwählte die Sakralkönigin auf Erden gleich der Himmelskönigin jährlich einen neuen Liebhaber als ihren Gefährten, dessen Schicksal es allerdings war, dass er am Ende seiner Regierungszeit geopfert wurde. Anfangs war diese Zeit nur ein halbes Jahr. Der Mythenforscher Robert Graves schreibt von Kulturen, in denen das alte Jahr von 364 Tagen mit der Wintersonnenwende zu Ende ging. Dort wurde der überzählige Tag als Neujahrstag begangen, an dem der neue König als Sieger aus einem Wettkampf hervorging und dann von der Königin erwählt wurde. Doch am siebten Vollmond nach dem kürzesten Tag, musste er sterben. An diese Riten erinnert noch die Doppelsymbolik des Apfels, der ohnehin IHR Symbol ist. Wenn man ihn quer durchschneidet, sieht man zwei Fünfsterne, das traditionelle Symbol der Venus (die IHR ebenso entspricht wie der Mond). Sie stehen für deren zwei Seiten. Mal ist sie Morgenstern, dann ist sie Abendstern, mal Aufgang mal Untergang, mal schenkt sie venusische Freude und mal bringt sie venerische Leiden. Der Reichsapfel, mit dem SIE dem Erwählten die Macht gab, hat dieselbe Doppelsymbolik. Zunächst ist er Zeichen von Würde und Herrschaft. Seine Kehrseite aber ist giftig und bringt

den Tod. Deshalb hat Eva im Volksglauben Adam einen Apfel gegeben, obwohl in der Bibel nur von einer Frucht gesprochen wird.

Mit der Zeit aber wurde die Regierungszeit bis auf 100 Monde verlängert und man erfand das Ersatzopfer. Das war zunächst ein Stellvertreter, dem der König für einen Tag die Herrschaft überließ, der dann aber an seiner Stelle sterben musste. Später wurden Tiere geopfert. Viele Mythen erzählen uns in ihrer Weise davon, dass ein heiliger König sich weigert zu sterben und dadurch zum Helden wird. So etwa Odysseus, der als alter König die Freier, die sich um seine Nachfolge bewerben, mit seinen Pfeilen tötet.

Letztlich entsteht dadurch ein männliches Dauerkönigtum, das entgegen aller Tradition in der männlichen Linie vererbt wird. In der Bibel ist es König David, der etwa um 1000 v. Chr. als Erster diese Erbfolge einführt. Damit hat das Patriarchat endgültig den Thron in Besitz genommen. Aber noch sind wir in der langen Zeit davor.

Die Himmelskönigin oder Mondgöttin galt als die Dreifaltige, weil sie sich in den drei Phasen des Mondes zeigte, die in der Krone der Hohenpriesterin zu sehen sind. Zunehmender Mond, Vollmond und abnehmender Mond. Darin kommt die Signatur der Zeit zum Ausdruck als das Werden, Sein und das Vergehen. Wahrscheinlich liegt hier der Ursprung für die Heiligkeit der Zahl Drei in so vielen Kulturen. Robert Graves nennt diese drei Erscheinungsformen:

- die weiße Göttin von Geburt und Wachstum
- die rote Göttin von Liebe und Kampf
- die schwarze Göttin von Tod und Magie

oder auch

- die weiße Säerin
- die rote Schnitterin
- die schwarze Drescherin

und in ihrer irdischen Entsprechung:

- die Jungfrau, die sich als Novizin in den Dienst der Göttin stellte
- die voll erblühte Frau, die als Sakralkönigin und Hohepriesterin die Mondgöttin verkörperte
- die Alte, die als Heilerin, aber auch als Todesbotin wirkte.

Zahlreiche weitere Ausdrucksformen der Dreifaltigkeit finden Sie in dieser Übersicht.

Dreifaltige Göttinnen			
Als Verkörperung der Mondphasen	Hebe (Jugendblüte) zunehmender Mond	Hera (Herrscherin) Vollmond	Hekate (die fernhin Mächtige) abnehmender Mond
Schicksalsgöttinnen			
Moiren (griechisch)	**Klotho** (Spinnerin)	**Lachesis** (Maßnehmende)	**Atropos** (Unabwendbare)
Parzen (römisch)	**Parca** (Geburt)	**Nona** (Neunte)	**Decima** (Zehnte)
Nornen (germanisch)	**Urd** (Vergangenes, Ursprung)	**Verdandi** (Werdendes)	**Skuld** (Zukünftiges)
Göttinnen der Jahreszeiten			
Horen (griechisch)	**Thallo** (Blüte)	**Auxo** (Wachstum)	**Karpo** (Frucht)
Horen (nach Hesiod)	**Eunomia** (Gesetzlichkeit)	**Dike** (gerechte Vergeltung)	**Eirene** (Frieden)
Rachegöttinnen			
Erinnyen (griechisch)	**Alekto** (Unaufhörliche)	**Tisiphone** (Vergeltung)	**Megaira** (Zorn)
Furien (römisch)	**die Zornige**	**die Grausame**	**die Rächende**
Schreckensgöttinnen			
Graien	**Enyo** (Kriegerische)	**Pemphredo** (Launische)	**Deino** (Schaurige)
Gorgonen	**Medusa** (Herrscherin)	**Stheno** (Stärke)	**Euryale** (weites Meer)
Schönheitsgöttinnen			
Chariten (griechisch)	**Euphrosyne** (Freude)	**Aglaia** (Schönheit)	**Thalia** (Glück)
Grazien (römisch)	**Castitas** (Keuschheit)	**Pulchritudo** (Schönheit)	**Amor** (Liebe)

Auffallend und für den heutigen Menschen zunächst verwunderlich ist es, dass man vor allem der dunklen, dem Schwarzmond zugeordneten Seite gehuldigt hat. Das hat bis heute eine Entsprechung in Indien, wo die Dreiheit zwar männlich ist, im Übrigen aber in der gleichen Weise verehrt wird: Brahma ist der Schöpfer, Vishnu der Erhalter und Shiwa der Zerstörer. Brahma ist in ganz Indien ein einziger Tempel geweiht, Vishnu immerhin 108, aber Shiva wird in mehr als 20000 Tempeln verehrt. Auf dieses scheinbare Missverhältnis angesprochen erklärte ein Inder prompt: »Nun, wenn Brahma nichts mehr tut, dann entsteht eben nichts Neues mehr. Vishnu muss man huldigen, weil er das Gewordene erhält. Aber vor allem muss man Shiva günstig stimmen, damit er nicht alles zerstört.«

Dazu gibt es eine bemerkenswerte Parallele in der christlichen Welt. Bis heute zählen die Städte zu den größten Wallfahrtsorten, in denen der dunkle Aspekt in Gestalt einer schwarzen Madonna verehrt wird: Altötting in Bayern, Tschenstochau in Polen, Einsiedeln in der Schweiz, Montserrat in Spanien und viele mehr.

Schwarze Madonna (Jungfrau Maria mit Jesuskind), Kloster Jasna Góra, Tschenstochau

Diese alte Dreiteilung hat im Abendland aber auch eine interessante männliche Entsprechung gefunden, die tief im Brauchtum verankert ist. Während das Matthäusevangelium von einer unbestimmten Zahl von Weisen spricht, die aus dem Osten (Morgenland) kamen, um dem neugeborenen Jesusknaben zu huldigen, werden daraus mit der Zeit zunächst zwei, dann acht und später die Heiligen Drei Könige. Auf einem Mosaikbild in Ravenna aus dem Jahre 560 n. Chr. finden wir erstmals ihre Namen Caspar, Melchior und Balthasar. Während sie dort noch einheitlich als persische Magier gekleidet sind, wird Caspar mit der Zeit zum schwarzen König. Die offizielle Erklärung lautet, dass es sich dabei um die Vertreter der drei Kontinente handele,

Die drei Weisen aus dem Morgenland, Mosaik aus dem 6. Jahrhundert, Ravenna, S. Apollinare Nuovo

die man damals kannte, und dass der König aus Afrika deshalb schwarz sei. Es gibt aber auch eine andere, wenn auch etwas spekulative Deutung. In einer alten Zeichenschrift[2] werden die berühmten Buchstaben **CMB**, die die Sternsinger nicht nur in Bayern jedes Jahr mit geweihter Kreide auf die Türbalken schreiben, so geschrieben: < ^ >. Das könnte für die drei Mondphasen stehen (< = ☾, ^ = ○, > = ☾). Wem das etwas weit hergeholt zu sein scheint, der sollte bedenken, dass das < für C und damit für die Sichel des abnehmenden Mondes ☾ steht, der folgerichtig vom schwarzen König verkörpert wird. Damit wird es stimmig.

Als eine der ältesten Göttinnen und Schöpferin wurde in Ägypten die mächtige Neith verehrt. Crowley zeigt sie uns in seinen Tarotkarten als HOHEPRIESTERIN. Ihr Kultort war Sais und es heißt, dass ihr Standbild stets von einem Schleier verdeckt war und der Sockel die Inschrift trug: »Ich bin alles, das da ist, das da war und das da einst kommen wird, niemals wird ein Mann hinter meinen Schleier blicken.« Vielleicht darf man das so deuten, dass das männliche Denken, das auf Eindeutigkeit ausgerichtet ist, die letzten Geheimnisse nicht ergründen kann, sondern es dem weiblichen, ganzheitlichen Denken vorbehalten ist, das Unsagbare zu erfassen ohne es auszusprechen. Das wäre zumindest die Entsprechung zum chinesischen Weisheitsbuch *Tao Te King*, in dem es sinngemäß heißt: »Die Wahrheit, die wir aussprechen können, ist nicht die Wahrheit.«

Die Vorstellung, dass es in Ägypten eine verschleierte Göttin gab, deren Geheimnis niemand lüften durfte, hat natürlich die Romantiker fasziniert. Und Friedrich Schiller hat über die Isis zu Sais, wie man sie auch nannte, ein ergreifendes Gedicht geschrieben, in dem – wie schon beim goldenen Esel – ein neugieriger Jüngling die Hauptrolle spielt:

Das verschleierte Bild zu Sais

Ein Jüngling, den des Wissens heißer Durst
Nach Sais in Ägypten trieb, der Priester
Geheime Weisheit zu erlernen, hatte
Schon manchen Grad mit schnellem Geist durcheilt,
Stets riss ihn seine Forschbegierde weiter,
Und kaum besänftigte der Hierophant
Den ungeduldig Strebenden. »Was hab ich,
Wenn ich nicht alles habe?« sprach der Jüngling,
»Gibts etwa hier ein Weniger und Mehr?
Ist deine Wahrheit wie der Sinne Glück
Nur eine Summe, die man größer, kleiner
Besitzen kann und immer doch besitzt?
Ist sie nicht eine einzge, ungeteilte?
Nimm einen Ton aus einer Harmonie,
Nimm eine Farbe aus dem Regenbogen,
Und alles, was dir bleibt, ist nichts, solang
Das schöne All der Töne fehlt und Farben.«

Indem sie einst so sprachen, standen sie
In einer einsamen Rotonde still,
Wo ein verschleiert Bild von Riesengröße
Dem Jüngling in die Augen fiel. Verwundert
Blickt er den Führer an und spricht: »Was ist's,
Das hinter diesem Schleier sich verbirgt?«

»Die Wahrheit«, ist die Antwort. – »Wie?« ruft jener,
»Nach Wahrheit streb ich ja allein, und diese
Gerade ist es, die man mir verhüllt?«

»Das mache mit der Gottheit aus«, versetzt
Der Hierophant. »Kein Sterblicher, sagt sie,
Rückt diesen Schleier, bis ich selbst ihn hebe.
Und wer mit ungeweihter, schuldger Hand
Den heiligen, verbotnen früher hebt,
Der, spricht die Gottheit« – »Nun?« – »Der sieht die Wahrheit.«
»Ein seltsamer Orakelspruch! Du selbst,
Du hättest also niemals ihn gehoben?« –
»Ich? Wahrlich nicht! Und war auch nie dazu
Versucht.« – »Das fass ich nicht. Wenn von der Wahrheit
Nur diese dünne Scheidewand mich trennte« –
»Und ein Gesetz«, fällt ihm sein Führer ein.
»Gewichtiger, mein Sohn, als du es meinst,
Ist dieser dünne Flor – für deine Hand
Zwar leicht, doch zentnerschwer für dein Gewissen.«

Der Jüngling ging gedankenvoll nach Hause;
Ihm raubt des Wissens brennende Begier
Den Schlaf, er wälzt sich glühend auf dem Lager
Und rafft sich auf um Mitternacht. Zum Tempel
Führt unfreiwillig ihn der scheue Tritt.
Leicht ward es ihm, die Mauer zu ersteigen,
Und mitten in das Innre der Rotonde
Trägt ein beherzter Sprung den Wagenden.

Hier steht er nun, und grauenvoll umfängt
Den Einsamen die lebenlose Stille,
Die nur der Tritte hohler Widerhall
In den geheimen Grüften unterbricht
Von oben durch der Kuppel Öffnung wirft
Der Mond den bleichen, silberblauen Schein,

Und furchtbar wie ein gegenwärtger Gott
Erglänzt durch des Gewölbes Finsternisse
In ihrem langen Schleier die Gestalt.

Er tritt hinan mit ungewissem Schritt;
Schon will die freche Hand das Heilige berühren,
Da zuckt es heiß und kühl durch sein Gebein
Und stößt ihn weg mit unsichtbarem Arme.
Unglücklicher, was willst du tun? So ruft
In seinem Innern eine treue Stimme.
Versuchen den Allheiligen willst du?
Kein Sterblicher, sprach des Orakels Mund,
Rückt diesen Schleier, bis ich selbst ihn hebe.
Doch setzte nicht derselbe Mund hinzu:
Wer diesen Schleier hebt, soll Wahrheit schauen?
»Sei hinter ihm, was will! Ich heb' ihn auf.«
(Er rufts mit lauter Stimm'.) »Ich will sie schauen.« Schauen!
Gellt ihm ein langes Echo spottend nach.

Er spricht's und hat den Schleier aufgedeckt.
»Nun,« fragt ihr, »und was zeigte sich ihm hier?«
Ich weiß es nicht. Besinnungslos und bleich,
So fanden ihn am andern Tag die Priester
Am Fußgestell der Isis ausgestreckt.
Was er allda gesehen und erfahren,
Hat seine Zunge nie bekannt. Auf ewig
War seines Lebens Heiterkeit dahin,
Ihn riss ein tiefer Gram zum frühen Grabe.
»Weh dem«, dies war sein warnungsvolles Wort,
Wenn ungestüme Frager in ihn drangen,
»Weh dem, der zu der Wahrheit geht durch Schuld,
Sie wird ihm nimmermehr erfreulich sein.«

Von der Isis zu Sais ist aber noch eine andere Inschrift überliefert, die heißt: »Die Frucht, die ich gebar, ist die Sonne (oder auch der Glanz).« Damit sagt sie als Repräsentantin der Großen Göttin, dass die Nacht den Tag geboren hat, dass das Licht ein Kind der Finsternis ist, und – wenn wir einen Sprung auf die psychologische Ebene machen –, dass das Bewusstsein aus dem Unbewussten hervorgegangen ist.

Damals ist im Menschen offenbar eine Kraft erwacht, die ihm zuvor nicht bewusst war. Es war der Logos, der erkennende, erforschende und alles erhellende Verstand, dessen Ziel es ist, Licht ins Dunkle zu bringen, Widersprüche und Verworrenheiten zu klären und die Welt aus ihrer Vieldeutigkeit zur Eindeutigkeit zu bringen. Damit ist er auch der trennende Verstand, der alte Gemeinsamkeiten aufspaltet. Das entspricht dem, was wir als männliches Denken beschrieben haben. Mit dessen Vordringen wächst auch auf der äußeren Ebene der Einfluss der Männer immer mehr. Robert Graves führt diese Entwicklung vor allem darauf zurück, dass der Zusammenhang zwischen Zeugung und Vaterschaft den Männern nicht länger verborgen blieb.

Damit verbunden ist aber auch ein anderes erstaunliches Phänomen. Nachdem die Menschen Jahrtausende lang als Sammler und Jäger in Sippenverbänden von 30 bis 40 Mitgliedern umherzogen, werden nach und nach aus Nomaden sesshafte Völker, die Ackerbau betreiben und vor etwa 7000 Jahren damit begannen, im Zweistromland, dem heutigen Irak, Städte zu bauen. Mit der Erfindung des Pfluges vor etwa 6000 Jahren kam dann die ganz entscheidende Wende. Der Bewusstseinsforscher Ken Wilber schreibt dazu: »Wo Frauen das Feld mit der Hacke bearbeiten, ist Gott eine Frau; wo Männer das Feld mit dem Pflug bestellen, ist Gott ein Mann.« Und damit geht das Matriarchat zu Ende. Wir sind in der Zeit des Patriarchats.

Es scheint, dass damit aber auch eine vergleichsweise unbeschwerte Zeit vorbei ist. Die Jäger und Sammler hatten sich dem Leben angepasst. Sie zogen den Wildherden nach oder wanderten später als Hirtenvölker mit den eigenen Herden umher. Dank ihrer inneren wie äußeren Beweglichkeit, war für sie die Welt in Ordnung, wie sie war. Das änderte sich mit der Sesshaftwerdung und dem aufkommenden Ackerbau. Nun genügte es nicht mehr, dass es irgendwann und irgendwo regnete. Es musste genau auf dem Acker regnen und zwar zur rechten Zeit und im rechten Maß. Damit löste sich die Vorstellung vom unmittelbaren Erleben. Die Menschen entwickelten eine genaue Vorstellung von dem, was richtig und was falsch ist und ärgerten sich darüber, wenn die Wirklichkeit ihren Vorstellungen nicht entsprach – und das hat sich bis heute nicht geändert.

Wenn aber das Falsche geschah, wenn der Regen ausblieb oder Überschwemmungen die Ernte verdarben, dann musste ein Grund gefunden werden. Entweder gab es einen Schuldigen – noch bis ins Mittelalter verdächtigte man in solchen Fällen Hexen des Schadenzaubers. Oder man wusste, dass der zuständige Gott oder Göttin verärgert war und günstig gestimmt werden musste. Das ging nur mit einem Opfer. Und wenn alles nichts half, dann musste es ein Menschenopfer sein. Niemand schuf grausamere Opferbräuche als die Ackerbaukulturen.

Vor allem die Rolle der Frau verschlechterte sich von nun an kontinuierlich. Waren Jäger- und Sammlerkulturen nach allem, was wir wissen, sexuell sehr freizügig, änderte sich das nun aus den folgenden Gründen ins Gegenteil. Durch die Inbesitznahme von Grund und Boden waren dauerhafte Werte entstanden, die den Reichtum einer Familie ausmachten und ihr Überleben garantierten. Um sicherzustellen, dass der Besitz auch tatsächlich an die eigenen Kinder ging, wurde der Frau Unberührtheit bis zur Ehe und danach eine absolute Treue auferlegt. Mit dem Aufkommen der männlichen Erbfolge und der patrilokalen Heirat (dabei zieht die Frau zur Sippe des Mannes), musste aber auch ein Ausgleich geschaffen werden für die Familie, die die Frau aufgezogen hatte, und der sie nun als Arbeitskraft verloren ging. Damit kommt das System des Brautpreises in die Welt, der die Frau mehr und mehr zum Handelsobjekt und zum Besitz werden lässt.

Die Sonne, die in den meisten Kulturen als männlich angesehen wird, rückt immer mehr in den Mittelpunkt des Kultes. Während sich Nomadenkulturen dem Mond als dem großen Wanderer am Himmel verwandt fühlen, entspricht den sesshaften Kulturen eher die Konstanz und die Gradlinigkeit der Sonne. Und während der Mond als Zeitmesser für Jäger und Sammler vollends ausreicht, brauchen Ackerbaukulturen einen Jahreskalender. Aus dieser Notwendigkeit entstand vor 5000 Jahren die Astrologie, in deren Zentrum der Jahreslauf der Sonne steht.

Der Übergang vom Nomadentum zur Sesshaftigkeit war alles andere als friedlich. Man kann sich unschwer vorstellen, wie umherziehende Hirten darauf reagierten, dass sesshaft gewordene Sippen die Weiden oder eine Quelle zum Privateigentum gemacht hatten. Die griechischen Mythen erzählen uns davon die folgende Geschichte:

> *Als die Göttin Leto, die Mutter der göttlichen Zwillinge Artemis und Apollo, dürstend an einen Teich kam, verwehrten ihr die lykischen Bauern den Zutritt. Daraufhin flehte sie: »Was lasst ihr mich nicht an das Wasser? Es ist doch allen gestattet, sich davon zu nehmen. Weder den Sonnenschein noch die Luft hat die Natur zu irgendjemands Eigentum gemacht, auch nicht die klaren Wellen. Zu Gaben, die allen gehören, bin ich gekommen. Trotzdem bitte ich kniefällig darum, dass sie mir gewährt werden. (...) Ein Schluck Wasser wird Nektar für mich sein, und ich gebe gern zu, dass ich damit neues Leben empfange – ja, ihr gebt mir mit dem Wasser das Leben!« Als die Bauern sich selbst von dieser Bitte nicht erweichen ließen, verfluchte sie die Göttin voller Zorn: »Lebt denn auf ewig in diesen Tümpeln!« Dadurch verwandelten sie sich in Kröten, die in Sumpf und Schlamm leben und uns mit ihrem Gequake noch heute mahnend daran erinnern, was dem geschieht, der anderen das Wasser verwehrt.*

Auch der erste Brudermord, von dem die Bibel erzählt, wird vor diesem Hintergrund verständlicher, denn Kain war ein Ackerbauer und Abel ein Schafhirte. Dieser uralte Konflikt führte zu einem tiefen Riss durch die Menschheit, der bis in unsere Zeit reicht. Sesshafte Völker fühlen sich von eindringenden »Nomaden« schnell bedroht, wie man an den verbreiteten Vorurteilen gegenüber Zigeunern sieht und den zahlreichen Versuchen der Zwangsansiedlung mongolischer Nomaden, tibetischer Hirtensippen, der Beduinen oder anderer umherziehender Völker. Aber auch das Unbehagen, das große Gruppen von Einwanderern auslösen können, gehört hierher. Sesshafte Völker haben stets das Gefühl, dass diese »Habenichtse« nichts zu verlieren haben und deshalb bei ihnen die Gesetze der Sesshaften, die mit Geldbuße und Freiheitsentzug strafen, nicht greifen. Dass die Angst auf beiden Seiten besteht und wie tief sie geht, zeigt sich aber noch an einem ganz anderen Phänomen.

*»Der Tod von Abel«,
Michiel Coxcie, um 1539*

Jede Kultur hat ihr Rauschmittel. Eine Droge der Nomadenkulturen ist der Hanf, der sozusagen am Wegesrand wächst. Ein Weinberg verlangt dagegen eine regelmäßige Pflege, und die Erzeugung eines guten Weins dauert Jahre. Deshalb wurde der Wein die Kulturdroge der sesshaften Völker und genießt dort ein so hohes Ansehen, dass Jesus als Gleichnis von sich sagen konnte: »Ich bin der Weinstock. Ihr seid die Reben.« Wenn man sich das mit den Ohren von Nomadenkulturen anhört, in denen Alkohol verboten und geächtet ist, dann klingt das ungeheuerlich. Dagegen sind die Hanfprodukte Marihuana und Haschisch bei sesshaften Völkern verpönt und verboten, obwohl sie wahrscheinlich ungefährlicher sind als der Alkohol. Und sie waren auch gar kein Thema in unserem Teil der Welt, bis die Hippies auftauchten und von Amsterdam bis Goa zu »nomadisieren« begannen. Sie schworen dem Alkohol als »Opas Droge« ab und suchten Bewusstseinserweiterung beim »roten Libanesen«, dem »schwarzen Afghanen« oder wie immer sie die Nomadendroge nannten. Die Vehemenz und die teils drakonischen Strafen, mit der die Droge der anderen in der jeweiligen Kultur bekämpft wird, zeigt, wie irrational diese alten Ängste sind und wie tief sie sitzen.

Männliche Werte, die wie der Logos zuvor weitgehend unbewusst waren, werden nun immer bewusster und gewinnen an Bedeutung, wohingegen die zuvor dominanten weiblichen Werte nach und nach untergehen. Aus den schönen, aber schwachen und todgeweihten Jünglingsgöttern werden zunehmend mächtige und kräftige Vatergottheiten, die früher oder später die Alleinherrschaft verlangen, wohingegen Göttinnen abgewertet werden und nicht selten in der Hölle landen. Dass auch dieser Umbruch nicht friedlich erfolgte, erfahren wir aus griechischen Mythen, die uns erzählen, dass die drei göttlichen Brüder Zeus, Poseidon und Hades, die sich die Herrschaft über die Erde teilen, ihre Frauen geraubt und/oder vergewaltigt haben. Damit haben sie sich die ursprünglich weiblichen Kulte gewaltsam angeeignet und unterworfen.

Medusa aus Marmor

Zeus heiratet Hera gegen ihren Willen. Erst nachdem er sie vergewaltigt hat, stimmt sie schamvoll der Ehe zu. Amphitrite war von Poseidon nicht sehr angetan und floh voll Widerwillen vor ihm. Letztlich ließ sie sich dann doch noch überreden, ihn zu heiraten. Und Hades raubte Persephone und verschleppte sie zu sich in die Unterwelt. Aber auch der Kampf des Herakles mit der Hydra beschreibt die gewaltsame Zerstörung weiblicher Vorherrschaft. Die Hydra war eine Schlange mit neun Köpfen, und sobald Herakles einen davon abschlug, wuchsen gleich mehrere neue nach. Erst als Herakles begann, die abgeschlagenen Stümpfe mit Feuer zu versengen, gewann er die Oberhand und konnte die Hydra besiegen. Robert Graves deutet das als die Vernichtung weiblicher Fruchtbarkeitsriten, bei denen für jede getötete Priesterin gleich zwei, drei neue einsprangen, bereit als Märtyrerinnen zu sterben. Mit dem Niederbrennen der heiligen Haine durch die Eroberer entzogen diese dem Kult schließlich die Basis und siegten.

Auch Perseus, der Sohn des Zeus, tötet die alte Göttin Medusa, die zusammen mit ihren beiden Schwestern einst die dreifaltige Himmelskönigin verkörperte. Eine Verschiebung vom weiblich Lunaren zum männlich Solaren hatte stattgefunden. Traditionell wird das Weibliche von zwei Tieren symbolisiert, die beide Eier legen und ihre Jungen ausbrüten: dem Vogel und der Schlange. Ordnet man dem als männliche Entsprechungen den Löwen und den Wolf zu, dann ergibt sich folgende Struktur:

	männlich	weiblich
solar	Löwe	Vogel
lunar	Wolf	Schlange

Die Frau der lunaren Welt, also der matriarchalen Zeit, entspricht der Schlange, die nun verteufelt wird. In der ägyptischen Mythologie wird sie täglich von der solaren Kraft des Sonnengottes Re selbst oder in seinem Auftrag getötet. Und auch Medusa mit dem Schlangenhaupt muss sterben, weil sie die Feindschaft einer neuen Generation der Weiblichkeit auf sich gezogen hatte. Athene, eine Göttin, die von der Eule symbolisiert wird, Inbegriff der Vatertochter, Kopfgeburt des Zeus, war ihre erbitterte Feindin. Mit ihrer Hilfe gelang es dem Helden, die alte Göttin zu töten.

Schlangengöttin aus dem Palast von Knossos, 15. bis 17. Jahrhundert v. Chr.

Gerade die Geschichten um den Göttervater Zeus zeigen, wie sich die Welt verändert hatte. Er verschlang Metis, die Göttin der Weisheit und Wahrheit. Beides wurde damit reine Männersache. Da er sie zuvor geschwängert hatte, wuchs in ihm das Kind heran, und um es zu »gebären«, ließ er sich von Hephaistos, dem Gott der Schmiede, den Kopf spalten, dem seine Tochter Athene bewaffnet und in voller Rüstung mit einem Schrei entsprang. Damit hatte Zeus der Frau das Geburtsmonopol genommen. Blieb noch die entwürdigende Abhängigkeit, zur sexuellen Befriedigung auf die Gunst der Frau angewiesen zu sein. Daraus löste sich Zeus in zwei Schritten. Zum einen durch eine hemmungslose Promiskuität, die ihn von der Gunst einer Frau unabhängig machte. Zu seiner

Rechtfertigung erklärte er seiner eifersüchtigen Gattin Hera, dass Frauen ohnehin viel mehr Lust empfänden als Männer, und er das nun mal durch größere Häufigkeit ausgleichen müsse. Hera fand die Erklärung lächerlich und »typisch Mann«, aber Zeus hatte ja die Wahrheit für sich gepachtet. Deshalb rief er den blinden Seher Teiresias als Zeugen, der sieben Jahre seines Lebens eine Frau gewesen war, und es daher wissen musste. Er bestätigte denn auch gleich, dass wenn es zehn Teile der Liebesfreude gäbe, die Frau davon neun habe, der Mann aber nur einen.

Aber Zeus ging noch einen Schritt weiter. Er verliebte sich in den wunderschönen Jüngling Ganymed, holte ihn als Mundschenk auf den Olymp, um ihn ständig in der Nähe zu haben und machte ihn zu seinem Liebhaber, dem er treuer war als allen Liebschaften zuvor. Mit dieser ersten homosexuellen Liebe eines Gottes hatte er sich endgültig aus der Abhängigkeit vom Weiblichen befreit.

Der jüdische Kalender gehört zu den wenigen, die »ab der Schöpfung« rechnen, die demnach 3761 v. Chr. stattgefunden hat. Tatsächlich vermutet man, dass die Paradiesgeschichte und damit auch die Erzählung vom Sündenfall aus jenem Jahrtausend stammen. Vielleicht ist dem Menschen damals erst wirklich bewusst geworden, dass ohne Ausnahme jeder sterben muss. Denn interessanterweise gibt es auch aus anderen Kulturen Überlieferungen aus dieser Zeit, wonach Menschen mit diesem Los rangen. Der Mythos von Gilgamesh erzählt uns, dass dieser große König tatsächlich das Kraut des Lebens gefunden hatte, es dann aber auf dem Rückweg für immer verlor. Und in China kennt man die Geschichte vom Gelben Kaiser, dem Urahn aller Chinesen, der – allerdings vergeblich – das Elixier der Unsterblichkeit suchte, dafür aber die chinesische Medizin begründete.

In der uns bekannten Geschichte wird Eva, der Stammesmutter, die Schuld gegeben, dass alle Menschen sterblich sind. Worum es darüber hinaus geht, wird deutlich, wenn Gott die Schlange mit den Worten verflucht: »Feindschaft stelle ich zwischen dich und die Frau, zwischen deinen Nachwuchs und ihren Nachwuchs.« Bedenkt man, dass die Schlange in alten Kulturen das Machtsymbol der Frau war, dann versteht man, wie weitreichend diese Ächtung ist und wie tief diese Spaltung geht. Damit hat der männliche Gott die weibliche Macht zerstört. Und tatsächlich wird Eva nach dem Rauswurf aus dem Paradies im Unterschied zu Adam in der gesamten Bibel kein einziges Mal mehr namentlich erwähnt. Vergessen hat man sie aber nicht, da man sie als Sündenbock weiter brauchte. Im Alten Testament sagt der Prophet Jesus Sirach im 2. Jahrhundert v. Chr.: »Von einer Frau nahm die Sünde ihren Anfang; ihretwegen müssen wir alle sterben.« Solche Beschuldigungen waren eine ungeheure Bürde für Frauen und sollten bis in die Neuzeit bleiben.

Echnaton und seine Familie beten den Sonnenkönig Aton an

In der Mitte des 14. Jahrhunderts v. Chr. geschah in Ägypten etwas noch nie Dagewesenes. Pharao Echnaton ließ alle Götter und Göttinnen abschaffen, verbot ihre Kulte und erklärte den Sonnengott Aton zum alleinigen einzigen Gott. Der Monotheismus war geboren. Eine solch ungeheure Wende konnte nicht im ersten Anlauf gut gehen. Wenige Jahre später starb Echnaton, vermutlich wurde er vergiftet, der Sonnenkult wurde abgeschafft, und die alten Gottheiten nahmen wieder ihre angestammten Plätze ein. Doch nichts kann eine Idee aufhalten, deren Zeit gekommen ist. Auch in anderen Kulturen kristallisiert sich immer mehr eine Gottheit heraus, die nach und nach alle Attribute und auch die Namen der anderen Götter in sich vereinte und zum einen Gott wurde. So auch Jahwe, der Gott Mose. Es ist nicht wirklich gesichert, ob es Moses je gab. Aber seine Geschichte spielt etwa um 1200 v. Chr., und sie hat weitreichende Folgen.

Heidnische Religionen sind tolerant. Jedes Volk hat seine eigene Götterwelt und man weiß, wie die entsprechenden Götter bei den Nachbarvölkern heißen. Das ist uns sehr vertraut aus dem alten Rom, wo wir das ganze Pantheon der Griechen mit römischen Namen wiederfinden. Kein Mensch

Michelangelos Moses,
San Pietro in Vincoli, Rom

Aschera, die bis ins 7. Jahrhundert als Gattin Gottes verehrt wurde.

wäre darauf gekommen, einen anderen zu missionieren, zu drangsalieren oder gar einen Krieg zu beginnen, weil er »andere« Götter verehrt, genau genommen Göttern unter anderen Namen huldigt. Das entspricht ganz und gar dem weiblichen, ganzheitlichen Denken. Das aber änderte sich mit dem Aufkommen des Monotheismus, der mit Abraham begann und mit Moses zur Schriftreligion wurde. Er unterscheidet erstmals zwischen dem einen richtigen Gott, nämlich dem eigenen, und den falschen Göttern, eben allen anderen. Darin kommt das auf Eindeutigkeit ausgerichtete, männliche Denken in feindlicher, destruktiver Weise zum Ausdruck. Denn wer die Wahrheit auf seiner Seite hat, verachtet die, die an das Falsche glauben. Aber nichts wird so heiß geglaubt, wie das, was wir nicht wissen können, oder um es überspitzt zu sagen, nur was wir glauben, wissen wir gewiss. Wer sich seines Glaubens aber ganz sicher ist, fühlt sich berechtigt und aufgerufen, Ungläubige zu missionieren und ihnen den richtigen Glauben sogar aufzwingen zu müssen. Genau das lehrte der Kirchenvater Augustinus. Der eigene Gott segnet das nicht nur ab, oft genug gibt er dazu den Auftrag. Der Krisenherd Nahost brodelt seit 3000 Jahren, obwohl Judentum, Christentum und der Islam dieselben Wurzeln haben und denselben Gott verehren, allerdings unter drei verschiedenen Namen.

Einig sind sich diese drei vor allem auch darin, dass ER von Anbeginn der Zeit der Einzige war, ist und bleibt. Dabei finden sich viele Hinweise, dass auch dieser alttestamentarische Gott aus einer Vielzahl anderer Götter hervorgegangen ist, und dass die Göttin Aschera als seine Gattin verehrt wurde. Erst im 7. Jahrhundert v. Chr. ließ König Joschija ihr Standbild aus dem Tempel in Jerusalem werfen und alle Spuren weiblicher Kulte vernichten. Nur 100 Jahre später, mit der Rückkehr aus der babylonischen Gefangenschaft (539 v. Chr.), wurden die Frauen nicht nur gänzlich vom Priesteramt ausgeschlossen, auch den Tempel durften sie nur noch bis in den Frauenhof betreten.

In diesen Zusammenhang gehört auch das Ritual der Beschneidung, das nach jüdischem Verständnis das wichtigste aller Gebote ist. Es heißt auf hebräisch Berit (Bund), weil Gott dieses Opfer von Abraham und allen seinen Nachkommen als Zeichen des Bundes verlangt. Es versteht sich von selbst, dass dieser Bund mit den Männern geschlossen wurde, da das verlangte Opfer von Frauen auf keinen Fall erbracht werden kann.

Trotz all dieser Schilderungen wäre es falsch, im Aufkommen und der Verbreitung des Patriarchats eine Verschwörung der Männer zu sehen. Es war gewiss nicht so, dass sich die Männer zusammengerottet haben, »um es den Frauen zu zeigen«. Vielmehr fand ein offenbar notwendiger Entwicklungsschritt des kollektiven Bewusstseins statt, durch den die bislang untergeordneten männlichen Werte entdeckt und aufgewertet wurden. Dafür spricht vor allem, dass es sich um eine Entwicklung handelt, die etwa zeitgleich in der ganzen damals bekannten Welt zu beobachten war. Selbst der Buddhismus wurde in seinen Anfängen von Männern dominiert und war nicht frauenfreundlicher. Nur sehr widerwillig hat Buddha einen Nonnenorden zugelassen, dem er zahlreiche Sonderregeln auferlegte, durch die jeder Mönch besser gestellt ist als selbst eine hundertjährige Nonne. Nach der Lehre des Urbuddhismus können nur Männer Buddhaschaft erlangen und ins Nirwana kommen. Frauen können günstigstenfalls im Augenblick des Todes die Gnade einer Geschlechtsumwandlung erleben.

Der Wandel erklärt sich aber auch aus den Notwendigkeiten des Ackerbaus. Die Arbeit mit dem Pflug war für die Frau, insbesondere wenn sie schwanger war, einfach zu schwer. Und so kam es zur Arbeitsteilung. Der Mann bestellte das Feld, und die Frau kümmerte sich um das Haus. Damit übernahm der Mann die Öffentlichkeit und die Frau das Zuhause, eine Aufteilung, die bis weit in die Neuzeit reicht. In dem Maße, wie technische Fortschritte die Arbeit effizienter machten, ergaben sich Freiräume, die unter anderem für kulturelles Schaffen genutzt werden konnten. Da diese Aufgaben dem öffentlichen Bereich zugehörten, wurden auch sie überwiegend, wenn nicht ausschließlich, von Männern übernommen.

Deshalb steht dem Niedergang aller weiblichen Werte auch ein eindrucksvoller Aufbruch, ein wahres Erwachen der Menschheit gegenüber. Der Logos, den die Isis von Sais als Licht zur Welt gebracht hatte, war nun zur vollen Blüte erwacht. Das Wissen wuchs in einem nie da gewesenen Maße, die Menschheit machte ungeheure Erkenntnisse und legte die Grundlagen der Zivilisation. In einer Zeitspanne von nur 400 Jahren, zwischen dem 7. und dem 4. Jahrhundert v. Chr., lebten die großen Geister, deren Namen

Raffaels »Schule von Athen«, 1508–1511

bis heute unvergessen sind: Laotse und Konfuzius in China, Buddha in Indien, Zarathustra in Persien, die großen Propheten Jeremia, Hesekiel in Israel, und in Griechenland die gesamte Schule von Athen: Thales von Milet, Pythagoras, Heraklit, Parmenides, Sophokles, Empedokles, Euripides, Sokrates, Plato, Aristoteles, Euklid, Epikur und viele mehr.

Ein bedeutsames Zeichen dieser Zeit war die Umkehrung der Schrift. Während alte Schriften, wie noch heute das Hebräische und Arabische, von rechts nach links geschrieben werden, und damit symbolisch gesehen von außen nach innen führen, kehrt sich die Schreibrichtung nun um. Damit geht das Interesse vom Innen zum Außen, der Logos erforscht die äußere Welt – und sich selbst. Denn es heißt, die erste Inschrift, von der wir wissen, dass sie in dieser neuen Richtung geschrieben wurde, sei das »Erkenne dich selbst« über dem Eingang des Tempels von Delphi gewesen, das Thales von Milet dort anbringen ließ. Diese berühmte Orakelstätte, die ursprünglich der Erdgöttin Gaia geweiht war, hatte inzwischen Apollo in Besitz genommen und daraus einen Sonnentempel gemacht.

»Erkenne dich selbst«
Inschrift über dem Eingang des Tempels von Delphi

Vielleicht darf man folgenden Vergleich wagen: Wenn wir die Zeit der Großen Göttin als die Kindheit der Menschheit betrachten (weshalb auch so viel davon in Vergessenheit geriet), dann befinden wir uns jetzt in der Pubertät – mit allen Stärken und Schwächen. Es ist die Ichwerdung der Menschheit. Das Individuelle wird bewusst und tritt mehr und mehr hervor, allerdings auch in seiner problematischen Form als Egomanie und blinder Zerstörungswut. Im Jahre 365 v. Chr. legte der ionische Hirte Herostratos Feuer im Tempel der Artemis von Ephesos und zerstörte damit eines der sieben Weltwunder der Antike aus einem einzigen Grund: Er wollte seinen Namen verewigen. Leider ist es ihm gelungen.

Der Prophet Jesaja und Nyx, die Nacht (»Das Gebet des Jesajas«), Bild aus dem Pariser Psalter, Byzantinische Buchmalerei aus dem 10. Jahrhundert

Dem Ziel der Selbsterkenntnis und der Welterkenntnis dienten nicht nur die Philosophenschulen, die - wie Platons Akademie - im 4. Jahrhundert v. Chr. entstanden. Es ist auch in etwa die Zeit, in der die Astrologie individuell wird und die ersten persönlichen Horoskope auftauchen (siehe Seite 107*ff*). Aber auch auf der religiösen Ebene zeigte sich ein großer Wandel. Gab es bislang nur einen Volksglauben, den man selbstverständlich annahm, weil man in das Volk geboren wurde, erblühten nun die großen Mysterienreligionen, denen man zugehörte, weil man sich als Individuum dafür entschied. Dabei handelte es sich um Initiationsriten, in deren Zentrum ein sterbender und wiederauferstehender Gott stand.

In den Kulten von Isis und Osiris, Kybele und Attis, aber auch den der Demeter geweihten Mysterien von Eleusis, lebte die Große Göttin fort. Der Mithraskult dagegen, der sich in den ersten Jahrhunderten n. Chr. ausbreitete, war rein männlich ausgerichtet und ließ auch nur Männer zu seinen Mysterien. Letztlich war das aber auch der Grund für seinen Untergang. Dieser Kult war lange Zeit eine große »Konkurrenz« für das frühe Christentum, dem er in vielem ähnelte:

- Mithras wurde von einem Vatergott als Erlöser zur Welt geschickt.
- Seine Geburt feierte man am 25. 12.
- Sie fand in einer Höhle statt, Tiere und Hirten waren in der Nähe.
- Mithras feierte mit zwölf seiner Anhänger das Abendmahl mit Brot und Wein, wobei die Hostien ein Kreuzzeichen hatten.

- Es gab sieben Sakramente, unter anderen Taufe und Firmung.
- Mithras ist gestorben und wiederauferstanden.

Im 3. Jahrhundert n. Chr. fand dieser Kult seine größte Verbreitung. Mithras hatte deutlich mehr Anhänger als das Christentum, und die Welt war auf dem Wege mithräisch zu werden. Weil aber mit den Frauen die Hälfte der Bevölkerung vom Kult ausgeschlossen blieb, war er dem Christentum letztlich unterlegen.

Bei dessen Verbreitung stießen Priester und Missionare allerdings immer wieder auf ein ähnliches Problem. Dem Volk fehlte die Göttin. Das hatte schon im alten Israel zu einem immer wieder aufkommenden Konflikt geführt. Dort war ja anstelle einer Himmelskönigin das Volk selbst als »Tochter Zion« zur Geliebten Jahwes geworden. Aber eine solche Vorstellung ist für einen Volksglauben zu abstrakt. Deshalb fiel das Volk immer wieder in alte Bräuche zurück oder murrte, wie die Bibel berichtet, zur Zeit Jeremias (etwa 600 v. Chr.): »Wir wollen der Himmelskönigin wieder räuchern und ihr Trankopfer darbringen, wie wir und unsere Väter, unsere Könige und Fürsten es getan haben. Denn damals hatten wir auch Brot genug, es ging uns wohl, und wir sahen kein Unglück. Seit wir aber abgelassen haben, ihr zu räuchern und Trankopfer darzubringen, haben wir alle Mangel gelitten und sind durch Schwert und Hunger umgekommen.«

Auf dasselbe Problem stießen die Priester erneut, als sie im frühen 4. Jahrhundert n. Chr. mit der Christianisierung der Germanen begannen. Diesen Völkern war, so sagt man, schon lange zuvor prophezeit worden, dass ein neuer Gott aus dem Süden zu ihnen kommen würde. Dass dieser Gott sich als der Einzige ausgab und alle alten Götter für falsch erklärte, das war schon viel. Aber ohne Göttin, wie sollte das gehen?

Isis nährt Horus – das große Vorbild für Maria und Jesuskind.

Gewiss hat diese Notsituation wesentlich dazu beigetragen, dass Maria in jener Zeit als Mutter Gottes einen, wenn man so sagen darf, rasanten Aufstieg zur Himmelskönigin machte und in Windeseile alle Attribute zugeschrieben bekam, die die Große Göttin schon immer gehabt hatte. Man weiß, dass aus dem damals noch bis zum Limes verbreiteten Isiskult Figuren, die eigentlich Isis mit dem Horusknaben zeigten, kurzerhand zur Madonna mit dem Jesuskind umgestaltet wurden. Jesus wäre über diesen Marienkult sicherlich sehr verwundert gewesen, denn immerhin sagte er laut Bibel zu seiner Mutter: »Weib, was habe ich mit dir zu schaffen?« Aber er würde sich gewiss über manches wundern, auch über die Kirche und den Papst.

Für die Missionierung aber war damit ein großer Stein aus dem Weg geräumt. Nun ließen sich viele alte Muttergottheiten zur Mutter Gottes umdeuten – andere dagegen leben in unseren Märchen fort als des Teufels Großmutter. Die heiligen Feste im Jahreslauf konnten ebenfalls gut zu Marienfesten umgestaltet werden.

In ihrer neuer Rolle wurde Maria zur Königin der Liebe und wie ihre alten Vorbilder galt sie als die Milde, Barmherzige, Verständnisvolle, Verzeihende und die Nährende und sie war für die Fruchtbarkeit der Schöße und der Äcker zuständig. Nur in einem Punkt unterschied sie sich vollkommen von ihren antiken Vorbildern. Man verehrte sie als Jungfrau. Das war zwar auch schon immer ein Titel der Großen Göttin, nur bedeutete er nicht *unberührt*, sondern *vom Mann unabhängig*. Auch die große Liebesgöttin Aphrodite galt als Jungfrau. Aber keusch war sie gewiss nicht. Die Tauben und Spatzen waren ihre Attribute als Zeichen ihrer Lüsternheit. Allerdings reinigte sie sich jährlich mit einem Bad im Meer bei Paphos auf Zypern und erneuerte damit zugleich ihre Jungfernschaft. Das christliche Dogma der Jungfrauengeburt geht dagegen auf eine Prophezeiung Jesajas zurück, in der er verkündet: »Siehe, eine Jungfrau ist schwanger und wird einen Sohn gebären«. Dazu bemerkt der schottische Religionswissenschaftler Sir James Frazer kurz: »Die richtige Übersetzung, nämlich *junge Frau*, hätte ein Wunder überflüssig gemacht.«

So aber kam es zur Polarisierung zwischen der makellosen Maria einerseits, die ohne Geschlechtsverkehr schwanger wird, und Maria Magdalena andererseits, die von der Kirche lange Zeit irrtümlich als Hure bezeichnet wurde, die trotz Geschlechtsverkehr nicht schwanger wird. Und während der Kult um das unerreichbare himmlische Vorbild immer weiter zunahm, wurde die Rolle der irdischen Frauen immer schlechter.

Die zunehmende Ächtung und Verdinglichung der Frau geht zurück auf die Kirchenlehrer des frühen Christentums, die allesamt heilig gesprochen wurden. So sagt etwa Augustinus, der Bedeutendste unter ihnen, im 4. Jahrhundert n. Chr.: »Das Weib ist ein minderwertiges Wesen, das von Gott nicht nach seinem Ebenbilde geschaffen wurde. Es entspricht der natürlichen Ordnung, dass die Frauen den Männern dienen.« Und Johannes Chrysostomos, der zur selben Zeit lebt, überbietet das noch, indem er feststellt: »Die Weiber sind hauptsächlich dazu bestimmt, die Geilheit der Männer zu befriedigen.«

Doch selbst die großen Geister, die nach 1000 Jahren finsterem Mittelalter das Licht wieder einschalteten, das vor allem von Augustinus ausgeschaltet worden war, verstiegen sich zu sehr problematischen Aussagen. Zwar gab es schon in der Zeit von 1000 bis 1500 n. Chr. eine Entwicklung, die manche die erste »Frauenbewegung« nennen. Als namhafteste Vertreterinnen kennt man bis heute Hildegard von Bingen, Elisabeth Mechthild von Magdeburg, Katharina von Siena und Theresia von Avila. Dennoch findet Thomas von Aquin: »Der wesentliche Wert der Frau liegt in ihrer Gebärfähigkeit und in ihrem hauswirtschaftlichen Nutzen.« Und selbst der weise Albertus Magnus erklärte im 13. Jahrhundert, die Frau sei ein missglückter Mann. 1484 gipfelte diese Verunglimpfung, indem Papst Innozenz VIII Frauen kurzerhand zu »Nicht-Menschen« erklärte.

Aus der gleichen Zeit gibt es eine Legende im König Arthus Zyklus, die 1450 aufgeschrieben wurde[3], und sich wie eine ganz dringende Mahnung liest. Sie erzählt, wie König Arthus im tiefen Wald einem ungeheuren Riesen begegnet. Um die Botschaft der Geschichte zu verstehen, sollte man bedenken, dass in der Symbolik der König für das kollektive Bewusstsein steht. So verkörpert der vorbildliche König Arthus die Zivilisation mit allen ihren Werten. Der Riese, der im tiefen Wald spontan aus dem Nichts erscheint, ist dem gegenüber ein Naturgeist, der die Urgewalt der Natur darstellt. Frei erzählt geht die wunderschöne Geschichte so:

An einem schönen Sommertag geht Arthus mit seinen Rittern auf die Jagd. Er erblickt einen großen Hirsch, den er verfolgt, bis er immer tiefer und letztlich ohne Gefährten in den Wald von Inglewood gerät, wo auf einer Lichtung plötzlich ein Riese in voller Rüstung vor ihm steht, der den König zum Zweikampf fordert. Arthur appelliert an dessen Ritterehre und weist darauf hin, dass er nur sein grünes Jagdgewand trägt und nicht für einen Zweikampf gerüstet sei. Darauf lenkt der Riese ein unter der Bedingung, dass der König ein Jahr später am selben Tag und am selben Ort kampfbereit erscheine. Der König schwört es bei seiner Ehre, woraufhin ihm der Ritter eine Chance gibt. Sollte Arthus jedoch bis zum nächsten Treffen ein Rätsel lösen, so bliebe ihm der tödliche Zweikampf erspart. Das Rätsel lautete: »Was will die Frau?«

Erleichtert bedankt sich der König und kehrt nach Camelot zurück. Als er dort seine Geschichte erzählt, breitet sich Ratlosigkeit aus. Alle spüren, dass es sehr schwierig würde, die richtige Antwort zu finden, obwohl man damals noch nicht wissen konnte, dass mehr als 500 Jahre später selbst der Vater der Psychoanalyse, Siegmund Freud, gestand: »Die große Frage, die ich trotz meines 30-jährigen Studiums der weiblichen Seele nicht zu beantworten vermag, lautet: ›Was will die Frau?‹«

Nun, auf Camelot ging man ganz pragmatisch vor. Man schickte Boten in alle Teile des Landes, um das ganze Volk zu befragen, und alle Antworten trug man sorgfältig in einem dicken Buch zusammen. Doch je mehr das Jahr verging, umso größer wurde die Sorge. Und als sich der König allein auf den Weg zu seinem Herausforderer machte, befürchtete jeder am Hof, dass man die richtige Antwort nicht gefunden hatte.

Da reitet rückwärts auf ihrem Klepper sitzend die hässlichste aller Hexen daher. Hämisch kichernd begrüßt sie den König und sagt ihm mit ihrer krächzenden Stimme direkt ins Gesicht: »Wenn ich Euch nicht helfe, Herr König, seid Ihr ein toter Mann.« Sofort wird dem König klar, dass die alte Hexe, die sich als Lady Ragnell zu erkennen gibt, sein Problem, aber auch die Lösung kennt. Sie ist auch gern bereit, ihm zu helfen, wenn er ihr gleichfalls einen Wunsch erfüllt. Der König

sagt, er tue gerne, was er könne. Doch als er den Wunsch erfährt, verliert er sogleich alle Hoffung. Lady Ragnell wünscht sich Gawain, den schönsten aller Ritter zum Mann. »Das kann ich ihm nicht antun,« seufzt Arthus. Doch als Gawain davon hört, sagt er sofort: »Um Euer Leben zu retten, würde ich sogar den Teufel heiraten.« Daraufhin kommt es zum Pakt. Die Hexe verrät dem König des Rätsels Lösung, doch darf Arthus zunächst alle anderen Antworten ausprobieren. Nur wenn er wirklich Ragnells Antwort braucht, dann wird sie Gawain zum Mann bekommen.
Tief im Wald von Inglewood trifft der König ein Jahr später auf seinen mächtigen Gegner. Der nimmt sich auch die Zeit, sich alle Antworten anzuhören, die Arthus' Boten gesammelt haben. Aber wie befürchtet ist die richtige nicht dabei. Schon will der Riese den Kampf beginnen, da sagt Arthus: »Halt, eine Antwort habe ich noch. Die Frau will Macht!« »Das kann Euch nur meine Schwester, die verfluchte Hexe Ragnell verraten haben,« tobt und zetert der Riese. Aber er hält sich an die Vereinbarung und lässt den König ziehen.
Zu Hause auf Camelot wird die Rückkehr des Königs freudig gefeiert, als es plötzlich an der Türe klopft. »Hallo, Herr König,« hört man die krächzende Stimme der Alten, »habt Ihr mich vergessen?« »Nein, nein,« beschwichtigt Arthus und lässt die Hexe ein, die sich auch gleich zum schönen Gawain gesellt. Allen ist die Situation peinlich und Arthus hofft, sein Versprechen mit einer Heirat im Verborgenen einlösen zu können. Aber da protestiert die Lady und verlangt ein großes, richtiges Hochzeitsfest.

Das bekommt sie auch, aber es gleicht einem Trauertag auf Camelot. So viele schöne Frauen hatten davon geträumt, den strahlenden Gawain für sich zu gewinnen. Nun saßen sie weinend in ihren Gemächern und mussten mit ansehen, wie diese furchtbare Hexe den besten Ritter Englands bekam. Die aber war fröhlich und in bester Laune. Und als sich des Abends alle Gäste eher verlegen verdrückt hatten, und sie mit ihrem Angetrauten allein war, schlug sie vor, schlafen zu gehen. Gawain folgte ihr verdruckst, legte sich mit dem Rücken auf das Bett und starrte schweigend an die Decke. Nach einer langen Weile fragte

Ragnell: »Mein lieber Gawain. Wir sind doch jetzt Mann und Frau. Wenn ich Euch nun um einen Kuss bitte, ist das zu viel?« Darauf gab sich Gawain einen Ruck, fasste allen Mut zusammen und sagte: »Nein, Ihr sollt auch mehr als das haben,« und küsste sie. Plötzlich sah er die schönste aller Frauen vor sich und fragte verwirrt: »Wer bitte seid Ihr?« »Ich bin doch Eure Frau« flüsterte die Schöne, aber dann stellte sie Gawain vor eine Wahl, um die ihn niemand beneiden würde. »Ich war verwunschen,« sagte sie, »aber durch Euren Kuss bin ich erlöst. Doch kann ich nicht stets so sein, wie Ihr mich jetzt seht, sondern immer nur einen halben Tag. Wählt: Wollt Ihr mich so bei Nacht? Dann bin ich tagsüber die hässlichste Frau, und niemand wird verstehen, warum Ihr an meiner Seite seid. Aber des Nachts bin ich dafür die Frau Eurer Träume. Oder Ihr habt mich tagsüber so schön, dass alle Welt Euch um mich beneidet. Aber nachts bin ich die scheußliche Hexe Ragnell. Nun wählt!« »Oh, das fällt mir schwer,« klagt Gawain – und wer würde ihn nicht verstehen? Deshalb überlässt er ihr die Wahl und sagt: »Meine liebe Frau, es sei so, wie Ihr es wünscht.« Damit ist der Bann gebrochen. Mit dieser Antwort hat er sie ganz erlöst, sodass sie nun Tag und Nacht die schönste aller Frauen sein kann.

Soweit die schöne Geschichte, die auf einer Ebene davon erzählt, dass das Wissen um das wirkliche Wesen, die wahre Rolle und die Bedeutung der Frau so gänzlich in Vergessenheit geraten war, dass die Natur (der Riese) den König (als Repräsentant der Zivilisation) zwingt, sich dessen wieder bewusst zu werden, andernfalls ist er des Todes (die Zivilisation geht unter). Wie aber ist die gesuchte Antwort zu deuten? »Sovereinty« also Souveränität ist das, was die Frau im englischen Urtext begehrt. Das bedeutet sowohl Macht wie Unabhängigkeit. Und es ist naheliegend, dass es dabei um die ursprünglichsten Bereiche weiblicher Macht geht, eben jene, in denen Männer bis heute noch vielfach Frauenkleider (Talare) tragen: die Rechtsprechung, das Heilwesen und die Religion.

Deshalb ist es so unbegreiflich, dass die katholische Kirche gerade Letzteres den Frauen verwehrt, mit der Begründung, sie seien kultunfähig! Im Übrigen bezieht man sich auf Paulus, der nun nicht gerade als Frauenfreund bekannt ist und gesagt hat: »Eine Frau soll sich still und in aller Unterordnung belehren lassen. Dass eine Frau lehrt, erlaube ich nicht, auch nicht, dass sie über ihren Mann herrscht; sie soll sich still verhalten. Denn zuerst wurde Adam erschaffen, dann Eva. Und nicht Adam wurde verführt, sondern die Frau ließ sich verführen und übertrat das Gebot.« Manchmal muss man sich schämen, wie Männer argumentieren. Paulus ist dabei nicht besser als Zeus.

Die schlimmen Folgen dieser Haltung sind bekannt. Nicht im finsteren Mittelalter, sondern in der Renaissance begannen im 15. Jahrhundert die Hexenverfolgungen, die ihren Höhepunkt im 17. Jahrhundert hatten, also in der Zeit der Aufklärung, und tatsächlich bis 1793 dauerten, als die letzte »Hexe« in Posen hingerichtet wurde.

Mit dem in männlicher Linie vererbbaren Königtum hatte David etwa 1000 v. Chr. das Patriarchat auf den Thron gehoben. Wenn nun im 20. Jahrhundert ein König nach dem anderen zurückgetreten ist, dankt damit offenbar auch das Patriarchat nach und nach ab. Das bedeutet nicht, dass uns ein neues Matriarchat bevorsteht. Im günstigen Fall kommt es zu einem Integrat, also einem gleichberechtigten und sich gegenseitig ergänzenden Miteinander. Genau das ist es, was man vom aufkommenden Wassermannzeitalter erwarten darf. Die Aufwertung der weiblichen Seite, die dafür notwendig ist, können wir schon lange beobachten. Es ist, als kehre die Göttin auf allen Ebenen zurück:

Politisch:

Im 19. Jahrhundert bildete sich die politische Linke. Links ist seit alters her IHRE Seite, die zutiefst geächtet und verboten war und inzwischen weltweit wieder geachtet wird.

Gesellschaftlich:

Von der Frauenemanzipation sagt der Schweizer Religionswissenschaftler Othmar Keel, dass sie im Gegensatz zu anderen Revolutionen ohne Blutvergießen erfolgt ist und die Entwicklung der Menschheit nachhaltiger und positiver prägen wird, als diese es taten.

Philosophisch

Am Ende des 19. Jahrhunderts verkündet Friedrich Nietzsche, der bedeutendste Philosoph seiner Zeit: »Gott ist tot«. Damit kann er nur den männlichen monotheistischen Gott gemeint haben, der keine Göttin neben sich duldet. So ist Platz für ein neues, umfassendes, integrales Gottesbild entstanden.

Psychologisch

Zu Beginn des 20. Jahrhunderts entsteht dank Freud, Adler und Jung die Tiefenpsychologie, die das weiblich-lunare Unbewusste im Unterschied zum männlich-solaren Bewussten wieder entdeckt und erforscht.

Astronomisch/Astrologisch

1930 wird der Planet Pluto entdeckt, was Astrologen als die Rückkehr des archaisch Weiblichen deuten. Das Phänomen, dass dieser kleinste und entfernteste Planet in unserem Sonnensystem astrologisch eine so enorme Wirkung hat, lässt sich nur »homöopathisch« und damit weiblich erklären. Nur dem weiblichen Denken leuchtet ein, dass auch die größte Verdünnung eine ungeheuere Wirkung haben kann. Daran ändert auch die Aberkennung des Planetenstatus von Pluto im Jahr 2006 nichts.

Technisch

1959 konnten wir erstmals in der Geschichte der Menschheit Bilder von der dunklen Seite des Mondes sehen, und 1969 sind die ersten Männer auf dem Mond gelandet.

Naturwissenschaftlich

Hatte das männliche Denken das Weibliche immer der Zweideutigkeit bezichtigt und sich deshalb auf den Weg gemacht, die ganze Welt nach eindeutigen Kriterien zu ordnen, stößt es auf der Suche nach dem Wesen der Materie im allerkleinsten Bereich an seine Grenzen. 1928 stellt der Quantenphysiker Heisenberg mit seiner berühmten Unschärferelation fest, dass SIE recht hat. Es gibt keine objektive Eindeutigkeit. Was wir beobachten, hängt immer auch von unserer Haltung und Erwartung ab.

Religiös

An Allerheiligen des Jahres 1950 verkündet der damalige Papst Pius XII als erstes unfehlbares Dogma (die Unfehlbarkeit gibt es seit dem 18. 7. 1870) die leibliche Himmelfahrt Mariens. C. G. Jung nennt dies das wichtigste religiöse Ereignis seit der Reformation. 1954 erklärt derselbe Papst Maria offiziell zur Himmelskönigin.

Im Alltag

All das wäre wenig, wenn sich nicht auf der Alltagsebene überzeugende Änderungen abzeichneten. Heute dürfen Linkshänder endlich mit links schreiben – und wir alle dürfen wieder links herum tanzen. Das galt lange Zeit als teuflisch.

Gott ist Linkshänder, sagen die Physiker heute. Die meisten für das Leben wichtigen Moleküle sind linkshändig. Und auch das Ei beginnt nach der Befruchtung links herum zu tanzen!

Wenn Sie das nächste Mal die hauchdünne Sichel des neuen Mondes sehen, vergessen Sie nicht, sich zu verbeugen. Man sagt, das bringe Glück. In jedem Fall aber sollten Sie den Augenblick abwarten, in dem die Sichel einen Baum, einen Giebel oder einen Berg berührt. In diesem Augenblick können Sie einen Wunsch daran hängen. Die Wahrscheinlichkeit, dass er sich während dieser Mondphase erfüllt, ist sehr groß.

Die Entwicklung des menschlichen Bewusstseins im Laufe der Weltzeitalter

oder Der wassermännische Sprung in die 4. Dimension

Nicht alle teilen die Überzeugung, dass es eine Evolution gibt, obwohl sie sich auf vielen Ebenen beobachten lässt. Ihre Richtung geht vom Einfachen zum Komplexen. So hat das Leben mit dem Einzeller begonnen und im Laufe von Jahrmillionen etwas so Großartiges hervorgebracht wie das menschliche Gehirn, von dem man sagt, wenn es so einfach wäre, dass wir es verstehen könnten, dann wären wir so dumm, dass wir es nicht verstehen würden.

Diese Überzeugung, dass alles nach und nach entstanden ist und sich immer weiter entwickelt, ist noch relativ neu und wird heute noch in fundamentalistischen Kreisen abgelehnt. Erst mit Beginn der industriellen Revolution vor etwa 200 Jahren veränderte sich die Welt in der Lebensspanne eines Menschen so spürbar, dass eine Entwicklung nicht mehr zu übersehen war. Das macht den modernen Menschen diesem Gedanken gegenüber aufgeschlossener. Zuvor aber bestand weitgehend Einigkeit darüber, dass Gott am Anfang alles in Rekordzeit geschaffen hat – und ihm das nach eigener Beurteilung gut gelungen ist, denn es heißt ja in der Bibel am Abend der Schöpfungstage regelmäßig: »Und Gott sah, dass es gut war.« Nichts veränderte sich seitdem und eigentlich wartete die Menschheit nur auf den Jüngsten Tag, an dem alles wieder vorbei sein würde.

Bild links *Ausschnitt aus »Die Erschaffung von Sonne, Mond und Vegetation» des Deckenfreskos zur Schöpfungsgeschichte von Michelangelo, Sixtinischen Kapelle.*

Das Stierzeitalter

Einer hatte das sogar ganz genau berechnet. James Ussher (1581 – 1656), irischer Erzbischof und einer der großen Gelehrten seiner Zeit, kam anhand der biblischen Überlieferungen zu dem Schluss, dass Gott die Schöpfung der Welt am Sonntag, den 23. Oktober 4004 v. Chr. um 8.00 Uhr morgens abgeschlossen hatte. Für Adam und Eva währte die Zeit im Paradies nur wenige Tage. Schon am 10. November desselben Jahres wurden sie hinausgeworfen. Diese Berechnung war zu ihrer Zeit keine skurrile Idee eines exzentrischen Geistes, sondern ein Glaube, der von vielen Menschen geteilt wurde und für Kreationisten bis heute die Wahrheit ist.

Mit dem Ergebnis seiner Berechnungen kam der Bischof in die Nähe der Zeit, mit der der jüdische Kalender beginnt, der »ab Schöpfung« zählt und im Jahr 3761 v. Chr. anfängt. Damit sind wir astrologisch gesehen im Stierzeitalter, das etwa von 4000 bis 2000 v. Chr. dauerte[4].

Inzwischen stehen wir am Anfang des Wassermannzeitalters. Zwar gehen die Meinungen darüber auseinander, wann es genau beginnt (siehe Seite 71*ff*, 272*ff*), aber das ist nicht wirklich wichtig, weil derartige Übergänge nicht auf einen Stichtag festzulegen sind, sondern sich über Jahrhunderte hinziehen.

Wie einleuchtend das Konzept der Weltzeitalter ist, und was wir von dem neuen Aeon erwarten können, zeigt sich auf einer Reise durch die zurückliegenden Jahrtausende, bei der wir sehen, wie sich markante Themen jener Zeit in der Idee des jeweiligen Weltzeitalters spiegeln. Dabei werden wir vor allem die Entwicklung des menschlichen Bewusstseins vor Augen haben und erkennen, wie es sich nach und nach die Dimensionen unserer Wirklichkeit erschlossen hat.

Das Urbild, in dem die Idee des Stiers anschaulich zum Ausdruck kommt, ist der Bauer, der sein Land in Besitz nimmt, den Acker bestellt, alte Traditionen hegt und pflegt und Werte schafft, die möglichst lange erhalten bleiben. Analog dazu können wir im Stierzeitalter beobachten, wie aus Jägern und Sammlern Ackerbauern werden, die sich im 4. Jahrtausend v. Chr. in fruchtbaren Flussgegenden niederließen, wo sie ab 3500 v. Chr. die ersten Städte gründen: Akkad, Babylon, Ninive, Uruk und Ur im Zweistromland und wenig später Memphis, Theben und Luxor in Ägypten. Bedenkt man, dass die Menschen all die Jahrtausende zuvor, einfach seit es Menschen gibt, in kleinen Sippenverbänden als Nomaden umherzogen, dann ist diese Sesshaftwerdung so phänomenal, als würden die Zugvögel heute beschließen, sich ein festes Zuhause zu bauen und nicht länger herumzuziehen.

Nach allem, was wir wissen, war die damals zu Ende gehende Zeit der Jäger und Sammler sehr friedlich. Deshalb ist es durchaus möglich, dass der Menschheit dieser Übergang zum Ackerbau als die Vertreibung aus dem Paradies in kollektiver Erinnerung blieb. Der Bibel zufolge war es ja ein Fluch, der Adam zwang, einen Acker voller Dornen und Disteln zu bestellen und im Schweiße seines Angesichts sein Brot zu essen. Etwas leichter hat es sich der Mensch dann doch gemacht. Schon bald erfand er das Rad und den Pflug und – vielleicht als kleinen Ausgleich für das verlorene Paradies – braute er sich das erste Bier. Etwas später (etwa 3200 v. Chr.) begann er in Mesopotamien den ersten Wein zu kultivieren, von dem die Mehrzahl der heutigen Rebsorten abstammen. Das alles sind typische Attribute des Zeichens Stier.

Der stierhafte Wunsch nach Dauer und Ewigkeit zeigt sich aber auch in der Erfindung der Schrift, mit der erstmals ein flüchtiges Wort festgehalten werden konnte, sowie in den großen Ewigkeitsbauten wie Stonehenge oder der Cheopspyramide (2500 v. Chr.) Es ist die Zeit der frühesten Wissenschaften. Im Zweistromland entstehen mit der Astrologie der Kalender und die Mathematik, während in Ägypten die Alchemie aus der Kunst der Metallschmelze hervorgeht.

Stonehenge in Wiltshire, England

Das Höchste, was die Menschheit sich vorzustellen vermag, ist das Gottesbild. Deshalb sagt es uns viel über das menschliche Bewusstsein einer Epoche. In der Symbolik der Astrologie gilt der Stier als weibliches Zeichen, und so wundert es nicht, dass es im Stierzeitalter zahlreiche Stierkulte gab, und das vorherrschende Gottesbild von Göttinnen geprägt war, die unter vielen Namen als große Muttergottheiten verehrt wurden (siehe Seite 275). Männliche Götter waren vor allem als wunderschöne, aber untergeordnete Jünglinge bekannt, als Söhne der Großen Göttin und zumeist auch als ihre Geliebten.

Dem deutschen Kulturphilosophen Jean Gebser verdanken wir eine umfassende Studie über die Entwicklungsgeschichte des menschlichen Bewusstseins, auf die zahlreiche andere Bewusstseinsforscher, wie der amerikanische Philosoph Ken Wilber, später aufgebaut haben. Nach Gebser kommt es zu Bewusstseinssprüngen, wenn eine alte Bewusstseinsstruktur defizient geworden ist, sich erschöpft hat. Wie vor allem Ken Wilber aufzeigte, lösen sich Bewusstseinsstrukturen nicht einfach ab. Vielmehr ist ein neues Bewusstsein weit umfassender als das alte, das es umschließt und in sich erhält. So kann ein umfassenderes Bewusstsein sich sehr wohl in die Vorstellungswelt des vorherigen Bewusstseins hineinbegeben, so wie ein Erwachsener sich in das Bewusstsein eines Kindes zurückversetzen kann.

In der Zeit der Jäger und Sammler, als die Menschen noch in überschaubaren Sippenverbänden lebten, entwickelte sich die Bewusstseinsstruktur, die Gebser *magisch* nennt. Damals löste sich der Mensch allmählich aus der Einheit mit der Natur, spürte einen eigenen Willen und versuchte, die Welt nach seinen Vorstellungen zu beeinflussen. Kern des magischen Denkens ist das Beschwören dessen, was man sich wünscht, und das Bannen von allem, was man fürchtet. Der Zusammenhalt der Menschen ergab sich ebenso schicksalhaft wie selbstverständlich aus der Sippe, in die man hineingeboren wurde, in der die Bräuche der Vorfahren gelebt und weitergegeben wurden.

Die Sesshaftwerdung im Stierzeitalter führte zu einem Bevölkerungswachstum, das aus Sippen Stämme und später Völker werden ließ. Es war die Zeit, in der die Bilderwelt der Seele erwachte und wahrgenommen wurde. Dieses *mythische Bewusstsein*, wie Gebser es nennt, ist so ungemein verbindend, dass es ganze Völker zusammenzuschweißen vermag. In seinem Zentrum dreht sich alles um Mitte und Ursprung und die Erinnerung an ein verlorenes Paradies. Am Anfang steht immer die zeitlose Zeit der Stammeseltern, als der Himmel die Erde noch berührte, in der Gott mit den Menschen sprach und ihnen seinen Segen gab, aber auch sein Gesetz. Dieser Überlieferung zu folgen heißt, dem Ursprung und der anfänglichen Reinheit treu zu bleiben. Jede Abweichung von den Bräuchen der Vorfahren und den überlieferten Gesetzen gilt daher als Schande.

Das mythische Bewusstsein weiß stets, was gottgewollt ist. Seine heiligen Prinzipien sind unter keinen Umständen diskutierbar. Seine Werte sind nicht zu hinterfragen. Es gelten die Sitten und Bräuche der Ahnen. Deshalb ist dieses Bewusstsein notwendigerweise intolerant. Da alles heilig ist und absolut gesehen wird, ist es undenkbar auch einen anderen Standpunkt als richtig anzuerkennen, denn jede Relativierung des Heiligen ist tabu.

Es sind Schamkulturen, in denen die Ehre an oberster Stelle steht, deren Beschmutzung einem Gesichtsverlust gleichkommt, der um jeden Preis vermieden werden muss. Im schlimmsten Falle muss sie durch Blut und Blutrache wiederhergestellt werden. Um den Ehrverlust zu vermeiden, darf man lügen und die ungeheuerlichsten Verschwörungstheorien erfinden. Hauptsache die anderen sind schuldig, und die eigene Sippe bleibt vor Schande bewahrt. Bis heute kennen Schamkulturen kein Wort, das unserem Verständnis von Kritik gleichkommt. Kritik heißt dort Schmähung, womit Selbstkritik keine erstrebenswerte Tugend sein kann, sondern absurd und dumm ist.

Das Widderzeitalter

Mit dem Jahrtausendwechsel um 2000 v. Chr. zieht für die folgenden 2000 Jahre das Widderzeitalter herauf. Der Widder gilt in der Astrologie als das männlichste Zeichen. Ihm entspricht der Archetyp des Kriegers. So wundert es nicht, dass das Gottesbild wechselt. Die ehemals schwachen Jünglingsgötter sind zu Vatergottheiten herangewachsen, die die Herrschaft beanspruchen und alte weibliche Gottheiten entmachten. Viele von ihnen sind Kriegsgötter und haben zudem eine Schwäche, die man auch dem Widder nachsagt: Sie sind sehr egoistisch. So sieht man etwa im griechischen Götterhimmel, dass die Götter Opfer und Verehrung erwarten, sich aber sonst eher wenig um die Menschen kümmern. Parallel zu dieser religiösen Entwicklung übernehmen Männer auch auf Erden die Herrschaft und erobern die Welt. Es ist die Zeit des Imperialismus, in der die großen Reiche entstehen.

Auf der religiösen Ebene ändert sich die Symbolik entscheidend. Gilgamesch, der legendäre König von Uruk (Babylonien), Urbild aller späteren Helden von Herakles bis Siegfried, tötet der Überlieferung zufolge den Himmelsstier, denn dessen Zeitalter ist vorbei. Abraham folgt (etwa 1800 v. Chr.) dem Ruf seines Gottes und macht sich auf den Weg in das gelobte

Gilgamesch hält den Stier am Ohr

Land. Als er dem Brauch der Väter folgend seinen ersten Sohn opfern will, zeigt ihm ein Engel den *Widder* als Ersatzopfer. Damit endet die Zeit der Menschenopfer, die in den Ackerbaukulturen des Stierzeitalters ihren blutigen Höhepunkt hatten. Wie nachhaltig dieser Wandel auch für die späteren Generationen war, erzählt uns die biblische Geschichte von den Plagen, die Gott den Ägyptern schickte, damit der Pharao das Volk Israel ziehen lässt. Die zehnte Plage brachte den Tod aller Erstgeburten im ganzen Land Ägypten. Nur an den Häusern der Israeliten ging der Todesengel vorbei. Sie hatten ihre Türen mit Widderblut bestrichen und blieben deshalb verschont. Das Ersatzopfer wurde akzeptiert.

Etwa um die Mitte des 14. Jahrhunderts v. Chr. entstand in Ägypten der erste Monotheismus der Welt. Pharao Echnaton verbannte alle alten Gottheiten und ließ nur noch Aton, die Sonnenscheibe, als einzigen Gott verehren. Gott, Sonne, Licht, eins, eindeutig – all das sind männliche Attribute, die im Widderzeitalter zunehmend an Bedeutung gewinnen. Dennoch konnte sich Echnatons Reform nicht durchsetzen. Nach dem Tod des Pharaos verschwand der Kult um Aton, und die alten Götter tauchten wieder auf. Aber die Idee des Monotheismus war geboren und wurde einige Generationen später von Moses erneut aufgegriffen und zum zentralen Punkt der Religion des jüdischen Volkes, aus dem später das Christentum und der Islam hervorgehen sollten.

Mit dem Glauben an einen einzigen Gott entsteht die Überzeugung, dass alle anderen Religionen falsch und deren Götter Götzen sind. Jahwe, der Gott Mose, ließ sich nicht einfach mit Zeus, Jupiter oder Re übersetzen, worüber die »Heiden«, die es nunmehr gab, nur verwundert den Kopf schütteln konnten. Wer an andere Götter glaubte, galt von nun an als Ungläubiger. War es zuvor das heilige Anliegen, allen Göttern gerecht zu werden und nur keine Gottheit im Kult zu vergessen, gab es von jetzt an die Sorge, dass Menschen falsche Götter anbeten. War es zuvor Ziel des Kultes und seiner Riten, immer wieder die Reinheit herzustellen, damit der Kosmos sich weiter dreht, traten nun die Schriftreligionen auf. In deren Zentrum stand nicht länger das kultisch verehrte Gottesbild, sondern ein heiliger Text, der den Glauben an einen unsichtbaren Gott lehrte und verlangte. Damit war das einfache Volk verständlicherweise überfordert, und so lesen wir in der Bibel an vielen Stellen, wie immer wieder alte Riten und Gebräuche auflebten. Am bekanntesten ist dabei der Tanz um das Goldene Kalb, ein Rückfall in die Stierverehrung des lange zurückliegenden Zeitalters, gerade zu dem Zeitpunkt, als Moses das Gesetz der neuen Religion auf dem Sinai empfing, an dessen Beginn es heißt: »Ich bin der Herr dein Gott. Du sollst keine anderen Götter haben neben mir.« Aber auch der spontane Wutausbruch, mit dem Moses die ersten Gesetzestafeln zerschlägt, aus Zorn über diesen Tanz, machen ihn zu einem typischen Religionsstifter im Widderzeitalter.

»Die Anbetung des Goldenen Kalbes«, Nicolas Poussin, um 1635

Mit Homer beginnt dann jene eindrucksvolle Zeit von 800 bis 200 v. Chr., die der Philosoph Karl Jaspers die Achsenzeit nannte, weil damals von Ost bis West ein Ruck durch die antike Welt ging. Das Bewusstsein erlebte einen wahren Mutationssprung, der männliche Logos erwachte und brachte die *mentale* Struktur hervor. Der Mensch machte sich auf die Suche nach

Erkenntnis. Er begann zu reflektieren, nachzudenken und über die Urfragen der Menschheit zu philosophieren: Wer bin ich, woher komme ich, was ist meine Aufgabe, wohin gehe ich?

Das veränderte Bewusstsein führte aber auch in eine neue Dimension. Der Mensch begann die drei Dimensionen des Raumes zu verstehen. War Raum für ihn bislang nur Zwischenraum, so erfasste er nun nach und nach auch die Raumtiefe. Doch wie die Geschichte zeigt, wird ein derartiger Durchbruch nicht mit Freuden begrüßt und gefeiert. Solche Übergänge sind sehr schwierig. Ein neues Bewusstsein wird nicht wirklich ersehnt. Es scheint vielmehr ein Verrat am alten Wahren zu sein und fühlt sich kalt, fremd, unendlich groß und ebenso haltlos an. Wer sich an den Augenblick erinnert, in dem ihm zum ersten Mal bewusst wurde, dass es kein Christkind gibt, kann dieses Gefühl noch ein wenig nachspüren. Plötzlich war die Welt nicht nur um einen großen Zauber ärmer. Sie war kalt und fremd, sie bot keinen Halt mehr und schon gar keine Geborgenheit.

Wie Menschen auf die Entfaltung der dritten Dimension und damit auf die Raumtiefe reagieren, erzählt uns Plato in seinem berühmten Höhlengleichnis. Ein wenig gekürzt geht es so:

Platons Höhlengleichnis: Nicht nur, was wir wahrnehmen können, ist wahr …

In einer unterirdischen Höhle leben Menschen, die ihr Leben lang so festgebunden sind, dass sie nur auf die Höhlenwand vor sich blicken können. Hinter ihnen brennt ein Feuer und dazwischen bewegen sich Personen, die nur als Schatten auf der Wand vor den Gefangenen zu sehen sind. Mit den Jahren sind den Gefangenen alle Schatten gut vertraut. Sie bilden ihre Welt.

Einem Gefangenen gelingt es auszubrechen und ans Sonnenlicht zu kommen. Davon ist er zunächst so geblendet, dass er gar nichts sehen kann. Erst in dem Maße, wie sich seine Augen an das Licht gewöhnen, erkennt er die Welt und begreift, dass alle Objekte zweidimensionale Schatten werfen. Ihm wird klar, dass die Welt, die er bislang nur als zweidimensionale, also flächige Schatten gesehen hat, in Wirklichkeit aus drei Dimensionen besteht.
Im wahrsten Sinne erleuchtet kehrt er zu den anderen zurück, um ihnen voller Freude zu berichten, was er gesehen und erkannt hat. Doch seine Mitgefangenen schenken ihm keinen Glauben. Sie halten ihn für verrückt, machen ihn lächerlich und glauben, dass er sich die Augen verdorben hat. Deshalb halten sie es auch für töricht und gefährlich die Höhle zu verlassen und würden jeden, der sie dazu zwingen will, sofort umbringen.

Genauso erging es dem jungen, neuen Bewusstsein und den großartigen Entdeckungen und Erkenntnissen, die es mit sich brachte. Sie gingen wieder unter und gerieten alle für lange Zeit in Vergessenheit. Mit Anbruch des Fischezeitalters bäumte sich das mythische Bewusstsein noch einmal auf und überspülte alle neuen Entwicklungen und Erkenntnisse. Dieses neue Zeitalter begann um die Zeitenwende und zwar völlig unspektakulär an einem entlegenen Ort.

Das Fischezeitalter

Wer damals im römischen Reich nach einem Zentrum gesucht hätte, das einen neuen Zeitgeist hervorbringen könnte, hätte gewiss an Städte wie Alexandria, Athen, Byzanz oder Rom gedacht. Aber niemand wäre auf eine kleine Ortschaft in Galiläa gekommen, die damals vielleicht 80 Einwohner hatte und Nazareth hieß. Dort wuchs Jesus, der Sohn eines Tischlers auf, wahrscheinlich ohne je mit der damals blühenden Geisteswelt des Hellenismus in Berührung zu kommen. Dafür war er zutiefst in der jüdischen Tradition und Gedankenwelt bewandert und fest davon überzeugt, dass das Ende der Welt nahe bevorstand. Deshalb zog er als Wanderprediger durch das Land, um das Judentum zu läutern und auf das bevorstehende Gottesreich vorzubereiten. Nach allem, was die Bibel berichtet, hatte er nie vor, eine Weltreligion zu begründen. Dazu fühlte er sich weder berufen, noch hätte dazu die Zeit gereicht. Mehrfach sagte er seinen Zuhörern: »Es stehen einige hier, die werden den Tod nicht schmecken, bis sie sehen das Reich Gottes kommen mit Kraft.« So groß war seine Endzeiterwartung. Nach nur drei Jahren Lehr- und Wandertätigkeit wurde er im Alter von 33 Jahren zum Tode verurteilt und gekreuzigt. Damit aber begann sich seine Botschaft weltweit zu verbreiten.

Was heute oft als Urchristentum bezeichnet wird, waren zahlreiche Jesusbewegungen innerhalb des Judentums, die zunächst als jüdische Sekten angesehen wurden. Schon bald aber verbreitete sich die neue Lehre weit über das Judentum hinaus. Das war das Werk des Apostel Paulus, der die christliche Botschaft in die römische Welt einführte und erstmals auch Nichtjuden dafür gewann. Um die neue Religion für die römische Welt »salonfähig« zu machen, musste er sie zunächst von drei Regeln befreien, die zwar die Kernsubstanz des jüdischen Gesetzes bilden, aber von Römern nicht akzeptiert worden wären. Paulus strich die zahlreichen koscheren Speisegebote ersatzlos, ebenso die strengen Sabbatregeln und er schaffte sogar das Beschneidungsgebot ab. Von diesen Restriktionen befreit, verbreitete sich die neue Lehre kraftvoll. Die Lehre von einem Gottmenschen, der vom Himmel auf die Erde herabkam, um sich aus Liebe zum Opfer zu bringen, damit er die Menschen erlöst, war revolutionär und traf den Zeitgeist ungemein. Aber auch andere Neuerungen, die Jesus verkündete: So sprach er nicht von einem strengen, strafenden und oftmals unberechenbaren, willkürlichen Gott, sondern lehrte: »Gott ist die Liebe.« Statt Blutrache (Auge um Auge, Zahn um Zahn) predigte er die Nächstenliebe. An die Stelle eines strengen und rigiden Gesetzes setzte er die Gnade. Das waren allesamt Botschaften des gerade anbrechenden Fischezeitalters, von denen die Menschen so erfasst wurden, dass sich die neue Religion, die man seit dem 2. Jahrhundert *Christentum* nannte, allen Anfeindungen zum Trotz schnell ausbreitete. Als im Jahr 312 Kaiser Konstantin auf dem Schlachtfeld seinen zahlenmäßig weit überlegenen Gegner Maxentius im Zeichen des Kreuzes besiegte, erklärte er das Christentum zur Staatsreligion im römischen Reich.

Damit aber nahm eine Bewegung ihren Lauf, die dem bereits erwachten mentalen Denken entgegengesetzt war. Die zahlreichen frühchristlichen Strömungen waren so sehr von der kurz bevorstehenden Wiederkehr des

Messias überzeugt, dass man sie heute »Endzeitsekten« nennen würde. Wenn aber sicher ist, dass die Welt bald untergeht, dann ist es unnötig oder gar abwegig, Forschung und Wissenschaft zu betreiben oder nach Bildung zu streben. Einzig wichtig ist nur das Seelenheil, und das findet man nicht in Universitäten, sondern in Kirchen und Bibelschulen. Deshalb begannen mit der Verbreitung des Christentums 1000 Jahre finsteres Mittelalter. Im 4. Jahrhundert entwickelte der bedeutende Kirchenvater Augustinus die Lehre von der Erbsünde, verkündete das Fegefeuer sowie ewige Höllenqualen und übernahm den Lehrsatz der Kirchenväter Cyprian und Origenes: »Außerhalb der Kirche gibt es kein Heil.« Angesichts solcher Aussichten hielt er es auch für zulässig und geboten, Menschen zu ihrem Glück zu zwingen. Wer sich uneinsichtig zeigte, durfte auch gewaltsam zur Religion der Nächstenliebe bekehrt werden. Ferner ächtete Augustinus die Sexualität und damit alles Körperliche und Materielle und forderte, dass man sich nicht mit der Welt, sondern nur noch mit Glaubensfragen beschäftigen solle. Die christlichen Kaiser taten das Ihrige. Sie ließen nicht nur alle »heidnischen« Kulte verbieten, 529 schloss Kaiser Justinian auch die platonische Akademie in Athen. Das ungeheure Wissen, das die Antike bereits entdeckt hatte, geriet so in Vergessenheit und wäre für das Abendland völlig verloren gegangen, hätte es nicht in der islamischen Welt eine neue Heimat gefunden.

Die Renaissance und das Wiedererwachen des mentalen Bewusstseins

Es dauerte ganze 1000 Jahre bis das Abendland aus diesem Tiefschlaf erwachte und das alte Wissen wiederentdeckte. Im 13. Jahrhundert n. Chr. waren die norditalienischen Städte reich und selbstbewusst geworden und ließen sich nicht länger von Rom bevormunden. Durch ihre regen Handelsbeziehungen mit der islamischen Welt waren sie auf die Werke der großen Geister der Antike aufmerksam geworden und ließen sie ungeduldig in ihre Sprache übersetzen. Die Wiedergeburt (Renaissance) der Antike begann, sprengte die Enge mittelalterlichen Denkens, und das wiederentdeckte Wissen wurde dankbar aufgesogen. Die vergessenen hermetischen Künste blühten auf. Astrologie und Magie erlebten eine neue Hochblüte, ebenso Alchemie und Kabbala – und das mentale Bewusstsein breitete sich aus.

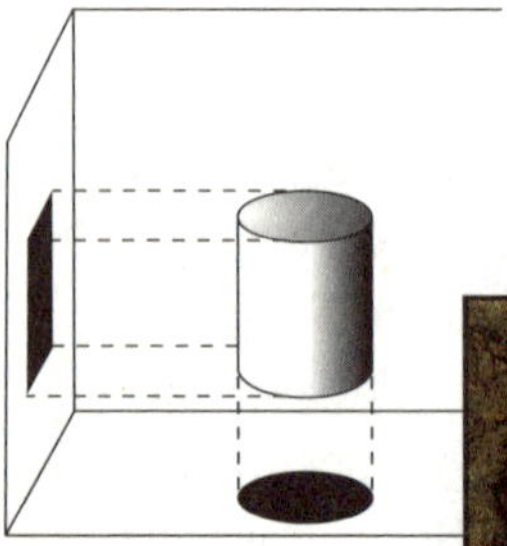

Zweidimensionales Denken sieht entweder Quadrat oder Kreis, wo ein dreidimensionales Bewusstsein als gemeinsames einen Zylinder erkennt.

Masaccios Dreifaltigkeitsfresco (um 1425) zeigt in beeindruckender Weise die wiederentdeckte Perspektive.

Die Menschen begannen erneut, die dritte Dimension zu verstehen. Raum war für sie nicht länger nur Zwischenraum. Fast 2000 Jahre nach Platons Höhlengleichnis wurde die Raumtiefe wiedererkannt und konnte dargestellt werden. Der Mensch begriff die Gesetze der Perspektive und lernte sie zu beherrschen. Zuvor hätte kein Künstler eine Allee zeichnen können, die in das Bild hineinführt, bis sie am Horizont verschwindet. Nun aber zeigten Künstler ehrgeizig, wie sie auch schwierigste Perspektiven darstellen konnten. Wie neu dieses Bewusstsein noch ist, lässt sich leicht daran erkennen, dass wir bis heute unseren Kindern dieses perspektivische Sehen erklären müssen. Es ist nicht angeboren.

War der Blick zuvor stets auf das Eine und Ganze gerichtet, so verstand der Mensch nun, dass jeder Blickwinkel seine eigene Perspektive hat. Das ist bereichernd und verwirrend zugleich. Denn so schön es ist, seinen eigenen Standpunkt zu haben, so sehr drängt sich auch die Frage auf, welcher denn nun der richtige sei. Der Blick fällt auf Segmente, die aus dem Ganzen herausgeschnitten werden, das dadurch verloren zu gehen droht. Plötzlich wird alles relativ und hängt nur noch vom persönlichen Standpunkt ab. Für das alte, mythische Bewusstsein, das stets das Ganze und das Heilige vor Augen hat, ist das eine Katastrophe. Nichts ist mehr heilig.

Symbolische Darstellung der Durchbrechung des mittelalterlichen Weltbildes

Im mythischen Weltbild beschützte der Himmel die Erde gleich einer Käseglocke. Diese alle und alles verbindende Kuppel gab Halt. Und der Glaube, dass darüber ein Schöpfer thront, der alles überwacht und seine behütende Hand über die Menschen hält, war sehr beruhigend. Doch plötzlich zerbrach diese Kuppel und Kälte breitete sich aus. Dem Menschen wurde mehr und mehr bewusst, dass er in die Unendlichkeit blickte. Es gab nichts Absolutes mehr, nichts war mehr vollkommen wahr und sicher. Bis hierher fühlte sich das christliche Abendland glücklich im Besitz eines geoffenbarten Wissens, der Bibel. Es gab keinen Zweifel, dass die Heilige Schrift das Wort Gottes war und damit die reine Wahrheit. Deshalb war es die oberste Aufgabe der Wissenschaft, mit ihren Erkenntnissen dieses Wissen zu belegen und zu erklären. Gab es einen Konflikt, so war klar, wo der Fehler lag. Die Wissenschaft musste sich irren, denn am absoluten Wissen der Bibel konnte es doch keinen Zweifel geben. Und plötzlich sprengt das mentale Bewusstsein diese

Ketten. Solch offensichtliche und seit jeher geglaubte Selbstverständlichkeiten, wie die Wanderung von Sonne und Mond um die Erde, sollten plötzlich nicht mehr stimmen, obwohl es doch jeder täglich mit seinen eigenen Augen sehen konnte. Das zeigt einmal mehr, wie schwer der Übergang von einer Bewusstseinsstruktur zur nächsten fällt, und wie aussichtslos es sein kann, jemanden überzeugen zu wollen, der an der alten, »offensichtlichen« Struktur festhält. Noch Jahrhunderte später sagte der Quantenphysiker Max Planck: »Die Wahrheit siegt nie. Ihre Gegner sterben aus.« Dieser Umbruch und die heraufziehende Zeit der Aufklärung (17. Jahrhundert) stellte auch die Religion vor neue Herausforderungen. Von nun an war es ihre Aufgabe, ihre Lehre mit den wissenschaftlichen Entdeckungen in Einklang zu bringen.

Für das mythische Denken ist Zweifel ein Frevel, zumindest wenn das Heilige, das Dogma infrage gestellt wird. Glaubensgewissheit gilt dagegen als Stärke und Tugend. Deshalb muss der Zweifel mit allen Mitteln unterdrückt werden. Unbewusster oder unterdrückter Zweifel aber lassen einen Menschen leicht zu einem Fanatiker werden, der seinen Zweifel durch Überkompensation zu ersticken sucht. *Nur was wir glauben, wissen wir gewiss,* heißt dann der Leitsatz. Mit dem aufblühenden mentalen Bewusstsein wird der Zweifel dagegen elementarer Teil aller Überzeugungen. *Nur wenn ich das, was ich sicher weiß, auch immer wieder infrage stelle, können meine Überzeugungen lebendig bleiben und zeitgemäß sein,* heißt es nun. Aber natürlich hat der Zweifel seinen Preis. Bis hierher wurden die Menschen nicht von Sinnfragen gequält. Schließlich war alles gottgewollt und man maßte sich nicht an nach dem Sinn des göttlichen Plans zu fragen. Nun aber tauchen Fragen nach dem Sinn des Lebens auf, die vor allem die Philosophie des 19. Jahrhunderts beschäftigen.

Sigmund Freud sprach von drei narzisstischen Kränkungen, die die Menschheit in ihrer Geschichte erlitten hat. Diese schwersten Kränkungen des menschlichen Selbstwertgefühls sind alle in der jetzt anbrechenden Neuzeit erfolgt. Anfang des 16. Jahrhunderts rückt Kopernikus die Erde aus dem Mittelpunkt der Welt. Im 19. Jahrhundert zeigt Darwin, dass der Mensch kein exklusives Geschöpf Gottes ist, sondern ein Kind der Evolution. Und im 20. Jahrhundert macht Freud dem Menschen bewusst, dass er nicht Herr im eigenen Haus ist, sondern vieles aus Impulsen des Unterbewussten heraus tut. Nichts ist mehr heil und heilig.

Das Ende der saturnalen Welt und der Beginn des Wassermannzeitalters

Seitdem der Mensch den Himmel beobachtete, kannte er die sieben Planeten, denen er die sieben Tage der Woche zuordnete (siehe Seite 185). Diese Siebenzahl war so selbstverständlich und gottgegeben wie die zwölf Zeichen des Zodiaks und die zwölf Monate des Jahres. In diesem spannungsvollen Miteinander der Primzahl Sieben und der durch viele Zahlen teilbaren Zwölf, spiegelte sich die Polarität, die dennoch eine anschauliche, innere Verbindung hatte, weil 7 aus 3 + 4 besteht, während sich 12 aus 3 × 4 ergibt. Im Mittelalter fand man die Siebenzahl so gottgewollt, dass man »logisch« folgerte: *Weil der Himmel sieben Planeten hat, hat der menschliche Kopf sieben Öffnungen.* Der äußerste dieser Planeten ist der langsam laufende Saturn, der *Hüter der Schwelle.* Mit seiner Bahn zog er die Grenze des Kosmos, innerhalb derer er für Ordnung sorgte. Er symbolisierte eine Welt, die keinen Fortschritt kannte, in der es eine heilige Ordnung (griech. *Hierarchie*) gab, an deren Spitze Gott über allem stand, darunter der König von Gottes Gnaden und unter ihm das in Klassen gegliederte Volk, von dem jeder Einzelne danach strebte, möglichst normal zu sein.

Diese vertraute Ordnung wurde 1781 gesprengt, als Wilhelm Herschel mit Hilfe des Fernrohrs erstmals einen Planeten außerhalb der Bahn Saturns entdeckte. Uranus, wie man ihn bald nannte, ist doppelt so weit entfernt wie Saturn. Damit war etwas Ungeheuerliches passiert. Über Nacht hatte sich der Kosmos verdoppelt, und die heilige Sieben war nicht länger Maßstab für die Anzahl der Wandelsterne am Himmel. Plötzlich mussten die Menschen erkennen, dass die alten Grenzen zu eng und die vertraute Ordnung falsch war. Und nicht nur am Himmel wurde der alte Rahmen gesprengt. Acht Jahre später brach die französische Revolution aus, deren Maxime Freiheit, Gleichheit, Brüderlichkeit für Astrologen bis heute die Schlüsselbegriffe des neuen Planeten Uranus sind. Damit begann der nachhaltige Abbau der Hierarchien. Die alten Vertreter der saturnalen, hierarchischen Ordnung, die Kaiser und Könige von Gottes Gnaden, wurden von ihren Thronen gestoßen. Demokratien lösten Monarchien ab, und der Mensch strebte nicht länger danach normal zu sein, sondern begann seine Individualität zu entdecken und seine Eigenart zu entfalten. Vor allem aber setzte zeitgleich mit der Entdeckung des Planeten Uranus, den die Astrologen auch mit Inno-

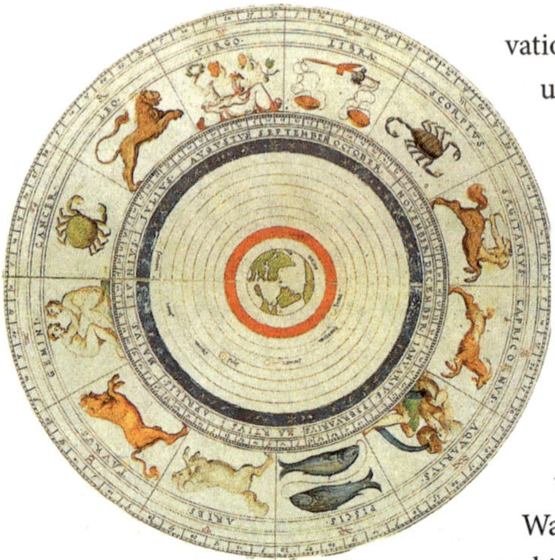

Giovanni Battista Agnese, Zodiacus

vation und Mutation verbinden, eine ungeheure Zeitbeschleunigung ein.

Die Astrologie ordnete diesen neuen Planeten mit sicherem Gespür dem Zeichen Wassermann zu, und setzte damit einen weiteren Akzent. Im Tierkreis liegen Wassermann und Löwe einander gegenüber. Während sich im Zeichen Löwe der Archetyp des Königs ausdrückt, ist der Wassermann sein Gegenspieler. Das war bislang der Narr, der im Mittelalter als Einziger dem König die Wahrheit sagen durfte. Diese Rolle wandelte sich nun zum Revolutionär, der den König vom Thron stößt, die Demokratie ausruft, den Untertanen zum Bürger macht und als wassermännische Ideale die Menschenrechte verkündet.

Seither sind diese Werte zu einer nicht mehr wegzudenkenden Selbstverständlichkeit geworden. Ebenso ist die Forderung nach Einhaltung der Menschenrechte in einer noch nie da gewesenen Weise laut geworden. Und auch im Geist der Aufklärung, der die französische Revolution hervorbrachte, erkennt man leicht die wassermännische Qualität. Er führt den Menschen aus seiner Unmündigkeit heraus und befreit ihn vom Joch einengender Dogmen und irrationaler Glaubensprinzipien. Zugleich begann ein immer noch andauernder Abbau von Schranken und Unterschieden aller Art, insbesondere der Schranken zwischen Rassen, Klassen und den Geschlechtern. Aber auch der Drang nach Unabhängigkeit hat sich kräftig ausgebreitet. Seit dem amerikanischen Unabhängigkeitskrieg, der von 1775 bis 1783 geführt wurde, also in der Zeit, als Uranus entdeckt wurde, hört die Folge der Unabhängigkeitskämpfe und -erklärungen nicht auf, bis im 20. Jahrhundert auch die letzte Kolonie in die Unabhängigkeit entlassen wurde.

Etwa 1000 v. Chr., als König David den Thron bestieg, führte er mit dem »Haus David« das in männlicher Linie vererbbare Königtum auf Lebzeiten ein. Damit hatte sich das Patriarchat, dessen Ursprünge man in der

Zeit der Städtegründungen vor etwa 5000 Jahren sieht, endgültig etabliert. Gleichermaßen bezeugen alle seit der französischen Revolution erfolgten Abdankungen von Königen, oder deren Entmachtung und Beschränkung auf rein repräsentative Funktionen, das Ende dieser Epoche. Selbst wenn sich die Prophezeiung, die König Faruk von Ägypten 1952 bei seinem erzwungenen Rücktritt gab, nicht ganz erfüllte, ist ihr Tenor stimmig. Er sagte damals, dass es am Ende des 20. Jahrhunderts nur noch fünf Könige geben werde, nämlich Kreuz, Pik, Herz, Karo sowie den König von England!

Das zu Ende gehende Patriarchat wird nun aber nach allem, was sich erkennen lässt, nicht zu einem erneuten Matriarchat führen. Die Zeichen weisen vielmehr auf eine Zukunft hin, in der – ganz dem wassermännischen Geist entsprechend – das Weibliche und das Männliche gleichwertig nebeneinander und miteinander wirken.

In unserer Zeit können wir das Ringen um eine weitere Art von Gleichberechtigung beobachten, der zwischen dem männlichen und weiblichen Denken. Damit ist nicht das Denken von Männern und Frauen gemeint, sondern zwei unterschiedliche Arten, die Wirklichkeit zu verstehen, die beiden Geschlechtern gemeinsam ist. Männliches Denken geht kausal vor und sucht den Zusammenhang zwischen Ursache und Wirkung. Das weibliche Denken ist dagegen analog, es assoziiert und erkennt wirksame oder bedeutungsvolle Zusammenhänge, obwohl sie keine kausale Verknüpfung haben. Männliches Denken stellt Regeln auf, weibliches Denken erfasst dagegen die Ausnahmen. Männliches Denken ist trennend (differenzierend), indem es stets die Unterschiede herausarbeitet, während weibliches Denken holistisch ist und stets das Gemeinsame erkennt und betont. Deshalb kann sich männliches Denken leicht im Detail verlieren, während die Schwäche des weiblichen Denkens darin liegt, Details möglicherweise zu übersehen.

Es ist unschwer zu erkennen, dass in patriarchaler Zeit das männliche Denken dominierte und sich letztlich als alleiniger Repräsentant der rationalen Logik zum uneingeschränkten Herrscher krönte, zur einzigen Instanz, die die Wahrheit erkennen und verkünden kann, während weibliches Denken als prärationale Logik belächelt und abgetan wurde. Wahrheit ist nun einmal der Name, den die Mächtigen ihrer Meinung geben. Jetzt aber scheint es, dass es nicht länger nur um die *Haupt*sache geht, sondern ebenso um die *Bauch*sache, dass die emotionale Intelligenz aufholt und sich auf dem Weg befindet, gleichwertig neben die klassische Intelligenz zu treten. Die Polarität von Löwe und Wassermann im Tierkreis hat aber auch noch eine andere Symbolik. Während der Löwe, der Archetyp des Königs, ganz selbstverständlich den Mittelpunkt bildet und sich in das Zentrum stellt, gilt der Wassermann als derjenige, der den besonderen Standpunkt bevorzugt, die ex-zentrische Perspektive, wie sie auch im Symbol des Uranus ⛢ zu finden ist. Analog dazu ist seit dessen Entdeckung selbst der Mittelpunkt der Erde nicht mehr Mittelpunkt der Welt, wie er es all die Jahrtausende zuvor selbstverständlich war. Vielmehr sind wir an einen immer ex-zentrischeren Punkt »ver-rückt«, was die Zeitschrift *Bild der Wissenschaft* (1/96) anschaulich so beschreibt: »Kopernikus vertrieb die Erde aus dem Mittelpunkt der Welt, die Sonne verlor ihre zentrale Stellung mit der Erkundung der Milchstraße, unsere Galaxis entpuppte sich als eine von vielen Milliarden – und jetzt hat sogar der Urknall seine Einzigartigkeit verloren: Das ›ganze Universum‹ ist vielleicht nur eines von vielen!« Das war 1996 noch ein ungeheuerlicher Gedanke. Inzwischen haben wir uns daran gewöhnt, von Paralleluniversen zu sprechen.

Und was sagt der Mythos vom Wassermann? Es ist die Geschichte von Ganymed, dem schönsten Jüngling der Antike. Der Göttervater Zeus war von seiner Schönheit so hingerissen, dass er in der Gestalt eines Adlers zur Erde flog, den Jüngling packte und ihn auf die himmlischen Höhen des Olymps holte, wo er zum Mundschenk der Götter wurde – und zum Geliebten des Zeus. Was sich daraus für unsere Zeit ablesen lässt, ist offenbar: Zum einen gehört zum wassermännischen Werteausgleich auch die Gleichberechtigung zwischen Hetero- und Homosexualität, zum anderen hebt der Wassermann offensichtlich ab und sucht die höchste Höhenluft.

Im 19. Jahrhundert erfüllte sich der Mensch erstmals den Traum zu fliegen. Keine 100 Jahre später ist das Flugzeug ein völlig normales Transportmittel geworden. Der Mensch fliegt inzwischen zum Mond, installiert Raumstationen und schickt seine Raketen immer tiefer in den Weltraum. Wenn wir sehen, wie sehr die Menschen in den letzten 200 Jahren »abgehoben« haben, aber auch wie sehr die Parolen der französischen Revolution in die Grundgesetze der Nationen Einzug fanden, wie selbstverständlich persönliche Freiheit und die Betonung der Individualität geworden sind, dann befinden wir uns schon längst im Wassermannzeitalter, das ungeachtet seiner unklaren himmlischen Startlinie ganz offensichtlich mit der Entdeckung des Planeten Uranus und dem Paukenschlag der französischen Revolution begann.

Von diesem neuen Zeitalter erwarten viele, dass endlich alles besser wird, ohne zu sagen, worauf ihr Optimismus und ihre Sehnsucht gründet. Doch wenn im Fischezeitalter Gott selbst Mensch wurde, ohne dass sich die Welt erkennbar gebessert hat, dann ist es fraglich, warum nun alles gut werden soll. Ken Wilber gibt deshalb zu bedenken: »Die Enthusiasten des ›Neuen Zeitalters‹ reden so, als würde nun innerhalb eines Jahrzehnts das Höchste Bewusstsein, der wahre GEIST über uns kommen. Doch wir haben schreckliche fünfzehn Milliarden Jahre (seit dem Urknall, Anm.) gebraucht, und zwar nur für die erste Hälfte der Rückkehr, und ich bezweifle, dass die zweite Hälfte bis morgen Nachmittag zu bewältigen sein wird.« Dass es anders wird, ist sicher. Ob es aber besser wird, liegt an jedem Einzelnen.

Die Schattenseite

Auch die problematischen Seiten des wassermännischen Geistes sind nicht zu übersehen. Im ungünstigen Fall steht uns ein Zeitalter des *ewigen Jünglings* und des *ewigen Mädchens* bevor. Ein Gedanke, der manchem auf Anhieb gar nicht so unsympathisch ist. Bei näherer Betrachtung aber wird die Problematik sichtbar. Wenn es dem Vater schmeichelt, für den Bruder seines Sohnes gehalten zu werden, und die Mutter gerne als jüngere Schwester ihrer Tochter durchgehen möchte, dann stimmt etwas nicht. Jung sind wir nur einmal, unreif können wir dagegen ein Leben lang bleiben. Die Psychologie bezeichnet diesen Charakter als *puer aeternus* und seine weibliche Entsprechung als *puella aeterna*. Sein typisches Merkmal liegt darin, dass er die Lebenseinstellung, die der Mensch in jungen Jahren selbstverständlich haben darf und haben soll, nicht ablegt. Wird diese zeitlebens beibehalten, wirkt das im Laufe der Jahre notwendigerweise immer unreifer und absurder, im günstigen Fall komisch, zumeist aber irgendwann peinlich.

Das Kernproblem liegt darin, dass ein solcher Mensch nicht nur alles tut, um äußerlich jung zu wirken, sondern auch all den inneren Reifeschritten ausweicht, die einen wirklich erwachsenen Menschen ausmachen. Dazu gehört einerseits, Verantwortung für sich und andere zu übernehmen, eigenes Verschulden nicht wie ein Kind ganz selbstverständlich auf andere abzuwälzen, sondern zu sich – und damit auch zu seinen Fehlern – zu stehen. Andererseits bedeutet es, sich klar gegen Übergriffe, Unterstellungen und Verleumdungen abgrenzen zu können, und Eigenschaften wie Zuverlässigkeit, Loyalität, Integrität und vor allem Verbindlichkeit zu entfalten. Erst die richtige Mischung aus Weichheit und Härte lässt die gefestigte Persönlichkeit entstehen, die für den reifen Menschen kennzeichnend ist. Bleibt der Reifeprozess dagegen aus, dann kommt es auch nicht zu dieser Mischung. Aus Mangel an gewachsener Festigkeit wird dann die innere Weichheit hinter einem immer härteren äußeren Panzer verschanzt. So bleibt der Mensch zeitlebens innen wachsweich, inkonsequent, launisch, höchst empfindsam und leicht zu kränken; kurz gesagt ein Schwächling, der seine Schwäche aber unter einem eiskalten Mantel äußerer Härte versteckt; ein lustgesteuertes Jüngelchen – ein ewiges Mädchen –, nur an der Befriedigung der Begierden interessiert, ohne jegliche Rücksicht oder Verantwortung. Je anonymer das Umfeld, umso brutaler kann dieser Mensch agieren. Sobald es aber um ihn selbst geht, ist er mimosenhaft empfindlich und so weich, dass er an jedem Lösungsweg, der Gradlinigkeit und Konsequenz verlangt, nachhaltig scheitert.

Die Astrologie ordnet dem Wassermann Originalität und Individualität zu. So ist es nicht verwunderlich, dass wir heute mit diesen Eigenschaften Werte verbinden, die wir der Norm und dem Gruppenzwang des Mittelalters eindeutig vorziehen. Und in der Tat gab es in der Geschichte des Abendlands keine andere Epoche, in der es prinzipiell jedem möglich ist, seine Persönlichkeit frei zu entfalten. Aber auch hier ist es – wie so oft – entscheidend, auf welchem Niveau die Eigenart gelebt wird. Ist Originalität nur ein Anderssein um jeden Preis oder das tatsächliche Bemühen darum, die Einmaligkeit der eigenen Wesensnatur zur Entfaltung zu bringen? Und wie wird die Individualität erworben? Ist dieses »erwerben« ein Ringen um die Entfaltung unserer individuellen Anlage und entwickeln wir zugleich Mut und Kraft, zu unserer Eigenart zu stehen? Oder heißt »erwerben«, sich Individualität zu kaufen (Kleidung, Auto, Schmuck, Inventar)? Dann pervertiert die freie Persönlichkeitsentfaltung sehr schnell zu ihrem Gegenteil. Dann geht es darum, Ausgefallenheit zu kaufen, um modische Vorbilder nachzuahmen. Dann entstehen kuriose Trends, die sogar einen Widerspruch in sich bilden, den man uniformierte Individualität nennen könnte. Die Jeans etwa, als Nietenhose für Goldgräber entwickelt, trägt noch immer den Nimbus von Freiheit und Abenteuer, und gilt auch dann noch als individuell und unkonventionell, wenn sie schon längst zur meistgetragenen Hose der Welt avanciert ist. Die neu gewonnene Freiheit, mit Hilfe der Schönheitschirurgie das angeborene Aussehen zu verändern, führt zu immer mehr Einheitsnasen, Normgebissen und Silikonbusen. Diese Entwicklung wird in absehbarer Zeit so weit gehen, dass eine Intoleranz gegenüber denjenigen entsteht, die von den »Wegmachmöglichkeiten« keinen Gebrauch machen. Vor allem auf junge Menschen mit Auffälligkeiten im Äußeren wird der Druck, sich dem »Schönheitsideal« anzupassen, so unerträglich werden, dass sich diese gerade gewonnene Freiheit in einen neuen Zwang verkehrt.

Es gibt aber noch weitere Möglichkeiten, Individualität und Freiheit misszuverstehen: Wenn das Streben nach Individualität zur Autonomie führt, zu einem Menschen, der von einer Aura umgeben ist, die allen unmissverständlich signalisiert: »Ich brauche niemanden.« Natürlich ist das Ego zunächst darüber glücklich, weil ihm die Autonomie so manche Demutsübung zu ersparen scheint. Es braucht »zum Glück« niemanden um Hilfe zu bitten. Es ist völlig unabhängig. So kann man beispielsweise dank der neuen Auto-Navigationssysteme schon heute mühelos durch die Lande fahren und sich von einer netten Computerstimme an jedes gewünschte Ziel in jedem Ort lotsen lassen, ohne auch nur einen Menschen nach dem Weg fragen zu müssen. Inzwischen sind diese Geräte handlicher geworden oder gleich ins Handy integriert, sodass man sich auch als Fußgänger lotsen lassen kann. So ist es möglich, nicht nur in völlig fremden Städten spazieren zu gehen, ohne jemand ansprechen zu müssen, sondern sich von der freundlichen Stimme aus dem Chip auch durch Ausstellungen und Museen führen zu lassen. Selbst wenn diese Geräte bald zum Schleuderpreis zu haben sind, ist ihr Preis sehr hoch. Er heißt Vereinsamung und Ich-Verhärtung.

Da Wassermann ein Luftzeichen ist, liegt es nahe, dass das neue Zeitalter vor allem luftgeprägt ist. Die Typenlehre ordnet diesem Element den Verstandesmenschen zu, der ja mit dem Zeitalter der Aufklärung spürbar in den Vordergrund tritt. Seither hat der Verstand nicht nur eine zuvor undenkbare Fülle an Entdeckungen und Erfindungen gemacht, seither geht es nicht nur ständig lockerer, lässiger, leichter und vor allem schneller zu, seither werden auch alle ehemals absoluten Prinzipien relativiert. Inzwischen ist die Zeit relativ, die moralischen Werte ohnehin und die Wissenschaft hat ihr Bestes getan, um »die Hypothese Gott« überflüssig zu machen (Mathematiker Pierre Simon de Laplace zu Napoleon). Erfreulicherweise – wenn auch teuer erkauft – haben sich inzwischen auch zweifelhafte Ehrbegriffe relativiert. Die Begeisterung etwa, für sein Vaterland auf dem Feld der Ehre den Heldentod zu sterben, hat spürbar nachgelassen, ebenso wie die verschrobenen und verlogenen Vorstellungen von Familienehre, die sich vorzugsweise um die Jungfernschaft der Tochter rankten. Der Preis dieser Lockerungen erfasst allerdings auch Bereiche, deren Relativierung wir nicht so mögen, wie etwa in der zunehmenden Unverbindlichkeit, die aus der Ehe eine Lebensabschnittsgemeinschaft werden ließ.

Von einem luftigen Zeitalter dürfen wir nicht nur erwarten, dass um vieles – selbst um Bagatellen – viel Wind gemacht wird, sondern dass vieles einfach aufgebläht, sprich inflationiert (von lat. *inflare* = sich aufblähen) wird. Das gilt nicht nur auf dem Finanzsektor, wo dieses Wort am meisten gebraucht wird, sondern auch für die Sprache, bei der gewichtige Worte durch ebenso unmäßigen wie unsinnigen Gebrauch in kürzester Zeit so viel an Gewicht verlieren, dass sie nur noch als leere Hülsen daherkommen.

Überall bemühen wir uns um wohlklingende Begriffe, die etwas »hermachen« sollen. Wir sprechen hochtrabend von Lifestyle und Lebensart, auch wenn wir damit eigentlich nur unseren trivialen Alltag meinen, und auch ganz schlicht gestrickte Lebenseinstellungen nennen wir vielversprechend »Lebensphilosophie«, selbst wenn sie sich bei genauerer Betrachtung auf den Kernsatz »I wanna have fun« reduzieren lassen.

Und wann immer ein Begriff verschlissen ist, findet sich jedes Mal ein neues Wort, das sich oben draufsetzen lässt und für kurze Zeit wieder Bedeutsamkeit suggeriert. So steigert sich Extra über Ultra zu Mega und Giga. Man wünscht sich ein »super«schönes Wochenende, findet auch die letzte Belanglosigkeit noch »absolut toll« oder gleich »mega geil«. Es ist, als müsste man immer noch ein paar Nullen hinten dranhängen, um wieder ein Wertgefühl zu bekommen. Dabei weiß man doch, dass jede Null ein Problem leicht verzehnfachen kann. Und zu welchen unverdaulichen Exzessen die Wortinflation nicht zuletzt in der Bürokratie führt, zeigt die Tatsache, dass die zehn Gebote Mose aus 279 Worten bestehen, die amerikanische Unabhängigkeitserklärung aus 300, die Verordnung der europäischen Gemeinschaft über den Import von Karamellbonbons aber aus exakt 25911 Worten.

Das Hauptproblem der wassermännischen Ära aber liegt darin, dass wir so einseitig nach außen gehen statt nach innen, in den Kopf statt in die Seele, wir möchten high sein und mögen keine Tiefe. Hauptsache alles ist easy, light und bleifrei. Und wenn sich mal wieder eine Sinnkrise bemerkbar macht, betreibt man ein wenig »Eso-Shopping«. Man holt sich ein paar wohlklingende Schlagworte aus fernen Kulturen, fremden Religionen oder wohlfeilen Gurus, die man nach eigenem Gutdünken interpretiert und zu einer bequemen (und vorübergehenden) Lebensmaxime zusammenschustert, die gleich einer glatt gestalteten Oberfläche die eigenen Mängel und Fehler zudeckt, beschönigt und verharmlost. Selbst richtige Sünden gibt es bei uns nicht mehr. Wenn von »sündigen« gesprochen wird, meinen die meisten damit einen Verstoß gegen die Diätregeln. Wir sind alle so gut und schon so wassermännisch verklärt, dass sogar unsere Sünden nur noch »light« daherkommen.

C. G. Jung verglich den Menschen des 20. Jahrhunderts mit einem Hausbesitzer, der nachts aus dem Keller ein unheimliches Geräusch hört und daraufhin, um sich zu beruhigen, auf den Dachboden geht, das Licht anknipst und feststellt, es sei nichts gewesen. Wenn es im Inneren, in der Tiefe der Seele, unheimlich rumort, löst das Angst, vielleicht sogar Ohnmachtsgefühle aus. Deshalb ist die Versuchung so groß, in den Kopf zu gehen und das Problem kurzerhand wegzuerklären. Diese Methode aber hat einen hohen Preis:

Je einseitiger, je oberflächlicher und verkopfter der Mensch wird, desto verzweifelter und sinnloser wird sein Leben; weil ein Lebenssinn nicht im Kopf zu finden ist. Im Gegenteil – wie intensiv wir uns auch darum bemühen, den Sinn intellektuell zu erfassen, stets scheitern wir früher oder später an der vermeintlichen Absurdität des Lebens. Das lässt nicht wenige Intellektuelle scheinbar folgerichtig zum Nihilisten werden, die dem Leben und der Schöpfung jeden Sinn absprechen. Dabei ist »nur« die Erwartung falsch, denn Sinnhaftigkeit kann nur als Gefühl aus der Wesensmitte entstehen und führt nie zu einer Formel, mit der sich der Lebenssinn als solcher fassen oder benennen ließe. Teilaspekte mögen aussprechbar sein, das Ganze jedoch nie, wie uns schon das altchinesische Weisheitsbuch *Tao Te King* belehrt, wo es sinngemäß heißt: Der Sinn, der sich aussprechen lässt, ist nicht der wahre Sinn. Am ehesten zeigt sich ein »sinnvolles« Leben bezeichnenderweise darin, dass sich die Sinnfrage gar nicht stellt, selbstverständlich, ohne dass sich der Mensch dazu betäubt hat. Gerade hier aber liegt eine Gefahr des modernen Menschen, dass er aus Mangel an Tiefe einem inneren Drang nachgibt, sich unbewusst zu machen, sich zu betäuben. Die Psychologie erkennt darin die kompensierende Kraft des Unbewussten, das stets darum bemüht ist, Einseitigkeiten auszugleichen. Je einseitiger ein Mensch nur den Verstand gelten lässt, umso heftiger wird der gegenläufige Drang, sich unbewusst zu machen, was oftmals heißt, sich mit Alkohol oder anderen Drogen zu benebeln und zu narkotisieren. Sucht wird ja oft als eine fehlgeleitete Suche verstanden, und sicherlich darf man die gescheiterte Suche nach dem Lebenssinn als Wurzel vieler Süchte betrachten.

Viktor E. Frankl, der Begründer der Logotherapie, in der es ganz zentral um den Lebenssinn geht, sagte dazu: »Im Gegensatz zum Tier sagt dem Mensch kein Instinkt, was er muss, und im Gegensatz zu den Menschen früherer Zeiten sagt ihm keine Tradition mehr, was er soll – und nun scheint er nicht mehr recht zu wissen, was er eigentlich will.«

Ein anderes markantes Zeitphänomen ist eine falsch verstandene Freiheit. Zu leicht übersehen wir, dass Freiheit eine Medaille ist, deren Rückseite Verantwortung heißt. Beides gehört essentiell zusammen. Nimmt sich jemand nur die Freiheit, muss die Verantwortung zwangsläufig auf den Schultern anderer lasten, und natürlich kommt sie in vielen Fällen – wenn auch mit Verspätung – als Schuldenberg zum Verursacher zurück.

Oft aber wird auch Unverbindlichkeit mit Unabhängigkeit verwechselt. In der Tat hat der Mensch in den letzten 200 Jahren ein Maß an Unabhängigkeit erreicht, das Generationen zuvor sich nicht einmal hätten erträumen können. Wir haben uns nicht nur aus der Enge und den Verpflichtungen der Sippe befreit, wir haben starre Staats- und Sprachgrenzen überwunden, sind Weltenbummler geworden, wenn nicht gleich Global Player. Problematisch wird es aber dann, wenn wir das Wesen der Freiheit missverstehen, auf das schon Jean-Jacques Rousseau aufmerksam machte: »Die Freiheit des Menschen liegt nicht darin, dass er tun kann, was er will, sondern dass er nicht tun muss, was er nicht will.«

Haben wir uns aber aus freien Stücken entschlossen, etwas zu tun, haben wir jemand unser Wort gegeben, dann wird es problematisch, wenn wir uns am nächsten Tag nicht mehr daran gebunden fühlen. Doch wie viel zählt eine mündliche Zusage noch in einer Welt, wo selbst Unterschriften immer weniger Wert haben? Die Folge sind weitere Inflationen, die jeder erlebt, der zum Beispiel in den letzten Jahren ein Bankkonto eröffnete. Dort wo früher selbstverständlich eine Unterschrift auf Lebzeiten für Konto, Depot und alle Nebenkonten genügte, kommt man heute mit dem Unterschreiben kaum noch nach, so viele Formulare werden einem vorgelegt.

Eine schlimme, aber unvermeidliche Folge dieser Unverbindlichkeit ist Haltlosigkeit und der Mangel an Tiefe. Wir gleiten über die Oberfläche, wir surfen – nicht nur im Internet. Das ist zwar elegant, verlangt Geschick und gibt das Gefühl von unbekümmerter Leichtigkeit. Aber ohne Verwurzelung, ohne tiefes Erleben, ohne tiefe Gefühle wird das Leben völlig belanglos, die Erfahrungen flach, nichtssagend und austauschbar. Darum führt hartnäckige Oberflächlichkeit zu innerer Leere und zu einer fortschreitenden inneren Abstumpfung, die – als Kompensation – nach immer heftigerem Erleben ruft, nach einem Kitzel, einem ultimativen Kick. Denn natürlich bleibt das Urbedürfnis der Seele bestehen, von einer Erfahrung, einem Erlebnis, von der Liebe oder dem Leben zutiefst berührt und ergriffen zu werden. Aber das geht nur, wenn man sich wirklich einlässt. Und Einlassen bedeutet Tiefe und Verbindlichkeit.

Die gute Utopie

Aber kehren wir zurück zu den erfreulichen Seiten des neuen Zeitalters. Die Astrologie sagt, es sei das Anliegen und die Aufgabe des Wassermanns, Utopia zu verwirklichen. Damit ist keine unerreichbare Illusion gemeint. Utopia war der Titel eines sehr erfolgreichen Buches, in dem der im Zeichen Wassermann geborene englische Humanist und Staatsmann Thomas Morus 1516 die Vision einer menschenwürdigen Gesellschaft beschreibt.

Die Idee traf den Nerv der Zeit so sehr, dass man von da an alle Entwürfe einer positiven Gesellschaft Utopien nannte, ohne den Beigeschmack der Unerreichbarkeit, der dem Wort heute innewohnt. Blickt man auf die vergangenen Jahrhunderte zurück und sieht, welche Bedeutung die Menschenrechte in dieser Zeit gewonnen haben, so ist unübersehbar, dass wir uns auf Utopia hinbewegen. Dazu gehört auch, dass der Wassermann nicht nur die Kleinstaaterei überwunden hat, sondern in unserer Zeit darüber hinaus strebt und nun vor der Entscheidung steht: Als Weltbürger kann er heutzutage im fragwürdigen Sinne zum egomanischen Global Player werden oder im besten Sinne zu einem verantwortungsvollen Menschen, der ein Weltbewusstsein entwickelt und sich für Krisen und Ziele engagiert, selbst wenn sie sehr weit entfernt sind. Und zumindest in unserem Teil der Welt erlebt der Mensch eine noch nie da gewesene Freiheit, die auch immer mehr in die Teile der Welt drängt, die in ihrer ganzen Geschichte niemals Freiheit erlebt haben.

Auch die Meinungsfreiheit ist ein Gewinn des neuen Zeitgeists. Fühlte der Mensch des Mittelalters sich durch die Dogmen der Kirche noch in seinem Glauben vor Zweifeln geschützt, ist für den heutigen Menschen kaum fassbar, dass sich Menschen je in ein derart enges geistiges Korsett einbinden ließen und bereitwillig etwas glaubten, was man ihnen vorschrieb.

In großartigster Weise kommt der wassermännische Gedanke in der Europäischen Union zum Ausdruck, jenem einzigartigen Phänomen in der Geschichte der Menschheit. Dass Länder, die seit Jahrtausenden immer wieder schlimmste Kriege miteinander führten, sich freiwillig vernetzen und nach und nach die Souveränität an die Gemeinschaft abgeben, ist wassermännisches Gedankengut pur.

Eine (noch) völlig verrückte, aber durch und durch wassermännische Idee ist die sogenannte Gaia-Hypothese, die in den 60er Jahren des 20. Jahrhunderts populär wurde. Sie geht davon aus, dass die Erde (griech. *Gaia*) ein lebender Organismus sei, in dem wir Menschen, die Träger des Bewusstseins, uns durch Bevölkerungswachstum, aber auch durch Technik wie Telefon, Internet usw. in einer nie gekannten Dichte vernetzen. Jährlich kommen Millionen neuer Handys hinzu, ebenso wie Millionen von Computern Jahr für Jahr neu zum Internet zugeschaltet werden, und ein immer unvorstellbareres Volumen von E-mails um den Globus jagen. Für die Funktion des menschlichen Gehirns ist nicht die Anzahl der Zellen entscheidend, sondern die Dichte ihrer Vernetzung. Beim Neugeborenen ist jede Gehirnzelle mit etwa 1 000 anderen verbunden, bei Erwachsenen sind es 250 000. Wenn wir das auf die Erde als lebendigen Organismus übertragen und bedenken, dass sie nie zuvor so viele »Gehirnzellen« – so viele Menschen – hatte, und diese noch nie so vernetzt waren wie heute, dann kann man sich vorstellen, dass bald eine kritische Dichte der Vernetzung überschritten wird und Gaias Bewusstsein erwacht und ein wahrhaft globales Bewusstsein entsteht. Seinen Ursprung hat dieser Gedanke bei dem deutschen Physiker Gustav Theodor Fechner, der schon im 19. Jahrhundert die Ansicht vertrat, die Erde sei ein lebendiger Zusammenhang mit einem Nervensystem, in dem die Einheit aller Menschenhirne ihr Gehirn bildet.

Was ein kollektives Bewusstsein vermag, weiß man von den Bienen. Der Bien, so nennt man ein ganzes Bienenvolk, hat ein weitaus größeres Gedächtnis als jede einzelne Biene. Während deren Gedächtnis bis zu sechs Tagen reicht, bleiben Informationen im Bien drei Monate gespeichert und damit doppelt so lange wie die durchschnittliche Lebensdauer einer einzelnen Biene. Der Bien ist ein Vorbild für kollektive Selbstorganisation. Er legt Wintervorräte an, greift eventuelle Feinde an und entscheidet, wann geschwärmt und umgezogen wird.

Wie eine Parallele zum Bien entwickelte der amerikanische Biophysiker Gregory Stock die Idee eines Metamenschen, eines gigantischen Lebewesens, das die ganze Erde umspannt und nicht nur aus allen Menschen besteht, sondern auch aus dem, was Menschen geschaffen haben: Häuser, Städte, Autos, Flugzeuge, Kaufhäuser, Müllberge, Universitäten, Krankenhäuser, Fabriken, Solaranlagen und natürlich das Netz aus Telefon, Internet, Filmen, Zeitungen und Fernsehen, mit denen das Denken jeder Zelle des Metamenschen, also jeder einzelne Mensch, beeinflusst wird. Traurig an dieser Theorie ist nur, dass wir den Metamenschen nie kennenlernen können, weil wir ja selbst ein Teil von ihm sind. Dagegen ist es erfreulich und beruhigend, dass die geballte, kollektive Intelligenz dieses Superwesens bald dafür sorgen könnte, dass seine Zellen nicht länger Kriege miteinander führen und sich gegenseitig umbringen, denn das kann nicht in seinem Interesse liegen. Das klingt schon fast religiös, und damit sind wir bei einem bedeutenden Thema. Da Religion sich stets mit dem Höchsten befasst, das Menschen sich vorstellen können, ist es äußerst spannend, welches Gottesbild das neue Zeitalter hervorbringen wird.

Die Religion des Wassermannzeitalters und die Chaosforschung

Dem Wassermannprinzip geht es stets um Demokratisierung, Integration, um eine umfassende Emanzipation und damit um den Ausgleich bislang unterschiedlich bewerteter Pole wie Mann – Frau, Denken – Fühlen, Theorie – Praxis, Innenwelt – Außenwelt, Eigeninteresse – Gemeinschaftsinteresse, Rationalität – Intuition. Vor allem aber geht es um einen Ausgleich und eine Annäherung in einem Bereich, in dem wir uns das kaum vorstellen können: zwischen Glauben und Wissen, also zwischen Religion und Wissenschaft. Eine Religion des Wassermannzeitalters muss wissenschaftlich begründbar und erklärbar sein, ebenso wie die Wissenschaft des neuen Zeitalters nicht länger religiöse Themen wie Sinnfragen, spirituelle Erfahrungen und das Gottesbild als unwissenschaftlich ächten und ausklammern darf. Deshalb schrieb der 1970 verstorbene englische Philosoph Bertrand Russell in seiner Autobiographie: »Religionen, wenn sie nicht von Zeit zu Zeit erneuert werden, altern wie Bäume. Das Christentum in der uns bekannten Form hat seine Zeit gehabt. Wir wollen eine neue Form, die in Übereinstimmung steht mit der Wissenschaft und dennoch für ein gutes Leben hilfreich ist.«

Die Wende hat schon lange begonnen. Noch im 19. Jahrhundert, in dem die letzten weißen Flächen von der Weltkarte verschwanden, war sich die Wissenschaft sicher, bald alles erklären zu können und alles im Griff zu haben. Dann begann um 1900 mit Max Planck, dem Begründer der Quantenphysik, ein gewaltiger Umbruch, den wir heute Paradigmenwechsel nennen. Seither gewinnen vor allem Physiker Einsichten, die wie spirituelle Erfahrungen klingen, und viele von ihnen äußern sich religiös. Max Planck machte den Anfang als er sagte: »Materie an sich gibt es nicht, es gibt nur den belebenden, unsichtbaren, unsterblichen Geist als Urgrund der Materie ..., den ich nicht scheue, Gott zu nennen.« Die ewig alte Vorstellung von Materie an sich war zusammengebrochen. Auf der Suche nach ihrer Substanz, nach der kleinsten Einheit, entdeckten die Quantenphysiker, dass es so etwas gar nicht gibt, sondern vielmehr alles, was uns feste, unverrückbare Materie zu sein scheint, aus Schwingungen besteht. Durch Werner Heisenberg kam dann auch das Ende der Objektivität. Mit seiner berühmten Unschärferelation wies er 1928 nach, dass der Beobachter stets zum Experiment gehört und seine Erwartungen wesentlich bestimmen, was er sieht und erkennt, wenn er etwas beobachtet. Von seiner wissenschaftlichen Arbeit sagte er: »Der erste Trunk aus dem Becher der Naturwissenschaft macht atheistisch, aber auf dem Grund des Bechers wartet Gott.«

All diese Erkenntnisse waren möglich geworden dank der verbesserten technischen Instrumente. Aber erst mit dem Aufkommen der Computer bekamen die Wissenschaftler Messgeräte, die so revolutionär waren, wie das Fernrohr, mit dem Galilei erstmals in ferne Welten schauen konnte, die nie zuvor für das menschliche Auge sichtbar waren. Die Welt, in die die Wissenschaftler nun mit Hilfe der Computer eindringen konnten, war das Chaos. Rechenvorgänge, für die zuvor ein Menschenleben nicht ausgereicht hätte, schaffen diese Geräte in immer kürzerer Zeit. Damit konnte auch das erforscht werden, was man zuvor im wahrsten Sinne links liegen lassen musste. Links, die geächtete Seite, galt im Mittelalter als teuflisch. Und wo es eine »göttliche Ordnung« gibt, landet das Chaos zwangsläufig beim Teufel. Davon berichten viele Schöpfungsmythen, in denen ein ordnungsschaffender Gott zunächst gegen das Chaos ankämpfen muss, das oft als Drache beschrieben wird. So etwa in der sumerischen Geschichte von Marduk und Tiamat. In unserem erst viel später aufgeschriebenen jüdisch-christlichen Schöpfungsbericht hat sich das schon geändert. Hier musste der Allmächtige nicht mehr kämpfen. Es genügte, wenn er sprach: »Es werde Licht«. Und doch klingen die alten Vorstellungen durch. Denn wenn es im ersten Satz der Bibel heißt: »Am Anfang schuf Gott Himmel und Erde. Und die Erde war wüst und leer«, dann verbirgt sich darin das Chaos, denn »wüst und

leer« heißt im hebräischen Original »tohuwabohu«.
Und schon bald taucht das Chaosmonster im Paradies auf. Es hat die Gestalt der Schlange angenommen, die die göttliche Ordnung unterläuft.

Marduk kämpft mit Tiamat

So wie die sakrale Kunst, wenn sie das Heilige oder die göttliche Ordnung darstellt, das Chaos oft in die Ornamente der Bilderrahmen verbannt, so hat auch die Wissenschaft auf ihrer Suche nach ordentlichen Naturgesetzen oft ein paar Unstimmigkeiten als zu vernachlässigende Größe links liegen lassen. Aber bekanntlich steckt der Teufel im Detail, gerade in solchen, die man gerne übersehen würde. Und so sind Umbrüche und Revolutionen der Wissenschaft zumeist aus Details hervorgegangen, die lange nicht wichtig waren, letztlich aber die Kraft hatten, das gesamte vorherige Konzept über Bord zu werfen.

Was aber sind die phänomenalen Erkenntnisse, die uns die noch junge Chaosforschung bereits gelehrt hat? Zuvor ging man davon aus, dass die Welt im Wesentlichen linear ist, also einer Linie folgt oder gewissermaßen gradlinig ist. Bei linearen Prozessen muss man nur genügend Fakten gesammelt haben, um hochzurechnen, wie sie sich weiterentwickeln werden. Nehmen wir etwa die Wettervorhersage, bei der man lange Zeit glaubte, eines Tages so viel Wissen und Daten zu haben, dass auch langfristige Prognosen möglich werden. Heute weiß man, dass das unmöglich ist, weil das Wetter zu den nichtlinearen (chaotischen) Systemen gehört, bei denen die minimalste Abweichung in den Ausgangsbedingungen zu maximalen Veränderungen im Ergebnis führen kann. Ähnliches weiß man von Börsenkursen, aus der Astrophysik und der Medizin, und inzwischen fragen sich manche Wissenschaftler, ob es überhaupt lineare Entwicklungen gibt. So verabschiedete der große Philosoph Karl Popper das mechanische (lineare) Weltbild, das seit Newton die Wissenschaft prägte, mit dem Satz: »Früher dachten wir, die Welt gleicht einer Uhr, heute wissen wir, sie gleicht einer Wolke.«

Der Grund liegt in der Rückkoppelung. Gäbe es zum Beispiel nur zwei Planeten im Weltraum, die umeinander kreisen, wären ihre Bahnen stabil. Sobald aber ein Dritter hinzukommt, kann sein Einfluss, auch wenn er noch so klein erscheint, so entscheidend für die Bahnen der beiden anderen werden, dass langfristige Vorhersagen nicht zuverlässig sind.

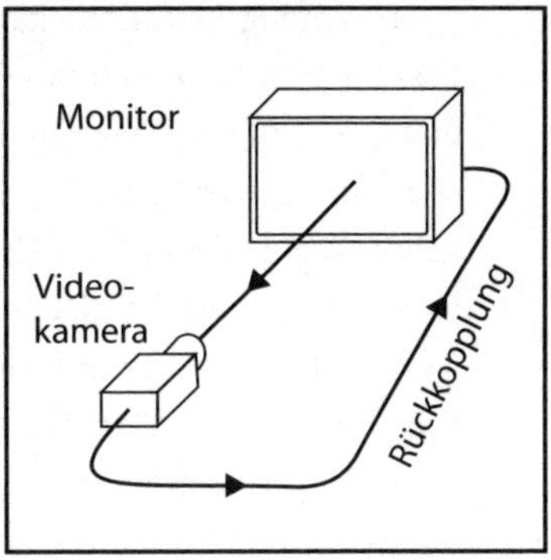

Eine Rückkopplung ist einfach zu verstehen, wenn man sich vorstellt, dass eine Videokamera mit einem Fernseher verbunden ist, und das Objektiv auf den Bildschirm gerichtet ist. Wenn man nun in einem dunklen Raum einen Lichtpunkt zwischen Kamera und Bildschirm bringt, wird er von der Kamera aufgezeichnet und zum Bildschirm geschickt, dort wieder aufgezeichnet und erneut zum Bildschirm geschickt. Eigentlich sollte man meinen, dass auf dem Bildschirm immer nur derselbe Lichtpunkt zu sehen wäre. Tatsächlich aber beginnt sich der Lichtpunkt – wegen kleinster Ungenauigkeiten – in einer nicht vorhersagbaren Weise immer mehr auszubreiten.

Untersucht man dann, wie häufig der Lichtpunkt auf denselben Punkten des Bildschirms erscheint, ergibt sich ein neues Phänomen. In dem chaotischen Lichtpunktbrei zeichnet sich eine Struktur ab. Und dahinter verbirgt sich eine weitere sensationelle Entdeckung der Chaosforschung: Im Innersten jeder Ordnung ist eine Insel des Chaos, die die Ordnung früher oder später instabil werden lässt und ins Chaos stürzt. Aber ebenso gibt es im Inneren eines jeden Chaos eine Insel der Ordnung, die den chaotischen Bereich zu neuer Ordnung führt. Genau das zeigt uns das altchinesische Tai Chi Symbol. Und eben das beobachten wir bei

Konjunkturverläufen an den Börsen, im Berufsleben, in der Liebe und auf unserem Schreibtisch. Am hörbarsten aber ist der Wechsel zwischen Ordnung und Chaos beim Applaus im Theater, wo er vom Kollektiv (vom Bien) gesteuert wird.

Eine weitere spannende Erkenntnis ist, dass die Natur dazu neigt, sich nicht in identischer Form, sondern in selbstähnlicher Form zu entfalten und zu entwickeln, was man etwa daran sieht, dass es in der ganzen Welt tatsächlich keine zwei identischen Schneeflocken gibt. Ein Gedanke, der das Herz eines Wassermanns höher schlagen lässt, wohingegen der Ehrgeiz, Lebewesen klonen zu können, ganz und gar nicht wassermännisch ist.

Das völlig Identische kann sogar tödlich sein. Die Herzmedizin weiß, dass die Gefahr eines Infarkts am höchsten ist, wenn das Herz ganz gleichmäßig zu schlagen beginnt. Wenn in der Musik der Takt zwar ganz exakt, aber automatisch geschlagen wird, klingt das für unsere Ohren unangenehm. Das Lebendige ist eben leicht schräg und immer ein bisschen anders. Soldaten dürfen nicht im Gleichschritt über eine Brücke marschieren, weil sie diese so sehr in Schwingung versetzen können, dass sie einstürzt. Das war der Grund, warum man in London die als Wackelbrücke bekannt gewordene Millennium Bridge kurz nach ihrer Eröffnung gleich wieder schloss. Die Fußgänger versetzten sie so in Schwingung, dass die Brücke von einer Seite zur anderen schaukelte. Als Grund fand man heraus, dass die Eigenfrequenz der Brücke der Frequenz des menschlichen Ganges sehr ähnlich ist. Deshalb reichte es, wenn unter vielen Fußgängern eine kleine Gruppe zufällig im Gleichschritt ging, der von der Brücke so verstärkt wurde, dass sie leicht zu schwanken begann, was immer mehr Menschen dazu brachte automatisch in denselben Rhythmus zu verfallen. Ein typischer Fall von Rückkopplung, der die Brücke immer stärker schaukeln ließ. Inzwischen werden die Schwingungen von Stoßdämpfern abgepuffert.

Ohne das leicht Schräge gäbe es unser ganzes Universum nicht. Im Augenblick des Urknalls entstand zugleich Materie und Antimaterie. Eigentlich hätten beide paarweise in exakt gleicher Menge hervorkommen müssen, dann aber hätten sie sich beide annihiliert, also zunichte gemacht. Wir wissen nicht warum, aber das Verhältnis war leicht asymmetrisch. Es hatte eine Abweichung von 0,0028 – sonst gäbe es kein Universum und kein Leben. Ob auch hier der Teufel im Detail steckte?

Die Chaostheorie erklärt, dass Entwicklungen auf ein bestimmtes Muster hinauslaufen, das man »Attraktor« nennt. Dabei handelt es sich um eine Kraft, die aus der Zukunft wirkt. Das ist das exakte Gegenteil der klassischen Physik, in der eine Ursache immer nur aus der Vergangenheit wirkt, sozusagen von hinten anschieben kann. Attraktoren dagegen wirken aus der Zukunft.

Was wir – kurz gesagt – aus der Chaosforschung lernen können, ist dreierlei:

1. Alles ist durch Gesetze geregelt, ohne etwas zu determinieren.
Deshalb können wir mit Hilfe der Chaosforschung bereits heute in vielen Fällen die Formel erkennen, die einem nichtlinearen, komplexen System (etwa einer Wolke oder einem Börsentrend) zugrunde liegt. Es ist jedoch unmöglich *vorher*zusagen, in welcher Form diese Formel Gestalt annehmen wird.

Diese Erkenntnis lässt sich direkt auf die Astrologie übertragen, denn auch der Schicksalsweg des Menschen ist ein nichtlineares, komplexes System. Das Horoskop ist die »Formel«, auf der unser Leben basiert. Alle Ereignisse und Erfahrungen lassen sich auf das Horoskop zurückführen und werden dadurch verständlich. Es gibt jedoch keine Möglichkeit, mit Bestimmtheit vorherzusagen, welche Ereignisse uns erwarten und welche Erfahrungen wir mit ihnen machen werden.

2. Für die großen Entwicklungsströme dieser Welt gibt es ein Ziel.
Davon ging schon Aristoteles aus. Die Entwicklung vom Einfachen zum Komplexen, wie wir sie etwa in der Evolution von der Einzelle zum menschlichen Gehirn beobachten können, ist demnach nicht rein zufällig, sondern strebt auf ein Ziel zu. Nach dem griechischen Wort *teleos* für Ziel, nennt man diese Lehre von der Zielgerichtetheit Teleologie. Sie wurde bis in unsere Zeit immer wieder heftig bestritten. Der französische Theologe und Philosoph Teilhard de Chardin sah hingegen in dieser Evolution das Heilige an sich. Den ganzen Spannungsbogen dieser großartigen Entwicklung, die mit dem Urknall vor 14 Milliarden Jahren begann, fasste er so zusammen: »Das Universum beginnt mit Materie, entwickelt sich zum Leben, entwickelt

sich zum Gedanken, entwickelt sich zu Gott.« Dieses Ziel der Entwicklung nannte Chardin den Omegapunkt. Die Chaoslehre würde heute vom Attraktor sprechen, den auch Ken Wilber in einen religiösen Zusammenhang stellt, wenn er mutmaßt: »Vielleicht ist Gott sogar ein alles umfangender chaotischer Attraktor, der als sanfte Überredung zur Liebe in allem wirkt.«

3. Selbstähnlichkeit ist das Prinzip, das allen Entwicklungen zugrunde liegt – auch ohne Kausalzusammenhang.
Diese sensationelle Erkenntnis bedeutet, dass etwas allein dadurch, dass es einmal geschehen oder entstanden ist, mit großer Wahrscheinlichkeit in ähnlicher Weise wieder entstehen oder passieren wird, ohne dass ein Kausalzusammenhang zwischen den Ereignissen besteht. Es gibt also keine Ursache, die zu dieser Wirkung führt.

Und damit sind wir in der Welt der buddhistischen Reinkarnationslehre, die nicht leicht zu verstehen ist, weil sie widersprüchlich zu sein scheint. Zum einem sagte Buddha, dass nichts ewig sei, also auch nicht die Seele (Atman), zum anderen lehrte er Reinkarnation. Auf die Frage, was denn dann reinkarniert, antwortet der Buddhismus, es sei ein Impuls des Karmas. Wir haben es also nicht mit einer klassischen Seelenwanderungslehre zu tun, bei der dieselbe Seele immer wieder neu inkarniert. Vielmehr geht es um einen Impuls aus der Vergangenheit, der sich ohne kausale Verbindung zu einem späteren Zeitpunkt in selbstähnlicher Weise neu manifestiert. Genau das sagt uns die Chaostheorie. Kritiker halten ihr deshalb entgegen, dass sie mystische Aussagen mache, worauf Chaosforscher antworten: »Stimmt. Aber sie sind wissenschaftlich beweisbar.«

Wollte man heute eine Prognose wagen, wie denn die Aussöhnung von Wissenschaft und Religion in den kommenden zwei Jahrtausenden des Wassermannzeitalters aussehen könnte, dann scheint die noch junge Chaosforschung ein Beispiel für die wissenschaftliche Basis zu sein, während der Buddhismus den spirituellen Oberbau bilden könnte. Das wäre insofern durch und durch wassermännisch, als dass der Buddhismus die einzige Religion ist, in der es keinen Gott gibt, die deshalb äußerst tolerant ist, in deren Namen aus eben diesen Gründen niemals ein Krieg geführt wurde und die nicht durch Missionierung, sondern durch Vorbildlichkeit den Westen für sich gewonnen hat. Der Dalai Lama rät ja sogar öffentlich davon ab, die Religion, in der man groß geworden ist, abzulegen. Vergleichbares hat man von Vertretern allein selig machender Religionen nie gehört.

Das integrale Bewusstsein

Sich in selbstähnlichen Formen und Strukturen fortzusetzen, ist die typische Art der Entwicklung. Aber es gibt auch Sprünge, sogenannte Mutationen. Auf der Bewusstseinsebene können sie durch Paradoxa ausgelöst werden. Dabei handelt es sich um Aussagen, die in sich widersprüchlich sind wie zum Beispiel: »Dieser Satz ist falsch.« Oder die Behauptung: »Ich lüge jetzt.« Programmiert man einen Computer mit einem solchen Widerspruch, dann schickt man ihn damit ins Chaos. Das menschliche Bewusstsein dagegen kann gerade durch solche Paradoxa erweitert werden. Damit sind wir wieder beim Buddhismus, wo es zur Zen-Tradition gehört, dem Meditierenden ein Koan, eine unlösbare Frage oder Aufgabe, mit in die Meditation zu geben. Das berühmteste Koan lautet: »Höre das Klatschen einer Hand.« Darüber zu meditieren kann zur Erleuchtung führen.

Im Unterschied dazu ist unser mentales Bewusstsein auf Eindeutigkeit ausgerichtet und verträgt diese Widersprüche nicht. Vielleicht sollten wir sie neu bewerten? C. G. Jung sagte dazu: »Die Paradoxie gehört sonderbarerweise zum höchsten geistigen Gut; die Eindeutigkeit aber ist ein Zeichen der Schwäche ... Nur das Paradoxe vermag die Fülle des Lebens annähernd zu erfassen.«

Zum Glück gibt es gute Hinweise dafür, dass sich die Menschheit vor dem Durchbruch zu einem neuen Bewusstsein befindet. Worin bestehen sie – und was kann man sich darunter vorstellen?

Nach den Untersuchungen von Jean Gebser hat sich die Menschheit im Laufe ihrer Geschichte drei Bewusstseinsstrukturen erschlossen und mit jeder davon auch einer neuen Dimension:

1. **Das magische Bewusstsein,** das sich als Erstes aus dem archaischen Bewusstsein der Vorzeit herausbildete, vergleicht Gebser mit dem Punkt. Der Mensch ist noch eins mit der Natur und seine Wahrnehmung geht vor allem über das Gehör.

2. Aus diesem Einssein wird mit Anbruch des **mythischen Bewusstseins** ein Gegenübersein. Die Bilderwelt der Seele erwacht und wird wahrgenommen. Der Mensch lebt in einer runden Welt. Der Jahreslauf ist zyklisch, der Horizont ist rund, Sonne und Mond ohnehin. Die Zelte sind rund und werden im Kreis aufgestellt, und die Sippe sitzt im Kreis um das Herdfeuer. Die Signatur dieser Bewusstseinsstruktur ist der Kreis, und die Wahrnehmung geht über das Schauen.
3. Das **mentale Bewusstsein** erwacht und mit ihm wird das Denken zur Quelle der Erkenntnis. Es gliedert die Ganzheit in Segmente. Aus dem Gegenübersein wird der Gegensatz, es entsteht Abgrenzung und Ausgrenzung. Aber mit dem Aufkommen der Perspektive beginnt auch das Wissen, dass der eigene Standpunkt für die Wahrnehmung ganz entscheidend ist. Mit dem Erkennen der Raumtiefe ist die dritte Dimension erfasst, und es beginnt eine nie zuvor da gewesene Eroberung des Raums. Als Symbol für dieses Bewusstsein, das die ausschneidende Wahrnehmung, den eigenen Blickwinkel hervorbringt, wählt Gebser das Dreieck.

Da die vierte Dimension die Zeit ist, können wir annehmen, dass ein neues Zeitbewusstsein der Schlüssel zur vierten Bewusstseinsstufe wird, die Gebser **integrales Bewusstsein** nennt, weil es ein umfassendes, durchschauendes Bewusstsein ist, das Gebser als diaphan (griech. *durchscheinend*) beschreibt und ihm das Symbol der Kugel gibt.

So wie die Menschen beim Erwachen des mentalen Bewusstseins verstanden, dass Raum nicht nur Zwischenraum, sondern auch Tiefenraum ist, gilt es nun zu verstehen, dass Zeit weder Linie noch Raum ist, sondern eine eigene Dimension. Aber den meisten geht es mit der Zeit wie dem Kirchenvater Augustinus. Sobald man erklären will, was Zeit ist, weiß man es nicht mehr. Vor allem haben wir kaum eine Vorstellung, was die »Tiefe der Zeit« bedeuten kann, von der schon Teilhard de Chardin gesprochen hat. Sicherlich können wir von diesem Evolutionsschritt eine noch viel umfassendere Bewusstseinserweiterung erwarten, als es die Entdeckung der Raumtiefe mit sich brachte. Vielleicht sogar eine kollektive Erleuchtung? Aber gehen wir Schritt für Schritt vor:

Das wichtigste Indiz dafür, dass wir an dieser Schwelle stehen, liegt in der ungeheuren, geradezu verrückten Zeitbeschleunigung, die wir alle erleben, die uns zeigt, dass wir Zeit nicht richtig verstehen. Nehmen wir als Beispiel unsere Energiequellen, um zu sehen, wie die einzelnen Schritte immer kürzer werden: Vor 50 000 Jahren lernte der Mensch das Feuer zu domestizieren, seit 5 000 Jahren nutzt er die Wasserkraft, vor 500 Jahren begann er Windmühlen zu bauen, vor 250 entdeckte er die Dampfkraft und seit etwa 50 Jahre nutzen wir die Kernkraft.

In den letzten 100 Jahren, also im Laufe eines langen Lebens, hat der Mensch die ihm mögliche Höchstgeschwindigkeit von 40 km/h (Pferd) über 800 km/h (Flugzeug) bis auf 28 000 km/h (Rakete) gesteigert. Die Nachrichtenübermittlung beschleunigte sich in derselben Zeit vom reitenden Boten zum elektronischen Impuls (300 000 km/h). Doch trotz dieser ungeheuren Steigerungen und obwohl der größte Teil aller Erfindungen der letzten 200 Jahre im Dienste der Zeitersparnis standen, haben wir heute weniger Zeit als je zuvor.

Das ist auch nicht verwunderlich, denn um so viel zu erleben, wie heute ein 20-Jähriger, hätte ein Mensch früher dreihundert Jahre gebraucht. Nach heutiger Veränderungsgeschwindigkeit gemessen, war das 20. Jahrhundert nur 20 Jahre lang, und dieses Tempo scheint sich immer weiter zu beschleunigen. Im 21. Jahrhundert könnten wir 20 000 Jahre Fortschritt machen. Ohne ein neues Zeitbewusstsein ist das nicht zu verkraften. Solange wir die Zeit als eine Menge erleben, die angesichts des Todes und durch die vielen Möglichkeiten, die uns überall locken, immer knapper wird, werden wir keine Zeit haben. Solange wir dem Trugschluss aufsitzen, dass Lebensfülle entsteht, indem wir immer mehr in immer weniger Zeit erleben, liegen wir falsch. Wer vor dem Fernseher ständig durch alle Programme zappt und glaubt erfüllter zu sein, wenn er mehrere Filme gleichzeitig sieht, der wird ein »Homo Zappiens«, aber kein zufriedener Mensch.

Wenn wir Zeit gewinnen wollen, neigen wir spontan dazu, das Tempo zu erhöhen oder mehreres zugleich zu tun. Dabei wissen wir, dass wir dabei niemals einen wahren Reichtum an Zeit erleben. Wenn wir dagegen in einer Blumenwiese liegen und auf einen See schauen oder in der Hängematte unter einem Kirschbaum unseren Gedanken nachhängen, dann ist das schon viel eher möglich. Wer die Fülle der Zeit erleben möchte, muss die

Einheitswelt heutiger Innenstädte ebenso meiden wie die Shopping-Malls, die ohnehin überall gleich aussehen und dasselbe anbieten.

Wer dagegen »ungeklonte« Orte aufsucht, an denen man kaum auf andere Menschen trifft, wird erleben, wie die Zeit ganz anders fließt. Dort kann man leicht vom Müssen zur Muße finden, vom Tun zum Sein! Allerdings hat diese Erfahrung ihren Preis. Man muss bereit sein, auch Langeweile zu ertragen. Mit diesem wunderbaren Wort bezeichneten seinerzeit die Bergleute die einzige Arbeitspause der Woche, vom Samstagabend bis zum Schichtbeginn am Montag in der Früh. Oft war das die einzige Zeit, in der sie die Sonne sehen konnten. Schwer vorstellbar, dass es ihnen langweilig wurde. Für den heutigen Menschen aber ist Langeweile unerträglich, weshalb er alles tut, um sie zu vermeiden – und sei das noch so langweilig. Aber wer die Schwelle der Langeweile nicht aus Abneigung vermeidet, kann dahinter Augenblicke der Zeitlosigkeit erleben, die eine spirituelle Erfahrung, ein Einheitserlebnis bedeuten können. Zeitlosigkeit ist eben das Gegenteil von »keine Zeit haben«.

Mit unserem dreidimensionalen, mentalen Bewusstsein können wir uns unmöglich vorstellen, wie ein vierdimensionales, integrales Bewusstsein beschaffen ist, wie sich leicht an der zurückliegenden Bewusstseinsschwelle nachvollziehen lässt. Nehmen wir an, ein Mensch der nur zwei Dimensionen (das sind Länge und Breite) wahrnehmen könnte, würde uns zusehen, wie wir ein Blatt Papier waagerecht bewegen. Er könnte das so lange sehen, bis wir das Papier beim Weiterziehen ein wenig heben und dann wieder senken. Also so:

Für den Beobachter wäre das reiner Spuk. Aus seiner zweidimensionalen Wahrnehmung würde das Papier, sobald es angehoben wird (3. Dimension = Höhe) einfach verschwinden, um dann später aus dem Nichts wieder auftauchen. Uns geht es nicht besser, wenn wir einen vierdimensionalen Vorgang beobachten würden. Obwohl uns die Physik leichterhand beweist, dass es ihn gibt, können wir uns kein Bild davon machen, wie das gehen soll:

1. Wenn man von einem Punkt zu einem gegenüberliegenden Punkt geht, entsteht eine Linie. **Die erste Dimension.**
2. Wenn man von dieser Linie eine zweite parallel verschiebt, sodass sie einander gegenüberstehen, ergibt sich dazwischen die Fläche. **Die zweite Dimension.**
3. Wenn man von dieser Fläche eine andere nach oben schiebt, sodass sie einander gegenüberstehen, ergibt sich ein Würfel. **Die dritte Dimension.**

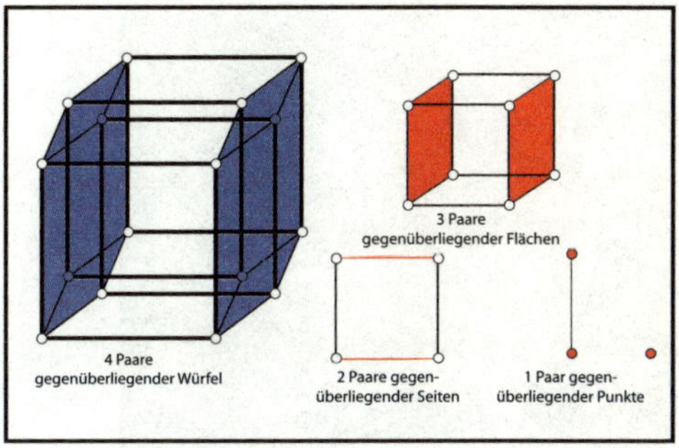

4. Konsequenterweise muss man nun, um zur vierten Dimension zu kommen, den Würfel verschieben – aber nicht nach vorn, nicht zur Seite, nicht in der Höhe, sondern in die vierte Dimension. Doch wo oder was ist sie? Die Physiker sagen uns, es sei die Zeit. Doch solange wir diese neue Dimension nicht begreifen, wissen wir nur, dass es sie gibt – aber nicht wohin mit dem Würfel.

Wir dürfen sicher annehmen, dass die 4. Dimension nicht einfach eine mehr ist. Ebenso wie das integrale Bewusstsein nicht einfach einen weiteren Erkenntnisaspekt mit sich bringt. Es ist nicht nur eine Zusammenfassung vieler Teile, sondern führt zur Bewusstwerdung des Ganzen. Dieses neue Bewusstsein ist nicht wacher als das bisherige, sondern klarer und durchschauender. Der Mensch vermag damit das Wahre zu erkennen. Wenn man es mit einem Buch vergleicht, so könnte man sagen, dass wir Menschen das Buch bislang gemessen und gewogen haben und vielleicht haben wir auch alle Buchstaben gezählt. Aber mit dem neuen Bewusstsein beginnen wir darin zu lesen. So gewaltig ist der Bewusstseinssprung, der der Menschheit bevorsteht.

Der Stand des Bewusstseins lässt sich auch an der jeweiligen Kunst ermessen und dort finden wir heute eine ähnliche Botschaft. Auch wenn mancher vielleicht mit zeitgenössischer Kunst Probleme hat, sollten wir doch bedenken, dass in der Kunst das Höchste sichtbar wird, was die menschliche Seele zu ihrer Zeit hervorzubringen vermag. Damit wird sie zu einem hervorragenden Maßstab für das Bewusstsein einer Epoche.

Höhlenmalerei bei Kolo

1. In der Zeit des magischen Bewusstseins entsteht die Höhlenmalerei. Nach allem, was wir darüber wissen, war sie Bestandteil von Ritualen, die der Fruchtbarkeit oder dem Jagderfolg dienten. Es ging nicht um die Darstellung einer Szene oder die Abbildung der Wirklichkeit. Sie diente einem magischen Vorgang, um mit der Abbildung das Abgebildete zu erlangen.
2. Mit dem mythischen Bewusstsein entstehen Bilder, die uns als Vasenbilder aus der Antike bis zur Malerei des Mittelalters bekannt sind, bei denen die Szene flächig, eben zweidimensional dargestellt wird. Es gibt nur Zwischenraum, keinen Tiefenraum.
3. Erst der Mensch der Renaissance entwickelt ein neues Raumverständnis und entdeckt die Perspektive. Damit wird der Tiefenraum erschlossen. Das mentale Bewusstsein ist erwacht.
4. Was lässt sich aus der modernen Kunst ableiten? Es geht ihr u. a. um das Thema Zeit, wie man an vielen Bildern Picassos erkennt, der ein Objekt gleichzeitig von mehreren Seiten und im Verlauf mehrerer Augenblicke darstellt. Es ist aber vor allem die abstrakte Kunst, in der wir die neue Botschaft finden, gerade wenn sie »nur noch« aus einem Strich, einem Schnitt oder einer weißen Leinwand besteht, was bekanntlich viele Betrachter schnell zu dem Urteil bringt: »Das ist doch keine Kunst. Das kann ich auch.«

Der spanische Philosoph José Ortega y Gasset erklärt sehr anschaulich, was es damit wirklich auf sich hat:

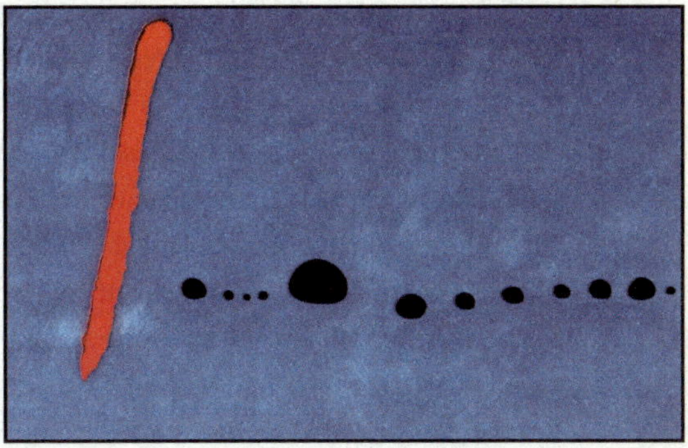

Bleu II, Joan Miró, 1961

Wenn früher ein Maler Frauen bei der Ernte malte und das Bild ausstellte, dann erkannten alle das Feld wieder, und die Frauen fanden sich mal besser, mal schlechter getroffen. Aber darum ging es dem Maler ja nicht. In seinem Werk lag eine Botschaft. Doch auch wenn man diese nicht erkannte, sah man zumindest die Frauen auf dem Feld, hatte einen Wiedererkennungseffekt und war zufrieden. Die abstrakte Malerei lässt nun einfach Feld und Frauen weg. Was bleibt, ist Botschaft pur. Wer sie versteht, braucht den Rest nicht. Wer sie aber nicht versteht, ist verärgert, weil er um den Wiedererkennungseffekt gebracht wurde, und damit um die Illusion, das Bild verstanden zu haben. Paul Klee sagte deshalb: »Kunst bildet nicht das Sichtbare ab. Kunst macht sichtbar.«

Gerade an diesem Beispiel wird das Diaphane, das Durchschauende des neuen Bewusstseins, anschaulich. Es erkennt direkt das Wesentliche und lässt sich auch nicht von den geschicktesten Mogelpackungen ablenken oder beeindrucken. Deshalb kann es ein großer Segen für die Menschheit und für unseren geschundenen Planeten werden.

Wenn wir einmal zusammenfassen, wo wir jetzt stehen, dann lässt sich Folgendes erkennen:

1. Das magische Bewusstsein verband Sippen. Die gemeinsame Abstammung verbürgte den Zusammenhalt und die Ordnung war die Fami-

lienhierarchie mit dem Sippenoberhaupt an der Spitze. Familien, in denen der Vater bis heute als Erster isst (und das größte Stück Fleisch bekommt), sind noch in der magischen Ordnung verwurzelt.

2. Das mythische Bewusstsein vereint Völker, die durch einen gemeinsamen Mythos verbunden sind. Das Volk ist in Stände, Klassen oder Kasten gegliedert, an deren Spitze ein absoluter Herrscher von Gottes Gnaden steht. Das ist ein sittenstrenger Patriarch, eine unangreifbare Autorität, ein Wahrheitsmonopolist, der nicht mit sich diskutieren lässt.
3. Mit dem mentalen Bewusstsein entstehen Nationen, die an Stelle der Klassengesellschaft eine Demokratie aufbauen, die von einem Parlament geleitet wird. Das Problem besteht darin, dass viele Parlamentarier dem Volk »populistische« Versprechungen machen, nur um wiedergewählt zu werden. Deshalb sagte Bismarck: »Es wird niemals so viel gelogen wie vor der Wahl, während des Krieges und nach der Jagd.«
4. Das integrale Bewusstsein wird in einer globalen Zusammengehörigkeit Gestalt annehmen und ein Weltbewusstsein hervorbringen, das die Menschen durch das Menschsein miteinander verbindet. An der Spitze steht eine Weltregierung, die demokratisch gewählt wird von Menschen mit einem »durchblickenden« Bewusstsein, das sich nicht von billigen Versprechungen täuschen oder verführen lässt. Je höher sich das Bewusstsein entwickelt, umso weniger egoistisch ist der Mensch. Deshalb ist ein integrales Bewusstsein im besten Sinne ein globales Weltbewusstsein.

Das liest sich natürlich alles sehr schön. Aber leider sind die Übergänge nicht problemlos, sondern voller Konflikte. Zwar kann sich das umfassendere Bewusstsein in das vorhergehende hineinversetzen, aber nicht das Künftige. Im Gegenteil, das neue Bewusstsein wird als feindlich, als Verrat oder als Gefahr angesehen, wie wir schon beim Höhlengleichnis sahen. Deshalb kann es Generationen dauern, bis es sich durchsetzt, weil es erst dann verstanden wird, und seine Gegner aussterben.

Eine ähnlich spannende Entwicklung durchläuft das Gottesbild:

1. Das magische Bewusstsein lebt in einer Welt, die durch und durch von äußeren Mächten beseelt ist, welche in jedem Naturphänomen Gestalt

annehmen können. Diese Mächte versucht der Mensch mit magischen Ritualen zu beschwören und zu bannen.

2. Im mythischen Bewusstsein verlieren die zahlreichen Göttinnen und Götter ihre Naturverbundenheit. Eine immer stärker werdende Gottheit nimmt die vielen Aspekte anderer Götter in sich auf und wird zum allmächtigen, einzigen Gott, mit dem die Menschen in Gebeten sprechen. Bei genauerer Betrachtung aber sind die meisten Gebete Überredungsversuche, bei denen Gott mit windigen Versprechungen gebeten wird, ein wenig zu tricksen, etwa so: »Lieber Gott, lass mich die Prüfung bestehen, obwohl ich nichts gelernt habe. In Zukunft werde ich auch ganz bestimmt ...« Andere betrachten Gott, das Universum oder wie immer sie es nennen, gleich als Kundendienst, mit dem sie kostenlos über Gebete »telefonieren« können, und der oder das nichts Besseres zu tun hat, als all die vielen Egowünsche prompt und wunderbar zu erfüllen.
3. Mit dem Aufkommen des mentalen Bewusstseins beginnt die Aufklärung und damit die Säkularisation. Die Vernunft erklärt die »Hypothese Gott« für überflüssig und entwickelt mit der Technik einen mächtigen »Ersatz«, einen »Gott«, der hält, was sich der Mensch von ihm verspricht. Der Atheismus entsteht und lässt den französischen Schriftsteller Edmond Huot de Goncourt voller Stolz über das zurückliegende, mythische Gottesbild sagen: »Wenn es einen Gott gibt, muss ihm der Atheismus im Vergleich zur Religion als die geringere Beleidigung vorkommen.«
4. Und wie sieht das Gottesbild an der Schwelle des neuen Zeitalters und des integralen Bewusstseins aus? Hören wir dazu einige Zeitstimmen:

Der Theologe Dietrich Bonhoeffer löste sich vom mythischen Gottesbild, indem er etwas sagte, wofür ihn jeder Fundamentalist verteufelt hätte: »Einen Gott, den es gibt, gibt es nicht.« So wie Jahrhunderte vor ihm schon Meister Eckhart feststellte: »Einen Gott, den ich begreifen kann, das ist nicht Gott.«

Den Zweifel, der an diesem Übergang spürbar wird, spricht der amerikanische Philosoph Buckminster Fuller sehr berührend aus: »Manchmal glaube ich, wir sind allein. Manchmal glaube ich, wir sind es nicht. Und in beiden Fällen hat der Gedanke etwas Erschütterndes.«

Dabei werden auch immer mehr Zweifel laut, ob die großen Weltreligionen überhaupt für die Probleme geschaffen sind, die es heute zu lösen gilt. Für manchen scheinen sie vielmehr selbst das Problem zu sein. Der amerikanische Physiker und Nobelpreisträger Steven Weinberg gab zu bedenken: »Mit oder ohne Religion gäbe es gute Menschen, die Gutes tun und böse Menschen, die Böses tun. Damit aber gute Menschen Böses tun, dafür braucht es Religion.« Den Kern aller Weltreligionen bildet das Mitgefühl. Welch ein Segen wäre es für die Welt, wenn sich die Menschen darauf konzentrierten, aufeinander zugingen und konsequent religiöse Abrüstung betrieben.

Und was könnte uns hinter der Schwelle erwarten?

Zwar wurde immer schon gelehrt, dass Gott nicht irgendwo da draußen in ferner Abgeschiedenheit ist – aber dennoch ist der Gedanke, dass Gott überall ist und damit nicht nur in allem, was wir sehen, spüren und erleben, sondern auch in jeder Zelle unseres Wesens, eine Einsicht des integralen Bewusstseins. In diesen Gedanken weht zugleich der Geist des Wassermannzeitalters, in dem sich der Mensch als Teil des Göttlichen erfahren wird. Damit ist keine Anmaßung gemeint, dass sich der Mensch gottgleich wähnt. Vielmehr heißt es, dass wenn Gott in allem wirkt, dann wirkt er auch durch unser ganzes Wesen.

Wie alles, so kann natürlich auch diese Haltung im Wassermannzeitalter sehr oberflächlich gelebt werden und zu einer Wellness- und Lifestyle-Religiösität verkommen, zu einer riesigen, aber inhaltslosen Hülse. Dabei ist es ganz einfach: Wenn Gott nicht die allerhöchste Bedeutung hat und das Allerwichtigste ist, dann hat er keine Bedeutung. Ein bisschen Gott und ein bisschen Religion ist bedeutungslos. Aber es kann sich auch die tiefe Einsicht herauskristallisieren, dass dieser Kosmos von einem Geist durchweht ist, der größer, umfassender, weit intelligenter und vieldimensionaler ist, als unser Bewusstsein es fassen mag. Mit diesem größeren Ganzen in Übereinstimmung zu kommen ist eine Ursehnsucht; denn dann fühlen wir uns »in Ordnung«. Darum zu beten ist keine Bitte an einen Tricksergott, der ein vorteilhaftes Wunder vollbringen soll. Vielmehr geht es darum, dass das Ich seinen Führungsanspruch und die typischen Egoziele aufgibt und eine Haltung einnimmt, in der der Einzelne spürt, in Übereinstimmung und damit in Ordnung zu kommen.

Bildete bis zur kopernikanischen Wende die Erde den Mittelpunkt des Kosmos, um den sich alles drehte, so ist für den heutigen Menschen sein Ich das Zentrum, um das sich alles dreht.

Kommt es auch hier zum Paradigmenwechsel? Beginnt das Ich sich in den Dienst des Größeren zu stellen und darum zu kreisen? Dann wäre auf einer ganz wesentlichen Ebene das Ex-zentrische des Wassermanns erreicht, dann könnte der große Sprung gelingen.

Wer immer sich mit diesen Gedanken beschäftigt, fragt sich zumindest heimlich, ob er selbst wohl noch dieses neue Zeitalter, diesen Sprung zum neuen Bewusstsein erleben wird:

Nie zuvor standen dem Menschen so viele Wachstumswege offen, nie zuvor hatte er so uneingeschränkten Zugang zu allen großen Weisheitstraditionen der Welt. Niemals zuvor war die Menschheit (der Bien) so dicht vernetzt. Die ungeheure und für jedermann spürbare Zeitbeschleunigung, die wir erleben, ist nicht nur ein Zeichen dafür, dass Entwicklungsschritte, die früher Jahrtausende brauchten, nun in immer kürzeren Abständen erfolgen. Diese dramatisch ansteigende Beschleunigungskurve zeigt auch, dass wir auf den Kulminationspunkt zusteuern, an dem unser Bewusstsein mutiert und den Quantensprung zur integralen Struktur, zur 4. Dimension macht.

Was kann der Einzelne dazu tun? Erleuchtung kann man nur finden, nicht machen. Ebenso wenig kann man den Bewusstseinssprung in die 4. Dimension machen. Aber man kann die Bedingungen schaffen, unter denen diese Schritte möglich sind. Dazu gehören einerseits Einsicht und Vertrauen. Teilhard de Chardin sprach vom Omega Punkt als dem Ziel aller Entwicklung, an dem das Universum Gott geworden ist. Dieses Ziel liegt in der Zukunft, aber es übt als Attraktor eine starke Kraft auf die Gegenwart aus und ist damit auf geheimnisvolle Weise auch hier. Vielleicht haben es die Astrophysiker schon gefunden? Im Sternbild Wassermann haben sie eine Galaxie entdeckt, die uns anzublicken scheint. Deshalb hat man sie das »Auge Gottes« genannt.

Weil ein neues Bewusstsein zunächst große Angst bereitet, verkannt und geächtet wird, ist es sicherlich hilfreich die Neuerungen und Veränderungen zu beobachten, die uns Angst machen oder die wir verlachen. Möglicherweise sind das wichtige Wegweiser oder Brücken zum neuen Bewusstsein. Deshalb sollten wir überlegen, welche neuen Entwicklungen wir als bedrohlich erleben, um sie vielleicht neu zu bewerten? Zum Beispiel Globalisierung, Genforschung, Gehirnforschung, um nur drei zu nennen, die wie Gefahr mit »G« beginnen.

Und wo es darum geht, die Zeit anders zu erfahren, kann es ja nur um ein Heraustreten aus unserer chronologischen Zeit gehen. Das aber könnte Erleuchtung bedeuten, von der der Religionsphilosoph Roland R. Ropers sagt, dass sie kein Eintauchen in eine jenseitige Welt sei, sondern das Überschreiten der Dualität, hinein in die Wirklichkeit des Hier und Jetzt. Genau dahin zielt Eckhardt Tolle, wenn er sagt: »Suche nach der engen Pforte, die zum Leben führt. Sie heißt *Jetzt.*« »Erleuchtung ist ein Unfall«, heißt es im Zen, »und Meditation erhöht die Unfallgefahr.«

Vielleicht sind wir schon viel weiter, als die meisten glauben. Vielleicht erleben wir bereits Phänomene des neuen Bewusstseins, ohne sie zu verstehen. Könnte es zum Beispiel sein, dass das relativ neue Symptom der Legasthenie dazugehört? Dass wir Menschen als krank behandeln, die einfach viel schneller das Ganze erfassen, ohne sich mit einer langweiligen und unnötigen chronologischen Reihenfolge der Buchstaben aufzuhalten? Probieren Sie es selbst:

> Nach eienr Stidue der Cmabridge Uinverstiaet, ist es bei Emails eagl
> in wlehcer Reiehnfogle die Bchustbaen in Woeretrn vokrmomen.
> Es ist nur withcig, dsas der ertse und lettze Bchusatbe
> an der ricthgien Stlele snid. Der Rset knan total falcsh sein und man
> knan es onhe Porbelme leesn. Das ist, wiel das mneschilche Geihrn
> nciht jeden Bchustbaen liset, sodnern das Wrot als gaznes.

In jedem Fall zählt die Tat oder die Bewusstseinsveränderung jedes Einzelnen weit mehr, als man lange gedacht hat. Die Chaosforscher John Briggs und David Peat sagen deshalb: »Philosophisch gesehen mag die Chaostheorie all jene trösten, die ihre eigene Rolle in der Welt als unwichtig ansahen. Unwichtige Dinge können in einem nichtlinearen Universum gewaltige Wirkungen haben. (...) Die Gestalt des Ganzen hängt vom winzigsten Teil ab.«

Genau das erzählt auch die Geschichte vom hundertsten Affen. In den 50er Jahren des letzten Jahrhunderts erforschte eine Gruppe von Biologen das Verhalten von Affen auf einer japanischen Inselgruppe. Die Forscher legten am Strand Süßkartoffeln aus, die die Affen bald fraßen. Ein Jungaffe entdeckte wohl eher zufällig, dass es besser schmeckte und im Maul weniger knirschte, wenn er die Kartoffel zuvor im Wasser wusch. Ganz entgegen der Affengepflogenheit, wo immer nur die Jungen von den Alten lernen, übernahmen in diesem Fall die alten Affen das Verhalten vom Jungtier und wuschen ihre Kartoffeln. Als etwa 100 Affen gelernt hatten, ihre Kartoffeln zu waschen, geschah das Wunder. Plötzlich begannen auch die Affen auf den anderen Inseln ihre Kartoffeln zu waschen. Nichts ist stärker, als eine Idee, deren Zeit gekommen ist. Wenn eine kritische Grenze überschritten ist, verbreitet sie sich wie ein Lauffeuer und ist nicht mehr zu bremsen. Genau das wird mit dem neuen Bewusstsein geschehen!

Als Georg Christian Lichtenberg in die Zukunft blickte, sagte er weise:

Ich weiß nicht, ob es besser wird,
wenn es anders werden wird;
aber so viel ist gewiss,
dass es anders werden muss,
wenn es gut werden soll.

Helixnebel
im Sternbild Wassermann

Die Freiheit auf dem Schicksalsweg

oder Was steht wirklich in Sternen und Karten?

Alle Theorie spricht gegen einen freien Willen,
alle Erfahrungen dafür.

Samuel Johnson

Bevor man versucht, die Zukunft aus den Karten zu lesen oder sein Schicksal aus den Sternen zu erfahren, sollte man sich natürlich fragen, ob und inwieweit die Zukunft eigentlich feststeht?

Die Meinungen darüber sind seit jeher gespalten. Es gibt Religionen, wie den orthodoxen Islam, in dem die Lehre von der Prädestination (lat. *Vorherbestimmung*) vorherrscht. Und wie es scheint, glauben auch nicht wenige in der Welt der Esoterik, dass alles schon im Voraus feststeht, auch das, was ich hier im Weiteren schreiben werde, selbst wenn ich noch vor einem ziemlich weißen Blatt Papier sitze. Aber wenn dem wirklich so wäre, würde man dann nicht öfter die Schlagzeile lesen »Hellseher hatte wieder 6 Richtige im Lotto«?

Das Christentum ist sich in dieser Frage uneins. Da es in der Bibel zahlreiche Belege für beide Sichtweisen gibt, ist das auch nicht weiter verwunderlich. Vor allem sind es die biblischen Prophezeiungen, die ja – wenn man sie wörtlich nimmt – allesamt auf der Überzeugung beruhen, die Zukunft sei vorherbestimmt und deshalb auch für lange Zeiträume vorhersagbar. Schaut man aber in der Weltgeschichte zurück, so sind viele dieser Prophezeiungen nicht eingetroffen. »Noch nicht!« würde ein echter Fundamentalist natürlich sogleich ergänzen.

Bild links *»Das Rad der Fortuna«, Edward Burne-Jones*

So sagte zum Beispiel Jeremia, einer der großen Propheten des Alten Testaments, für seine Zeit einen dramatischen und so nachhaltigen Untergang Babylons voraus, dass die Stadt danach »in Ewigkeit nicht mehr bewohnt werde.« Das war im 6. Jahrhundert v. Chr. Diesen Untergang hat sie nie erlebt. Stattdessen machte Alexander der Große die Stadt sogar zu seinem Regierungssitz. Später wurde sie nach und nach verlassen und verlor an Bedeutung, weil man eine neue Hauptstadt gebaut hatte. Aber bewohnt ist Babylon bis heute.

Johannes empfängt die Offenbarung, Simon von Taisten

Die umfassendste Prophezeiung der Bibel findet sich aber in ihrem letzten Buch, der Apokalypse, in der Johannes das Ende der Welt beschreibt. Gleich zu Beginn heißt es dort »die Zeit ist nahe« und am Ende sagt Jesus: »Ja, ich komme bald.« Seither sind nahezu 2000 Jahre vergangen, in denen zahllose Ereignisse immer wieder als Beginn des Untergangs gedeutet wurden. Bislang hat die Welt sie allesamt recht gut überstanden. Natürlich lässt sich bei jeder nicht eingetroffenen Prophezeiung sagen, dass sie dann eben später kommt. Aber 2000 Jahre sind nach menschlichem Verständnis nicht »bald«. Und wenn die Angaben der Apokalypse nicht für das menschliche Verständnis geschrieben sind, dann ist dieses Buch als Prophezeiung nicht zu verstehen. Zu dem Schluss scheinen inzwischen ja sogar die Zeugen Jehovas gekommen zu sein, da sie nach fünf Fehlprognosen zumindest offiziell aufgehört haben, das Datum für den Untergang berechnen zu wollen.

Dennoch ist man in einigen christlichen Kreisen weiterhin zutiefst davon überzeugt, dass alles strikt vorherbestimmt sei. Reformierte Kirchen, insbesondere die Calvinisten, glauben sogar, dass seit Anbeginn der Zeit feststeht, ob ein Mensch nach seinem Tod in den Himmel kommt oder in die Verdammnis. Demnach sind die Menschen eigentlich nur Marionetten in einem Schauspiel, das Gott sich vor Ewigkeiten minutiös ausgedacht hat, und das ohne für uns erkennbaren Sinn und Zweck abgespielt wird, bis schließlich der letzte Vorhang fällt.

Diese Ansicht steht allerdings im krassen Gegensatz zur christlichen Lehre von der Willens- und Entscheidungsfreiheit des Menschen, die vor allem in der katholischen Kirche einem Dogma gleichkommt. Da die Bibel für beide Ansichten genügend Belege liefert, wird die Diskussion um dieses Thema auch innerhalb der Kirchen gewiss weitergehen.

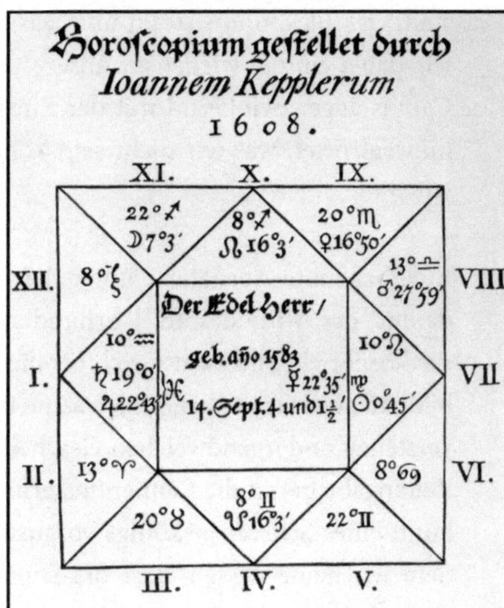

Von Johannes Kepler gestelltes Horoskop Wallensteins mit dem Planetenstand am Tag der Geburt (24. September 1583), 1608.

Spätestens seit Aufkommen der ersten persönlichen Horoskope im 5. vorchristlichen Jahrhundert, ist die Frage auch für die Astrologen relevant. Dabei haben Vulgärastrologen zumeist behauptet, alles sei vorherbestimmt und vorhersagbar, und drohendes Unglück ließe sich – wenn überhaupt – dann nur durch ihre Amulette abwenden. Dagegen hat die gelehrte Astrologie über all die Jahrhunderte überwiegend eine Haltung vertreten, die Johannes Kepler so ausdrückte: »Die Sterne sind nur der Vater deines Schicksals. Die Mutter ist deine eigene Seele.« Somit ist die Sternenkonstellation zum Augenblick unserer Geburt unsere Anlage, die unser Schicksal erzeugt. Unsere Seele aber hat die Freiheit und die Aufgabe, das Ganze zu gestalten.

Festgelegt sind wir nur, was unsere Ausgangssituation betrifft. Wir sind in eine friedliche oder kriegerische Zeit, in eine ärmliche oder reiche Gesellschaft, in eine liebevolle oder eine zerstrittene Familie hineingeboren.

Wir sind mit unserem genetischen Code als Mann oder Frau, als Farbiger oder Weißer, als großer oder als kleinwüchsiger Mensch in Europa, Afrika, Asien, Australien oder Amerika auf die Welt gekommen. Analog zu solchen äußeren Bedingungen gibt es eine innere Anlage, die uns ebenso angeboren ist. Wir sollten sie aber nicht als Fessel betrachten, sondern vielmehr als unsere Startrampe verstehen. Von Anfang an geht es darum, wie wir diese Anlage gestalten, wie wir unsere Möglichkeiten entfalten, und genau darin liegt eine immense Freiheit. Wir können Großes daraus machen oder uns ausliefern und aufgeben, noch bevor wir überhaupt angefangen haben, weil wir glauben, dass es sich ja sowieso nicht lohnt, da ja ohnehin alles feststeht. Oder aber wir machen uns auf den Weg, voller Neugier, wer wir eigentlich sind, was alles in uns steckt und was sich daraus machen lässt. Und wenn wir dabei einmal wieder an unsere Grenzen stoßen, beruhigt uns Albert Camus augenzwinkernd mit der Einsicht, dass die Fantasie uns über das hinwegtröstet, was wir nicht sein können, und der Humor über das, was wir sind.

Eine bekannte Ausnahme unter den gelehrten Astrologen bildet Nostradamus, der Mitte des 16. Jahrhunderts seine berühmten Prophezeiungen niederschrieb, und zwar gleich für die nächsten 2242 Jahre. Da er sich sehr bildhaft ausdrückte, ließen sich seine Prognosen immer nur im Nachhinein verstehen und irgendwelchen Geschehnissen zuordnen. Die einzige präzise Zeitangabe betraf die Sonnenfinsternis im August 1999, für die er die Ankunft eines Schreckenskönigs voraussagte, der vom Himmel käme. Nachdem wir heute wissen, dass die Sonnenfinsternis zwar ein vielbeachtetes Spektakel war, aber keinerlei Katastrophe passierte, dürfen wir sicher sein, dass auch Nostradamus sich irrte und überschätzte, wenn er glaubte, die Zukunft stehe fest, und er könne sie über Jahrtausende vorhersagen.

Sicherlich gehört der Traum von der Willensfreiheit zu den Allmachtsphantasien unseres Egos. Aber jeder, der schon einmal zu Sylvester einen guten Vorsatz gefasst hat, weiß spätestens nach dem Tag der Heiligen Drei Könige, wie frei oder unfrei wir tatsächlich sind. Dabei handelt es sich in diesen Fällen ja nicht einmal um ein äußeres Schicksal, sondern um unsere Gewohnheiten. Doch sind gerade deren Fesseln so fein, dass man sie lange Zeit nicht spürt. Wenn man sie aber spürt, sind sie bereits so fest, dass man sie kaum noch zerreißen kann. Mark Twain sagte deshalb, dass man Gewohnheiten nicht aus dem Fenster werfen kann. Man muss sie Stufe für Stufe die Treppe herunterlocken.

Für den freien Willen machte sich der Schriftsteller und Nobelpreisträger Isaac Bashevis Singer stark, wenn er – sicherlich augenzwinkernd – sagte: »Man muss an den freien Willen glauben. Wir haben keine andere Wahl.« Tatsächlich drehen sich viele unserer Gespräche darum, wer wann etwas getan hat und wie wir das finden. Wir sehen den Menschen als den Urheber seiner Handlungen und eben das glauben wir auch von uns selbst. Nur im Falle der Schuld suchen wir die Ursachen lieber in der Umgebung. Wir scheuen uns vor der Verantwortung, die wir für unsere Entscheidungen übernehmen müssen. Sie wiegt schwer und belastet uns, wenn wir eine falsche Entscheidung getroffen haben. Deshalb schieben wir Entscheidungen vor uns her, treffen sie nur halbherzig, halten uns Hintertürchen offen oder reden uns ein, dass wir keine Wahl haben. Die aber haben wir immer, und wenn sie auch nur darin besteht, das, was wir erleben, anders zu sehen. Aber selbst wenn wir uns scheinbar nicht entscheiden, ist das unsere Entscheidung. Denn auch zum Zaudern und Zögern muss man sich entschließen.

Wahrscheinlich kann es letztlich für keine dieser beiden Überzeugungen unumstößliche Beweise geben. Ebenso wenig wie sich beweisen lässt, dass wir wirklich leben und nicht nur alles träumen. Aber es gibt so etwas wie eine gefühlte Freiheit, die uns glauben lässt, dass wir absichtsvoll handeln. Und (nur) was wir glauben, wissen wir gewiss. So paradox das klingt. Deshalb gibt uns der große Philosoph Spinoza zu bedenken: »Hätte der geworfene Stein Bewusstsein, würde er glauben, er fliege, weil er will.« Vielleicht geht es uns ja so wie dem König, dem der kleine Prinz auf dem ersten Planeten begegnet. In dessen kleiner Welt gehorcht ihm selbst die Sonne. Auf seinen Befehl geht sie unverzüglich unter – vorausgesetzt natürlich, dass er den Befehl im richtigen Augenblick gibt!

Wenn uns Philosophie und Religion keine klare Antwort geben, versuchen wir es doch einmal in der Welt der Naturwissenschaft. Dort ist man ja in weiten Bereichen lange von der Vorhersagbarkeit von Entwicklungen ausgegangen. Da die Physik uns lehrte, dass gleiche Ursachen stets gleiche

Wirkungen haben, muss man nur die Ursachen erforschen, um vorhersagen zu können, wie sich etwas entwickelt. Doch wie oft diese Vorhersagen an die Welt der Sagen erinnern, wissen wir zum Beispiel bei der Zuverlässigkeit der Wettervorhersage. Auch hier glaubte man lange Zeit, wenn man nur genügend genaue Messungen über genügend lange Zeiträume habe, dann könne man auch langfristig verlässliche Prognosen machen. Mit dem Aufkommen der Quantenphysik in den 20er Jahren des 20. Jahrhunderts und dank der Erkenntnisse, die die Chaosforschung hervorbrachte, wissen wir heute, dass solche Prognosen langfristig nie verlässlich sein können. Minimale Unterschiede in den Anfangsbedingungen können zu maximalen Unterschieden in den Ergebnissen führen. Das gilt für das Wetter, für die Börsenkurse, für das Zeitgeschehen und zahllose Tendenzen und Entwicklungen, die man »nicht linear« nennt, und von denen man heute weiß, dass sie die überwiegende Mehrheit aller Entwicklungsprozesse darstellen. Auch der Lebensweg des Menschen zählt dazu.

Die Zukunft gleicht einem Stoß unbedruckter Karten.

Hans-Peter Dürr, ein führender Quantenphysiker, hat deshalb gesagt, dass uns die Zukunft nicht aus pädagogischen Gründen vorenthalten werde. Wir können sie nicht sehen, weil es sie einfach noch gar nicht gibt. Und er vergleicht die Situation mit einem Stoß weißer, unbedruckter Karten, die erst dann ein Bild bekommen, wenn sie umgedreht werden. Die Zukunft ist nur als Potenzial vorhanden, als ein Feld von Möglichkeiten. Welche davon Gestalt annimmt, liegt an vielen Faktoren. Ganz sicher auch an uns. Darum sagt Margriet de Moor, dass sich ganz in der Nähe des Lebens, in dem wir vielleicht zufällig gelandet sind, ein anderes befindet, das wir genauso gut leben könnten.

Unser Leben ist eine ununterbrochene Kette von Entscheidungen, die in ihrer Summe unseren Lebensweg bestimmen. Tarot führt uns das in der Karte DER WAGEN vor Augen. Sie zeigt den Menschen, der sich auf seinen Weg begibt, wobei der Wagen von zwei völlig verschiedenen Kräften gezogen wird, die in vielen Tarotdecks von einer schwarzen und einer weißen Sphinx dargestellt werden. Diese beiden Zugkräfte stehen für die gegensätzlichen Interessen und Möglichkeiten, zwischen denen wir stets entscheiden müssen. Auf der einen Seite finden wir unsere guten Vorsätze, unsere bewussten Ziele und Ideale, denen unsere Gewohnheiten, Schwächen und instinktiven Reaktionen gegenüberstehen. Der Wagenlenker sind wir selbst und es ist unsere Aufgabe, diese beiden Zugkräfte so beieinanderzuhalten, dass sie gemeinsam vorwärtslaufen und wir nicht ins Stocken geraten. Wohin der Weg uns führt, und wie wir dabei entscheiden, liegt immer bei uns. Denn auch wenn wir uns nicht entscheiden, selbst wenn wir die Zügel loslassen und den Weg den Zugtieren überlassen, ist das unsere Entscheidung.

Der Wagenlenker muss die unterschiedlichen Zugtiere zusammenhalten.

Das Ziel am Ende des Weges ist die Einheit. Damit ist der Mensch als geeinte Persönlichkeit gemeint, als jemand, der sich so lange an inneren und äußeren Widersprüchen gerieben hat, bis er darüber hinausgewachsen ist und zu einem ganzen Menschen wurde. Damit ist auch die Überwindung äußerer Trennungen und Spaltungen gemeint. In dem Augenblick, als Adam und Eva erkannten, dass sie Mann und Frau waren, war das Paradies verloren. Seither sind wir Menschen auf der Suche nach der verlorenen Einheit (was auf der Tarotkarte durch die goldene Spitze am Stab des Wagenlenkers symbolisiert wird). Solange wir uns noch als Mann oder Frau verstehen, zwischen Gut und Böse, Himmel und Erde oder Mensch und Gott trennen, haben wir den Gipfel der mystischen Einheitserfahrung noch nicht erreicht und müssen uns immer wieder aufs Neue zwischen allen möglichen Polen und Alternativen entscheiden.

»Adam und Eva«, Tizian Mit der Frucht vom Baum der Erkenntnis begann die Spaltung.

Erst mit diesem Bewusstsein, das der Mensch symbolisch durch die Frucht vom Baum der Erkenntnis erhielt, betrat er die Welt der Zeit, in der es so etwas wie Zukunft zu geben scheint. Unseres Wissens denkt kein Tier darüber nach. Selbst wenn sich ein Eichhörnchen im Herbst einen Wintervorrat anlegt, dann nicht, weil es an den kommenden Winter denkt und sich darüber Sorgen macht, sondern weil es instinktiv das tut, was es stets zu jener Jahreszeit tut. Sich die Zukunft auszumalen und sich darüber zu sorgen, ist wirklich eine Eigenart des Menschen. Seit wir aus dem Paradies (der Unbekümmertheit) vertrieben wurden, leben wir im Sorgenland. Seither wissen wir – als einzige Lebewesen –, dass wir sterben müssen. Deshalb haben wir auch eine Vorstellung von Zeit entwickelt, die wie ein Sicherheitsabstand zwischen dem Jetzt und dem Ende liegt. Deshalb denken wir über unsere Zukunft nach, machen uns Gedanken über unser Schicksal und versuchen zu verstehen, was das alles soll. So sind wir nun bald 7 Milliarden Menschen auf der Erde, und keiner weiß letztlich warum. Aber alle fragen sich immer wieder nach dem Sinn und finden dazu Antworten, an die sie glauben. »Der Mensch ist erwacht in einer Welt, die er nicht verstand. Seither versucht er sie zu deuten«, sagte dazu C. G. Jung.

Mit dem Erwachen des Bewusstseins haben wir das Paradies verloren, aber dafür unsere Entscheidungsfreiheit erhalten. Seither können wir Menschen uns – als einzige Geschöpfe – gegen unsere Natur entscheiden. Nur wir kennen die Wertung von gut und böse. Nur wir können Verantwortung für unser Tun und unsere Entscheidungen übernehmen. Nur wir denken über unser Schicksal nach. Das alles ist gleichzeitig entstanden und gehört deshalb auch im eigentlichen Sinn zusammen. Darum lässt sich die Frage nach Freiheit oder Schicksal nur beantworten mit Freiheit *und* Schicksal. Wir sind frei, uns zu entscheiden – oder glauben das zumindest – und genau das ist unser Schicksal. Wir sind auf der Suche nach dem verlorenen Paradies (der Einheit), und der Weg dorthin ist unser Schicksalsweg. Er ist so einzigartig individuell, wie unsere Gene, unsere Handschrift, unsere Handlinien, unser Horoskop.

Tun und lassen

Wählen müssen wir dabei immer zwischen den beiden Prinzipien, die von den ersten beiden Karten der Großen Arkana des Tarots verkörpert werden, zwischen dem aktiven, solaren Handeln des Magiers und der passiven, lunaren Bereitschaft der Hohenpriesterin, zwischen dem Tun und dem Lassen, dem Kopf und dem Bauch. Wir können um Erkenntnisse ringen (Magier) oder warten, bis sie uns kommen (Hohepriesterin). Bei aller Wertschätzung, die wir vielleicht für die Geschicklichkeit, Klugheit, Wendigkeit und den Tatendrang des Magiers haben, sollten wir bedenken, dass wir damit selten die großen Weichen in unserem Leben stellen, denn das geschieht interessanterweise zumeist unbewusst. Wer auf sein Leben zurückschaut, findet oft, dass die wirklich wichtigen Erfahrungen, Begegnungen und Ereignisse nicht stattfanden, weil wir das so wollten oder gemacht haben, sondern weil sie plötzlich und oft genug überraschend da waren, und wir ihre Tragweite erst nach und nach erkannten. Wenn die wichtigen Entscheidungen fallen, erschallen eben keine Trompeten. Unser Lebensweg gibt sich gerne still zu erkennen.

Eine Entscheidung aber sollten wir, wann immer wir sie erkennen, sehr bewusst treffen. Wir machen im Leben zahlreiche Erfahrungen, die uns verletzen, enttäuschen, verärgern oder zur Verzweiflung bringen. Sie sind allesamt Weggabelungen, an denen wir immer wieder wählen können, über den Schmerz zu verbittern oder darüber weise zu werden. Die Freiheit dieser Wahl haben wir immer. Wählen wir unbewusst, dann gehen wir meistens den Weg der Verbitterung, weshalb die Augen so vieler Menschen im Laufe des Lebens immer stumpfer werden und sich auf den Gesichtern Enttäuschung breitmacht. Weisheit aber kann uns in all diesen Augenblicken trösten und uns helfen, den Weg der Gelassenheit und Milde zu gehen, statt uns zu empören und in verbitterter Rechthaberei zu erstarren.

Glück und Pech

Weil unsere Freiheit in der Entfaltung unseres Wesens liegt, ist es natürlich wichtig und hilfreich, unsere Anlagen zu kennen. Andernfalls halten wir unsere Freiheit zur Selbstentfaltung zu leicht für die Freiheit zu machen, was wir wollen. Damit aber würden wir sehr schnell an unsere Grenzen kommen, denn jedes Ich hat unerreichbare Größenfantasien. Es möchte allmächtig, unsterblich, unwiderstehlich, berühmt, unübertrefflich, allwissend, steinreich und vieles mehr sein. Da diese Ziele kaum zur Anlage eines Menschen gehören, scheitern wir notwendigerweise daran und sind dann enttäuscht. Wahrscheinlich liegt hier der Ursprung unserer Vorstellung vom Schicksal. Wir denken uns ein solches Ziel aus oder glauben, bei einem anderen Menschen etwas entdeckt zu haben, was wir auch gern hätten. Sobald wir dann versuchen, es anderen nachzumachen, um das Objekt unserer Begierde zu erlangen, werden wir mit hoher Wahrscheinlichkeit scheitern oder einfach nicht glücklich, da wir nicht unsere Anlage entfaltet haben, sondern jemand anderen kopierten. Das Ich hat zumeist wenig Einsehen in das Scheitern und nennt es dann Schicksal, böses Schicksal oder Pech. Dabei hat es nur nicht geklappt, weil es ein »ausgedachtes« Ziel war, das aus unserem Kopf, nicht aber aus unserer Wesensnatur hervorging. Was immer überraschend oder unerwartet klappt, nennen wir Glück. Geht aber etwas schief, nennen wir es Pech. Der Unterschied liegt darin, dass wir beim Glück nie glauben, dass es sich in der Haustür geirrt hat, beim Pech dagegen immer. In älteren Tarotkarten zeigt sich noch deutlich diese Einschätzung.

Einen Trick, mit dessen Hilfe ein Mensch immerfort glücklich und frei von Problemen leben könnte, gibt es sicherlich nicht. Für das Gegenteil aber scheint es ein recht wirksames Rezept zu geben: fremdbestimmt zu leben. Das heißt nicht nur ständig etwas zu tun, was man nicht will, sondern auch fremde Ziele und Lebensformen zu den eigenen zu machen und sich damit in ein falsches Kostüm zu zwängen.

Es gibt verschiedene etymologische Erklärungen für den Ursprung des Wortes Schicksal. Zumeist wird es auf das altniederländische Wort *schickself* zurückgeführt, was so viel heißt wie »sich in das Gegebene zu schicken«. Das ist die eine der beiden Arten das Schicksal zu verstehen. Das Wort lässt sich aber auch auflösen in *schicken* und *sah*, was *salus* (Heil) bedeutet. Und damit verstehen wir das Schicksal im besten Sinne als etwas, das uns zu unserem Heil führt.

Heil ist das Ziel des spirituellen Weges. Ganzheit wäre das Äquivalent in der Sprache der Jung'schen Psychologie. Auf diesem Weg ist unser Führer nach dem Verständnis der Astrologie der Planet Saturn. Er gilt traditionell als der Schicksalsplanet, der uns stets mit der Wirklichkeit konfrontiert – wenn es sein muss auch streng und nachdrücklich. Wann immer wir von unserem eigenen Weg abkommen, wann immer wir versuchen, das Leben oder Verhaltensweisen anderer zu kopieren oder uns ein anderes Leben herbeiträumen, weckt Saturn uns mal sanft, mal heftig auf und holt uns ernüchternd auf unseren eigenen Weg zurück. Nur so entstehen neue Wege. Sonst würden wir in alten Trampelpfaden laufen.

Immer wenn wir Egozielen folgen möchten, die nur ausgedacht, aber nicht authentisch sind, erleben wir diese Beschränkungen als äußeres Schicksal, das unsere Pläne durchkreuzt. Vielleicht gelingt uns aber auch eine andere Sicht der Dinge. Wenn wir unser Schicksal als unsere Eigenart begreifen, dann erkennen wir, dass diese scheinbaren äußeren Elemente eigentlich innere unbewusste Kräfte sind, die uns zu uns selbst führen wollen. Solange wir uns allerdings nur vom Hörensagen kennen, verstehen wir das nicht und erleben das Schicksal als etwas Fremdes, das uns ungerechterweise von außen auferlegt wird.

Die abendländische Philosophie nennt Thales von Milet den ersten Weisen auf europäischem Boden. Er lebte im 6. vorchristlichen Jahrhundert und veranlasste, dass über dem Eingang zum großen Orakel von Delphi das berühmte: »Erkenne dich selbst!« zu lesen stand. Damit machte er deutlich, was das Ziel von Orakeln ist. Diese Selbsterkenntnis ist der Schlüssel zur Freiheit. Wir sind der Mensch, der wir sind. Aber wer das ist, das sollten und können wir herausfinden. Denn nur dann können wir *wir selbst* werden, und das auf höchstem Niveau.

Vor diesem Hintergrund stellt sich für Astrologen, Tarotdeuter und andere Berater natürlich die Frage: »Was ist eine gute Beratung?«

Viele Menschen glauben, eine Beratung sei dann gut, wenn alle gemachten Prognosen möglichst genau eintreffen. Deshalb hört man von einem Rat suchenden Menschen, dem man Monate später wieder begegnet, nicht selten das »Kompliment«: »Es hat alles gestimmt! Es ist alles eingetroffen!« Dann denke ich mir manchmal: »Ja, weil Sie sich für keine andere Möglichkeit entschieden haben.«

Das soll nun kein Freibrief für Berater sein. Die Entscheidungsfreiheit des Menschen entbindet nicht von der Verantwortung, wirklich nach bestem Wissen und Gewissen zu beraten. Nur ist die Messlatte eben nicht die Frage, ob danach auch alles eingetroffen ist, was als möglich und wahrscheinlich in Aussicht gestellt wurde.

Unsere Zukunft liegt nicht fest. Sie wird von uns ein Leben lang durch die vielen Entscheidungen gestaltet, die wir ständig treffen. Durch unser bisheriges Leben und Verhalten, durch die vielen zurückliegenden Entscheidungen haben wir schon manches gesät, was wir noch ernten werden. Vor allem für die nahe Zukunft haben wir dadurch schon so viel vorentschieden, dass das Wahrscheinliche bereits in Konturen zu erkennen ist. Das ist es, was man vorhersagen kann. Deshalb darf man auch in einer seriösen Beratung Prognosen machen, nur sollte dabei nicht der Eindruck entstehen, dass das Kommende unausweichlich vorherbestimmt und vorhersehbar sei. Eine gute Beratung ist nie festlegend oder beengend, sondern erweitert die Horizonte. Sie zeigt dem Ratsuchenden mögliche Tendenzen, nennt die Themen, mit denen er sich befassen wird und kann sagen, wie die Chancen dabei stehen.

Der Philosoph Arthur Schopenhauer hat die Situation des Menschen mit einem sehr schönen Bild so beschrieben: »Das Schicksal mischt die Karten und wir spielen.« Dabei sind die Karten Sinnbild unserer Ausgangssituation. Was wir daraus machen, liegt an uns. Natürlich spielen wir umso besser, je mehr wir uns mit den Regeln und Möglichkeiten des Spiels auskennen. Dann lässt sich sogar mit »schlechten Karten« ein gutes Spiel machen.

Eben dazu kann eine gute Beratung verhelfen. Je besser wir uns und unsere Möglichkeiten kennen, umso weniger versuchen wir andere nachzuahmen und umso klarer und stimmiger werden unsere Schritte, umso individueller reagieren wir auf Herausforderungen. Deshalb ist es auch so schwierig, einem reifen und bewussten Menschen Prognosen zu machen. Je mehr ein Mensch von seiner Entscheidungsfreiheit Gebrauch macht, desto weniger lässt sich vorhersagen, was er tun und erleben wird. Wenn jemand dagegen weitestgehend unbewusst lebt, instinktiv reagiert und damit meist den Weg des geringsten Widerstands geht, ist sein Verhalten mit hoher Wahrscheinlichkeit vorhersagbar.

Natürlich ist nicht jeder Ratsuchende mit diesen Überlegungen einverstanden. Mancher wäre gerne bereit seine Freiheit aufzugeben und sich dafür Gewissheit einzuhandeln – sofern es die Gewissheit einer erfreulichen Entwicklung ist, versteht sich. Nehmen wir an, dass jemand mit chronischen Geldsorgen Rat sucht. Dann mag er zu all dem Gesagten gut und gerne nicken. Letztlich aber sagt er, dass er das Problem ja wirklich lösen will und nun wissen möchte, wie lange das denn dauern wird. In einem solchen Fall stellt sich zunächst die Frage, was mit »wollen« gemeint ist. Gibt es wirklich einen festen Willen das Problem zu lösen oder nur den starken Wunsch, es weghaben zu wollen? Ein wenig kann man das an der Art der Frage erkennen. Heißt sie: »Was kann ich tun, damit sich meine finanzielle Lage nachhaltig verbessert?« oder lautet sie vielmehr: »Wann wird es endlich besser?« Im ersten Fall können Orakel einen ausgezeichneten Dienst erweisen, im zweiten Fall werden sie schnell als billiges Trostpflaster missbraucht.

Gleiches gilt natürlich auch bei einer der häufigsten Fragen: »Kommt mein(e) Ex zurück?« oder »Wann finde ich endlich die große Liebe?« wie überhaupt für alle Fragen, die »wann endlich« beinhalten. Da die Zukunft nicht feststeht, sind Wann-Fragen nie klar zu beantworten. Eigentlich lässt sich nur ein ungefähres Zeitfenster angeben, innerhalb dessen die Chancen günstig oder ungünstig sind. Gerade hier liegt eine große Verantwortung für den Berater. Natürlich fällt es leichter, einem verzweifelten Ratsuchenden Scheintrost zu spenden, indem man sagt: »Alles wird gut.« Aber das Ergebnis ist oft, dass dieser Mensch dann Wochen oder Monate darauf wartet, dass sein Ex zurückkommt oder sich ein anderes Problem von selber löst. Damit geht wertvolle Lebenszeit unwiderruflich verloren und am Ende steht eine weitere enttäuschte Hoffnung.

Statt also vorschnell zu leichtfertigen Versprechungen zu greifen, ist es viel fruchtbarer mit dem Ratsuchenden nach einer anderen Frage zu suchen. Bei einer gescheiterten Beziehung kann zunächst der Blick ins Horoskop klarmachen, wo die Unvereinbarkeiten lagen. Im Weiteren kann die Frage, ob es denn wirklich gut wäre, wenn der/die Ex zurückkäme, zu interessanten Erkenntnissen führen. Und je nachdem, wie die Antwort ausfällt, könnte die Anschlussfrage dann zum Beispiel lauten: »Was kann ich tun, um ihn/sie wieder zurückzugewinnen?« oder »Wie komme ich am besten über den Trennungsschmerz hinweg?« oder »Was kann ich tun, um eine neue Beziehung zu finden?« Und wenn es sich um ein altbekanntes Muster handelt, sollten die Fragen natürlich lauten: »Warum passiert mir das immer wieder? Was kann ich zukünftig anders und besser machen?«

Bild linke Seite:
Odysseus widersteht den Sirenen, »Ulysses and the Sirens«, Herbert J. Draper, 1909

Bild rechts:
»Ödipus löst das Rätsel der Sphinx«, Jean Auguste Dominique Ingres, 1808

Einen wertvollen Hinweis verdanken wir dabei den Mythen. Sie erzählen ja oft von übermächtigen Schwierigkeiten und Gefahren, denen sich Menschen lange Zeit ausgesetzt sahen, bis endlich ein Heros kam, der sie überwand. So erzählt uns etwa die Odyssee von einer Meerenge, an der die Sirenen so sehnsuchtserweckend sangen, dass alle Fischer betört in die Klippen fuhren und ihr Leben verloren.

Ebenso furchtbar war die Sphinx, die Theben in Schrecken versetzte, weil sie alle Jünglinge verschlang, die ihr Rätsel nicht lösen konnten.

Odysseus aber widerstand den Sirenen. Dazu ließ er seinen Gefährten die Ohren verkleben, sodass sie den Gesang nicht hören konnten. Er selbst ließ sich an den Mast des Schiffes binden. So gelang es ihm, als Erster die Enge zu durchfahren, woraufhin sich die Sirenen ins Meer stürzten. Seither ist die Meerenge für die Menschen passierbar. Gleiches wissen wir von der Sphinx. Nachdem Ödipus ihr Rätsel gelöst hatte, stürzte sie sich zu Tode, und Theben war von ihrem Schrecken befreit.

Solche Erzählungen machen deutlich, dass die Naturkräfte immer nur dasselbe tun können. Sie sind nicht kreativ. Die Sphinx stellt immer nur ihr Rätsel, nur dieses eine. Die Sirenen können nur singen, zwar wunderschön und herzerweichend, aber sie können nur singen. Das gleiche gilt für andere Mythen: Die Hydra, die Herakles töten muss, kann immer nur neue Köpfe hervorbringen, und die Chimäre kann nur Feuer speien. Die Leistung des Helden liegt deshalb darin, dieses Muster zu erkennen und dafür eine Lösung zu finden. Das lässt natürlich an manches Muster denken, in dem wir uns in unserem Leben verfangen haben und aus dem wir gerne herauswollen. Auch da ist die Gewohnheit, die Sucht, die quälenden Gedanken oder was immer das Muster ist, unkreativ. Sie wiederholen sich stets in derselben Weise. Als vernunftbegabte Wesen haben wir die Möglichkeit, diese Strukturen zu durchschauen und eine Lösung zu finden. Das ist die Aufgabe des wachen Verstandes, und dabei kann eine gute Beratung eine wertvolle Hilfe sein. Mit Hilfe des Horoskops bekommen die Kräfte, die uns treiben, Namen und werden anschaulich. Wir können ihre Eigenart besser verstehen und im Erfahrungsschatz der Astrologie nach gezielten Lösungen suchen. Ebenso können Tarot, das I Ging oder andere Orakel eine große Unterstützung sein. Sie können uns helfen, die Dämonen zu durchschauen und von passivem Erleiden zu bewusster Lebensgestaltung zu gelangen.

All das sollte aber zu keinem Machbarkeitswahn verleiten. Die Grenzen unserer Möglichkeiten sind zwar weit gesteckt, aber sie bestehen. Natürlich ist niemand absolut frei. Wir werden alle, gleichgültig wie »richtig« wir leben, eines Tages sterben. Deshalb warnt der Mythos auch vor Selbstüberschätzung. Ödipus hatte zwar das Rätsel der Sphinx gelöst. Das war eine großartige, intellektuelle Leistung. Das Rätsel aber, das die Sphinx selber darstellte, hat ihn nicht interessiert. Und weil er so den Teil für das Ganze hielt, konnte die Falle zuschnappen. Als Überwinder der Sphinx durfte er die Königin von Theben heiraten, was er natürlich sogleich tat – ohne zu ahnen, dass sie seine leibliche Mutter war.

Wenn es darum geht, neue Wege zu beschreiten und neue Verhaltensweisen einzuüben, sind Radikalkuren meistens nicht der richtige Schritt. Wie schwer die Trägheit wiegt, wie sehr uns die Biomasse nach unten zieht, weiß jeder, der zu Fuß oder mit dem Fahrrad auf einen Berg hinauf möchte. Am besten geht es langsam, Schritt für Schritt. Wer sich überschätzt und übernimmt, gibt in aller Regel vorzeitig auf. Die richtige Haltung erinnert an die Homöopathie, wo nicht die Megadosis heilt, sondern ein hoch verdünntes Mittel, immer wieder genommen, so lange den Anstoß gibt, bis eine Veränderung eintritt. Auch die Chaosforschung weiß, dass es die minimalen Veränderungen sind, die, wenn sie oft genug wiederholt werden, zu maximalen Veränderungen führen. »Nicht die Übung ist schwierig. Schwierig ist es ein Übender zu werden« gab Karlfried Graf Dürckheim deshalb zu bedenken.

Der Umgang mit Orakeln ist immer wieder erhellend und hilfreich. Es ist dabei aber äußerst wichtig, in der Gegenwart zu bleiben und sich nicht in der Zukunft zu verlieren. Daran erinnert ein Sinnspruch, der sich wegen seines Wortspiels leider nur auf Englisch wiedergeben lässt:

Yesterday is history
tomorrow is a mystery
today is a gift
that's why we call it the present!

Geld

Vom Wesen eines schwer erreichbaren Gutes

Erst wenn man seine Steuererklärung macht, merkt man, wie viel Geld man sparen würde, wenn man gar keins hätte

Fernandel

Geld gehört mit zu den merkwürdigsten Phänomenen, die unsere Zivilisation hervorgebracht hat. Schon als Kind lernen wir die große Macht kennen, die von diesen Scheinen und Münzen ausgeht und wir staunen, welch wunderbare Sachen man dafür bekommen kann, wenn man nur genügend davon hat. Mit wenig anderen Dingen kommen wir unser Leben lang so selbstverständlich Tag für Tag in Berührung. Manchmal gibt es uns Grund zur Freude, dann wieder machen wir uns Sorgen um das liebe Geld. Wir erleben es als ein unverzichtbares, oftmals schwer erreichbares Gut und für viele wird es zum Lebensziel schlechthin. Das Einzige, was man ohne Geld machen kann, so heißt es, sind Schulden. Doch zugleich wissen die wenigsten zu sagen, was Geld eigentlich ist, was seinen Wert ausmacht, und warum alle Welt an diese bunten Scheine und die klingenden Münzen glaubt.

Es waren die Phönizier, die vor 5000 Jahren das Geld erfunden haben – wobei böse Zungen gleich fragen: »Warum so wenig?« Es entstand aus dem Tauschhandel, weil es irgendwann einfach zu kompliziert wurde, Kamele in Schafe umzurechnen. Man suchte eine neutrale dritte Größe, mit der sich festlegen ließ, wie viele Einheiten einem Kamel entsprachen und wie viele Schafe es dafür gab – und umgekehrt. Dieser tierische Ursprung des Geldes klingt noch im Englischen an, wo Gebühr *fee* (Vieh) heißt und

Bild links *Geld – Chance und Risiko, Macht und Ohnmacht – kaum ein anderes Symbol kennt solch eine große Ambivalenz …*

auch das lateinische Wort für Geld *pecunia* ist von *pecus* = Vieh abgeleitet. Dagegen geht das englische Wort *cash* = Bargeld auf chinesische Kupfermünzen zurück, die im 3. Jahrhundert v. Chr. auftauchten und *Käsch* hießen.

Anfangs gab es die verschiedensten Materialien, die als Zahlungsmittel in Umlauf gesetzt oder gehortet wurden, wie zum Beispiel Äxte, Sicheln, Lanzenspitzen, Perlen, Muscheln und Metalle, aber auch allerlei Exotisches. So legte beispielsweise die Republik Venedig einen Gutteil ihrer Reserven in antiken Säulen an. Voraussetzung für alle Stoffe, aus denen im wahrsten Sinne Geld gemacht wurde, waren drei Kriterien: Sie mussten attraktiv, knapp und dauerhaft sein. Letztlich gewannen bei diesem Wettbewerb die Edelmetalle Gold und Silber. Sie boten den Vorteil, dass sich daraus einheitliche Münzen prägen ließen, die das Abwägen überflüssig machten. Diese normierten Einheiten nannte man Denare, Sesterzen, Asse, Dukaten, Drachmen, Obolos, Silberlinge oder Taler, ein Wort, das in Amerika zu Dollar wurde. Ursprünglich entsprach der aufgeprägte Wert einer Münze selbstverständlich dem Metallwert. Mit dem Aufkommen sogenannter Scheidemünzen aber, bei denen das Metall im Vergleich zu ihrer Kaufkraft unbedeutend war, begann Geld abstrakt zu werden. Ende des 17. Jahrhunderts ging man noch einen Schritt weiter und schuf das Papiergeld. Diese phänomenale Idee schildert Goethe in Faust II als ein gelungenes alchemistisches Opus, bei dem nicht einmal Blei, sondern schlichtes Papier zu Gold wird. Dass die Menschen diesem Schein-Geld misstrauisch begegneten, ist leicht verständlich. Wohl deshalb erließen Staaten den bis heute gültigen Annahmezwang, der den Gläubiger gesetzlich verpflichtet, Geld zur Begleichung von Schulden anzunehmen. Inzwischen ist die Abstraktion des ursprünglich handfesten Geldes über Schecks und Kreditkarten bis zum elektronischen Impuls fortgeschritten, und mit jedem dieser Schritte lässt sich Geld leichter handhaben, schneller ausgeben, aber auch immer schwerer verstehen.

Aber auch wenn das Geldvolumen längst nicht mehr von den Goldreserven begrenzt wird, ist die Geldmenge, die die Notenbank herausgibt, natürlich nicht beliebig, sondern wird vom Bruttosozialprodukt gedeckt. Das ist die Summe aller Waren und Dienstleistungen eines Landes. Stellt die

Notenbank mehr Geld zur Verfügung, steigen die Preise, weil mehr Geld als Ware da ist. Drosselt sie das Geldvolumen, sodass weniger Geld vorhanden ist als angebotene Ware, dann sinken die Preise. Natürlich funktioniert das nicht einfach mechanisch und linear, sondern mit erheblichen Schwankungen und Verzögerungen. Aber dennoch ist dies ein brauchbares Modell, um zu verstehen, warum Staaten nicht einfach nach Belieben Geld drucken können, ohne den Wert ihrer Währung durch Inflation zu schwächen oder letztlich zu ruinieren.

Eine ganz bemerkenswerte Eigenart des Geldes besteht wohl darin, dass man damit einen Wert ausdrücken kann. Und deshalb nimmt es nicht Wunder, dass es zu einem übermächtigen Wertmaßstab wurde, vielleicht zum einzig verbliebenen Wert in unserer Zeit. Damit aber rückt Geld an einen Platz, den zuvor das moralische Gesetz und die Religion innehatten. Das lässt sich leicht daran erkennen, dass die Menschheit stets ihrem jeweiligen Kult die grandiosesten Bauwerke errichtet, und schon ein kurzer Blick zeigt uns, wer heute in den prächtigsten Palästen residiert. Es sind Banken, Versicherungen und Kaufhäuser. Ein neuer Kult macht sich aber nicht nur im Äußeren breit, sondern hat sich auch stets der heiligen Werte seiner Vorläufer bemächtigt, und wir sind alle Zeitzeugen, wie das soeben ein weiteres Mal geschieht. Weihnachten, eines der höchsten Feste der Christenheit, ist inzwischen so umfassend kommerzialisiert, dass die »Gläubigen« zunächst Wochen, mittlerweile sogar schon Monate zuvor in die Tempel des Konsums pilgern, während die Kirchen bei ihrem ureigenen Fest gerade noch in der Heiligen Nacht selbst eine liebenswürdige, folkloristische Statistenrolle spielen dürfen.

Manche macht es verlegen, andere besorgt, dass Geld in unserer Zeit zum obersten Wertmaßstab avanciert ist. Doch so merkwürdig es sich auch anfühlen mag, nichts deutet darauf hin, dass wir deshalb in schlechteren Zeiten leben. Wenn man bedenkt, was in den vergangenen Jahrtausenden Schreckliches im Namen des Guten getan wurde, dann wird klar, wie wenig selbst heiligste Werte die Menschen davon abhalten, auch allerschlimmste Verbrechen zu begehen, wie etwa staatlich und kirchlich sanktionierten Völkermord, Inquisition oder Sklaverei. Verglichen mit diesen düsteren Kapiteln der Geschichte leben wir trotz weitgehender Alleinherrschaft des Geldes tatsächlich in eher harmlosen Zeiten.

Und wie steht es mit der Erotik des Geldes? Wie kommt es, dass von etwas so Profanem ein solcher Zauber ausgehen kann? Nur ungenutztes Geld hat etwas Dumpfes, sobald wir es aber einsetzen, spüren wir augenblicklich, was sich damit alles mobilisieren lässt. Geld, das wir auszugeben bereit sind, bildet ein enormes Potenzial. Es ist ein Universaltauschmittel, das uns wie nichts anderes die Fülle aller Möglichkeiten dieser Welt suggeriert. Geld ist geprägte Freiheit, so sagt man. Wir assoziieren damit Wohlergehen, Genuss, Luxus und Macht. Wer einmal etwas länger darüber nachdenkt, was man für diese bunten Scheine tatsächlich alles bekommen kann, dem kann bei dieser Vorstellung aber auch schwindelig und übel werden. Geld wird von jedermann begehrt, eben das macht es so attraktiv, deshalb ist die Versuchung so hoch, seine Seele dafür zu verkaufen.

Warum aber ist das Wesen des Geldes so schwer zu verstehen, und warum ist es für viele so mühsam, mit diesem allgegenwärtigen Wert zurechtzukommen?

Nimmt man die vier klassischen Elemente Feuer, Erde, Luft und Wasser, die nach antiker Lehre die Grundbausteine des Kosmos sind, dann wird man Geld gewiss dem Element Erde zuordnen, das für Sicherheit, Substanz und solide Werte steht. Das ist aber nur zum Teil richtig, denn Geld ist ja bereits eine Abstraktion eines ihm zugrunde liegenden Wertes. Der Papierschein selbst hat ja – gemessen an seiner Kaufkraft – einen unbedeutenden Wert. Deshalb entspricht das umlaufende Geld symbolisch dem Element Luft, das die Welt der Ideen verkörpert. Vielleicht wird Geld deshalb auch immer wieder von einer typischen Luftkrankheit befallen, von der Inflation, die ihm den Wert raubt. Dieses Wort kommt vom lateinischen *inflare*, das so viel wie *aufblähen, Luft hineinblasen* bedeutet. Bildlich gesprochen werden die Geldscheine aufgebläht, indem sich immer noch eine weitere Null dazugesellt, die dem Schein aber nur scheinbar mehr Bedeutung verleiht. Seine Kaufkraft schwindet jedoch in gleichem Maße, wie immer neue Nullen hinzukommen, getreu dem Motto, dass eine Null je-

des Problem verzehnfachen kann. Einem solchen Werteverfall sind keine natürlichen Grenzen gesetzt, denn ebenso wie man bis zu jeder Höhe hinaufzählen kann, kann sich Geld bis zu jeder Tiefe entwerten.

Wahrscheinlich liegt in diesem luftigen Verwirrspiel, in dieser merkwürdigen Fähigkeit einen Wert vorzutäuschen, auch der Grund, warum so wenige das Wesen des Geldes verstehen und so viele Probleme im Umgang damit haben.

Deshalb können auch in regelmäßigen Abständen wundersame Geldvermehrungsspiele auftauchen, die immer wieder viele Menschen in ihren Bann ziehen. Sie hießen früher *Pilotenspiel* und *Goldener Schnitt* und erhielten zuletzt als sogenannte Schenk- oder Herzkreise sogar einen esoterischen Anstrich (»Geld ist Energie, es ist genug für alle da«). Stets wurde versprochen, dass alle Beteiligten in kürzester Zeit ein kleines, wenn nicht gar ein großes Vermögen machen können. Da müsste sich der gesunde Menschenverstand doch sofort fragen, woher denn all dieses Geld kommen soll. Die Antwort ist so simpel wie die Erfahrung hart ist. Natürlich beißen bei jedem Schneeballsystem den Letzten die Hunde. Aber kaum sind die Jahre ins Land gegangen, taucht ein neues Kettenspiel auf und erfreut sich ungetrübter Beliebtheit.

Damit es aber nicht zu eintönig wird, gibt es zur Abwechslung auch eine Variante, die schon 1870 in Deutschland ebenso großartig wie perfekt von Adele Spitzeder mit ihrer Dachauer Bank praktiziert wurde und das bislang letzte Mal Mitte der 90er Jahre vom sogenannten »European Kings Club«. Dabei wird immer mit sensationellen Zinsen gelockt, teilweise bis zu hundert Prozent. Argwöhnische Geister überzeugt man mit tatsächlich geleisteten Zinszahlungen und der Zusicherung, dass jeder seine Einlage natürlich sofort zurückfordern kann (aber wer tut das schon bei so vielen Zinsen?). Sie wird ihm auch unverzüglich ausgezahlt – allerdings nur so lange, wie frische Gelder hereinkommen, mit denen die wenigen Auszahlungen leicht beglichen werden können. Am Ende kommt der unvermeidliche Konkurs und in den nachfolgenden Gerichtsverfahren wundert man sich einmal mehr, wie viele Menschen, die es doch wirklich hätten besser wissen müssen, zu den Gelackmeierten gehören. Denn eigentlich muss doch jedem klar sein, dass man so hohe Zinsen nur dann bekommen kann, wenn das Geld nichts wert ist, wenn die Inflation also noch höher ist. Oder um es salopp auszudrücken: 70% bekommt nur, wer sein Geld in Hochprozentigem in der Bar anlegt.

Was gibt es daraus zu lernen? Symbolisch gesehen gehört Geld im eigentlichen und ursprünglichen Sinn zum Erdelement. Erde aber steht für die Wirklichkeit, so wie Feuer Ideale, Luft Ideen und Wasser Gefühle symbolisiert. Wer also Probleme mit Geld hat – weil es ihm zwischen den Fingern zerrinnt, weil er sich immer über den Tisch ziehen lässt, weil es ihm einfach chronisch fehlt – der hat, so gesehen, Wirklichkeitsprobleme. Und die lassen sich nur im nüchternen Alltag beheben, der ebenfalls in die Symbolwelt der Erde gehört. Das aber ist langweilig, mühsam, spröde und langwierig. Und wer mag das schon, und wer glaubt das heute noch? Im aufziehenden Wassermannzeitalter ist Erde doch völlig »out« und Luft ist »in«, während sich Feuer und Wasser das Mittelfeld teilen.

Früher, das ist richtig, da musste man hart für sein Geld arbeiten, man musste es sich schwer verdienen. Inzwischen scheint Arbeit vielen nur noch eine veraltete Form der Vermögensbildung zu sein. Wenn man sieht, wie viele frischgebackene Millionäre der neue Kapitalismus der 90er Jahre hervorgebracht hat, die einfach nur hemmungslos an der Börse zockten oder für viel Geld eine windige dot.com Firma am Neuen Markt herausbrachten, deren ganze »Substanz« gerade mal aus einem Telefonanschluss und einer attraktiven Internetadresse bestand; oder wenn man erfährt, dass man nur einmal bei »Big Brother« dabei sein musste, um finanziell aus dem Schneider zu sein, dann fragt sich natürlich mancher, der sein Geld hart erarbeitet, ob er nicht irgendetwas falsch verstanden oder etwas Wichtiges übersehen hat. Und deshalb ist der Glaube, dass man statt hart zu arbeiten (Erde) mit der richtigen Idee und genügend Pfiffigkeit (Luft), als Risikospieler und Spekulant (Feuer) oder mit Phantasie und Wunschdenken (Wasser) über Nacht reich werden kann, heute verbreiteter denn je.*

Nicht, dass solche Möglichkeiten grundsätzlich ausgeschlossen wären. Natürlich gibt es immer wieder Ausnahmen von der Regel, und natürlich

** Dieser Artikel wurde geschrieben, als die Bankenkrise von 2008 nicht nur weit weg, sondern völlig unvorstellbar war. Dass erste Adressen und sogar öffentlich rechtliche Banken Milliarden verspielten, weil sie gegen Regeln verstoßen haben, die jeder Banklehrling in der Berufsschule lernt, bleibt unfassbar.*

ist es völlig legitim, sie auszuprobieren. Doch sollte man sich dabei stets vor Augen halten, dass man dabei auf die Ausnahme setzt, nicht auf die Regel. Nichts spricht dagegen, sich mal für klüger als andere zu halten (Luft). Wer sich aber immer für klüger als alle anderen hält, wird ganz gewiss eines Besseren belehrt. Solche Selbstgefälligkeit muss man oft mit heftigen Demutsübungen büßen. Natürlich darf man auch mal kräftig mitzocken, solange man dabei nicht die Augen für die Realität verliert. Wenn ein Goldrausch ausbricht, sei es in Sacramento oder am Neuen Markt der Börse, machen sofort alle Glücksritter mobil (Feuer), und Geschichten von sagenhaften Gewinnen überschlagen sich und werden heiß gehandelt. Die Einzigen aber, die in Goldgräberzeiten ganz sicher ein Vermögen verdienen, sind die Händler, die die Ausrüstungen verkauft haben. Die vom Schweizer Levi Strauss kreierte Goldgräberhose brachte ihm im 19. Jahrhundert ein sagenhaftes Vermögen von 1,5 Millionen Golddollar ein und entwickelte sich inzwischen als Blue Jeans zu einem der meistgetragenen Kleidungsstücke der Welt.

Und es ist auch nicht auszuschließen, dass der eine oder andere schon mit Wunschdenken reich geworden ist (Wasser), aber eine Regel sollte man daraus besser nicht ableiten. So förderlich eine optimistische Einstellung auch ist: Wer allein durch Wunschdenken – selbst wenn er es positives Denken nennt – sein Konto sanieren will, wird höchstwahrscheinlich sehr unsanft mit der harten Wirklichkeit konfrontiert. Ein russisches Sprichwort mahnt deshalb: »Bete zu Gott, aber hör nicht auf zum Ufer zu rudern.«

Böse Zungen behaupten ja, jeder habe ein System reich zu werden, das nicht funktioniert. Um sich bewusst zu werden, wie riskant ein System, ein Projekt oder eine Investition sein kann, ist folgendes Modell sehr hilfreich:

	bekannter Markt ▼	unbekannter Markt ▼
bekanntes Produkt ▶	1 sicher	2 riskant
unbekanntes Produkt ▶	3 riskant	4 abenteuerlich

Wenn ich ein mir bekanntes Produkt in einem mir bekannten Markt verkaufen möchte, dann kann ich die Risiken und Chancen gut abwägen und bin im Normalfall auf der sicheren Seite. Aber es ist auch ein wenig langweilig, denn weil die Konkurrenz nicht schläft und die Kunden gut informiert sind, sind die Gewinnspannen in diesem Segment schmal. Deshalb träumen viele von Märkten, von denen sie nur mal gehört haben, wie dort jemand über Nacht gigantisch reich geworden ist. Und diese Geschichten stammen immer aus der spannenden Rubrik 4 »unbekanntes Produkt« und »unbekannter Markt«.

Wenn ich zum Beispiel ein Tarotbuch in Deutschland herausbringe, kann ich auf meine Erfahrungen zurückgreifen. Ich kann abschätzen, welche Chancen es hat, weiß aber auch, dass die Bäume nicht in den Himmel wachsen. Wenn ich dann glaube, dass dort, wo sich ein Tarotbuch gut verkauft auch ein guter Markt für eine Tarot-CD sei, bin ich in Rubrik 3 und muss plötzlich feststellen, dass CDs über völlig andere Vertriebswege zu gänzlich anderen Konditionen verkauft werden und sich spielend leicht kopieren lassen. Das Ergebnis ist enttäuschend. Also begebe ich mich in Rubrik 2, versuche es wieder mit einem Buch, bringe es aber in Frankreich heraus. Im Nachbarland – so denke ich – müsste es doch eigentlich genauso gut gehen wie in Deutschland. Weit gefehlt! Nicht nur, dass der Buchmarkt dort völlig anders ist, weil es mangels Buchpreisbindung weit weniger Buchhandlungen gibt. Die Franzosen bevorzugen auch andere Tarotkarten und lassen mein Buch einfach durchfallen.

Und dann kommt jemand, der von jemandem gehört hat, der jemanden kannte, der steinreich wurde, weil er Waschmaschinen nach Russland verkauft hat. Wenn ich das dann auch versuche, bin ich endlich in Rubrik 4. Da geht es am spannendsten zu, weil dort die Fantasie nicht von nüchternen und langweiligen Erfahrungswerten getrübt wird. Die lassen aber leider nicht lange auf sich warten – und dann wird mit Schrecken klar, dass ich mein Geld ebenso gut hätte schreddern können. Deshalb ist es besser, nichts mit seinem Geld zu machen, als etwas, wovon man nichts versteht.

Geld ist ein Gradmesser der Wirklichkeitsnähe. Überschätzt man es, wird man zwangsläufig unglücklich, weil es die ganze Aufmerksamkeit auf sich zieht. Paul Getty hat das so gesagt: »Wenn man kein Geld hat, denkt man immer an Geld. Wenn man Geld hat, denkt man nur noch an Geld.« Unterschätzt man es dagegen, dann hat man im Normalfall einfach kein Geld, weshalb man sagen kann, Geldprobleme sind Wirklichkeitsprobleme, die sich wie folgt zeigen:

In der Politik:
Politikern sagt man ja chronische Geldprobleme nach: »Gib einem Politiker zwei Millionen und sage ihm, eine davon sei für das nächste Jahr, dann kannst du ebenso gut einem Hund zwei Knochen geben und ihm sagen, einer sei für morgen.« Darum stehen Politiker immer in der Versuchung, mehr Geld drucken zu lassen, was die Inflation antreiben würde. Um das zu verhindern, sind die Notenbanken, die den Geldumlauf kontrollieren, nicht den Weisungen der Politik unterstellt.

An der Börse:
Eigentlich sind Aktien weitaus besser als ihr Ruf. Denn schließlich sind es keine Spekulationspapiere für wilde Zocker, sondern Anteilscheine an erstklassigen Unternehmen. Da aber die Dynamik, die die Kurse an der Börse treibt, im Spannungsfeld zwischen Gier und Angst entsteht, kommt es nicht nur zu völlig irrationalen Kurschwankungen, sondern auch zu exzessiven Übertreibungen, die den Aktien ihren schlechten Ruf eingebracht haben. Sir Isaac Newton, der an der Börse ein Vermögen verlor, sagte dazu schon im 17. Jahrhundert: »Ich kann zwar den Lauf der Gestirne vorausberechnen, nicht aber, wie weit eine verrückt gewordene Menge die Börsenkurse treibt.« In jedem Fall darf man davon ausgehen, dass bei allen Kursschwankungen auch hier letztlich die Wirklichkeit siegt, und die Aktie früher oder später den realen Wert des Unternehmens spiegelt. Nur wenn der verloren ist, dann ist das Wertpapier tatsächlich auf dem Weg zu seinem Papierwert. In allen anderen Fällen gilt, was der amerikanische Aktienhändler Fred Schwed unübertroffen gesagt hat:

»Wenn es an der Börse eine Hausse gibt und jeder sich um Aktien reißt, dann sollten Sie alle Ihre Aktien verkaufen. Vom Erlös kaufen Sie konservative Anleihen. Die Aktien werden zweifellos weiter steigen, aber darum brauchen Sie sich nicht zu kümmern. Warten Sie einfach auf die Baisse, die früher oder später kommen wird. Wenn die Baisse oder die Verkaufspanik zu einer nationalen Katastrophe wird, verkaufen Sie Ihre Anleihen (zur Not mit Verlust) und kaufen die Aktien zurück. Die Aktien werden weiter fallen, aber auch das braucht Sie nicht zu kümmern. Warten Sie einfach auf die nächste Hausse. Wiederholen Sie diese Operation, solange Sie leben, und Sie werden das Vergnügen haben, als reicher Mensch zu sterben. Ein kurzer Blick auf die Börsengeschichte zeigt, dass es noch nie eine Anlegergeneration gab, für die dieser Ratschlag nicht glänzend funktioniert hätte.«

Im persönlichen Bereich:
Wenn bei einer Idee, bei einem Geschäft »nur« das Geld fehlt, heißt das mit anderen Worten, es fehlt an Wirklichkeit. Wie oft scheint bei Absprachen und Verhandlungen alles klar zu sein, zumindest fast alles, bis auf ein paar Kleinigkeiten. Wer nachfragt, erfährt meistens, dass diese Kleinigkeiten finanzieller Natur sind. Und nicht selten platzt das Ganze, weil man sich über diese »Kleinigkeiten« nicht einigen kann. Deshalb heißt es nicht viel, wenn man sich zu 90 % einig ist. Denn wenn man sich im Großen nicht einigen kann, kommt es gar nicht erst zu tieferen Gesprächen oder Verhandlungen. Ist man sich aber über alle Modalitäten eines Kaufs einig, dann spricht man über den Preis und die Zahlungskonditionen – und erst wenn das geklärt ist, hat das Geschäft Aussicht, wirklich zu werden. Wer den erwarteten Gewinn vorher schon auszugeben beginnt, weil das Geschäft ja schon so gut wie gemacht ist, kann böse erwachen. Auch hier steckt der Teufel im Detail.

In Unternehmen:
In Zeiten, wo die Geschäfte gut gehen und viel Geld fließt, kann der Geldstrom selbst große Managementfehler und manches Strukturproblem zudecken. Wenn die Zeiten aber härter werden, und der Geldstrom nachlässt, werden die kranken Strukturen sichtbar. Warren Buffett, ein amerikanischer Großinvestor, hat mal so schön gesagt: »Bei Ebbe zeigt sich, wer ohne Badehose geschwommen ist.«

Das soll nicht heißen, dass es in der Welt der Finanzen allein auf das Element Erde ankommt. Natürlich gehören zu einem erfolgreichen Umgang mit Geld eine gute Nase und eine Vision (Wasser), die richtige Idee und die

Cleverness (Luft), sowie der Wille und die Bereitschaft etwas zu riskieren (Feuer). Aber das alles bringt auf Dauer nichts, wenn das Element Erde und damit die Tat, die Wirklichkeitsnähe und das Durchstehvermögen fehlen.

Im Tarot zeigen die ersten fünf Münzkarten der Kleinen Arkana, wie der Umgang mit Geld in die Krise führt, während die zweiten fünf Karten die Lektionen auf dem Weg zum Ziel zeigen.

Zu Beginn bietet sich eine Chance, in irgendeiner Weise Geld zu machen.

Sie wird spielerisch aufgenommen und ausprobiert ...

... was gute erste Erfolge bringt.

Doch dem wachsenden Reichtum folgt die Sorge und die Gier nach mehr ...

... was zu riskanten Geschäften, zu Angst und möglichen Verlusten führt.

Die Lektionen:

Lektion 1:

Großzügigkeit im Geben und Nehmen. Geld schenken und dankbar Geld annehmen. Beim Schenken ist es gut, stets etwas mehr und keinesfalls weniger zu geben als erwartet wird.

Lektion 2:

Geduld. Die Bäume wachsen nicht von heute auf morgen in den Himmel. Aber was solide gepflanzt ist, wird mit der Zeit gute Früchte tragen, vor allem, wenn man es mit Liebe hegt und pflegt und nicht vorzeitig erntet.

Lektion 3:

Neue Ideen umsetzen, im Bewusstsein dabei Lehrling zu sein. Das schützt vor Selbstüberschätzung und den Verlusten, die auf das Konto des Größenwahns gehen.

Lektion 4:

Sein Glück versuchen. Wenn man eine gute Basis erwirtschaftet hat, spricht nichts dagegen, mit einem Teil des Geldes sein Glück zu versuchen.

Lektion 5:

Wahrer Reichtum entsteht nur, wenn er sich innerlich und äußerlich entfaltet.

Was tun bei Geldproblemen?

Wenn man reich ist

Natürlich kann man auch als reicher Mensch ganz erhebliche Probleme mit Geld haben. Wer wenig Geld hat und unglücklich ist, weiß in der Regel, woran es liegt. Es fehlt an Geld. Man stellt sich vor, wie leicht alles wäre, wenn man nur genügend davon hätte und versucht mehr und mehr zu verdienen. Hat man das geschafft und ist dennoch nicht glücklich, dann hat man ein großes Problem. Während man früher zumindest wusste, was zum Glück fehlt, ist man nun vollends ratlos. Und wenn man mit anderen über seine Nöte spricht, denken die sehr wahrscheinlich: »Dessen Sorgen möchte ich haben.« Dabei sollten sie sich diesen Satz lieber dreimal überlegen.

Ein reicher Mensch sollte gut darüber nachdenken, was er mit seinem Geld tut. Wer nichts weiter tut, als Geld zu verdienen, der verdient auch nichts weiter als Geld. Letztlich kann es wohl kaum das Lebensziel sein, der Reichste auf dem Friedhof zu werden. Geld ist kein Wert an sich, und der Besitz allein erzeugt weder Glück noch Sinn. Wer aber das Potenzial erkennt, das in einem Vermögen steckt, wer die Chancen sieht, die sich damit verbinden, aber auch die Verantwortung, die aus dem Besitz erwächst, der kann in unserer Welt genügend wertvolle Aufgaben und Projekte und Ideen finden, für die es sich zu engagieren lohnt und die totes Kapital zu einer lebendigen Kraft werden lassen.

Wenn man zu wenig Geld hat

Wer unter chronischem Geldmangel leidet, sollte bedenken, dass sich das Problem nur durch eine wirklichkeitsnahe Einstellung lösen lässt, bei der folgende Ratschläge helfen können:

1. Benutzen Sie keinerlei Ersatzgeld wie Schecks, Kreditkarten usw. Zahlen Sie nur noch bar. Nur dann sehen Sie die Wirklichkeit unbestechlich. Wenn man dagegen einen Scheck ausstellt, gibt es schnell mal die Hoffnung, dass er erst eingelöst wird, wenn wieder Geld auf dem Konto ist, oder dass er vielleicht sogar verloren geht!

2. Legen Sie am Montag Morgen den Geldbetrag in Ihre Börse, mit dem Sie in dieser Woche auskommen wollen. Sollten Sie davon am Ende der Woche noch etwas übrig haben, gönnen Sie sich davon unbedingt etwas Gutes. Das ist sehr wichtig, denn nur zu sparen macht missmutig. Oder wie es die Verkehrung des bekannten Sprichworts sagt: »Spare jederzeit, dann hast du immer Not.«

3. Wenn jemand nur wenig Geld zur Verfügung hat, gibt es zwei Möglichkeiten, seine Intelligenz zu nutzen und nach einer Lösung zu suchen. Entweder setzt man alles daran, um sich so zu organisieren, dass man mit dem wenigen auskommt. Dann riskiert man, sich mit der Mangelsituation nach und nach zu arrangieren und sie dadurch zu zementieren. Betrachtet man das verfügbare Geld dagegen dankbar als Existenzminimum und sucht nach Möglichkeiten, darüber hinauszukommen, dann öffnen sich neue Wege. Im ersten Fall dreht man sich im Kreis. Im zweiten Fall wächst man spiralförmig nach oben.

4. Große Probleme lassen sich nicht mit einem Schlag erledigen. Wenn das Konto chronisch im Minus ist, und man Aussicht auf ein gutes Geschäft hat, dann sollte man seine Gewinnerwartung nicht an der Höhe des Geldbedarfs messen, denn damit kann man sich leicht das Geschäft vermasseln. Nehmen wir an, ein Handwerker hat € 10000 Schulden, aber erfreulicherweise einen lukrativen Auftrag in Aussicht. Wenn er mit diesem Auftrag seine Schulden auf einmal loswerden möchte, wird er im Preis so überziehen müssen, dass er den Auftrag wahrscheinlich an einen anderen Anbieter verliert, dessen Preis marktnah ist. Damit ist der Auftrag weg, aber die Schulden bleiben und wachsen weiter.

5. Machen Sie sich Ihren innerlich gespeicherten kritischen Kontostand bewusst. Viele Menschen beginnen erst dann zu handeln, wenn dieser erreicht ist, weil es dann kritisch wird. Dann stoppen sie Ausgaben, fangen an endlich ihre Rechnungen zu schreiben, Arbeit zu suchen oder versuchen sonst wie über die Runden zu kommen. Kaum ist wieder Geld auf dem Konto, atmen sie erleichtert auf und geben es zügig aus, bis der kritische Saldo wieder erreicht ist. Es ist möglich durch mentale

Übung diesen kritischen Saldo nach und nach ins Plus zu bringen. Setzen Sie sich zum Ziel, dass er nicht unter Null liegt, denn sobald Sie Ihr Konto überziehen, geben Sie viel unsinniges Geld für teure Zinsen und Kosten aus, von den unerfreulichen, zeitraubenden Diskussionen mit der Bank ganz zu schweigen.

Ich wünsche Ihnen die richtige Idee, eine gute Nase, Beharrlichkeit und viel Glück auf dem Weg in eine erfüllte Zukunft. Und bedenken Sie dabei stets:

Genug zu haben ist Glück.
Mehr als genug zu haben ist unheilvoll.
Das gilt von allen Dingen,
aber besonders vom Geld.

Lao Tse

Die Rückkehr der Orakel

Orakel gab es nicht zu jeder Zeit. Was hat sie hervorgebracht, vielleicht sogar notwendig gemacht? Warum sind sie wieder verschwunden und was ist von ihrer Rückkehr im 20. Jahrhundert zu halten? Bevor wir diesen Fragen nachgehen, machen wir einen kleinen Spaziergang in die Welt der Psychologie, um einige Begriffe zu klären, die zwar häufig wie Schlagworte gebraucht werden und dennoch möglicherweise sehr unterschiedlich verstanden werden.

Was wir von und über uns wissen ist Teil unseres Bewusstseins, und das Ich (oder Ego) bildet das Zentrum unserer bewussten Persönlichkeit. Es gibt Dinge, die wir nicht kennen und die nicht zu uns gehören. Wer z. B. noch nie etwas von Jekatarinenburg gehört hat, der kennt die drittgrößte Stadt Russlands einfach nicht. Sie ist ihm *unbekannt*. Dagegen ist uns alles, von dem wir nichts wissen, obwohl es zu uns gehört, *unbewusst*. Daher beinhaltet unser Unbewusstes alles, was uns möglich wäre, ohne dass wir es wissen, oftmals nicht einmal ahnen. Man könnte es auch die Summe unserer ungelebten Möglichkeiten nennen.

Während Sigmund Freud dabei vom Unterbewussten sprach und es so beschrieb, dass man geneigt ist, an ein kleines schwarzes Schächtelchen zu denken, in dem alles Unanständige aufbewahrt ist, lehnte C. G. Jung diese Bezeichnung ab. Sie erweckte für ihn zu sehr den Eindruck, dass es ein großes, bedeutsames Bewusstsein gäbe, das über ein darunterliegendes, minderwertiges Unterbewusstsein dominiere. Stattdessen sprach er lieber vom Unbewussten, das unser Bewusstsein von allen Seiten umgibt. Und darüber hinaus entdeckte er das kollektive

Bild links *Collage aus Michelangelos Deckenfresko zur Schöpfungsgeschichte in der Sixtinischen Kapelle (Ausschnitt »Die Delphische Sibylle«), 1509, und dem Gehängten aus dem Crowley-Tarot, gemalt von Frieda Harris.*

Unbewusste als eine Welt, die allen Menschen gemeinsam ist, in der wir alle wurzeln. So wie jeder Mensch unabhängig von Alter, Rasse und Geschlecht jederzeit und sofort als Mensch zu erkennen ist, so gibt es auch im Inneren etwas allen Menschen Gemeinsames, das kollektive Unbewusste, mit den Urbildern der menschlichen Seele.

Diese Urbilder nannte C. G. Jung Archetypen. Sie sind uns angeboren und müssen nicht erst erlernt werden. Nehmen wir als Beispiel den bekanntesten Archetyp, den Alten Weisen. Selbst wenn ein Kind in einer Umgebung aufwächst, in der es, aus welchen Gründen auch immer, niemals einen alten Menschen zu Gesicht bekommt, könnte ihm das Unbewusste den Alten Weisen im Traum zeigen, weil uns dieses Bild angeboren ist. Andere Archetypen sind die Urbilder von Vater und Mutter, das göttliche Kind, der Held und natürlich alle Göttinnen und Götter, Engel und Dämonen.

Dabei stellt sich die Frage, ob das kollektive Unbewusste nur auf den Menschen beschränkt ist, oder ob es vielleicht auch die Instinktnatur der Tiere umfasst? Sagt es der Ameise, wie sie einen Staat zu bauen hat? Lässt es die Taube auf hoher See wissen, wo der Weg zum nächstgelegenen Land ist? Und lehrt es die Biene so zu tanzen, dass auch die anderen Bienen wissen, wo es guten Honig gibt? Vielleicht ist kollektives Unbewusstes ja nur ein verklausulierter Name für eine höhere Intelligenz, von der wir so wenig wissen, weil sie uns weitestgehend unbewusst ist?

Das Bewusstsein des heutigen Mensch hat sich von diesen tiefen Bereichen weit entfernt. So weit, dass er oftmals gar nicht weiß, dass sie zu ihm gehören und wie sehr sie ihn prägen. Das war nicht immer so. Wie wir von Bewusstseinsforschern wie Jean Gebser oder Ken Wilber wissen, gab es eine Zeit, in der das menschliche Bewusstsein noch nicht so deutlich aus der übrigen Natur herausgetreten war und sich noch nicht so abgegrenzt hatte. Vielmehr war es noch eng mit dem Leben und der Umgebung verbunden. Deshalb nahmen die Menschen bis in die Antike hinein die Archetypen als Stimmen wahr, die zu ihnen sprachen. Wir können das unter anderem deshalb vermuten, weil die ältesten Texte, die uns überliefert sind, wie Homers Ilias und das Alte Testament mit einer ungeheuren Selbstverständlichkeit davon berichten, wie Götter und Göttinnen mit Menschen reden und ihnen Befehle erteilen.

So wird beim Krieg um Troja, von dem die Ilias erzählt, Achilles stets von seiner göttlichen Mutter Thetis geführt, während die Götter Iris und Apollon seinen Gegenspieler, den trojanischen Helden Hektor leiten. Und Odysseus wird auf seiner jahrelangen Odyssee von Athene geführt, die ihm in verschiedensten Gestalten begegnet. In der Bibel sind es vor allem Abraham, Noah, Moses, Jonas und Hiob, die unmittelbar mit Gott sprechen. Man kann sich dieses Erleben am ehesten mithilfe des folgenden Beispiels vorstellen: Wenn man längere Zeit auf einer völlig geraden und leeren Autobahn fährt, gerät man schon mal leicht ins Dösen. Falls aber plötzlich eine Gefahr auftaucht, ist unser Bewusstsein sofort hellwach und lässt uns wissen, was zu tun ist. In einer vergleichbaren Situation hätte

Achilles erhält durch seine Mutter, die Göttin Thetis, die Waffen. Mauro Conconi, 1840

Moses erhält auf dem Berg Sinai von Gott die Gesetzestafeln. Lorenzo Ghiberti, 15. Jahrhundert

Geflügelter Genius, der mit Ritualgegenständen vor einer Lebensbaumtafel einen Segen ausspricht.

der Mensch der alten Zeit eine Stimme gehört, die ihm befohlen hätte, was er tun muss.

Das hört sich nur im ersten Moment nach paradiesischen Zuständen an, denn es gab ein großes Problem. Die Aufträge und Befehle der Göttinnen und Götter waren nicht nur harmlos. Sie konnten ganz im Gegenteil den Tod bedeuten. Als die Menschen das verstanden hatten, begannen die ersten aufzubegehren. So erzählt die Geschichte von Gilgamesch, dem sumerischen König, der im 3. Jahrtausend im Zweistromland herrschte und zum Urbild aller späteren Heroen wurde, dass er sich dem Werben der großen Liebesgöttin Ischtar verweigerte, denn er wusste um die Gefahr. Tatsächlich gibt es in der abendländischen Mythologie eine eigenartige Regel: Wenn sich eine irdische Frau einem Gott hingibt, geht das nicht immer, aber doch meistens gut aus. Lässt sich dagegen ein irdischer Mann mit einer Göttin ein, ist er ohne Ausnahme des Todes.

Auch die biblische Geschichte von Jonas hat einen solchen Hintergrund. Gott gibt ihm den Befehl nach Ninive zu gehen und dieser Stadt das Strafgericht zu verkünden. Ninive war damals die größte und prächtigste Stadt im Nahen Osten, in der das Leben pulsierte. Man kann sich leicht vorstellen, wie man dort einen Untergangsprediger aus dem Nachbarland aufgenommen hätte. Also versucht sich Jonas dem Auftrag Gottes zu entziehen, indem er sich in die entgegengesetzte Richtung absetzt und nach Griechenland flieht.

Diese Geschichten zeigen, dass sich das menschliche Bewusstsein so weit entwickelt hatte, dass es den Menschen in die Lage versetzte, gegen seine Natur, gegen seine Instinkte zu handeln. Und mit dieser neu gewonnenen Freiheit kommt immer häufiger die Frage auf, was richtig und was falsch ist. Diese Wahl lässt den Menschen oft genug innerlich zerrissen sein, und spätestens damit ist das Paradies der All-Einheit endgültig vorbei.

Mit zunehmender Bewusstwerdung wurden die göttlichen Stimmen unhörbar, und der Mensch hatte das Gefühl, in Gottesferne zu leben. Das ließ die Religionen notwendig werden. Dieses Wort stammt vom lateinischen *religare*, was *rückbinden* bedeutet. Denn es ging darum, wieder in Verbindung mit den entrückten Göttern zu kommen, und die Priester, die dabei halfen die Kluft zu überwinden, nannte man Brückenbauer *(Pontifex)*. Bis heute trägt der Papst den Titel *Pontifex maximus*, das heißt *oberster Brückenbauer.*

So waren die frühesten Priesterinnen und Priester Menschen, deren Bewusstsein sich noch nicht so sehr vom kollektiven Unbewussten abgeschirmt hatte und die die göttlichen Stimmen noch hörten. Als Propheten, Seher und inspirierte Verkünder des göttlichen Willens taten sie ihren Dienst. In dem Maße, wie auch sie mit der Zeit diese Fähigkeit verloren, entstanden die Orakel, weil sie notwendig wurden. Das Wort stammt vom lateinischen *Oraculum* und meint den *Spruch eines Gottes*.

Die Sondersituation des Menschen

Seit der Mensch vom Baum der Erkenntnis gegessen hat, seit sein Bewusstsein erwacht ist, befindet er sich in einer Sondersituation, die insbesondere in der Karte Der Gehängte im Crowley-Tarot anschaulich wird. Er ist aufgehängt zwischen Leben und Tod, wobei seine ganze Aufmerksamkeit dem Todespol zugewandt ist. Denn als einziges Lebewesen

- weiß der Mensch um seine Sterblichkeit
- kann er gegen seine Natur handeln
- hat er Entscheidungsfreiheit mit der daraus entstehenden Verantwortung
- gibt es für ihn Begriffe wie Zeit und Schicksal
- macht er sich Sorgen um die Zukunft
- versucht er sein Schicksal zu ergründen
- erkennt er seine Abhängigkeit von der übermächtigen Natur
- versucht er stets das Richtige zu tun, um sich und seine Sippe zu schützen.

Was aber ist das Richtige? Das altchinesische Orakelbuch *I Ging* hat darauf eine ganz einfache Antwort: »Wenn der Rechte, das Rechte zur rechten Zeit am rechten Ort in rechter Weise tut, dann ist es in Ordnung.« So einfach ist es. Denn wenn der Mensch im Einklang mit der höheren Ordnung ist, dann fühlt er sich sicher und geborgen. Und um herauszufinden, was in Ordnung ist, befragte er das Orakel. Uns sind vier klassische Orakelmethoden überliefert, die allesamt auf dem Zufall beruhen. Was dem heutigen Menschen befremdlich erscheinen mag, war für die Menschen früherer Zeiten ganz naheliegend. Der Zufall war für sie nicht belanglos oder absurd. Gerade im Unvorhersehbaren offenbart sich der göttliche Wille, während das Handeln von Menschen absehbar ist. Deshalb nennt man das Befragen von Zufallsorakeln auch *divinieren*, denn das lateinische Wort *Divination* bedeutet *Schau des göttlichen Willens.*

Die klassischen Orakelmethoden

Los-Orakel

Ein Los zu werfen, um eine Entscheidung oder eine Antwort herbeizuführen, ist ein Brauch, der sicherlich in allen Kulturen bekannt ist. Die allereinfachste Form ist das Werfen einer Münze. Weitaus differenzierter wird es, wenn man, wie beim I Ging sechsmal drei Münzen wirft und so das Hexagramm ermittelt, dessen Bedeutung man in dem altehrwürdigen Orakelbuch nachlesen kann. Aber auch das Werfen von Steinen, das orakeln mit Schafgarben, mit Runen oder Karten gehört in diese Rubrik und nicht zuletzt das Würfeln. So gab es auf dem Peloponnes ein berühmtes Würfelorakel des Herakles. Auch das Alte Testament berichtet davon, wie der Hohepriester des Volkes Israel den göttlichen Willen durch ein Losorakel erkundete, das *Urim* und *Tummin* hieß. Luther hat diese Worte mit Licht und Recht übersetzt. Vermutlich handelte es sich dabei um edle Steine, die der Hohepriester in einer Lostasche bei sich trug, und mit denen er eine Ja-Nein Antwort erhielt. Dass diese Antwort von Gott stammt, sagt die Bibel (Sprüche 16,33) in einem Satz: »Der Mensch wirft das Los; aber es fällt, wie der HERR will.«

Die Deutung von Omen

Das lateinische Wort *Omen* bedeutet *Vorzeichen*. Damit verbindet sich die Überzeugung, dass alles in der Welt miteinander vernetzt ist, sodass man von einem Ereignis auf ein anderes, ein nächstes schließen kann. Weil die Omen häufig besorgniserregend gedeutet wurden, hat unser Wort *ominös* bis heute einen eher düsteren Charakter. Seinen Ursprung hat die Omendeutung im Zweistromland. Dort versuchte man aus der Beobachtung von Einzelfällen ein Regelwerk aufzubauen, aus dem sich mit immer größerer Bestimmtheit zukünftige Ereignisse vorhersagen ließen. Unter König Assurbanipal entstand im 7. vorchristlichen Jahrhundert in Ninive eine gewaltige Bibliothek, in der auf Tausenden von Tontäfelchen Omen gesammelt wurden. Sie alle verknüpften zwei Ereignisse nach dem Muster: »wenn – dann.« So hieß es zum Beispiel: »Wenn ein Mann unabsichtlich auf eine Eidechse tritt und sie tötet, dann wird er seinen Gegner besiegen.«

Natürlich ist unsere Wirklichkeit viel zu komplex, um sie in einem solchen Regelwerk zu fassen. Deshalb musste dieser ehrgeizige Versuch an der Vielfalt des Lebens scheitern, ganz abgesehen davon, dass es in einer Welt ohne Computer viel zu zeitaufwändig war, unter Abertausenden von Tontäfelchen rechtzeitig das passende zu ermitteln.

Überbleibsel der Vorstellung von günstigen oder ungünstigen Vorzeichen finden wir heute noch im Glauben, dass der Schornsteinfeger oder ein vierblättriges Kleeblatt Glück bringen können. Aber auch das bis zur Neuzeit größte Welterklärungsmodell der Menschheit, die Astrologie, ist aus dieser Vorstellungswelt hervorgegangen. Auch sie ist ja ein Regelwerk, das Himmelskonstellationen als »Omen« versteht und mit irdischen Erfahrungen in Verbindung bringt. Dass sie nicht dasselbe Schicksal wie die Omensammlung Assurbanipals teilte, und an der Komplexität unserer Wirklichkeit scheiterte, hat einen guten Grund. Zeitgemäße Astrologie setzt himmlische Konstellationen nicht mit irdischen *Ereignissen* gleich, sondern liest daraus *Erfahrungen* ab. Geht beispielsweise Saturn über die Venus, so wird es ernst (Saturn) für die Beziehung (Venus). Das ist die Erfahrung, die der Mensch mit dieser Konstellation machen wird. Welche Ereignisse zu dieser Erfahrung führen und was der Mensch daraus macht, liegt jenseits der Aussagegrenze und kann vom Astrologen nur spekulativ erraten werden. Wann immer die Astrologie sich verlocken ließ, diese Aussagegrenze zu überschreiten und sich auf Ereignisprognosen festzulegen, ist sie früher oder später unglaubwürdig geworden und wurde verlacht. Bleibt sie dagegen ihrer Symbolsprache treu, ist sie ein äußerst wertvolles Werkzeug.

Die Deutung von Formen

Hierzu zählt vor allem das *Auspicium*, die *Vogelschau*, die vor allem im alten Rom die Aufgabe der Vogelschauer (lat. *Auguren*) war. Dass Vögel Zukünftiges wissen, ist eine alte Überzeugung. Deshalb wurden Götter, die die Zukunft schauen konnten, stets von einem oder mehreren Vögeln begleitet. So etwa der ägyptische Weisheitsgott Thot vom Ibis, der griechische Apollon, dem das Delphische Orakel gehörte, von den Kranichen, und der germanische Weisheitsgott Odin, der sich die Gabe der Zukunftsschau erst durch das Opfer eines Auges erkaufen musste, von den beiden Raben Hugin und Munin, die seither auf seinen Schultern sitzen und ihm alles erzählen, was in der Welt geschieht.

Der einäugige Odin mit seinen Raben Hugin und Munin

Diese Fähigkeit hat man den Vögeln zum einen wohl deshalb zugesprochen, weil sie hoch fliegen und damit weiter sehen können als wir Menschen. Zum anderen, weil man glaubte, dass insbesondere Zugvögel den Winter in den warmen Gefilden verbringen, die auch die Götter bevorzugen. Und während die Götter um das Lagerfeuer sitzen und darüber plaudern, was sie mit den Menschen im kommenden Jahr vorhaben, hören die Vögel in den umliegenden Büschen aufmerksam zu und sind so bestens im Bilde. Wenn sie dann im Frühjahr zurückkehren, verkünden sie den Menschen durch ihren Flug alles, was sie erfahren haben. Um diese Botschaften genau zu verstehen, hatten die antiken Auguren den gesamten Himmel mit einem Netz gedachter Linien überzogen, in dem alle Segmente eine feste Bedeutung hatten. Aus dem Abschnitt, durch den ein Vogelschwarm flog, konnte der Augur die Botschaft lesen.

Ein bedeutendes, in der ganzen Antike verbreitetes Orakel, war die Leberschau, wie überhaupt die Schau von Innereien geopferter Tiere. Dabei hatte man eine genaue Vorstellung von der Idealform einer Leber, die man – ähnlich wie den Himmel – mit einem Netzwerk überzog. So konnte man feststellen, in welchen Segmenten die Leber des Opfertieres von der Idealleber abwich. Genau das war die Handschrift der Götter, aus der die Priester entsprechende Botschaften ablesen konnten.

Babylonisches Modell einer Schafsleber

Das Schreckenshaupt, Edward Burne-Jones, 1887

Es gab aber auch einfachere Orakeltechniken, um aus einer Form eine Botschaft zu entnehmen. Beispielsweise aus der Bewegung des Rauches, der aus einem Weihegefäß aufsteigt, aus der Form von Wachs, das man in kaltes Wasser tropfen lässt oder aus der Struktur der Asche, die ein Feuer hinterlässt. Nicht zuletzt waren die Ölorakel sehr beliebt, bei denen man einen Tropfen Öl auf eine Wasseroberfläche gab, dessen Form man dann deutete. Heute finden wir diese Orakel noch als Bleigießen zu Sylvester, im Kaffeesatzlesen, in der Deutung von Teeblättern sowie im Pendeln und im Handlesen.

Spontane Divination

Hierbei handelt es sich um Orakel, die jeder Mensch als Kind schon gemacht hat. Sie beruhen auf spontan vereinbarten Systemen, wie beispielsweise: Wenn die Anzahl der Stufen dieser Treppe ungerade ist, bedeutet das »Ja«. Oder man wendet den Kopf mit geschlossenen Augen zum Fenster, öffnet sie, und das Erste, was man sieht, hat eine Bedeutung. Man kann auch ein Buch aufschlagen und mit dem Finger auf die Seite tippen. Im Wort, das man so gefunden hat, steckt die Antwort. Dies ist übrigens die einzig mir bekannte Orakelform, die auch von sehr religiösen Menschen praktiziert wird, die Orakel eher als Teufelswerk ablehnen. Das sogenannte Bibelstechen ist sogar in evangelikalen Kreisen ein beliebter Sylvesterbrauch. Man schlägt die Bibel an einer beliebigen Seite auf, tippt hinein und hat die göttliche Botschaft.

Visionen, Trance und Traumdeutung

In vorchristlicher Zeit gehörte Weissagung zur Hauptaufgabe der Priesterschaft, und der Tempel war eine Orakelstätte, an der vor allem Trance und Traumdeutung praktiziert wurden. So weiß man etwa von den berühmten Heiltempeln der Antike, den sogenannten Asklepien, die dem Heilgott Asklepios geweiht waren, dass der Hilfe- und Heilungssuchende auf dem Boden des Heiligtums auf einem schwarzen Widderfell schlief, und der Traum der ersten Nacht die Botschaft zur Heilbehandlung enthielt.

Das Wort Vatikan geht auf *vaticinium* zurück, was im Lateinischen *Weissagung* bedeutet. Und tatsächlich steht der Petersdom etwas oberhalb eines alten etruskischen Heiligtums, das ganz sicher eine Orakelstätte war.

Ursprünglich lag das Orakelwesen, wie auch alle anderen Kulthandlungen, allein in den Händen von Priesterinnen. Erst mit dem allmählichen Aufkommen des Patriarchats ab dem 3. Jahrtausend v. Chr. eigneten sich männliche Priester mit Opferbetrieb, Kalenderwesen und Schriftkunde auch die Orakel an.

Aber selbst nachdem Apollo zum Herrn des Delphischen Orakels wurde, das zuvor der Erdgöttin Gaia gehörte sowie nach Überlieferungen auch Themis, der zweiten Frau von Zeus, die ebenfalls eine Prophetin gewesen sein soll, diente dort weiterhin eine Priesterin als Verkünderin des göttlichen Willens. Man nannte sie Pythia, nach der Schlange Python, die das

Orakel bewacht. Sie war ein einfaches, jungfräuliches Bauernmädchen aus Delphi und die einzige Frau, die das Heiligtum betreten durfte.

Orakel von Delphi: Aigeus befragt das Orakel.

Zunächst nahm die Pythia ein Reinigungsbad in der heiligen Quelle Kastalia und danach einen Trunk geweihten Wassers aus der Quelle Kassiotis. Danach begab sie sich in die Orakelhöhle, nahm auf einem dreifüßigen Hocker über einer Erdspalte Platz und fiel in Trance. Man vermutet, dass es berauschende Dämpfe waren, die aus dem Erdinneren aufstiegen, oder dass sie ein Rauschmittel zu sich nahm, das die Trance auslöste. Daraufhin ergriff Apollo Besitz von ihrer Zunge und beantwortete die gestellten Fragen durch den Mund der Pythia in Ichform – allerdings in gestammelten Lauten, die dann von Priestern, den sogenannten *prophetes* übersetzt wurden.

Für die besten dieser Propheten war es das Wichtigste, der Versuchung zu widerstehen, bei der Deutung intellektuell einzugreifen, um das Gehörte vorschnell in eine klare Antwort zu übersetzen. Vielmehr gaben sie dem, was sie gesehen und gehört hatten, genügend Zeit, um seine Bedeutung zu entfalten. Sie verglichen Worte des Orakels mit Samen, die prall gefüllt und bedeutungsschwanger Dimensionen enthalten, deren Sinn sich erst mit der Zeit enthüllte.

Diese große Zeremonie war Fragen der Regierung oder sehr begüterten Besuchern vorbehalten. Das einfache Volk musste seine Fragen so stellen, dass sie mit Ja und Nein zu beantworten waren. Daraufhin griff die Pythia in einen Beutel mit Bohnen. Zog sie eine weiße hervor, bedeutete das Ja, eine schwarze dagegen Nein.

Omphalos, der Nabel der Welt

Delphi war nicht nur das bedeutendste Orakel der Antike. Es bildete auch den Mittelpunkt der Welt. Zeus selbst hatte dazu in grauer Vorzeit einen Adler von Norden und einen von Süden losfliegen lassen, und an der Stelle, wo sie sich trafen, wurde der Tempel errichtet mit dem berühmten Omphalos, der den Nabel der Welt symbolisiert.

Dieses Orakel wurde in der gesamten damaligen Welt hoch geschätzt und ganz selbstverständlich bei allen wichtigen Staatsgeschäften befragt. Sogar der große Philosoph Platon sagte darüber anerkennend: »Die Prophetinnen von Delphi und die Priesterinnen von Dodona (das älteste griechische Orakel) haben im Rausch viel Gutes in privaten und öffentlichen Angelegenheiten Griechenlands getan, im nüchternen Zustand dagegen wenig oder gar nichts.«

Heraklit, Sokrates und andere große Philosophen teilten diese hohe Meinung von Delphi. Mit seiner berühmten Inschrift »Erkenne dich selbst« hat Thales von Milet bereits vor 2500 Jahren deutlich gemacht, worum es bei Orakeln geht: Nicht Zukunftsschau steht im Vordergrund, sondern Selbsterkenntnis, zu der auch die Kenntnis des Weges gehört.

Mit der Ausbreitung des Christentums verstummten die alten Orakel immer mehr, bis sie schließlich 391 n. Chr. durch Kaiser Theodorus I allesamt verboten wurden. Etwa 30 Jahre zuvor hatte einer seiner Vorgänger, der Kaiser Julian, noch in Delphi Rat gesucht. Damals sprach das Orakel nach seiner mehr als tausendjährigen Geschichte zum allerletzten Mal. Durch den Mund seiner Priesterin ließ Apollo den Kaiser wissen, dass er nie wieder prophezeien werde. Und auch diese letzte Prophezeiung hat sich erfüllt.

In der Folgezeit schaltete das Christentum im Abendland die Lichter aus. Angesichts der verbreiteten Endzeiterwartung schien es nicht mehr wichtig, sich mit weltlichen Fragen zu befassen, sondern sich um das Seelenheil zu sorgen. Das Diesseits wurde zur Nebensache, das Jenseits das einzig Wichtige. Deshalb forderte der bedeutende Kirchenvater Augustinus im 5. Jahrhundert, dass sich die Menschen nicht länger mit der Naturerforschung beschäftigen sollten, sondern nur noch mit Glaubensfragen. Damit begann das finstere Mittelalter, und es dauerte ganze 800 Jahre, bis Thomas von Aquin die Morgendämmerung herbeiführte. Er rehabilitierte das Diesseits als Schöpfung Gottes und sah in der Vernunft die Aufgabe, diese Schöpfung zu erforschen.

In den Jahrhunderten dazwischen aber waren nicht nur die Orakel verboten. Auch die Sternenbeobachtung wurde auf das Notwendigste, nämlich die Kalenderberechnung beschränkt. Was die Sterne bedeuten und ob sie dem Menschen etwas sagen, durfte niemanden mehr interessieren. Auch Selbsterkenntnis war nicht länger gefragt. Dahinter verbarg sich ein alter Konflikt. Schon das früheste Christentum musste sich gegen eine große konkurrierende Geistesströmung behaupten: die Gnosis. Das griechische Wort bedeutet Wissen und Erkenntnis, und darum ging es im Kern der Lehre. Nach gnostischer Überzeugung bringt Erkenntnis Heil, und Selbsterkenntnis führt zur Selbsterlösung. Dagegen hieß es in der christlichen Lehre: Nur Glaube bringt Heil, und die Erlösung kann nicht errungen oder verdient werden. Sie ist und bleibt allein ein Akt der Gnade. Damit wurde, etwas salopp gesagt, das delphische »Erkenne dich selbst« durch das »Bete und arbeite« der Benediktiner ersetzt.

Der Eremit aus dem Visconti-Sforza-Tarot

Erst die Renaissance führte zu einem Wiedererwachen der Antike und brachte auch die verbotenen und vergessenen hermetischen Lehren wieder ans Licht. Etwa im 14. Jahrhundert begann für 300 Jahre eine einzigartige Hochblüte des alten Wissens. Ausgelöst hatten diese Entwicklung die reich gewordenen Städte Italiens, die sich nicht länger von Rom bevormunden ließen. Nach den dunklen Jahrhunderten der Entsagung war ihr Wissensdurst ungeheuer groß. Auf ihren Handelsreisen hatten sie erfahren, dass es ein enormes Wissen aus vorchristlicher Zeit gibt, das vor allem in der islamischen Welt aufbewahrt wurde. Allein in der Bibliothek von Cordoba soll es 400 000 Bücher gegeben haben. Zudem ließ die Eroberung Konstantinopels viele Gelehrte nach Italien fliehen, die ihr Wissen mit sich brachten und den Geist der Renaissance entfachten. In diesen Jahrhunderten erblühte die Astrologie zur Königin der Wissenschaften. Päpste ließen ihr Lehrstühle einrichten, und es gab keinen Gelehrten, der mit ihrem Weltmodell nicht vertraut war. Alchemie und Magie wurden gelehrt, die Kabbala breitete sich aus und etwa 1428 tauchten die Karten auf, die später Tarot heißen sollten.

Diese ungeheure Blüte fand, zumindest was die Welt der Orakel betrifft, ein jähes Ende. Als Kopernikus im 16. Jahrhundert die Erde aus dem Mittelpunkt der Welt rückte, und sie fortan um die Sonne kreiste, brach das astrologische Weltbild zusammen. Das nun aufziehende, selbstbewusste

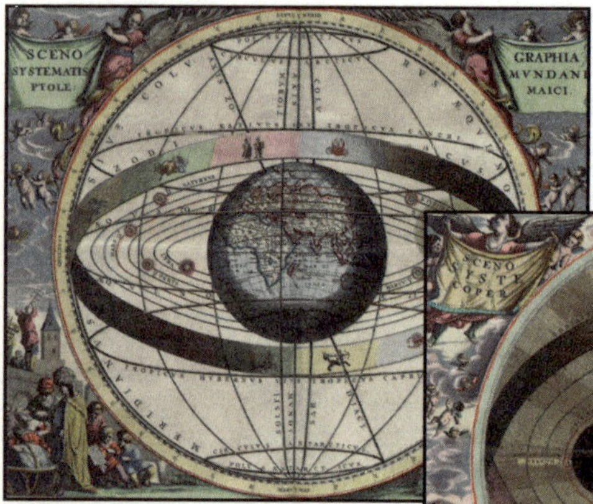

Bild links: Weltbild nach Ptolemaeus mit der Erde als Zentrum

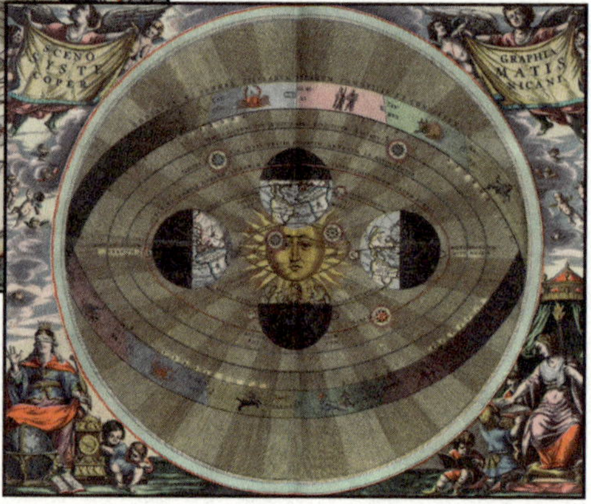

Bild rechts: Weltbild nach Kopernikus mit der Sonne als Zentrum

Zeitalter der Vernunft hatte für solche vorwissenschaftlichen Spekulationen kein Verständnis mehr und verbannte die Astrologie samt aller anderen Orakel und hermetischen Lehren in die Mottenkiste verstaubter und überholter Weltbilder. Damit landeten diese alten Künste weitestgehend in der Gosse, wo sie gern von Gauklern und Scharlatanen genutzt wurden, die den inzwischen ohnehin schon schlechten Ruf völlig ruinierten.

Wie aber konnte es dann gerade im 20. Jahrhundert zu einer so eindrucksvollen Rückkehr der Orakel kommen? Einfach weil die alte Dame Astrologie eine Ehe mit einem Kind des 20. Jahrhunderts einging: der Psychologie. Nachdem sie in ihrer Gossenzeit zu reiner Prognostik und dumpfer Wahrsagerei verkommen war, erinnerte sie sich der Worte von Thales von Milet und stellte sich wieder ganz und gar in den Dienst der Selbsterkenntnis. Sie warf das viel zu enge Korsett des Determinismus ab und lehrte, wie einst Johannes Kepler, dass das Horoskop die Anlage eines Menschen zeigt und nicht seine Festlage. Tarot und andere Orakel zogen mit. Um ihre zum Teil sehr vielschichtige und tiefgründige Symbolik zu erschließen, musste man nicht länger dunkle und schwer- bis unverständliche Texte okkulter Autoren verdauen. Der Schlüssel, den seither vor allem die Jung'sche Tiefenpsychologie für die Symbole und die Bilderwelt der Seele bietet, ist um ein Vielfaches einleuchtender, verständlicher und stimmiger.

Und dennoch runzelt manch einer die Stirn und fragt sich, ob Orakel wirklich in die Welt des modernen, aufgeklärten Menschen gehören. Das hängt im Wesentlichen davon ab, wie er damit umgeht. Wertvoll ist sicherlich ein neues Zeitverständnis. Wenn man Zeit nicht nur als eine gleichförmig dahinfließende Menge erlebt, sondern ein Gespür dafür entwickelt, dass es auch eine Zeitqualität gibt, und der Zufall so wie jeder Augenblick seine Bedeutung hat, ist das sehr bereichernd.

Zudem kann gerade die Astrologie auch dem modernen Menschen ein Gefühl dafür geben in einem bedeutsamen Universum zu leben. Bedenkt man, wie lebendig der Himmel bis zum Zeitalter der Vernunft war und wie kalt er heute ist, wo ein einsamer blauer Planet in einem abgelegenen Winkel eines Universums kreist, das zwar ständig größer wird, aber jede Bedeutung verloren hat, dann sieht man, wie sehr wir den Kosmos quantitativ erfasst haben, dass uns aber zugleich jedes Gespür für seine Qualität verloren ging. Dabei steht dieses griechische Wort nicht nur für Ordnung (im Gegensatz zum uranfänglichen Chaos), sondern auch für Schönheit: Kosmos und Kosmetik haben dieselbe Sprachwurzel.

Ob Orakel noch zeitgemäß sind, hängt aber vor allem davon ab, wie der Einzelne damit umgeht. Fragt er das Orakel aus Schwäche oder Stärke? Wer es aus Schwäche befragt, unterwirft sich dem Orakel und verlässt sein Haus

Gemälde von Jan Hoffmann, nach einem Deckenfresko der Villa Farnese

zuletzt nur noch, wenn es ihm die Karten oder Sterne »erlauben«. Ein solcher Mensch sollte sich schnellstens bewusst machen, dass Tarot (oder jedes andere Orakel) ein guter Diener ist, aber ein schlechter Herr. Sich den Rat des Orakels zu Diensten zu machen ist bereichernd, sich aber einem Orakel blind zu unterwerfen ist abwegig.

Zudem suchen Menschen in Orakeln oftmals so etwas wie eine esoterische Glücksversicherung, also ein System, das jederzeit sicherstellen soll, dass alles gut geht. Es ist aber sehr zweifelhaft, ob wir auf die Welt kamen, damit es uns hier nur gut geht. Vielmehr scheint es, dass wir hier sind, um innere und äußere Spannungen und Widersprüche zu überwinden, und das können wir wohl kaum, indem wir allen Herausforderungen aus dem Wege gehen. Ein Blick in das Horoskop zeigt, dass jeder Mensch mit vielen Spannungen und inneren Widersprüchen geboren wurde, und es scheint, dass wir ein Leben lang Zeit haben, diese Dissonanzen zu einer großen Symphonie umzugestalten.

Es gibt aber noch eine andere Versuchung im Umgang mit Orakeln, der der heutige Mensch widerstehen sollte. Der Wunsch, um jeden Preis eine eindeutige Antwort zu finden. Oft genug sind die Aussagen mehrdeutig oder einfach schwer zu verstehen, und zudem sind sie ja nicht absolut sicher. Es gibt zahlreiche Versuche, diese Vieldeutigkeit auf eine Eindeutigkeit zu reduzieren. Sie gehen alle zurück auf Methoden aus der Zeit vor dem 20. Jahrhundert und entstammen einem völlig deterministischen Weltbild.

Dabei sollte gerade der heutige Mensch verstehen, dass Vieldeutigkeit und Widersprüche ein höchst kreatives Spannungsfeld entstehen lassen, das durch Eindeutigkeit erlöschen würde. C. G. Jung hat dazu einmal gesagt: »Die Paradoxie gehört sonderbarerweise zum höchsten geistigen Gut; die Eindeutigkeit aber ist ein Zeichen der Schwäche. Nur das Paradoxe vermag die Fülle des Lebens annähernd erfassen.«

Wie kann man sich die Orakel erklären?

Das Wort *Synchronizität*, das C. G. Jung dafür geprägt hat, ist zwar sehr schön, aber es erklärt nichts. Es stellt einfach fest, dass zwei Dinge, die zeitgleich passieren, sinnvoll miteinander verbunden sein können. Deshalb versuchen wir es mit zwei anderen Überlegungen:

1. Zum einen gibt es die Qualität der Zeit, und das heißt, dass jeder Augenblick seine eigene Bedeutung hat. Zum anderen gehören in einer ganzheitlichen Sicht der Welt Frage und Antwort zusammen, sie bilden ein Ganzes. Verknüpft man diese beiden Gedanken, dann wird klar, dass im Frageaugenblick auch die Antwort liegt. Gelingt es also, die Qualität des Frageaugenblicks zu erkennen, kann man daraus die Antwort ablesen. Und das tun alle Orakelsysteme in ihrer Weise. Der Astrologe schaut dazu in die Sterne – oder heute eher in den Computer – im alten China warf man das I Ging, der Druide befragte die Runen und der Tarotkundige legt die Karten. All diese Orakel spiegeln in der ihnen eigenen Bilder- und Symbolsprache die Qualität des Augenblicks und geben damit die Antwort auf die gestellte Frage. Keines dieser Systeme ist besser als ein anderes. Entscheidend ist, welche Sprache der Deuter am besten versteht.

2. Aber es gibt noch eine weitere interessante Überlegung, die die Quelle des Wissens in der »Tiefe« vermutet, in *unserem* Unbewussten. Oft sprechen wir von unserem Unbewussten so, als sei es unser Privateigentum, das wir irgendwo in uns tragen. Dabei kann niemand sagen, wo es ist und wie weit es reicht. Möglicherweise ist es grenzenlos, vielleicht verbindet es uns sogar mit der Ewigkeit?

Nehmen wir zum Vergleich eine Welle, die stets mit der Tiefe des Meeres verbunden ist. Die Welle selbst ist ein Symbol unserer individuellen Wesensnatur. Der weiße Schaum an ihrem Kamm steht für unser Bewusstsein, während der dunkle Wellenberg dem persönlichen Unbewussten entspricht, und das Meer dem kollektiven Unbewussten, mit dem alle Wellen und alle Individuen verbunden sind. In gleicher Weise kann unser Bewusstsein stets mit einem größeren Ganzen verbunden sein. Teilhard de Chardin sprach von der Noosphäre (von griech. *Nous* = Geist), die als kollektives Bewusstsein die Erde umgibt, an dem wir alle teilhaben. Jeder weiß, dass Gedanken, die uns kommen, besser sind als solche, die wir uns machen. Aber woher kommen diese wunderbaren Eingebungen? Offenbar ist unser Bewusstsein an diese Geistsphäre angeschlossen. Das bestätigt auch der Gehirnforscher und Nobelpreisträger Sir John Eccles, wenn er sagt: »Unser Gehirn ist nicht der Produzent von Energien, sondern der Empfänger.« Dass uns das nicht so bewusst ist, liegt vielleicht daran, dass – bildlich gesprochen – die Frequenzen reduziert werden mussten, damit sich unser Bewusstsein »abkoppeln« und als Ich-Identität entfalten konnte.

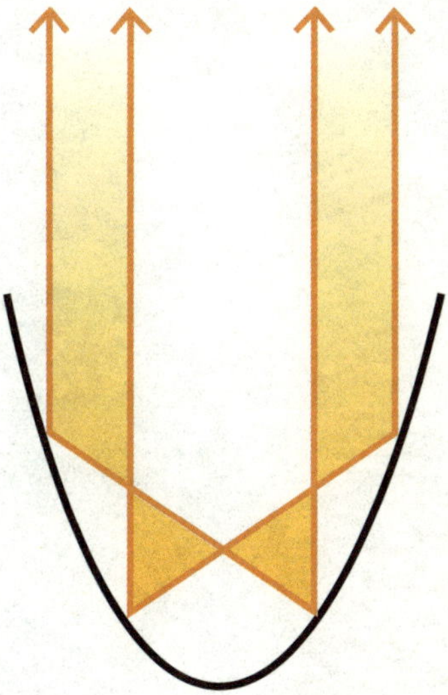

Ein anderes sehr anschauliches Symbol dieser Verbundenheit ist eine Parabel. Wenn man von ihrem Brennpunkt aus Impulse sendet, werden sie allesamt so reflektiert, dass sie als Parallelen in die Unendlichkeit gehen. Nun lehrt die Geometrie, dass Parallelen sich dort schneiden – auch wenn wir uns das nicht vorstellen können. Das bedeutet aber, dass eine Parabel einen Brennpunkt in dieser Welt hat und einen anderen in der Unendlichkeit. Und beide sind stets miteinander verbunden, wie unser Ich mit unserem höheren Selbst. Und damit kommen wir zurück zum Anfang: Selbst wenn wir die Stimmen der Göttinnen und Götter nicht mehr hören, weil sich unser Bewusstsein so weit herausgebildet hat, sind wir ständig mit ihnen – oder mit unserem höheren Selbst – in Verbindung.

Ich glaube, dass es nicht mehr lange dauern wird, bis wir verstehen, dass drei Begriffe, die wir heute kaum als zusammengehörig betrachten, dasselbe beschreiben. Diese Begriffe sind: Zufall, Schicksal und Unbewusstes. Es scheint, dass unser Unbewusstes Situationen, Gegebenheiten, Begegnungen und Erfahrungen erschafft, die wir als Zufälle erleben, die letztlich im besten Sinne unser Schicksal ausmachen. Um den Sinn solcher Zufälle besser zu verstehen, sind Orakel eine große Hilfe.

Rectif
cando

Die Alchemie in der Beziehung[5]

Autarkie und Symbiose verkörpern die Extremformen zweier Grundkräfte, die – in gesundem Maß gelebt – jede lebendige Beziehung steuern: das Lösen und das Binden. In jeder Beziehung gleichen diese beiden Kräfte einander aus. Ob dieses Kräftegleichgewicht entspannt ist und harmonisch zustande kommt, immer neu in heißen Kriegen erstritten wird, zu kalten Kriegen erstarrt oder sich in Apathie und Gleichgültigkeit kleidet, ist einerlei. Ausgleichen werden sich diese beiden Kräfte allemal. Dabei kann es so aussehen, als ob eine der beiden Kräfte vorübergehend verdrängt wurde und die andere die Oberhand gewonnen hat. Ganz sicher aber wurde die scheinbar unterlegene Kraft nur ins Unbewusste verdrängt und konstelliert sich dort neu, um früher oder später wieder aufzutauchen und ihrerseits die Oberhand zu gewinnen. Oftmals werden die zu diesem Kräftespiel gehörenden Rollen zwischen den Beteiligten bereits in den ersten Augenblicken des Kennenlernens verteilt, lange bevor auch nur einer ahnt, dass aus dieser Begegnung eine Beziehung hervorgehen wird. Von Anfang an fällt einem der beiden die Rolle des »Binders« zu, während der andere die des »Lösers« übernimmt. Und dabei bleibt es in aller Regel. Nur in seltenen Fällen kommt es im Verlauf der Beziehung zu einem Rollentausch. Dagegen ist es häufig zu beobachten, dass man in einer neuen Beziehung auf die andere Seite wechselt und das Gegenteil der bisherigen Rolle übernimmt.

Die Aufgabe des Binders besteht darin, für die Verbindlichkeit der Beziehung Sorge zu tragen, dafür, dass man möglichst viel zusammen ist und gemeinsam unternimmt, während der Löser die Distanz aufrechterhalten muss, um der Eigenständigkeit der beiden genügend Raum zu sichern. Solange beide ihrer Aufgabe im rechten Maß nachkommen, ist die Beziehung gesund und entwickelt sich lebendig. Dort, wo man sich lässt und wiederfindet, um sich erneut zu lassen und erneut wiederzufinden, ist persönliches Wachstum und das Wachstum in der Beziehung möglich, da keiner der beiden in eine

Bild links *Alchemie (Karte XIV Kunst) aus dem Crowley-Tarot* starre Schablone gepresst oder auf eine bestimmte Ausdrucksweise reduziert wird, sondern nach und nach mit seinem ganzen Wesen in Erscheinung treten darf. Wo man dagegen nur gebunden ist, klebt man symbiotisch so fest aneinander, dass für Weiterentwicklung kein Raum ist. Und dort, wo nur Distanz vorherrscht, wo alles nur locker und lose ist, fehlt es an der Reibung, die es zur Weiterentwicklung braucht. Deshalb erkannten schon die Alchemisten das Geheimnis jeder Höherentwicklung im steten Wechselspiel vom Lösen und Binden. Hinter ihrer altehrwürdigen Tradition verbirgt sich ein umfassendes Wissen um die wahren Gesetze der Wandlung. Wann immer eine tiefgreifende Veränderung in unserem Leben notwendig wird, wann immer wir spüren, dass wir uns wandeln müssen, oder wenn wir feststellen, dass unser Wachstum stagniert und unsere Beziehung sich nicht weiterentwickelt, ist es hilfreich, die Ratschläge dieser hermetischen Wissenschaft zu beherzigen, die C.G. Jung die »Psychologie des Mittelalters« nannte.

Das Interessante an dieser Kräftepolarität liegt darin, dass sie sich gegenseitig bedingt. In der richtigen Mischung ist sie Gewähr für die Lebendigkeit der Beziehung. Verändert aber nun einer der beiden die Spielregeln, zwingt er damit den anderen zur Gegenmaßnahme. Verlangt also der Löser plötzlich mehr Unabhängigkeit, so kann der Binder gar nicht anders als mehr Verbindlichkeit zu fordern. Das gibt dem Löser das Gefühl, nun endgültig gefangen zu sein, weshalb er mehr Freiraum fordert, wodurch der Binder die Beziehung so sehr gefährdet sieht, dass er seinerseits mehr Verbindlichkeit fordert. Und so kann man sich gegenseitig so lange hochschaukeln, bis beide nur noch »Daueralarm« geben. In solcher Extremsituation kann es dann auch zu den eher seltenen Positionswechseln kommen. Wenn beispielsweise der Binder derart frustriert ist, dass er aufgibt und die Beziehung beendet, bewirkt er damit nicht selten, dass die ganze Distanziertheit des Lösers zusammenbricht, dessen heilige Freiheiten plötzlich ganz unbedeutend sind und der bisherige Löser zum besten aller Binder wird. Diese Umpolung funktioniert allerdings niemals als taktische Maßnahme, sondern nur, wenn die dazugehörenden Schritte echt sind. Wenn der Binder nur so tut, als wolle er gehen, innerlich aber nur auf den Umschwung beim Löser hofft, bleibt alles beim alten.

Symbolisch betrachtet ist das Trennende eine männliche Qualität, wohingegen das Weibliche als die verbindende Kraft angesehen wird. Analog dazu ist männliches Denken auf Unterscheidung ausgerichtet, wohingegen das weibliche Denken stets das Gemeinsame erkennt und betont. Auch wenn in dieser Zuordnung keinerlei zwingende Rollenverteilung für die Geschlechter liegt, tendieren Männer dennoch eher dazu, das Trennende, den Unterschied, das Detail zu betonen, während Frauen ihr Augenmerk vorwiegend auf das Verbindende, das Gemeinsame und das Ganze richten. Die Jung'sche Psychologie vermutet hinter dieser Tendenz die jeweilige Urerfahrung, die jeder Mensch mit der ersten Bezugsperson, der Mutter, hat. Während der Knabe von Anfang an den polaren Unterschied spürt und seine Identität auch in den weiteren Jahren im Unterschied zur Mutter entwickeln muss, erlebt das Mädchen als Erstes die Gemeinsamkeit mit der Mutter und kann sich bei der Entfaltung seiner Identität sehr wohl an der Mutter ausrichten. Dementsprechend tut sich ein Junge in der Entwicklung seiner Eigennatur viel schwerer als ein Mädchen. Die »ausgleichende Gerechtigkeit« besteht allerdings darin, dass der Knabe von der Mutterbrust an gewöhnt ist, seine Lust und seine Bedürfnisse am anderen Geschlecht zu befriedigen, während darin für das heranwachsende Mädchen die herausfordernde Lernaufgabe liegt.

Ein weiterer Ausgleich besteht darin, dass auf der unbewussten Ebene das Gegenteil von dem soeben Gesagten gilt. Dort reagiert der Mann weiblich und die Frau männlich und das zumeist, ohne es zu wissen. Die archetypischen Kräfte, die das bewirken, heißen in der analytischen Psychologie Anima und Animus. Was darunter zu verstehen ist und welche tiefe Bedeutung darin liegt, zeigen folgende Ausführungen.

Anima und Animus – die oder der innere Geliebte

Es liegt in der Natur des Unbewussten, sich stets kompensatorisch, also ausgleichend, zu unserem Bewusstsein zu verhalten und damit einen Gegenpol zu bilden zu all dem, womit wir uns bewusst identifizieren. Deshalb ist es nicht unproblematisch, sich einseitig für alles Gute, Lichte, Edle und Wahre zu engagieren. Die Jungianerin Marie-Louise von Franz warnt davor, idealistisch den Wunsch zu hegen, nur gut und recht zu handeln, weil wir damit unfreiwillig dem Bösen in die Hände arbeiten, und sie folgert: »Gutes zu tun mag immer noch das Ziel sein, aber man wird bescheidener im Wissen, dass man durch Allzugutsein die kompensierende destruktive Seite konstelliert.«[6]

Aus diesem Grund findet sich dort, wo viel Licht ist, bekanntlich auch immer viel Schatten. Doch so einleuchtend dieses Phänomen auch ist und so leicht wir es bei anderen erkennen können, wenn es um uns selbst geht, mag unser Ego von diesem Grundsatz am liebsten nichts hören und macht ständig Sonderregeln geltend. Wir sind eben alle Ausnahmen! Deshalb fühlen sich Menschen, die ganz und gar davon überzeugt sind, durch und durch »licht« zu sein und bestimmt keine Schattenseite zu haben, oftmals so »verkannt«, wenn sie zu ihrer Überraschung von anderen kritisiert oder sogar in ihrem Gutsein infrage gestellt werden. Aber leider müssen eben diese anderen die Schattenseiten erleben und ertragen, die der angeblichen Lichtgestalt so gänzlich unbewusst sind. Diese Eigenart des Unbewussten erklärt so manche Widersprüchlichkeit. Warum zum Beispiel Menschen mit Gewalt für den Frieden kämpfen oder warum gerade die Moralprediger der Nation immer wieder in schmutzige Affären verwickelt sind. Das Unbewusste hat die wirklich undankbare Aufgabe, den dunklen Gegenpol zum eitel leuchtenden Ichgefühl zu bilden und das selbstgerechte Ego immer wieder in Versuchung zu führen, damit es sich seiner unbewussten dunklen Seiten bewusst wird. Es deshalb als Teufelswerk zu verdammen, wie es oft in engstirnigen, religiösen Kreisen geschieht, zeugt nicht von tiefer Einsicht in die wichtige Bedeutung dieses Gegenpols.

Wie C. G. Jung bei der Erforschung des Unbewussten erkannte, gehören zu dessen Inhalten urtümliche Bilder, die jedem Menschen zu eigen sind, wie etwa der Held, der Drache, die Jungfrau und der Alte Weise. Jung nannte diese inneren Bilder Archetypen oder Urbilder der menschlichen Seele. Unter ihnen gibt es zwei, denen nach seiner Beobachtung eine besondere Rolle zukommt. Sie sind sowohl Mittler zwischen Bewusstem und Unbewusstem eines Menschen als auch der innere, zunächst unbewusste Gegenpol zu seinem bewussten Geschlechtsverhalten. Diese Kräfte, die dafür sorgen, dass das Unbewusste des Mannes weiblich, das der Frau dagegen männlich reagiert, nannte Jung *Anima* und *Animus*, wobei die Anima die Frau im Manne ist, der Animus dagegen die innere Männlichkeit der Frau.

Ein Phänomen, an dem sich das Wirken dieser Archetypen leicht erkennen lässt, ist eine aus vielen Beziehungen bekannte Konfliktsituation: Während der Mann ständig von seinem ihm heiligen Freiheitsbedürfnis, seinem Drang nach Unabhängigkeit und der Unmöglichkeit, sich wirklich fest zu binden redet, beschwört die Frau das Gemeinsame und ist bereit, ihr letztes Hemd für die Verbindlichkeit der Beziehung zu geben. Das ist zumindest die äußere Wirklichkeit auf der bewussten Ebene. Im Unbewussten dagegen konstellieren sich die Gegenpole. Die Anima, die innere Weiblichkeit des Mannes, tut ihr Bestes, um dessen bewussten Unabhängigkeitsdrang entgegenzuwirken. Das Ergebnis ist beeindruckend. Anstatt seinem angeblichen Freiheitsdrang wirklich nachzugehen, fühlt sich der Mann innerlich im gleichen Maß zu seiner Frau hingezogen, wie er ihr die Ohren von seinem Bedürfnis nach Unabhängigkeit vollschwatzt; denn genauso stark wie er bewusst nach Ungebundenheit strebt, bindet ihn seine weibliche Seite, seine (unbewusste) Anima in die Beziehung ein. Da wir unbewusste Kräfte gern auf andere projizieren, wird dieser Mann natürlich seiner Frau die Schuld an seiner vermeintlichen Unfreiheit geben und ihr vorwerfen und unterstellen, dass sie ihn nicht gehen lässt, wohingegen es natürlich einzig seine Anima ist, die ihn bindet. Die Frau ihrerseits wundert sich, wieso der Mann immer wieder zu ihr kommt, wenn er ihr doch eigentlich nur sagen will, dass er bestimmt gehen wird. Doch während sie bewusst mit aller Kraft um den Fortbestand und die Verbindlichkeit der Beziehung ringt, ihn zu becircen und zu umgarnen versucht, konstelliert sich ihre innere Gegengeschlechtlichkeit immer stärker und eines schönen Tages, wie aus heiterem Himmel, zückt ihr innerer Animus das Schwert und lässt sie – auch zu ihrer eigenen Überraschung – die Beziehung zerschlagen, für die sie so lange gekämpft hat.* Je unbewusster wir uns dieser inneren Kräfte sind, umso mehr sind wir ihnen ausgeliefert.

Natürlich zeigt dieses Beispiel nicht die einzige Wirkungsweise von Anima und Animus. Deren eigentliches Anliegen besteht vielmehr darin, den Menschen zu führen. In der Sprache von Mythen und Märchen sind sie die Seelenführer, die uns geleiten. Anima und Animus lassen sich aber auch als die oder der innere Geliebte beschreiben. So wie sie im Unbewussten angelegt sind, so glauben wir, sollte der richtige Partner für uns sein. Wann immer uns ein Mensch begegnet, der uns verzaubert, haben Anima

* *Natürlich enden nicht alle Verbindungen dieser Art so. In einer »Mutter-Sohn-Beziehung« etwa kann es ein Dauerzustand sein, dass der Mann herumstromert, während seine immer verbitterter werdende Frau mehr oder weniger geduldig und verständnisvoll zu Hause auf ihn wartet.*

oder Animus ihre Hand im Spiel, da nur das Unbewusste die Kraft hat, das Bewusstsein zu verzaubern. Anders gesagt: Dieser Mensch, der uns »draußen« begegnet und fasziniert, bietet eine geeignete Projektionsfläche, einen »Haken«, an dem wir unser Seelenbild, das Bild unseres inneren Partners aufhängen können. Ist das gelungen, dann sind wir – zumindest für eine Weile – davon überzeugt, der oder die Richtige sei nun endlich in unser Leben getreten. Ein leidiges Problem liegt allerdings darin, dass die Kraft der Projektion mit der Zeit nachlässt, das geliebte Bild rissig wird und die wirklichen Konturen des anderen immer deutlicher hervortreten. Da aber leider nur das innere Seelenbild vollkommen sein kann, die äußere Wirklichkeit jedoch stets unvollkommen daherkommt, liegt in dieser Ernüchterung immer auch Enttäuschung und Trauer über den Verlust des vergötterten Bildes. In ihrer Arbeit über Anima und Animus sagt Emma Jung dazu sehr treffend: »Wenn diese Unterscheidung zwischen dem Bild und seinem Träger einsetzt, so werden wir zu unserer großen Verwirrung und Enttäuschung gewahr, dass der Mann, der das Animusbild zu verkörpern schien, diesem gar nicht entspricht, sondern sich dauernd anders verhält, als er nach unserer Meinung sollte.«[7] Welche Frau kennt das nicht? Und welcher Mann nicht auf seine Weise?

Ein weiteres Problem entsteht dann oftmals daraus, dass alle Seelenbilder polar sind, das heißt, eine lichte und eine dunkle Seite haben. Wann immer ein Engel in unser Leben tritt, haben wir natürlich die lichte Seite auf diesen Menschen übertragen. Sofern es sich dabei um eine rein unbewusste Projektion handelt, kann sie sehr schnell in ihr Gegenteil kippen. Denn wenn jemand einen geliebten Menschen grenzenlos anschwärmt, all seine Fehler übersieht und in ihm nur den Engel zu erkennen vermag, kann es im Normalfall nicht lange dauern, bis der Engel in die Hölle stürzt und zu Teufel oder Hexe wird. Dieses dunkle Bild entspricht der äußeren Wirklichkeit natürlich genauso wenig wie zuvor der Engel. Es wird aber mit der gleichen Intensität erlebt und mit der gleichen Vehemenz bekämpft, mit der das geliebte Bild zuvor begehrt wurde. Daher ist es so wichtig, sich dieser inneren Person und der Tatsache, dass wir sie projizieren, bewusst zu werden, da anderenfalls die Gefahr besteht, aus Unwissenheit Wertvolles zu zerstören.

Offensichtlich ist es die Absicht dieser Seelenführer, den Menschen in den Lebensbereich zu führen, in dem er mehr über sich erfahren kann als in jedem anderen: die Beziehung. Nur in der innigen und ständigen Auseinandersetzung mit dem anderen Geschlecht können wir uns unserer unbewussten Gegengeschlechtlichkeit bewusst werden und Animus und Anima als die Kräfte begreifen, die uns letztlich zur Ganzheit führen wollen. Das innere Bild aber einfach nur dem anderen an die Nase zu hängen, zu glauben, endlich den oder die Richtige gefunden zu haben und zu hoffen, nun für immer Seelenfrieden zu haben, heißt, es sich etwas zu leicht zu machen und den billigsten Wunschträumen auf den Leim zu gehen. Sicherlich ist die erste Verliebtheit, die uns im Augenblick der gelungenen Projektion verzaubert, ein wunderschöner, erhebender Zustand. Aber nach allem, was Psychologie und Lebenserfahrung dazu herausgefunden haben, sagt der Grad der Verliebtheit nur etwas über den Grad der Enttäuschung aus, die ihr früher oder später folgen muss, interessanterweise jedoch absolut nichts über die Tiefe und Beständigkeit der Beziehung, die aus ihr hervorgehen kann. Selbst aus dem rosigsten siebten Himmel kann ein Absturz erfolgen, der die ganze Beziehung mit in den Abgrund reißt, während andererseits auch ohne anfängliche Verliebtheit eine tiefe Beziehung zwischen zwei Menschen erwachsen kann.

Die Verliebtheit, die unsere inneren Partner stimulieren können, ist offenbar so etwas wie ein Zaubertrank, der unser Bewusstsein beflügelt, uns Grenzen überschreiten lässt und uns mit einem anderen Menschen zusammenbringt. Aber diese liebestrunkene Übersteigerung der Wirklichkeit ist genauso wenig als Ziel an sich oder als Dauerzustand gemeint wie irgendein anderer Rausch. Die eigentliche Beziehung beginnt erst nach der Ausnüchterung, wenn wir unser Gegenüber nicht länger als Traumfrau oder Märchenprinz anhimmeln, sondern in ihm mehr und mehr den Menschen erkennen, der er wirklich ist. Im verliebten Zustand ewige Treue zu schwören ist leicht und genauso billig, wie die oft zu hörenden Beteuerungen chronischer Singles oder alternder Casanovas, dass sie sich nichts mehr ersehnen, als sich sofort auf ewig zu binden, wenn nur endlich der oder die Richtige käme.

Den oder die Richtige gibt es ganz bestimmt. Aber gewiss nicht so, wie wir uns diesen Menschen in jungen Jahren sehnsuchtsvoll erträumen. Es gibt ihn nicht »fertig«. Er kann nur zum Richtigen werden, indem wir uns für ihn entscheiden. Das soll nun nicht heißen, es sei beliebig, mit wem wir uns verbinden. Sicherlich gibt es Menschen, die eher füreinander bestimmt sind und besser zueinanderpassen als andere. Solange wir uns aber nur unter dem Vorbehalt aufeinander einlassen, dass uns der andere nicht enttäuscht oder bereits erkannte »Mängel« schleunigst behebt, haben wir uns nicht wirklich eingelassen. Auch wenn wir – vor allem in der Verliebtheitsphase – noch so sehr von unserer Liebe überzeugt sind, gilt stets: Eine Liebe unter Vorbehalt meint nie den anderen, sondern immer nur unser inneres Seelenbild, für das der andere ein möglicher Kandidat ist. Nichts ist einfacher, als die Vorstellung zu lieben, die wir uns von einem Menschen machen, da sie unserem inneren Partnerbild entspricht. Dabei lieben wir aber eben nur unsere Vorstellung, die wir uns vom anderen machen, sozusagen unser inneres Bild, das wir vor ihn stellen. Natürlich merken wir zunächst nicht, was wir da tun. Eine Projektion wird immer so lange als die reine Wirklichkeit erlebt, bis uns – wenn überhaupt – langsam dämmert, dass wir einmal mehr unserer Vorstellung aufgesessen sind.

Und Störungen, die uns das bewusst machen wollen, kommen früher oder später ganz unvermeidlich. Ob wir deren Ursache erkennen und diesen Zusammenhang begreifen, bleibt allerdings offen. Aber vermeiden ließen sich diese Störungen nicht einmal in den »guten« alten Ehen, die inzwischen recht selten geworden sind und die immer wieder als Beweis dafür herhalten müssen, dass es heutzutage mit Sitte, Moral und Verbindlichkeit endgültig bergab geht. Wo die patriarchale Ehe wirklich »funktionierte«, gelang das vor allem deshalb, weil der Mann, dank seiner Machtmittel, die Frau manipulieren und dazu zwingen konnte seine Anima zu verkörpern. Wann immer eine Frau das tut, darf sie sicher sein, von ihrem Mann auf Händen getragen zu werden. Und das erscheint natürlich verlockend, zumal für eine Frau, die finanziell und gesellschaftlich von ihrem Mann abhängig ist. In den meisten Fällen wird sie sich gar nicht bewusst sein, dass sie »gekauft« ist, dass sie verwöhnt wird und seine Zuneigung und Großzügigkeit in dem Maß erfährt, wie sie sein liebes Mädchen, sein Liebchen oder, seit den fünfziger Jahren, sein »Baby« ist. Der Preis dafür ist hoch. Es ist der Preis der Selbstverleugnung. Denn wann immer eine Frau versucht, die Anima, das Suchbild ihres Mannes zu verkörpern, kann sie das natürlich nur zu Lasten der Entfaltung ihres wahren Wesens tun. Statt die eigene Persönlichkeit zu entfalten, ist sie nur eine Summe von Fremderwartung. Dort, wo ihr das nicht bewusst wird, oder sie trotz besserer Einsicht nicht aus dem Korsett fremdbestimmter Identität ausbricht, macht sich dieser Selbstverrat früher oder später durch seelische Störungen oder körperliche Leiden bemerkbar. Hysterie und Migräne sind zwei dafür typische Ausdrucksformen, weshalb es nicht Wunder nimmt, dass diese Leiden in der Spätblüte der patriarchalen Ehe zu Beginn des 20. Jahrhunderts noch als reine Frauenkrankheiten abgetan wurden.

Natürlich erliegen nicht nur Männer der Versuchung, ihre Frau mit geschickter Manipulation und mehr oder weniger sanfter Gewalt in die Schablone ihrer Anima zu zwängen. Genügend Frauen versuchen ihrerseits ihren Mann zu verführen und ihn mit List und Tücke dahin zu bringen, ihr inneres Idealbild, ihren Animus zu verkörpern. In all diesen Fällen gilt die Liebe stets nur dem inneren Bild, während der angeblich geliebte Partner nun ein Kandidat ist, dem eine Frist gewährt wurde, innerhalb derer er sich als fähig erweisen muss, das Gewand und die Rolle unserer Anima oder unseres Animus würdig auszufüllen. Unser Gegenüber aber als den Menschen zu nehmen und zu lieben, der er wirklich ist und ihn obendrein in der weiteren Entfaltung seiner Eigenart großherzig zu fördern und zu unterstützen, ist natürlich etwas ganz anderes. Das aber setzt voraus, dass wir uns für den anderen wirklich interessieren, ihn mit freundlicher Aufmerksamkeit beobachten und ihn in seinen Eigenheiten studieren. So selbstverständlich sich das anhören mag, so wenig sind wir dazu bereit, sobald unser Bild vom anderen zu zerbrechen droht. Aber nur dort, wo ein Mensch den anderen erkennt und liebt als das lebendige Original, das er ist, statt ihn in das Klischee seines Wunschbilds zu pressen, kann man wirklich von Liebe sprechen.

Um dahin zu gelangen ist es nicht nur wichtig, sich seines oder seiner inneren Geliebten bewusst zu werden, sondern sich auch intensiv mit diesem inneren Bild auseinanderzusetzen. Denn die Ursache vieler Probleme in einer Beziehung ist nicht – wie man gern glaubt – der oder die andere, sondern eine dieser inneren Figuren. C.G. Jung macht das sehr deutlich, wenn er sagt: »Es ist ein Irrtum, zu glauben, dass die persönliche Auseinandersetzung mit dem Partner die Hauptrolle spiele. Letztere fällt im Gegenteil der inneren Auseinandersetzung des Mannes mit der Anima, der Frau mit dem Animus zu.«[8] Die Reibung mit dem Partner ist allerdings insofern unentbehrlich, als dass Anima und Animus uns nur in der Beziehung zum Gegengeschlecht bewusst werden können, weil unsere Projektionen nur dort wirksam werden.

Die Türme der anderen

Gewiss hat so mancher, der die Tarotkarten kennt, beim Einsturz der Twin Towers die Karte Der Turm vor Augen gehabt. Und wann immer irgendwo ein Turm einstürzt, denken wir unwillkürlich an den Turm von Babylon. Doch der ist niemals eingestürzt. Sein Bau wurde aufgegeben und somit einfach nie vollendet. Dennoch ging er schlechthin als das Symbol des Größenwahns in die Geschichte ein, auch wenn er ganz anders gemeint war. Im Unterschied zur gängigen Interpretation, einen Turm bis in den Himmel bauen zu wollen, ging es den Astralpriestern Babylons vielmehr darum, einen Tempel nach himmlischem Bauplan zu errichten, ein Heiligtum zu Ehren ihrer Götter, was nur in den Augen der Nachbarn, dem Volke Israel, ein anmaßender Frevel war. Es sind nun einmal immer nur die Türme der anderen, die zum Sinnbild der Hoffart werden. Bei eigenen Türmen ist man nicht nur gnädiger, sondern hält schnell eine positive, durchaus fromme Erklärung bereit.

Nicht anders war es beim Einsturz der Türme in New York. War es nicht geradezu beängstigend, wie viele Menschen trotz all der Schrecken nicht nur insgeheim dachten: »Das haben sie davon!« oder sogar: »geschieht ihnen recht, den Amerikanern!«? Sofort machten alle Besserwisser mobil und boten simple Erklärungen an, was die Amerikaner aus dieser Katastrophe zu lernen hätten. Bei den eingestürzten Türmen der anderen ist man damit immer schnell zur Hand.

Die 22 Trumpfkarten des Tarots, die wir heute Große Arkana nennen, sind spätestens seit dem frühen 15. Jahrhundert bekannt. Während einige Karten ihren Namen von Anfang an beibehielten, war die Bezeichnung des Turms sehr wechselhaft. Man nannte ihn Blitz, Feuer, Haus des Teufels, Haus der Verdammten, Hölle, aber auch Haus Gottes, ein Name, der sich bis heute in den als klassisch geltenden Karten des Tarot von Marseille

Bild links *Collage mit dem Turm aus dem Visconti-Sforza-Tarot* erhalten hat. Genau genommen heißt die Karte dort LA MAISON DIEU, also DAS HAUS GOTT und nicht DAS HAUS GOTTES. Darin könnte ein Hinweis liegen, dass der Zusammenbruch unvermeidlich ist, wenn das Haus, also die Materie selbst als Gott verehrt wird, oder wenn der Glaube tot ist und nur noch die leere Form zurückbleibt. In den sich scheinbar ausschließenden Namen HAUS GOTTES und HAUS DES TEUFELS spürt man aber auch, dass das Heiligtum des einen in den Augen des anderen, zumal des Nachbarn, reines Teufelswerk sein kann. Diese Nähe findet sich auch im lateinischen Wort *sacer*, das sowohl *heilig* wie *verflucht* bedeuten kann. Im Mittelalter hatte man besonders in nichtkirchlichen Kreisen eine sichere Erklärung für ein ansonsten schwer zu verstehendes Phänomen: »Warum schlägt der Blitz mit Vorliebe in Kirchtürme ein? Warum ist Gott nicht willens oder in der Lage, seine eigenen Häuser zu schützen?« Die Antwort war leicht: »Weil sie dem verkehrten Gott geweiht sind!« Es ist immer das Gleiche. Wenn die Türme der anderen einstürzen, wissen wir sofort, wo deren Fehler liegen, warum sie es nicht besser verdient haben.

Die Turmkarte symbolisiert auch widrige, harsche und unmenschliche Grenzen, die das Leben im Inneren ersticken und jedes Eindringen von außen abwehren. Dabei kann es sich um Wertesysteme, religiöse Überzeugungen und Ideologien handeln, die zu dogmatischer, orthodoxer oder fundamentalistischer Enge verhärtet sind, die ihre Anhänger in unerträglicher Enge gefangen halten und alles Fremde schroff ausgrenzen.

Wie wirksam und nachhaltig solche Grenzen gezogen sind, wird deutlich, wenn man bedenkt, wie die drei großen monotheistischen Religionen, die den gleichen Gott verehren und aus den gleichen alttestamentarischen Wurzeln hervorgingen, einander ausschließen. Infolge abweichender Feiertagsregeln und unvereinbarer Speisegebote kann man gerade das nicht tun, was Menschen vereint: miteinander essen und feiern. Was dem einen heilig ist (Wein), ist für den anderen Sünde. Und obwohl die 10 Gebote vorschreiben, den Sabbat zu heiligen, machte das Christentum den Sonntag zu seinem Feiertag, und der Islam den Freitag. Dass solche Abgrenzung gewollt war, ergibt sich aus einem Beschluss des berühmten Konzils von Nicaea. Damals – 325 n. Chr. – legte man fest, dass Ostern am Sonntag nach dem ersten Frühlingsvollmond gefeiert wird. Da sich aber auch das jüdische Passahfest nach dem Mondkalender richtet, könnte es vorkommen, dass beide Feste auf das gleiche Wochenende fallen. Für diesen Fall bestimmte das Konzil, dass Ostern um eine Woche verschoben wird, was zum Beispiel noch im Jahre 2000 der Fall war. So ist auch die christliche Religion bei aller Nächstenliebe bereit, sich harsch abzugrenzen, um die eigenen Anhänger einzumauern und alle anderen auszugrenzen. Dass alle drei Religionen bereit sind, die Waffen zu segnen und das allen gemeinsame strikte Tötungsverbot problemlos zu suspendieren, um diese Grenzen zu verteidigen und Abweichler zu vernichten, hat das Abendland oft genug schmerzlich erlebt.

Auf einer tiefen Ebene sind die 22 Tarotkarten der Großen Arkana Symbole für den Lebensweg des Menschen, wie er auch in den archetypischen Motiven von Mythen und Märchen anschaulich wird. Dabei ist DER TURM Teil jener Gruppe, die man Nachtkarten nennt, weil sie dem dunklen Teil der Reise entsprechen, dem Abstieg in die Unterwelt, der mit der Karte TOD beginnt und mit der Rückkehr zum Licht bei der Karte DIE SONNE endet.

Bei dieser Reise durch die Nacht geht es immer um die Suche nach dem Kraut des Lebens, um die Hebung des Schatzes, um die Befreiung der schönen Gefangenen oder ein anderes schwer erreichbares Gut. Der Ort, an dem es verborgen liegt, ist das Reich der Finsternis, das die Tarotkarte DER TEUFEL darstellt. Die Überwindung dieses Widersachers und die Befreiung aus der falschen Struktur zeigt DER TURM. So verbirgt sich hinter allen furchtbaren Seiten, die DER TURM in Form von Krieg, Zerstörung und anderen Desastern oder Katastrophen verkörpern kann, auch stets die Chance, dass dabei Verhärtungen und falsche Strukturen eingerissen und neue, zukunftsweisende Entwicklungen möglich werden. Diesen hoffnungsvollen Blick symbolisiert die folgende Karte DER STERN. Aber natürlich ist es mit einer

Hoffnung oder einer Vision alleine noch nicht getan. Oft genug haben wir in kritischen Phasen und trüben Zeiten hoffnungsvolle Augenblicke und fassen gute Vorsätze, die aber allzu schnell wieder vergessen werden und den alten, überwunden geglaubten Gewohnheiten zum Opfer fallen. Wenn sie aber nicht über diese Schwelle in die Alltagswelt getragen werden, geraten sie in Vergessenheit und versinken allesamt wieder im Unbewussten. Diese gefährliche Klippe, diese Gratwanderung symbolisiert die Karte Der Mond, hinter dem Die Sonne liegt, die zeigt, dass das Ziel erreicht ist.

Wie ist diese Symbolik angesichts der Ereignisse des 11. Septembers zu verstehen? In deren Hintergrund steckt Fanatismus, eine extreme Haltung, die zumindest latent in jedem Menschen schlummert und leichter zu entfachen ist, als es sich unser zivilisiertes Bewusstsein gerne eingesteht. Fanatismus tritt ja nicht mit dem Ziel auf, etwas Böses zu tun, sondern ist im Gegenteil vom heiligen Gefühl des Guten getragen, vom Bewusstsein, im Recht zu sein. Deshalb ist er nicht nur unter Gleichen ansteckend. Man zieht ihn sich auch sehr schnell zu, wenn man versucht, ihn bei anderen zu bekämpfen. Psychologisch ist Fanatismus natürlich immer ein Zeichen der Schwäche. Er verbirgt einen geheimen inneren Zweifel, der nicht ins Bewusstsein eindringen darf und deshalb mit völlig unverhältnismäßigen Mitteln außen niedergewalzt wird. Die Wahrheit verträgt immer nur eine mittlere Temperatur. Zu heiß wird sie fanatisch – was wir heute sehr schnell als Fundamentalismus von uns weisen. Zu kühl wird sie dagegen zynisch – die gewiss nicht harmlosere Schwäche des westlichen Menschen, seit das christliche Abendland den Glauben verloren hat.

危機

Die Erschütterungen, die der Terroranschlag ausgelöst hat, haben uns einer vermeintlichen Sicherheit beraubt. Wir können darauf mit Ängstlichkeit, Agonie oder Verdrängung reagieren, oder darüber zu einer neuen, veränderten Sicht der Welt gelangen. Der Turm gleicht von seiner Bedeutung her dem chinesischen Schriftzeichen *Wei Ji* für Krise, das die sinnige Doppelbedeutung von Risiko und Chance hat. Ob die Welt aus diesem Anschlag lernt und ob die Erfahrung nachhaltig ist, hängt letztlich nicht nur von den Politikern, sondern von jedem Einzelnen ab.

Wer sich selbst an die Nase fasst und dafür Sorge trägt, aus eigenen verkrusteten Vorstellungen auszubrechen und die Enge eigener Vorstellungen und Werte hinter sich zu lassen, trägt wirklich etwas zur Überwindung von Feindbildern und absurden Grenzen bei. Ganz gewiss mehr als alle, die nur mit den Fingern auf die Türme anderer zeigen, ob sie nun Minarette, Kirchtürme oder Twin Towers heißen.

Was sind Symbole?

*Ein Symbol ist der bildliche Ausdruck
einer Idee oder eines Gedankens;
ein Symbol ist ein festgehaltenes Gleichnis,
während eine Parabel mehr ein gesprochenes Symbol ist.*

Horst E. Miers

Die oft erzählte Geschichte kam mir immer komisch vor. Demnach war es ein alter griechischer Brauch, eine Scherbe zu zerbrechen, wenn ein Mensch in die Fremde ging. Die eine Hälfte der Scherbe nahm er mit, die andere behielt sein Freund daheim. Kam der Reisende dann nach vielen Jahren zurück, fügte man die beiden Scherben wieder zusammen (griech. *symballein* = zusammenfügen) als Beweis dafür, dass der Richtige zurückgekommen war. Bedarf es dazu wirklich solcher Scherben? Weit mehr Sinn ergibt diese Überlieferung, wenn man weiß, dass der Reisende seine Scherbe auch einem anderen Menschen geben konnte, den er schätzen gelernt hatte und der sich auf den Weg in die Heimatstadt des Reisenden machte. Fand er dort den Menschen, der den anderen Teil der Scherbe besaß, so konnte er sicher sein, als Gast aufgenommen zu werden. Und damit ist die Scherbe ein echtes Symbol. Sie ist etwas Greifbares, Anschauliches, das auf etwas Höheres, oftmals Unanschauliches schließen lässt, in diesem Fall auf die Idee der Gastfreundschaft. Deshalb sagt man auch, ein Symbol weise über sich hinaus.

Aber nicht immer geht es um eine so tiefe Ebene, wenn man von einem Symbol spricht. Häufig sind damit einfach nur Kürzel gemeint. ♍ ist ein

Bild links *Zwei Scherben, die zusammengefügt ein Ganzes ergeben als Symbol der Wiedererkennung oder Freundschaft.*

Symbol für das Tierkreiszeichen Jungfrau und damit im Wesentlichen eine verkürzte Darstellung, die allerdings auch anschaulich ist. Man kann darin eine Garbe, also ein Getreidebündel erkennen, das daran erinnert, dass Jungfrau das Zeichen der Ernte ist. Ebenso kann man aus dem astrologischen Symbol für Sonne ☉ ableiten, dass die Sonne natürlich das Zentrum bildet. Aber das ist eine Analogie, die ebenso wenig in die Tiefe führt wie die Deutung des Venuszeichens ♀ als Schminkspiegel. Es sind eher Eselsbrücken für Anfänger, nicht tiefsinniger als Verkehrszeichen oder Warenzeichen.

Im Unterschied zu solchen Kürzeln oder zu Icons, Verschlüsselungen, Codes und Geheimschriften ist ein Symbol nichts Gemachtes oder Ausgedachtes. Es will nichts Offenkundiges verheimlichen, sondern im Gegenteil etwas veranschaulichen, das größer ist und tiefer reicht, als es Worte ausdrücken können und unser Verstand fassen kann. Wenn etwa der Kreis Symbol für das ursprünglich ungeteilte Ganze, für das Paradies, die göttliche Hemisphäre, die All-Einheit, für das Unbewusste wie für das Überbewusste, für das Selbst, für Vollkommenheit, für Ewigkeit und vieles mehr ist, dann wurden diese Bedeutungen nie ausgedacht, erfunden oder vereinbart, sondern wie ein vorgefundenes Wissen im Symbol des Kreises erkannt; und das in allen Kulturen der Menschheit. Deshalb kann man in Symbolen auch eine gemeinsame Ursprache der Menschen sehen. Das gilt zumindest für archetypische Symbole.

Symbole sind nicht eindeutig, ebenso wenig wie das Leben. So steht der Kreis für das Unendliche und das Ganze, kann aber als Zeichen für Null auch das Nichts und die Leere bedeuten. Dieselbe Doppelbedeutung finden wir im Wort *alle*, das sowohl *all*umfassend bedeuten kann wie auch *alle* im Sinn von leer. Gleichermaßen findet der Kreis als Symbol ewiger Verbundenheit im Ehering ebenso Ausdruck wie in dem Kranz, den wir auf das Grab eines Verstorbenen legen. Oftmals lässt auch das Brauchtum unterschiedlicher Kulturen verschiedene Aspekte desselben Ursymbols hervortreten und gibt ihm damit eine stark kulturelle Färbung. So etwa sehen wir in der Farbe Weiß ein Symbol für Reinheit und Leichtigkeit, während sie im fernen Osten zur Farbe der Trauer wurde.

Ein bemerkenswerter Bedeutungswandel lässt sich am Beispiel der Taube nachvollziehen. Als Ursymbol steht am Anfang der Archetyp der großen Liebesgöttin. Die Taube wurde ihr vor allem wegen ihrer Lüsternheit zugeschrieben, und auch, weil ihr Gurren und Turteln an Verliebte denken lässt. Da die großen Liebesgöttinnen wie Ishtar, Aphrodite oder Venus aber zugleich Friedensgöttinnen waren, verschmolzen auch diese Merkmale mit der an sich gar nicht so friedlichen Taube, sodass sie schließlich zum Friedenssymbol schlechthin wurde – und ihr lüsterner Aspekt in Vergessenheit geriet. Die Bibel erzählt zudem, dass Noah aus der Arche eine Taube fliegen ließ. Als sie mit einem grünen Ölzweig zurückkam, wusste er, dass die Sintflut vorüber war. So wurde die Taube zum Zeichen der Rettung und später im Christentum sogar zum Symbol für den Heiligen Geist.

Ähnlich vielfältig ist die Symbolik des Kreuzes, mit dem man den endlosen Kreis natürlicherweise untergliedert und ihm eine Struktur gibt. Das tut jeder, der eine runde Torte aufschneidet. Das tun wir alle mit dem kreisrunden Horizont, den wir in die vier Himmelsrichtungen untergliedern, mit dem Jahreslauf, den wir in die vier Jahreszeiten aufteilen. Vielleicht hat uns das der Mond gelehrt, der mit seinen vier Phasen den ursprünglichen Monat (ein Wort, das vom Mond abstammt) in die vier Wochen gliederte. In jedem Fall wurde das Kreuz und das mit ihm verwandte Quadrat so wie die Zahl Vier zum Symbol irdischer Wirklichkeit und Begrenzung, und steht für Orientierung, Ordnung und Struktur. Diese ursprüngliche Symbolik sieht man noch am deutlichsten im keltischen Kreuz, das den Kreis in vier Segmente gliedert, gleich den vier heiligen Stationen der Sonnenumlaufbahn, dem längsten und dem kürzesten Tag sowie den beiden Tagundnachtgleichen. Im Christentum wurde vor allem der Aspekt von Leid und Tod hervorgehoben, das Kreuz, das wir auf Erden zu tragen haben, während das ägyptische Henkelkreuz, das Ankh, ein Symbol der Lebenskraft geworden ist.

Auch der Drache, der in der Bilderwelt aller Völker zu Hause ist, wird sehr unterschiedlich betrachtet. Im Abendland wurde er zum Lindwurm und zum Zeichen des Bösen, weshalb er von Helden wie St. Georg oder dem Erzengel Michael getötet werden muss. In China liebt man ihn dagegen als großes Glückssymbol. Sicherlich sind beide Aspekte im Ursymbol des Drachen angelegt. Es wäre aber sehr interessant herauszufinden, warum eine Kultur die lichte und die andere die zerstörerische Seite betont.

In faszinierender Weise zeigt uns Tarot in den Karten der Großen Arkana eine Vielzahl archetypischer Symbole, die uns dort im Gewand unserer Kultur entgegenkommen.[9] Der Drache als Widersacher nimmt zwar die Gestalt des Teufels an, der im Abendland als Summe alles Schlechten gilt. Dennoch ist auch ein lichter Aspekt in Erinnerung geblieben, wenn man ihn Luzifer nennt, was Lichtbringer heißt. Damit wird deutlich, dass man dem Dunklen, der Nacht und der Finsternis nicht gerecht wird, wenn man sie einseitig»verteufelt«.

Vielmehr sollte man bedenken, dass das Licht ein Kind der Finsternis ist, so wie die Nacht den Tag hervorbringt, und das Bewusstsein aus dem Unbewussten hervorgegangen ist. Deshalb sagt man, die Nacht habe die älteren Rechte.

Auf der Karte KRAFT finden wir den Drachen als gefährliches Wesen in Gestalt des Löwen. Im Unterschied zu den bekannten Geschichten von Drachen- und Löwentötern legt dieses Motiv dagegen nahe, dass es besser ist, dieses Ungeheuer zu zähmen, um es als Quelle kraftvoller Vitalität und Lebensfreude zu erleben. Damit sind wir vom Glücksdrachen gar nicht mehr weit entfernt.

Den Schlüssel zu solch tiefer Symbolik muss man nicht in der Heimlichtuerei okkulter Kreise, in Geheimgesellschaften, Orden oder Logen suchen. Er liegt vielmehr in der Seele des Menschen. Daher war es im 20. Jahrhundert vor allem die Psychologie C. G. Jungs, die uns einen großartigen Zugang zum Verständnis archetypischer Urbilder eröffnet hat und damit zur Quelle der eigentlichen Symbolik. Diese Bildersprache ist die Sprache der Seele, mit der sie dem Bewusstsein – z. B. im Traum – etwas mitzuteilen versucht. Es sind spontane Schöpfungen, keinesfalls ausgedachte oder willkürliche Erfindungen. Dank der Arbeit von Forschern wie C. G. Jung ist ihre Deutung nicht länger ein Ratespiel. Sie lassen sich heute verständlich übersetzen und plausibel deuten. Das ist eine ebenso großartige wie bereichernde Erfahrung.

SEPTENTRIO
CIRCVLVS ARCTICVS
AXIS
RVS MVNDI
SOLSTI
TROPICVS ÆSTIVVS SEV CANCRI
ZODI
ZODI
ACVS
ARIES
TAVRVS
GEMINI
CANCER
IVPITER
SATVRNVS
TOR
LVNA
MARS
VENVS
MERCVRIVS
SOL
INDIA
OCCIDENS
ORIENS
SCORPIVS
SAGITTARIVS
CAPRICORNVS
ACVS
TROPICVS HYBERNVS SEV CAPRICORNI
COLV
AXIS
TIORVM
ZODIACI
CIRCVLVS ANTARCTICVS
MERIDIES
MERIDIANVS SIVE COLV
RVS ÆQVINO
CTIORVM

Astrologie –

die älteste Wissenschaft der Welt

Der Mensch ist erwacht in einer Welt,
die er nicht verstand,
und darum versucht er sie zu deuten.

Horst E. Miers

Allnächtlich erscheint in der Himmelskuppel ein Lichtermeer von zahllosen funkelnden Sternen, das den Menschen seit frühester Zeit fasziniert haben muss. Neben der vertrauten Erfahrung, dass sich dieses ganze Sternenzelt gleich der Sonne vom Osten aufsteigend nach Westen bewegt, machte er aber eine wundersame Entdeckung. Außer den beiden großen Lichtern, wie man Sonne und Mond zu nennen pflegte, gibt es noch eine Handvoll kleinerer Lichter, die offenbar nicht an das Himmelszelt fixiert sind, sondern langsam und beständig durch das Sternenmeer wandern. Im Unterschied zu den »feststehenden« Fixsternen nannte man diese Wanderer Planeten (von griech. *planaomai* = wandern). Natürlich bewegen sie sich nicht so schnell wie Flugzeuge oder Satelliten, die wir heute am Himmel sehen können. Doch wenn man den Sternenhimmel jede Nacht beobachtet, erkennt man deutlich, wie die Planeten langsam und stetig an den Fixsternen vorüberziehen. Optisch unterscheiden sie sich von den unruhig flackernden Fixsternen durch ihr helleres, ruhiges Licht.

In dem Maße, wie der Mensch sich seiner selbst bewusst wurde, musste er zugleich auch immer tiefer sein Los und sein Schicksal erkennen, vor allem die Unausweichlichkeit des Todes. Angesichts seiner Ohnmacht

Bild links *»Scenographia Compagis Mundanae Brahea« – Darstellung des Weltbildes nach dem dänischen Astronomen Tycho Brahe* gegenüber der als übermächtig erlebten Natur und seiner Verlorenheit in den weiten, dünn besiedelten Räumen, suchte er verständlicherweise nach einem Ordnungssystem, an dem er sich orientieren konnte. War es da nicht naheliegend, aus der wundersamen Bewegung am Himmel eine Botschaft abzulesen? Zumal dem genauen Beobachter in der chaotischen Fülle der unzählbaren Sterne ein Bereich der Ordnung auffiel, der natürlich das ganze Augenmerk auf sich zog. Denn die Planeten irren nicht etwa kreuz und quer über den Himmel, sondern wandern allesamt über eine gemeinsame Kreisbahn, den Himmelsdamm, wie frühe Astrologen diese Strecke nannten. Aus dem Studium dieser Himmelsbewegungen entstand vor etwa 5000 Jahren im Zweistromland zwischen Euphrat und Tigris die Sternenkunde (von griechisch *ástron* = Stern und *lógos* = Kunde), die älteste Wissenschaft der Welt. Als Religion der Babylonier und Chaldäer, deren Astralpriester die über den Himmelsdamm wandernden Planeten als Wohnsitze ihrer Göttinnen und Götter verehrten, erlebte sie ihre erste Blüte, und entwickelte sich »zum großartigsten Versuch einer systematisch-konstruktiven Weltbetrachtung, der je vom menschlichen Geist gewagt wurde«, wie der Philosoph Ernst Cassirer einmal sagte.

Als die Menschen der damaligen Zeit sesshaft wurden und Ackerbau betrieben, wurde ein Kalender notwendig, um günstige Zeiten für Saat und Ernte zu berechnen, aber auch Fruchtbarkeitsfeste und andere religiöse Feiertage, die mit dem Jahreslauf zusammenhingen. Dabei leistete die Beobachtung des Himmels wertvolle Dienste. Vor allem die Umlaufzeiten der beiden großen Lichter wurden entscheidend für unsere Zeiteinteilung. Die Dauer, die die Sonne braucht, um einmal die Erde zu umrunden, nennen wir einen Tag, ihre Wanderung durch den Tierkreis ein Jahr und aus dem Mondumlauf ergibt sich von Vollmond zu Vollmond der ursprüngliche Monat, ein Wort, das noch in vielen Sprachen seine Herkunft vom Mond verrät. Aus den vier Phasen des Mondumlaufs, Vollmond, abnehmendes Viertel, Neumond, zunehmendes Viertel, entstanden die vier Wochen von sieben Tagen, die den Monat untergliedern. Zwar ist die Zeit von Vollmond zu Vollmond nicht exakt 28 Tage lang, wie es die vier Wochen nahelegen würden, sondern 29 ½ Tage, und die Sonne durchwandert die 360 Grad des Tierkreises nicht in 365, sondern in 365 ¼ Tagen, doch wurden solche

Ungenauigkeiten zunächst vernachlässigt. Erst später haben sie wiederholt zu Kalenderreformen geführt.

Neben Tag, Woche, Monat und Jahr wurden auch die vier Jahreszeiten vom Himmel abgelesen, deren Beginn die Sonne in ihrem Lauf jährlich an vier eindeutig bestimmbaren Stationen markiert: dem längsten Tag, dem kürzesten Tag und den beiden Tagundnachtgleichen. Die vier Sternbilder, in denen die Sonne damals zu Beginn der Jahreszeiten stand, sind Stier = Frühling, Löwe = Sommer, Skorpion = Herbst und Wassermann = Winter*. Die Symbolik dieser Zeichen wurde mit der Zeit immer umfassender. Man nannte sie die Träger der Horizonte, Hüter der Weltachsen, Wächter der vier Winde, sie wurden zu den vier Cherubim, den Trägern des göttlichen Throns und des himmlischen Altars, aber auch zu den Symbolfiguren der vier Elemente Feuer, Erde, Luft und Wasser, die nach antiker Überzeugung die Grundbausteine der gesamten Schöpfung sind. Am bekanntesten sind sie uns heute als die Symbole der vier Evangelisten: Lukas der Stier, Markus der Löwe, Matthäus der Engel und Johannes der Adler, ein Symboltier, das schon in der Antike alternativ für den Skorpion gebraucht wurde.

Die Symbolik der vier heiligen Stationen im Jahreslauf der Sonne				
Tierkreiszeichen im Stierzeitalter	**Station im Jahreslauf**	**Element**	**Cherub/ Symbolwesen**	**Evangelist**
♉ Stier	Frühlingsanfang	Erde	Stier	Lukas
♌ Löwe	Sommeranfang	Feuer	Löwe	Markus
♏ Skorpion	Herbstanfang	Wasser	Adler**	Johannes
♒ Wassermann	Winteranfang	Luft	Engel	Matthäus

* *Infolge der Präzession schiebt sich der Fixsternhimmel langsam vorwärts, sodass die Sonne heute zu Beginn der Jahreszeiten in anderen Sternbildern steht (siehe S. 270ff).*

***Die zunächst verwunderliche Zuordnung des Adlers zum Wasserelement geht darauf zurück, dass der für seine Extreme bekannte Skorpion schon in der Antike entweder als Schlange oder – in seiner erlösten Natur – als Adler dargestellt wurde.*

Bild links: Die vier heiligen Stationen der Sonne im Jahreslauf
Bild rechts: Die Symbolfiguren entsprechen den Sternbildern, in denen die Sonne zu Beginn der Jahreszeit stand.

Da jede Jahreszeit einen Beginn, eine Hauptphase und einen Übergang zur nächsten hat, lag eine Dreiteilung dieser vier Sektoren nahe, die zu der Zwölfteilung führte, die sich erstmals 419 v. Chr. auf einem Keilschrifttext findet und uns bis heute als Tierkreis vertraut ist.

Dass die Astrologen Babylons auf zwölf Abschnitte kamen, lag aber gewiss auch daran, dass in ihrer Kultur die Zahl Sechs als heilig galt und eine zentrale Rolle spielte. Auch Pythagoras, der Vater der abendländischen Zahlenmystik, sah die Sechs als vollkommene Zahl an, weil sie sowohl Summe (1+2+3 = 6) wie auch Produkt (1 x 2 x 3 = 6) ihrer Bestandteile ist. Diese Zahl lässt sich mit einem Blick von jeder Uhr ablesen. Bis heute unterteilen wir die Stunde in 60 Minuten, die Minute wiederum in 60 Sekunden, und den Tag in zweimal 12 Stunden. Einteilungen, die wir allesamt den alten Babyloniern verdanken.

So entwickelten sich aus dem Jahreslauf der Sonne die zwölf Tierkreiszeichen und parallel dazu die 12 Monate unseres Kalenders. Aber auch die Siebentagewoche, die ebenfalls aus dem Zweistromland stammt, hat eine himmlische Struktur. Die Folge unserer Wochentage, deren Gebrauch seit dem 2. vorchristlichen Jahrhundert belegt ist, nennt man bis heute nach dem babylonischen Ursprungsgebiet der Astrologie Chaldäa, die *chaldäische Reihe.* Sie entspricht den klassischen sieben Planeten, die durch den Tierkreis wandern. Stellt man sie in der Reihenfolge ihrer Geschwindigkeit an die Spitzen eines Siebensterns, dann werden sie durch dessen Linie so verbunden, wie sie im Lauf der Woche einander folgen:

Da die sieben Planeten auch den sieben Tönen unserer Tonleiter entsprechen, ergibt sich aus dieser Gliederung noch ein interessanter Effekt.

Durch dieses Modell werden von den sieben Planeten jeweils zwei miteinander verbunden, deren Abstand Vier beträgt. Das ist in der Musik eine Quarte (der Klang des Martinshorns). Deshalb bringen die Wochen seit sumerischen Zeiten – bildlich gesprochen – die Sphären durch Quarten zum erklingen.

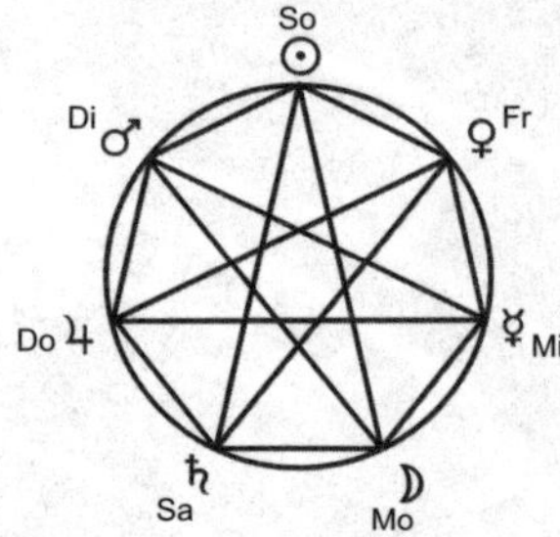

Die sieben klassischen Planeten als Herrscher und Namensgeber der Wochentage					
Planet	Deutsch	Englisch	Französisch	Italienisch	nordische Götter
☉ Sonne	Sonntag	Sunday	Dimanche	Domenica	
☽ Mond/ Luna	Montag	Monday	Lundi	Lunedì	
♂ Mars	Dienstag	Tuesday	Mardi	Martedì	Zius, Tyr
☿ Merkur	Mittwoch	Wednesday	Mercredi	Mercoledì	Wodan
♃ Jupiter/ Iovis	Donnerstag	Thursday	Jeudi	Giovedì	Donar, Thor
♀ Venus	Freitag	Friday	Vendredi	Venerdì	Freya
♄ Saturn	Samstag	Saturday	Samedi	Sabato	

Wenn es aber möglich war, aus dem Gestirnsverlauf günstige und ungünstige Zeiten für den Ackerbau abzuleiten, lag die Vermutung nahe, dass der Himmel auch für andere Ereignisse Zeichen setzte, und man den Sternenlauf zurate ziehen konnte, wenn es um wichtige Entscheidungen des Königs und des Staates ging. Dabei galten vorhersehbare Bewegungen der himmlischen Ordnung überwiegend als gutes Omen, wohin alles Unvorhersehbare, etwa Finsternisse oder plötzlich auftauchende Kometen ominös schienen, und damit böse Vorzeichen waren. Nach dem hermetischen Prinzip »wie oben – so unten« begann man im Himmel mehr und mehr ein ideales Spiegelbild der irdischen Wirklichkeit zu erkennen. Man beobachtete, was auf Erden passierte, wenn Mars am Haus der Venus anklopfte oder der Mond den Jupiter überholte. Das so gesammelte Erfahrungswissen bildet die Grundlage der frühen Astrologie und die Geschichten, die sich um diese Planetengötter ranken, sind der Stoff aus dem viele Mythen entstanden.

Alte und neue Argumente gegen die Astrologie

Es gibt klassische Argumente gegen die Astrologie, die seit etwa 2000 Jahren immer wieder aufs Neue diskutiert werden, und solche, die sich durch die naturwissenschaftlichen Entdeckungen der letzten 500 Jahre ergeben haben. Die klassischen Argumente wurden wohl erstmals um 156 v. Chr. in Rom von dem griechischen Philosophen Karneades von Cyrene zusammengefasst:

1. Einwand:
Es ist unmöglich, den genauen Zeitpunkt von Empfängnis und Geburt festzustellen und hierzu genaue Himmelsbeobachtungen und Positionsbestimmungen zu machen.
Antwort:
Es ist richtig, dass der exakte Augenblick der Empfängnis nicht zu bestimmen ist. Die sogenannte »Gleichung des Hermes«, die eine Verbindung zwischen Zeugungsmond und Geburtsaszendent macht, ist eher von symbolischer Bedeutung. Entscheidend für das Horoskop ist jedoch der Geburtsaugenblick, genau genommen der erste Atemzug, der sich normalerweise problemlos feststellen lässt. Mithilfe der zahlreichen Astrologieprogramme ist es im Computerzeitalter eine Frage von Sekunden, bis das exakte Horoskop für den Ort der Geburt berechnet ist.

2. Einwand:
Menschen, insbesondere Zwillinge, die am gleichen Ort zur gleichen Zeit geboren wurden, haben zwar das gleiche Horoskop, aber oftmals ganz verschiedene Schicksale.

Bild links *Astronomische Uhr am Alten Rathaus von Prag*

Antwort:
Zwei völlig identische Horoskope gibt es nicht. Wenn allerdings, etwa bei Kaiserschnittgeburten, Zwillinge im Abstand von nur einer Minute zur Welt kommen, ist der Unterschied der beiden Horoskope so gering, dass ihn kein Astrologe erkennen kann. Zwei zusätzliche Faktoren, die nicht im Horoskop stehen, spielen bei dessen Gestaltung und Entfaltung aber eine wichtige Rolle: Spätestens dank der »systemischen Arbeit« von Bert Hellinger wissen wir, dass Neugeborene in der Sippe Plätze einnehmen, die dort unbesetzt sind. Kommen nun Zwillinge oder Drillinge zur Welt, können sie natürlich völlig entgegengesetzte Plätze einnehmen und sich dementsprechend ebenso gegensätzlich entfalten.
Ein weiterer, sehr wichtiger Faktor, der nicht im Horoskop steht, ist das Niveau, auf dem es gelebt wird. Es kann gut sein, dass ein Mensch seine Anlage in einfachster Weise nutzt und Problemen stets bequem aus dem Weg zu gehen versucht, wohingegen ein anderer an den gleichen Herausforderungen reift und seine Talente nutzt, um das Beste daraus zu machen. Natürlich wird man auch hier zwei völlig konträre Lebenswege finden. Die Bedeutung des Milieus, in das ein Mensch hineingeboren wird, ist im Übrigen keine Entdeckung der psychologischen Astrologie der Neuzeit, sondern wird bereits von Claudius Ptolemäus im 2. Jahrhundert n. Chr. betont.

3. Einwand:
Menschen mit dem gleichen Schicksal, wie zum Beispiel der Tod bei einer Katastrophe, haben nicht das gleiche Horoskop.
Antwort:
Man braucht nicht das gleiche Horoskop zu haben, um die gleiche Erfahrung wie ein anderer Mensch zu machen. Aufgrund der vielschichtigen Ebenen eines Horoskops kann die gleiche Erfahrung durch verwandte Konstellationen angezeigt werden. Im Übrigen ist sie nur der Form nach gleich; denn wenn hundert Menschen zugleich umkommen, wird das Bild des Todes nicht für alle identisch sein.
In der neueren Astrologie, insbesondere in der Münchner Rhythmenlehre von Wolfgang Döbereiner, gibt es Untersuchungen über Gruppenschicksalspunkte im Horoskop, die bei solchen Ereignissen angesprochen sind.

4. Einwand:
Die Astrologen können aus einem Horoskop nicht ersehen, ob es das eines Königssohns oder eines Lastesels ist.
Antwort:
Stimmt, und man kann nur sagen: zum Glück. Denn ließen sich solche Informationen dem Horoskop entnehmen, dann wäre die Astrologie in der Tat zutiefst deterministisch. Dann wäre es ja auch möglich, im Augenblick der Geburt festzustellen, ob das Kind eines Tages ein Massenmörder, ein Rauschgifthändler oder ein Terrorist wird. Das Horoskop aber zeigt nur die Anlage, nicht, was der Mensch daraus macht.

5. Einwand:
Wie kann die Astrologie gewissen Konstellationen Charakteristika zuordnen, die bei ganzen Völkern und Rassen vorkommen?
Antwort:
In der Tat hat man in der Frühzeit der Astrologie merkwürdige Zuordnungen gemacht, indem man beispielsweise die Hautfarbe mit einem bestimmten Sternzeichen gleichsetzte. Das war natürlich nicht aufrechtzuerhalten. Andererseits haben Planeten und Zeichen eine bestimmte Signatur, die ein geübtes Auge etwa in der Physiognomie oder auch in der Handschrift eines davon geprägten Menschen erkennen oder zumindest erspüren kann.

Neuere Argumente gegen die Astrologie:

1. Einwand:
Spätestens seit Kopernikus wissen wir, dass Sonne und Mond keine Planeten sind, und dass die Erde sich um die Sonne dreht. Die Astrologie hält aber auch 500 Jahre später immer noch an dem völlig überholten geozentrischen Weltbild fest, bei dem die Erde im Mittelpunkt der Welt steht.
Antwort:
Die Astrologie beobachtet die Bewegungen am Himmel so, wie sie sich dem menschlichen Auge darstellen und betrachtet sie gleich den Zeigern einer Uhr. Während Letztere anzeigen, wie spät es ist, lässt ein Blick zum

Sternenhimmel erkennen, was dieser Augenblick bedeutet. Zeitquantität lesen wir von der Uhr ab, die Qualität der Zeit zeigt uns der Sternenhimmel. Aber ebenso wie die Zeiger der Uhr die Zeit nicht machen, sondern nur anzeigen, ebenso wenig machen die Planeten am Himmel etwas. Sie zeigen an, was der Augenblick bedeutet. Das Erfahrungswissen der Astrologie belegt, dass sich die »himmlische Uhr« in der traditionellen geozentrischen Sichtweise vorzüglich lesen lässt. Da aus dieser geozentrischen Perspektive heraus auch Sonne und Mond wie Planeten wandern, hat sich diese fälschliche Bezeichnung erhalten, was aber im Übrigen wirklich belanglos ist.

2. Einwand:
Seit ihren Anfängen hat die Astrologie mit 12 Tierkreiszeichen und 7 Planeten gearbeitet. Mit der Entdeckung von Uranus im Jahre 1781 wissen wir aber, dass es mehr Planeten gibt. Waren dann nicht zumindest alle früheren Berechnungen falsch?
Antwort:
So wie die neueren Planeten schon immer im Weltraum waren, ohne von uns wahrgenommen zu werden, so waren auch ihre astrologischen Entsprechungen im kollektiven Unbewussten der Menschheit angelegt, aber noch nicht ins Bewusstsein vorgedrungen. Mit jedem neu entdeckten Planeten geht auch ein kollektiver Bewusstseinsschritt der Menschheit einher:

a) Parallel zur Entdeckung von Uranus (1781) entwickelte der Mensch ein immer stärkeres Bewusstsein seiner Individualität, er drängte nach Freiheit und Unabhängigkeit. Die Demokratie, die die Monarchie ablöste, die Erklärung der Menschenrechte und die Parolen der französischen Revolution »Freiheit, Gleichheit, Brüderlichkeit« sind der politische Ausdruck dieses neuen Bewusstseins.

b) Parallel zur Entdeckung von Neptun (1846) begann die Menschheit zu »vermassen«. Zu Beginn des 19. Jahrhunderts ist die Weltbevölkerung erstmals auf 1 Milliarde angewachsen, inzwischen sind mehr als 6 Milliarden Menschen auf der Welt. Damit entsteht ein typisch neptunisches Phäno-

men: die Massenpsychologie. Eines ihrer markantesten Merkmale ist, dass nahezu jeder glaubt, darüber erhaben zu sein. Gerade dadurch aber gerät man unbewusst umso leichter in den Sog einer Massenströmung.
Neptun lässt sich etwas salopp auch als das Gespenst im Horoskop beschreiben, und tatsächlich spukte es zur Zeit seiner Entdeckung: Mit unerklärlichen Phänomenen wie systematischen Klopfgeräuschen, die seit dem Jahre 1848 im Hause der Familie Fox in Hydesville bei New York auftraten, begann die Welle des Spiritismus, die innerhalb weniger Jahre die Massen in den USA und in Europa erfasste. Und ebenfalls im Jahr 1848 erscheint das *Kommunistische Manifest*, das markanterweise mit den Worten beginnt: »Ein Gespenst geht um in Europa – das Gespenst des Kommunismus«. Tatsächlich ist Neptun in der Astrologie als politische Kraft Symbol des Kommunismus, so wie Uranus für Demokratie steht.

c) Die Entdeckung Plutos im Jahre 1932 brachte eine weitere Bewusstseinserweiterung mit sich, die allerdings ebenso unheimlich ist wie die Bedeutung Plutos in der Astrologie. Noch nie zuvor in der Geschichte der Menschheit hat sich der kollektive Schatten schrecklicher gezeigt, noch nie musste der Mensch so tief in die Abgründe seiner Seele blicken wie in der Zeit des Faschismus. Und mit der Entdeckung des Plutoniums wurde der Bau der Atombombe möglich, die dem Menschen eine Macht in die Hand gibt, die zuvor nur Götter hatten. Seither kann er selbst die Erde vernichten. Politisch steht er für das schlimmste Prinzip, die Plutokratie. Das ist die despotische Herrschaft der Reichen.

3. Einwand:
Die Astrologie deutet die Planeten in Zeichen, in denen sie schon seit 2 000 Jahren nicht mehr stehen.
Antwort:
Es gibt einen Unterschied zwischen Sternbildern und Sternzeichen, der seit der Antike bekannt ist. Die Astronomen beschäftigen sich mit sichtbaren Sternbildern am Fixsternhimmel, die westliche Astrologie dagegen mit Streckenabschnitten auf der jährlichen Umlaufbahn der Sonne. Diese Abschnitte, die man irritierenderweise Stern*zeichen* nennt, haben ihre Namen von den gleichlautenden Stern*bildern*, waren aber nie damit iden-

tisch. Wenn der Astronom vom Stern*bild* Schütze spricht, meint er etwas anderes als der Astrologe, der von Stern*zeichen* Schütze spricht. Da aber bekannt ist, wie Sternbilder und Sternzeichen einander entsprechen, lässt sich die Aussage des einen jederzeit exakt in die Sichtweise des anderen übersetzen (siehe Seite 270*ff*).

4. Einwand:
Wenn die Astrologie im Stierzeitalter entstanden ist, also vor 5000 Jahren, als der Frühlingspunkt im Sternbild Stier stand, sie heute aber den Beginn des Tierkreises bei 0 Grad Widder sieht, dann hat sie offenbar im Widderzeitalter einmal die Präzession (die Verschiebung des Fixsternhimmels) nachvollzogen, dann aber nicht mehr. Deshalb muss man den Tierkreis entweder zurückdrehen auf den Zeitpunkt seiner Entdeckung oder ihn schrittweise mit dem siderischen Tierkreis mitwandern lassen. Ihn aber einmal anzugleichen und dann nie wieder, das scheint höchst fragwürdig.
Antwort:
Die Babylonier haben den siderischen Tierkreis benutzt, den Sternbildern aber keine charakteristische Bedeutung zugesprochen. Die kommt erst mit der individuellen Horoskopie zur Zeit des Hellenismus auf, eben zu jener Zeit, als Ptolemäus den Frühlingspunkt auf 0 Grad Widder festlegt und so den tropischen Tierkreis einführt, den unveränderlichen Zodiak der Astrologie. Die Deutung der Sternzeichen entwickelte sich also zeitgleich mit der Einführung des bis heute benutzten Tierkreises. Deshalb müssen sie auch nicht angepasst werden.

5. Einwand:
Die Astrologie ist ungenau. Es herrscht nicht einmal Einigkeit darüber, wann die Zeit eines Sternzeichens beginnt und aufhört. In vielen Büchern und Zeitschriften gibt es dazu abweichende Angaben.
Antwort:
Die Astrologie ist sehr präzise. Aber natürlich wechselt die Sonne nicht um Mitternacht das Zeichen. Sie zieht ganz kontinuierlich ihre Bahn, auch wenn wir im Schaltjahr mal einen Tag dazwischenschieben. Wann sie das Zeichen wechselt, wann also in einem bestimmten Jahr ganz genau »das nächste Sternzeichen beginnt«, lässt sich zweifelsfrei bestimmen. Wie spät

es dann in der Zeitzone ist, in der wir uns gerade befinden, lässt sich leicht berechnen. Wenn also jemand um einen Zeichenwechsel herum geboren ist, kann er nicht allein aus dem Datum entnehmen, wo seine Sonne steht (= was sein Sternzeichen ist), sondern muss dazu in Tabellen mit dem Stand der Gestirne oder mithilfe eines Computerprogramms nachsehen.

Der Tierkreis als himmlisches Symbol der Transformation und der Ganzheit

Vor etwa 5000 Jahren erlebte die Astrologie im Zweistromland zwischen Euphrat und Tigris bei den Sumerern, Babyloniern und Chaldäern ihre erste Hochblüte. Die Astralpriester dieser Völker erkannten im Aufbau des Himmels einen Tempel, den sie in ihren großen Städten nachbauen ließen. Zikkurat nannte man diese Stufentürme, die aus mehreren Stockwerken bestanden und auf deren oberster Plattform sich der eigentliche Tempel befand. Die bedeutendste Zikkurat wurde als der Turm von Babylon bekannt, der innerhalb des Marduk-Heiligtums mit einer Grundfläche von 8000 m² und einer Höhe von 77 m entstand. Zu Unrecht wurde er zum Symbol menschlichen Größenwahns. Den Priestern ging es nicht darum, einen Turm bis in den Himmel zu bauen, wie es die Bibel von den feindlichen Nachbarn berichtet. Zu Ehren ihrer Götter wollten sie vielmehr auf Erden einen vollkommenen Tempel nach himmlischem Bauplan errichten, den sie *Etemenanki* nannten, das heißt *Haus des Himmelsfundaments auf der Erde.*

Das Wort Tempel geht auf das lateinische *templum* zurück, womit ursprünglich ein Ausschnitt des Himmels bezeichnet wurde. Um zu verstehen, wie darin das Modell eines auf Erden nachzubauenden Tempels gesehen werden konnte, muss man die Welt natürlich aus der bis heute für die Astrologie typischen antiken, geozentrischen Sicht betrachten, bei der die Erde im Mittelpunkt steht. Fast alle Sterne, die wir am nächtlichen Himmel sehen können, sind scheinbar

Bild links *»Der Turmbau zu Babel«, aus dem Stundenbuch des Herzogs von Bedford, um 1423–1430*
Bild rechts: *Rekonstruktion des Marduk-Tempels Etemenanki*

an das Himmelsgewölbe fixiert. Zwar gehen sie auf und unter, indem sie sich mit dem gesamten »Himmelsgewölbe« von Osten nach Westen bewegen, aber innerhalb ihrer Konstellation erscheinen sie fix und unbewegt. So zieht etwa der Große Wagen jede Nacht über uns hinweg, aber die sieben Sterne, die ihn bilden, stehen in einem festen Verhältnis zueinander. Diese zahllosen Sterne, die so ihren festen Platz am Himmelsgewölbe haben, heißen Fixsterne. Daneben gibt es sehr wenige Lichter, die durch das große Meer von Fixsternen wandern und die man deshalb Wandelsterne oder Planeten nennt. Sieben von ihnen sind für das menschliche Auge sichtbar und deshalb seit alter Zeit bekannt. In der Reihenfolge ihrer Geschwindigkeit sind es: Mond, Merkur, Venus, Sonne, Mars, Jupiter und Saturn. Auch wenn wir heute natürlich wissen, dass Sonne und Mond keine Planeten sind, werden sie in der Astrologie der Einfachheit halber weiterhin so genannt. Von früh an hat es den Menschen fasziniert, dass sich diese Wandelsterne nicht etwa kreuz und quer über das himmlische Firmament bewegen, sondern alle – zumeist in gleicher Richtung – über eine Bahn ziehen, die die Erde wie ein Band kreisförmig in Ost-Westrichtung umgibt. Diese Sonnenumlaufbahn, auf der auch alle Planeten wandern, hielten die Astralpriester für einen Himmelsdamm und in den Wandelsternen, die dort entlangziehen, sahen sie ihre Götter. Aus der Zeit, die der Mond braucht, um diesen Kreis zu durchlaufen, entstand der Monat, während die Zeit, die die Sonne für einen Umlauf benötigt, das Jahr ausmacht.

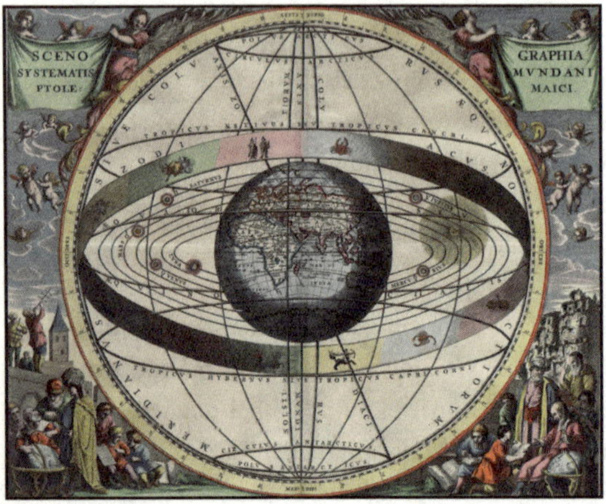

Die Bahn, über die alle Planeten wandern, umgibt die Erde wie ein Band.

Weil diese Bahn schräg zum Äquator steht, scheint es uns, dass die Planeten manchmal höher am Himmel stehen und zu anderen Zeiten tiefer.

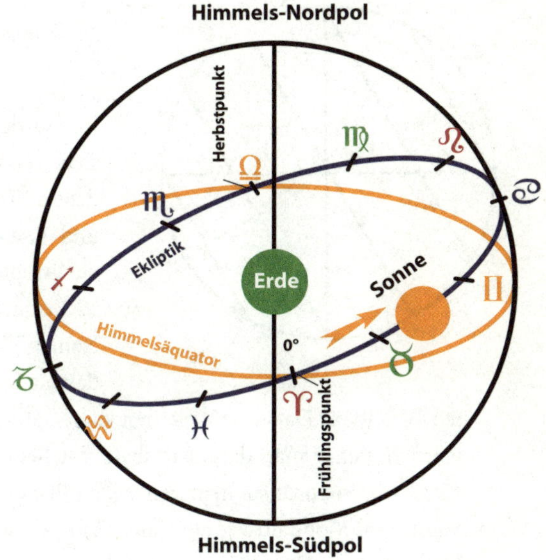

Besonders auffallend ist dieser Wechsel beim Sonnenumlauf, zumal sich daraus für uns die Jahreszeiten ergeben. Wandert die Sonne durch den Halbkreis, der über den Äquator »hinaus« führt, erleben wir auf der nördlichen Halbkugel das Sommerhalbjahr, wohingegen sie im Winterhalbjahr den »tiefer« gelegenen Halbkreis durchläuft. An den Umkehrpunkten erreicht sie ihren Höchst- und ihren Tiefststand, wodurch diese Tage entsprechend lang oder kurz sind. Am 21. Juni, dem längsten Tag des Jahres, haben wir in unseren Breitengraden (50°) über 16 Tagesstunden, und die Sonne erreicht eine Höhe von mehr als 63 Grad, während der 21. Dezember, der kürzeste Tag des Jahres, nur ganze acht Tagesstunden hat, und der Höchststand der Sonne keine 17 Grad erreicht. Die beiden Punkte, an denen die Sonnenumlaufbahn den Äquator kreuzt, bilden den Frühlings- und den Herbstanfang, bei denen Tag und Nacht jeweils gleich lang sind.

Dass alle Planeten über dieselbe Bahn wandern, lässt sich auch leicht daran beobachten, dass genau an der Stelle des Horizonts, an der die Sonne aufgeht, alle Planeten aufgehen, ebenso wie sie allesamt am selben Punkt des Westhorizonts untergehen. Dieser Punkt wandert vom Frühling an jeden Tag ein wenig weiter in den Norden, bis er vom längsten Tag des Jahres in die andere Richtung geht, wo er dann am kürzesten Tag wieder umkehrt.

Die Sonnenumlaufbahn bildet einen Kreis, der sich – den vier Jahreszeiten entsprechend – in vier gleiche Sektoren teilt. Die Übergänge, die als die vier heiligen Stationen im Jahreslauf der Sonne galten, werden jährlich durch den längsten und den kürzesten Tag sowie von den beiden Tag- und Nachtgleichen markiert.

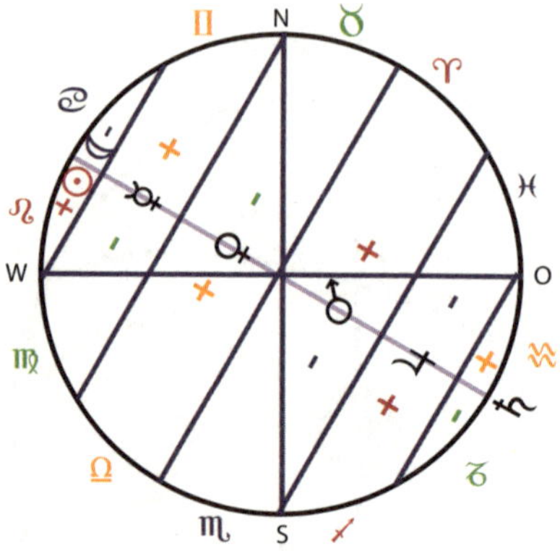

Der heutige, »schiefe« Zodiak

In Werden, Sein und Vergehen zeigt sich das Wesen der Zeit, und das bedeutet für jede Jahreszeit Beginn, Blüte und Verfall. So kam es, dass man den viergeteilten Jahreskreis schon früh in 12 Sektoren gliederte, denen man die Namen der Sternbilder gab, die sich damals hinter diesen Streckenabschnitten befanden. Da in den meisten dieser Sternbilder Tiergestalten gesehen wurden, nennt man diese Kreisbahn bis heute Tierkreis oder Zodiak*. Die 12 Abschnitte ordnete man den sieben Planeten als deren Häuser zu, wobei Sonne und Mond über je ein Haus verfügten, während jeder der übrigen fünf Planeten zwei Häuser besaß. Auf den heutigen Sternenhimmel übertragen entsteht damit ein schiefes Bild.

Da die Sternbilder im Hintergrund dieser Streckenabschnitte nicht stehen bleiben, sondern alle 72 Jahre um 1 Grad weiterziehen, ergibt sich über lange Zeiträume eine beachtliche Verschiebung, die Ursache für die »Schieflage« des heutigen Modells ist. Nur wenn man 5000 Jahre zurückgeht, zum Sternenhimmel des Stierzeitalters, als dieses Modell entstand, zeigt es sich ausgewogen und harmonisch.

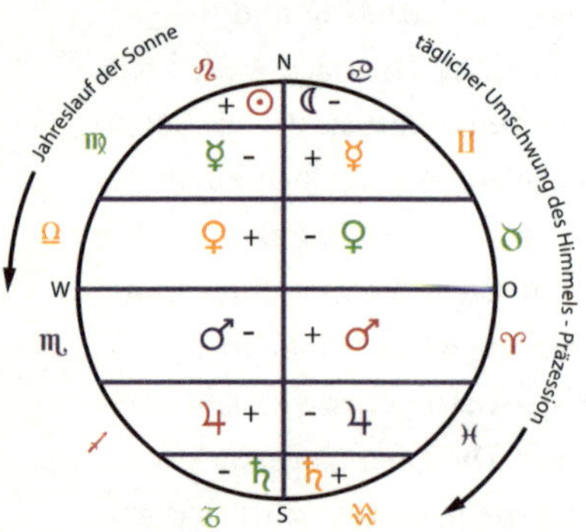

In den Stockwerken des ursprünglichen Modells ist leicht der himmlische Tempel zu erkennen, den die Astralpriester in ihrer Zikkurat nachbauen ließen. Zugleich aber macht es verständlich, wie es zu dem klassischen »Herrschersystem« kam, das die Astrologie bis heute kennt.

Der Zodiak vor 5000 Jahren

* *Eine andere Erklärung führt das Wort Zodiak allerdings auf das griechische Wort zoon = Leben zurück und deutet es als »lebendiger Kreis«.*

Im obersten Stockwerk Löwe (♌) und Krebs (♋) regieren Sonne (☉) und Mond (☽), darunter Merkur (☿) als Herrscher von Jungfrau (♍) und Zwillinge (♊), gefolgt von Venus (♀) im Stockwerk Waage (♎) und Stier (♉), Mars (♂) herrscht über Skorpion (♏) und Widder (♈) Jupiter (♃) über Schütze (♐) und Fische (♓), während Saturn (♄) als traditioneller Regent von Steinbock (♑) und Wassermann (♒) das untere Geschoß bewohnt.

Dieses Himmelsmodell wurde auch zum Vorbild für den geheimnisvollen Transformationsprozess, der im Zentrum der Alchemie steht, jener Wissenschaft, die zeitgleich mit der Astrologie aus der Kunst der Metallschmelze entstand. Ihr Ziel war es, durch ständiges Lösen und Binden nicht nur immer reinere Metalle zu gewinnen, sondern unedle Metalle (Blei) in edles Gold zu transformieren. In diesem Bestreben sah man nichts Widernatürliches. Nach antiker Überzeugung spinnen die Planeten durch Ihr ständiges Umkreisen organische Metalle im Schoß von Mutter Erde. Aus Saturns Umläufen entsteht Blei, Jupiter schafft Zink, Mars Eisen, Venus Kupfer, der Mond Silber und die Sonne reines Gold. Das höchste Ziel aller Metalle aber sah man darin, zu Gold zu werden. Diesen aus ihrer Sicht natürlichen Vorgang, den aller Natur innewohnenden Drang nach Höherentwicklung, versuchten die Alchemisten »lediglich« zu beschleunigen. Nach dem hermetischen Prinzip »wie innen – so außen« war klar, dass eine solche Wandlung im Äußeren nur dann erfolgreich sein konnte, wenn auch der Alchemist selbst einen entsprechenden inneren Transformationsprozess durchlaufen hatte, und nach dem Prinzip »wie oben – so unten« konnte diese Wandlung nur dann gelingen, wenn sie im Einklang mit den richtigen astrologischen Konstellationen stand. Die für uns heute so befremdliche Vorstellung dieser Wandlung von Blei zu Gold hat die Alchemie ursprünglich vom himmlischen Geschehen abgelesen. Der Jahreslauf der Sonne war ein himmlisches Vorbild für den erstrebten Transformationsprozess.

Im Laufe des Jahres »klettert« die Sonne von dem tiefsten Punkt des Kreises, der Wintersonnenwende, am rechten Kreisbogen Tag für Tag etwa 1 Grad höher, bis sie am Tag der Sommersonnenwende den höchsten Punkt erreicht hat, von dem an sie sich wieder abwärtsbewegt. An ihrem höchsten Punkt, zur Zeit der Sommersonnenwende, erreicht die Sonne ihre größte Strahlkraft und glänzt wie leuchtendes Gold. An ihrem Tiefpunkt dagegen, dem Tag der Wintersonnenwende, wirkt sie blass und so kraftlos, dass sie nur noch flach über eine kurze und tiefe Bahn am Himmel zu »kriechen« vermag. Zudem hat sie fast all ihre Wärme verloren und schimmert bläulich. Die Menschen der alten Zeit kannten die Ursache für dieses Problem. Sie glaubten, die Sonne sei krank, sie sei voller Blei. Deshalb war ihre Leuchtkraft geschwunden, und sie war so schwer geworden, dass sie nicht mehr höher steigen konnte. Um die herannahende Katastrophe zu verhindern, die ihr völliges Erlöschen bedeutet hätte, musste man ihr helfen. Und da es ihr offensichtlich an Feuer fehlte, half man ihr nach dem hermetischen Prinzip »wie oben – so unten«, indem man hier unten auf der Erde viele Feuer entzündete, damit sich auch das Sonnenfeuer oben am Himmel wieder entfachen konnte. Jahr für Jahr hatten die vielen Lichter und Feuer, die zur Wintersonnenwende aufflammten, die gleiche heilsame Wirkung für die Sonne. Sie genas, gewann von Tag zu Tag wieder mehr an Kraft und kehrte Stufe um Stufe zurück auf ihren sommerlichen Thron. Reste dieses alten Brauchtums finden sich bis heute in dem zunehmenden Kerzenlicht des Adventskranzes, und natürlich im Weihnachtsbaum, mit dem wir die längsten Nächte des Jahres erhellen.

Es wurde aber auch vermutet, dass die Sonne am kürzesten Tag tatsächlich stirbt und am folgenden Tag, der als Neujahrstag gefeiert wurde, neu geboren wurde. Dieses Geheimnis von Tod und Wiedergeburt hütet Saturn, der *Herr des großen Schweigens*, da er die beiden Streckenabschnitte Steinbock und Wassermann beherrscht, an deren Übergang – damals im Stierzeitalter vor 5000 Jahren – die Wintersonnenwende stattfand. In dieser Zeit – so erzählte man sich – muss die Sonne die Wasser des Todes (Steinbock) durchqueren, um in den dahinter fließenden Wassern des Lebens (Wassermann) neu geboren zu werden.

Saturn, der Herrscher der untersten Schwelle, wird traditionell mit Blei gleichgesetzt, dem finsteren Stoff der Alchemie, den es zu wandeln gilt. Mond und Sonne dagegen, die im obersten Geschoß regieren, stehen für Silber (Mond) und Gold (Sonne) und symbolisieren zugleich die beiden höchsten Stufen des Transformationsprozesses. So bestätigt uns der Sonnenlauf Jahr für Jahr erneut, wie die Wandlung vom Niedersten zum Höchsten Blei zu Gold werden lässt. Dieses himmlische Phänomen war sichtbarer Beweis für den alchemistischen Grundsatz, wonach Blei im Innersten reinstes Gold ist, was besagt, dass das Edle im Rohen enthalten ist, ebenso wie das Gute im Bösen. So verstanden enthält selbst Hass eine bis zur Unerträglichkeit verdichtete und verhärtete Liebe, die aber durch Wandlung jederzeit wieder daraus hervorgehen kann, ebenso wie Neid zu Wohlwollen und Geiz zu Großmut transformiert werden kann.

C. G. Jung sah in der Alchemie die »Psychologie des Mittelalters«, die in ihrer symbolreichen Sprache den Wandlungsprozess beschrieb, der notwendig ist, um bedrückende Schwere, alte Muster und anderes »Blei« zu überwinden. Und auch die psychologisch geprägte Astrologie weiß, dass sich in saturnalen Strukturen oft die besten Möglichkeiten eines Menschen verbergen, wenn sie nur gewandelt werden. Seit der Entdeckung Plutos kennen wir auch die Kraft, die solch tiefgreifende und oft mühsame Wandlungen bewirkt. Stets beginnt der Transformationsprozess im tiefsten Schwarz, in saturnalen Phasen der Trauer, der Verlorenheit, des Schmerzes und der Schwermut. Der neue Morgen – der gewandelte, neue Mensch – ist nicht im Handumdrehen zu erreichen, sondern nur Schritt für Schritt durch die einzelnen Phasen oder Stockwerke. Im obersten Bereich, im allerheiligsten Tempelbezirk, zu dem uns eine innere Kraft immer wieder drängt, liegt das Ziel, das viele Namen hat. Religionen nennen es Heil, Mystiker sprechen von der All-Einheit, im Parzivalmythos ist es der Gral und in Märchen die Erlösung von der verwunschenen Gestalt. Psychologen nennen es Ganzheit oder auch die geeinte Persönlichkeit, für die Alchemisten ist es der Stein der Weisen, der alle Metalle zu Gold werden lässt.

Verbindet man sowohl die männlichen Zeichen untereinander wie auch die weiblichen, erscheinen im Tierkreis zwei Schlangen, die sich um die Sonnenwendachse drehen.

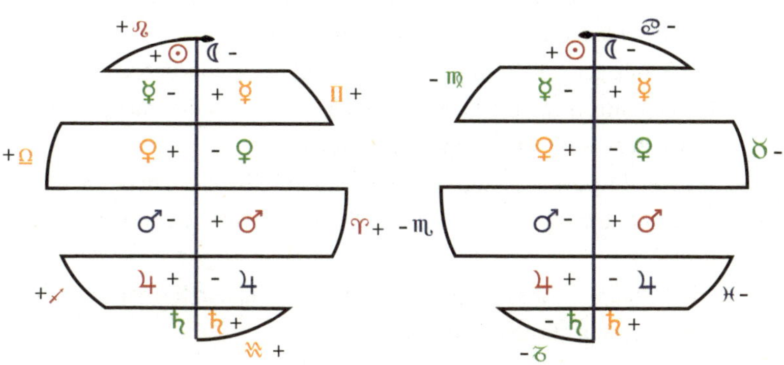

In diesem Himmelsmodell verbirgt sich aber noch ein wunderbares Symbol der Ganzheit für männlich und weiblich. Die Astrologie lehrt seit alter Zeit, dass sich die 12 Abschnitte des Zodiaks aus 6 männlichen und 6 weiblichen Zeichen zusammensetzen, die sich stets miteinander abwechseln. So gilt das Zeichen Widder als männlich, Stier als weiblich, Zwillinge wieder als männlich und so weiter. Verbindet man nun zum einen die männlichen und zum anderen die weiblichen Streckenabschnitte miteinander, indem man den Stockwerken folgt, erscheinen am Himmel zwei Schlangen, die sich um die Sonnenwendachse winden. Aus diesem himmlischen Vorbild ist der Caducäus, der Schlangenstab des Hermes, entstanden, der ursprünglich genau diese Anzahl an Windungen hatte. Das beweist ein Weihegefäß aus Sumer, das zwei Schlangen zeigt, die sich um einen Stab (die Sonnenwendachse) winden.

Die Anzahl ihrer Windungen entspricht exakt ihrem himmlischen Vorbild. In Griechenland scheint das Wissen um diesen Ursprung später verloren gegangen zu sein, weshalb die Windungen des Hermesstabes eher beliebig sind. Im Modell der sieben Chakras, die von zwei Schlangen umwunden werden, hat sich der himmlische Bauplan dagegen bis heute erhalten.

Damit aber wird der Zodiak zu einem Ganzheitssymbol, in dem sich die Gegensätze verbinden. Die männliche Schlange hat ihren Ursprung (das Ende des Schwanzes) auf der weiblichen Seite, während die weibliche Schlange auf der männlichen Seite entspringt. Berücksichtigen wir, dass auf der Symbolebene das Männliche dem Yangprinzip und dem Leben entspricht, das Weibliche dagegen dem Yinprinzip und dem Tod, dann lassen sich aus diesem Bild die folgenden Einsichten ableiten:

- Die Todesschlange entstammt der Lebensseite, wohingegen die Lebensschlange aus der Todesseite hervorgeht.
- Die Sonne gewinnt in ihrem Jahreslauf auf der weiblichen Todesseite (rechts) immer mehr an Leben, wohingegen sie auf der männlichen Lebensseite (links) nach und nach erstirbt.
- Während Aktivität (Yang) stets auf den Punkt zueilt, an dem sie sich erschöpft, wächst aus der Ruhe der Passivität (Yin) neue Lebenskraft heran.
- Das Leben wird aus dem Tod geboren, während der Tod im Laufe des Lebens als eine Frucht in uns heranreift.

- Während auf der männlichen Lebensseite das göttliche (= goldene) Licht in bleierne Erdenschwere (Saturn) herabsinkt, wird es auf der weiblichen Seite gewandelt und zum höchsten Punkt zurückgeführt.

Miteinander vereint bilden die weibliche (rechte) Schlange und die männliche (linke) Schlange ein Ganzes und verbinden damit nicht nur die Urpolaritäten (männlich-weiblich, Tag-Nacht, Leben-Tod) miteinander, sondern tragen auch jeweils die Idee des Gegenpols in sich. Damit hat der ursprüngliche Tierkreis die gleiche ausgewogene Symbolik, wie sie uns heute vor allem aus dem Tai-Chi bekannt ist, dem zentralen Symbol des Taoismus.

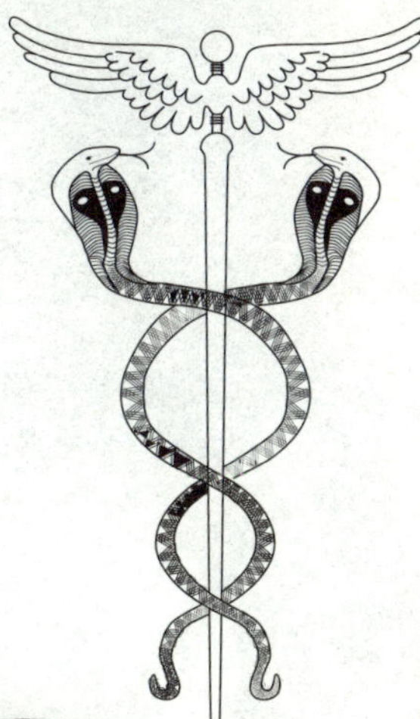

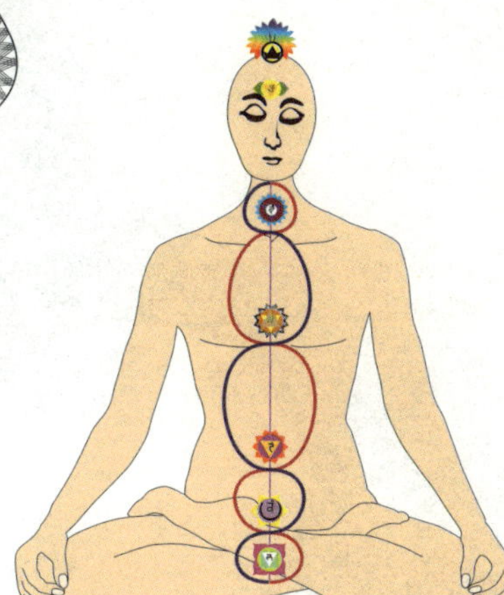

Bild oben links: *Weihegefäß aus Sumer, 3000 v. Chr.*

Bild oben rechts: *Schlangenstab des Hermes (Caducäus)*

Bild unten links: *Das Tai-Chi des Taoismus und die im ursprünglichen Tierkreis verborgene Lebens- und Todesschlange haben die gleiche Symbolik.*

Bild unten rechts: *In den sieben Chakras spiegelt sich der himmlische Bauplan.*

Der archetypische Lebenslauf aus astrologischer Sicht

Transite, Solarhoroskope, Direktionen und andere Techniken, mit deren Hilfe sich die Zeitqualität ermitteln lässt, machen individuelle Aufgaben, Themen und Entwicklungsschritte sichtbar, die sich für einen Menschen im Laufe der Zeit stellen und ergeben. Darüber hinaus gibt es aber auch eine archetypische Grundstruktur, ein allgemeingültiges Muster, das gleich einer kollektiven Unterströmung jedem menschlichen Leben zugrunde liegt. Es gliedert unser Leben in Abschnitte und Phasen, macht deren Bedeutung verständlich und zeigt, wann mit dem Übergang von einer Phase zur nächsten zu rechnen ist. Dieses Wissen ist heute am ehesten noch bei Naturvölkern bekannt, bei denen Übergangsriten einen wesentlichen Bestandteil des Stammeslebens bilden. Die junge, nachkommende Generation wird von den Älteren durch Initiationsrituale zur nächsten Entwicklungsstufe hingeführt, bis sie im hohen Alter selbst dem Ältestenrat angehören. Im Abendland ging dieses Wissen um die Bedeutung der einzelnen Lebensphasen dagegen nach und nach verloren.

Seit mit der Aufklärung im 17. Jahrhundert das Zeitalter der Vernunft begann, kam es zu tiefgreifenden Umwälzungen, die sich durch die Industrialisierung der Gesellschaft noch verstärkten. Seither wird der Mensch immer mehr nach seinem »Marktwert« taxiert, der in einer rein auf Leistung und Effizienz ausgerichteten Arbeitswelt mit zunehmendem Alter dramatisch abnimmt. Während den Alten in Stammesgesellschaften die höchste Verehrung zuteil wird und sie auch bei uns bis zum Beginn der Neuzeit respektiert und geachtet wurden, weil sie das gesammelte Erfahrungswissen verkörpern, gelten sie in den hochentwickelten Industrieländern heute

Bild links *Einem kosmischen Tanz gleich bewegen sich die Planeten in ihrem ganz eigenen Rhythmus auf ihren Bahnen. Setzt man ihre jeweiligen Positionen in das individuelle Horoskop eines Menschen ein, erhält man Auskünfte über die Zeitqualität, in der ein Mensch sich befindet.*

immer mehr als »altes Eisen«, das man beiseite schiebt und «entsorgt«. Ähnlich ergeht es Kindern, wobei deren zu erwartender »Marktwert« sie schon noch etwas besser stellt. Aber wenn heute in einer Stadt Smogalarm gegeben wird oder die Ozonwerte hinaufschnellen, fordert man ganz selbstverständlich zunächst, dass Alte und Kinder zu Hause bleiben sollen, lange bevor man erste Fahrverbote für Autos erwägt. Deutlicher kann man kaum zeigen, was uns wirklich wichtig ist.

Mit diesem Umbruch tradierter Strukturen und der Loslösung von natürlichen Zyklen geriet nicht nur die Bedeutung der einzelnen Lebensphasen in Vergessenheit, sondern auch das Wissen um den Wert von Initiationsriten und das Verständnis für die Krisen und die psychischen Belastungen, die für die Übergangsphasen oftmals typisch sind. Geblieben sind nur noch wenige rituelle Feiern höchst elementarer Stationen, wie etwa Geburt, Taufe und Einschulung. Bereits die Pubertät wird nur noch teilweise von Riten wie Firmung oder Konfirmation begleitet. Zum Schulabschluss gibt es im günstigsten Fall das Zeugnis der Reife (Abitur) und danach ist der Mensch eigentlich schon weitgehend »fertig«, manchmal im doppelten Sinne des Wortes. Bleiben noch die alljährlichen Geburtstagsfeiern und vielleicht die Hochzeit. Ansonsten aber darf der Mensch täglich auf die Rente hinarbeiten, sich die Freiheit nehmen, einigen Hobbys nachzugehen und danach nutzlos und abgeschoben auf den Tod warten. Die Gesellschaft zumindest verlangt von ihm keine weiteren Entwicklungsschritte und bietet ihm auf seinem Weg weder nennenswerten Beistand noch genügend Verständnis oder Einfühlungsvermögen für die teils heftigen Wandlungskrisen, die auf dieser langen Wegstrecke warten.

Deshalb ist es in unserer Zeit so schwierig geworden, den einzelnen Phasen gerecht zu werden und mit Würde zu reifen und zu altern. Verständlicherweise wendet sich der Einzelne von diesen höchst unattraktiv gewordenen Aufgaben ab und huldigt lieber mit allen anderen der zum Volkssport gewordenen Jagd nach ewiger Jugend.

So erfreulich es auch ist, topfit und »gut drauf« zu sein, mit seinen inneren Problemen fühlt sich der Einzelne heute mehr und mehr allein gelassen, weil die Gesellschaft für Wandlungskrisen kein Verständnis hat, und ein Wort wie etwa Midlife-Crisis vielfach nur ein mitleidiges Lächeln hervorruft.

Die Astrologie hat dagegen das Wissen von den einzelnen Lebensabschnitten bewahrt und kann dem Menschen helfen, die Wachstumskrisen und deren tiefe Bedeutung besser zu verstehen. Damit kann sie erheblich dazu beitragen, dass diese Krisen letztlich als Bereicherung und nicht als Absturz erlebt werden. Dabei gibt es zwei Arten der Betrachtung, die sich gegenseitig ergänzen.

1. So wie in einem Samenkorn die gesamte Zukunft eines Baums angelegt ist, gibt es einen *inneren Entwicklungsplan*, nach dem sich die sieben klassischen Planeten stufenweise über unser gesamtes Leben entfalten.
2. Gleich den Zeigern einer äußeren Uhr machen die langsam laufenden Planeten mit ihren Zyklen die schrittweise Entfaltung im *äußeren Entwicklungsplan* sichtbar, ähnlich den Kreisen, die von einem ins Wasser geworfenen Stein ausgehen, oder jenen Ringen, von denen Rilke sagt:

   Ich lebe mein Leben in wachsenden Ringen,
   die sich über die Dinge ziehn.
   Ich werde den letzten wohl nicht vollbringen,
   aber versuchen will ich ihn.

Hinter beiden Betrachtungsweisen verbirgt sich die Zahlensymbolik, in der seit alter Zeit die Drei als göttliche Zahl gilt, während die Vier das Irdische verkörpert. Aus der Kombination beider Zahlen ergeben sich die uns vertrauten Zeitspannen auf Erden, die man deshalb auch göttliche Zeitgrenzen nennen darf:

$3 + 4 =$	7	= eine Woche
$3 \times 4 =$	12	= ½ Tag, ein Jahr
$3 \times (3+4) =$	21	= traditionelle Volljährigkeit
$4 \times (3+4) =$	28	= ursprünglicher Monat
$(3+4) \text{ x } (3 \times 4) =$	84	= symbolische Lebensgrenze

Der innere Entwicklungsplan

Die Stufen des inneren Wachstums entsprechen dem Aufbau der sieben klassischen Planeten. Wenn man sie in der Reihenfolge ihrer Geschwindigkeit anordnet, steht jeder der sieben Planeten zunächst für ein Lebensjahr und dann, ab dem 8. Lebensjahr, für jeweils sieben Jahre. Dieses Konzept wurde von dem großen Astrologen Thomas Ring erarbeitet:

Die Lebensphasen (frei) nach Thomas Ring		
Elementare Frühphase		
Lebensjahr	Planet	Thema
1	☽	Säuglingsphase. Größte seelische und leibliche Abhängigkeit von der Mutter.
2	☿	Beginn der Artikulation, der Fingerfertigkeit (greifen und begreifen) und des Lernens (gehen lernen).
3	♀	Beginn sinnlicher Wahrnehmung. Gemeinschaftsspiele (Spielgruppen), infantile Erotik.
4	☉	Beginn der Ich-Phase. Geltungsdrang. Trotzphase. Deutliche Unterscheidung zwischen Subjekt und Objekt (Ich und andere).
5	♂	Unruhephase. Untersuchungsdrang. Eroberungsdrang, erste Abenteuerlust. Zerstörungslust. Unkontrollierbare Wutanfälle.
6	♃	Expansionsphase, Herumstreunen. Weitläufigere Eroberung der Umgebung. Frühe Sinnfragen. Kindliche Frömmigkeit.
7	♄	Einschulung. Einpassung in feste Strukturen (Klasse/Stundenplan). Beginn des Zahnwechsels.
Hauptphase		
7–14	☽	Traumhafter Beginn. Persönlichkeitsentwicklung durch Aufnehmen, Nachahmen und Fantasie.
14–21	☿	Suchende Intelligenz. Schärfung des Verstands. Erwachende Skepsis, eigenes Urteilen. Entwicklung sprachlicher Eloquenz. Erlernen der praktischen Alltagsbewältigung.
21–28	♀	Vollerwachsenes Einreihen. Voll entfaltete Erotik, Genussfähigkeit und Geschmack. Verbindung mit dem Lebensgefährten.
28–35	☉	Selbstzentrierung. Entfaltung der Eigenart. Höhepunkt der Vitalität.
35–42	♂	Gespannte Durchsetzung. Höchste Lebenstüchtigkeit. Äußerster Energieeinsatz für die Aufgabe. Auseinandersetzung mit Rivalen. Blickrichtung auf erreichbare Höchstmarken. Bei Unzufriedenheit heftige Umbruchsversuche im beruflichen oder privaten Bereich.

		Hauptphase
42–49	♃	Abklärung und Reife. Im ungünstigen Fall Verspießerung. Milde statt Kampf. Weitblick, aber auch neuerliche Sinnfragen und -krisen. Beflügelnder Aufschwung oder Absinken in umfassende Verfettung.
49–56	♄	Herauskristallisieren der Ergebnisse. Sicherung des Erreichten. Bilanzierung. Konfrontation mit den Konsequenzen richtiger und falscher Lebenseinstellung. Reifung oder Verhärtung, Starrheit und Depression.
		Spätphase
56–63	☽	Umstellung auf neue Lebensquellen. Neue Elastizität. Reife Kindlichkeit oder beginnendes Kindischwerden, Gedächtnisschwund und Desorientierung.
63–70	☿	Neues Persönlichkeits- oder Weltbewusstsein oder unzeitgemäße Rückfälle in pseudo-jugendliche Verhaltensweisen.
70–77	♀	Altersharmonie, frei von triebhafter Beunruhigung. Universelle Menschenliebe oder Isoliertheit und Konflikte mit der Umgebung.
77–84	☉	Besonnene Beschaulichkeit. Vordringen zum eigentlichen Kern der Dinge. Hervorbringung der letzten Frucht des Lebens, der »letzten Worte«. Oder eine aus reiner Vitalreserve zugesetzte Lebenszeit.
Die Verwirklichung der nachfolgenden Stufe hängt stets von der Erfüllung der vorausgehenden ab.		

Die äußeren Zyklen der Entwicklung

So wie die Sonne einmal im Jahr durch den Tierkreis – und damit durch das Horoskop eines jeden Menschen – wandert, so umkreisen auch alle anderen Planeten unser Horoskop, allerdings jeder in der ihm eigenen Geschwindigkeit. Dabei findet die zuvor erwähnte symbolische Lebensspanne von 84 Jahren eine interessante Entsprechung in den Umlaufzeiten aller langsamen Planeten, wobei nur die des Saturn der Zahlensymbolik zuliebe von durchschnittlich 29 Jahren auf 28 beschönigt wurde:

Planet		Umlaufzeit	Faktor	Lebenszeit
Jupiter	♃	12	× 7	= 84
Saturn	♄	28	× 3	= 84
Uranus	⛢	84	× 1	= 84
Neptun	♆	164	: 2	= 82
Pluto	♇	248	: 3	= 83

In der symbolischen Lebenszeit von 84 Jahren erleben wir also 7 Wachstumszyklen, die Jupiter beherrscht, drei Phasen, die durch Saturn gegliedert sind, einen ganzen Umlauf von Uranus sowie einen halben von Neptun. So extrem wie Pluto selbst, sind auch die Schwankungen seiner Geschwindigkeit, weshalb er in 84 Jahren zwar theoretisch ein Drittel seiner Kreisbahn durchläuft, die Abweichungen aber in der Praxis so groß sind, dass zur Zeit Menschen mit Anfang 50 bereits dieses Pluto-Pluto-Trigon erleben, während in anderen Generationen selbst das Pluto-Pluto-Quadrat erst im hohen Alter erreicht wird. Daher lässt sich aus dem Plutozyklus keine einheitliche Aussage ableiten, weshalb wir ihn bei dieser archetypischen Struktur des Lebens nicht berücksichtigen können.

Jupiter ♃

Die sieben Wachstumszyklen, die Jupiter einleitet, gehören gewiss zu den ebenso wichtigen wie beliebten und oftmals ersehnten Konstellationen. Wenn Jupiter an den Punkt des Tierkreises zurückkehrt, an dem er zur Zeit unserer Geburt gestanden hat, kann das wirklich als »guter Stern« gedeutet werden, unter dem alles steht, was zu dieser Zeit in unser Leben tritt und was wir neu beginnen. Mit jedem neuen Zyklus stellt Jupiter die Ampeln auf grün und eröffnet gute Gelegenheiten zu neuen Ufern aufzubrechen, wenn der »alte Kontinent« bereits ausgiebig erforscht ist. Jupiter bietet uns immer wieder die Chance zu Wachstum und Reife, wobei sich das Wachstum allerdings im ungünstigen Fall auf die Körperfülle beschränkt und die Reife auf sich warten lässt. Zudem stellt Jupiter natürlich immer wieder die Frage nach dem Sinn. Dort wo er unserem Handeln und Planen fehlt, wo wir uns in unsinniger Übertreibung, vordergründigem Pathos oder sinnloser Fülle ergehen, wo wir Quantität mit Qualität verwechseln oder einfach nur noch heiße Luft produzieren, mag Jupiters Einfluss zunächst vielleicht sogar zutiefst enttäuschen und ganz und gar nicht dem entsprechen, was man sich unter dem Planten des großen Glücks vorstellt. Erst im Nachhinein geben sich solche Jupiter-Enttäuschungen als höchst sinnvolle Veränderungen zu erkennen. Oft verstehen wir erst im Rückblick, womit und wie sehr sie uns bereichert haben.

Saturn ♄

Die Zyklen des Saturn machen eine wichtige Dreiteilung unseres Lebens sichtbar, die sich in dem klassischen Lebensmodell Ausbildung – Erwerbstätigkeit – Ruhestand spiegelt. Im Englischen reimen sich die Themen dieser drei Phasen auf »learn, earn and return« – lerne, verdiene und gib zurück. So wie der Mensch aus Körper, Geist und Seele besteht, können wir diese drei Abschnitte aber auch als körperliche, individuelle und spirituelle Phase betrachten. Im ersten Drittel werden wir geboren, entwickeln uns körperlich und erleben uns innerhalb unserer familiären und gesellschaftlichen Grenzen. Im zweiten Drittel geht es darum, dass wir uns von den Erwartungen der Umwelt, insbesondere der Eltern lösen, über bisherige von außen auferlegte Begrenzungen hinauswachsen, eigene Verantwortung übernehmen und unsere individuelle Eigenart erkennen und entfalten. Die Aufgabe der dritten Phase lautet, Schritt für Schritt aus dem Vordergrund zurückzutreten, Macht und Verantwortung an andere zu übertragen und Zeit zu gewinnen, sich vermehrt der spirituellen Seite des Lebens zuzuwenden. Dabei sind nicht nur die Übergänge Ende 20 und Ende 50 selbst oftmals schwer. Weil Saturn in sieben Jahren um 90 Grad weiterwandert, bildet er dann einen schwierigen Aspekt, ein Quadrat zu seiner Ausgangsposition, womit sich astrologisch das berüchtigte kritische siebte Jahr erklärt.

Denn als *Herr der Zeit* ist Saturn ein Hüter, der stets darüber wacht, dass wir auf dem Laufenden sind, dass wir innerlich und äußerlich die notwendigen Reifeschritte vollziehen. Wann immer das nicht der Fall ist, wann immer wir uns zu sehr von der Wirklichkeit entfernt haben und sie uns einfach schön zusammenreimen, erweist er sich als strenger Hüter, der uns beharrlich, manchmal schmerzhaft zurückholt und mit der Wirklichkeit konfrontiert. Das tut er natürlich auch gerade in den Bereichen, über die wir gern hinwegsehen. So macht uns Saturn auch gegen unseren Willen immer wieder bewusst, dass wir älter werden und uns damit immer wieder von einer vertraut gewordenen Lebensphase verabschieden müssen.

Aber auch eine andere typische Lebenserfahrung entspricht dem saturnalen Prinzip. Zu Beginn unseres Lebens stehen uns so viele Möglichkeiten offen, das wir die Situation mit dem Gefühl vergleichen können, in einem Zug aus einem großen Bahnhof herauszufahren, wo die zahlreichen Schienenstränge für die Fülle an Möglichkeiten und Alternativen stehen. Je weiter wir jedoch fahren, umso weniger Schienen verbleiben, sodass wir uns mit der Zeit auf einem einzelnen Strang wiederfinden, neben dem vielleicht noch ein zweiter verläuft. Viele Menschen haben Angst vor dieser Eingleisigkeit, auf die das Leben hinauszulaufen scheint, und in der Tat ist damit oft auch ein schmerzhafter Prozess verbunden, weil es jedes Mal darum geht, erneut auf Alternativen zu verzichten. Richtig verstanden liegt darin allerdings auch ein großer Gewinn, weil uns jeder Verzicht eindeutiger und verbindlicher werden lässt. Durch Festlegung auf eine Richtung können wir mehr Verantwortung übernehmen, gründlicher vorgehen, mehr Konsequenz und Durchhaltevermögen entwickeln und dadurch gewiss erheblich weiterkommen und höhere Ziele erreichen, als wenn wir den Weg »nur so« und »bis auf Weiteres« gingen.

Dennoch ist es wichtig, stets vor Augen zu haben, welche Alternativen wir bei unseren Entscheidungen opfern. Sie alle sammeln sich in einem »Topf ungelebten Lebens«, der unvermeidlich als nicht gelebtes Potenzial in jedem Leben anwächst, für den wir aber ebenso Verantwortung tragen. Denn wenn die dort aufgelaufenen, geopferten Optionen im Vergleich zum tatsächlich gelebten Leben an Wichtigkeit und Glücksverheißungen überhandnehmen, dann ist es oft zu spät, sie nachzuholen. Und auch das ist eine Saturnlektion: Alles hat seine Zeit. Und wenn die Zeit da ist, in der man könnte, ist womöglich die vorüber, in der man kann. So merkwürdig es ist, wenn ein 16-Jähriger einen Kultururlaub macht und sich nur in Bibliotheken und Museen aufhält, so irritierend ist es, wenn ein 60-Jähriger sich in der Disco unter Teenies mischt und so tut, als sei er unter seinesgleichen. So imposant es sein mag, wenn ein 20-Jähriger improvisiert und sein Leben ohne regelmäßige Arbeit mit Pfiffigkeit und Flexibilität verdient, so merkwürdig erscheint es, wenn er mit 50 immer noch nichts Gescheites erlernt hat und weiterhin von der Hand in den Mund lebt. Sind aber die »Coupons« der ersten Lebenshälfte verbraucht, ohne dass wir die erhofften, erstrebten oder nur erträumten Höchstmarken erreicht haben, dann zeichnet sich auf manchem Gesicht mehr und mehr Resignation ab. Dann erleben wir die Saturnrhythmen immer verbitterter und manövrieren uns in eine lebens- und menschenfeindliche Verhärtung. Aber unter der Asche des nicht gelebten Lebens schwelen weiterhin glühende Kohlen, die immer wieder schmerzen.

Richtig gelebt lässt Saturn in uns Bilder und Einstellungen heranreifen, die dem jeweiligen Lebensalter entsprechen. Dazu gehört zunächst die Zunahme und später die Abgabe von Pflichten und Verantwortung, aber auch ein Bewusstwerden der Zeit und unserer Vergänglichkeit und die damit verbundene Auseinandersetzung mit dem Tod. Ebenso sollte unser Selbstbild, unser Verständnis und unsere Einstellung zu Liebe und Partnerschaft und nicht zuletzt unser Gottesbild und unser spirituelles Weltbild im Laufe des Lebens reifen. Dann steht Saturn am Ende tatsächlich für Alter und Weisheit. Doch gehören die beiden leider nicht zwingend zusammen. Manchmal kommt das Alter auch ganz allein.

Uranus ⛢

Der Planet der individuellen Freiheit sorgt in unserem Leben schrittweise dafür, dass wir uns aus Enge und Normen befreien und unsere individuelle Eigenart hervorbringen. Seiner Natur gemäß kann es sich dabei allerdings auch um plötzliche, uns selbst überraschende Richtungswechsel handeln. Während er im Laufe des Lebens einmal durch unser Horoskop wandert, sind vor allem die beiden Quadrate und die Opposition sehr bedeutsam, die er dabei bildet. Das Verharren im Unbewussten oder die Benebelung durch Leere, Routine oder andere ungesunde Trance hat etwas Erstickendes, aus dem uns Uranus zwar blitzartig befreien kann, dabei aber durchaus ein Gefühl der Unsicherheit oder des Unbehagens auslöst. Die erste Auslösung (das erste Quadrat) fällt etwa mit der traditionellen Volljährigkeit zusammen, und für manchen, der bis dahin noch zu Hause lebt, kann das eine überraschende Befreiung aus der häuslichen Enge bedeuten, zumal wenn diese zuletzt, sei es bewusst oder unbewusst, nur noch als erstickend erlebt wurde.

Die wohl überraschendste Umkehr, die Uranus mit Anfang 40 markiert, ist die Lebenswende, unter der sich niemand so recht etwas vorstellen kann, und von der sich fast jeder ausgenommen wägt, bis ihn die Midlife-Crisis aus heiterem Himmel ereilt. Auch hier geht es oft um ein plötzliches Erwachen aus einer Trance, in der das Leben bis dahin vielleicht weitgehend bewusstlos an uns vorüberzog. Eine Krise, die uns plötzlich unsere Vergänglichkeit bewusst macht, in der wir uns fragen, ob wir die Verpflichtungen, die wir teils unbewusst, teils ohne hinreichendes Wissen eingegangen sind, aufrechterhalten wollen, oder ob es nicht vielleicht die letzte Gelegenheit ist, unser Leben noch einmal grundlegend umzukrempeln.

Anfang 60, wenn Uranus sein zweites Quadrat bildet, bedeutet er für viele die Befreiung von den täglichen Pflichten des Berufslebens. Auch hier kann er für ein Erwachen zu neuer Freiheit stehen, oder aber für ein ungewolltes freigesetzt werden, für den »Rausschmiss«, für die Abschiebung in den Ruhestand. Und obwohl der vollendete Zyklus mit 84 nur eine symbolische Lebensgrenze ist, die nicht für den physischen Tod steht, zeigen sich auch in diesem Zusammenhang die beiden möglichen Erfahrungen einer uranischen Befreiung. Wir können sterben, weil der Körper seinen Dienst versagt, zusammenbricht und nicht länger als Träger der Seele zur Verfügung steht, oder weil die Seele reif geworden ist, sich nach der Vereinigung mit der Ewigkeit sehnt und sich aus ihrem »Körpergefängnis« befreit.

Neptun ♆

Neptun steht für unsere kosmischen Antennen, unsere Durchlässigkeit, Visionen, für Sehnsüchte, spirituelle Erfahrungen, aber auch für Nebel, Unklarheiten, Verwirrungen, und nicht zuletzt für die Opfer, die wir bewusst erbringen, oder aber unbewusst, in dem wir uns ohnmächtig erleben und ungewollt zum Opfer werden.

Im Laufe unseres Lebens sind es vor allem das Sextil mit Ende 20 und das Trigon mit Mitte 50, die eine Vision von dem neuen Lebensdrittel vermitteln können, das uns durch die jeweils parallel stattfindende Saturn Rückkehr bevorsteht.

Weit gespaltener können wir dagegen das Quadrat mit Mitte 40 erleben, das thematisch noch in die Nachhut der uranischen Krise um die Lebenswende gehört, und von vielen tatsächlich als Ohnmachtsehrfahrung erlebt wird, als ein unfreiwilliges Opfer, zu dem uns das Leben oder die Umstände machen. Aber natürlich kann es auch den spirituellen Durchbruch anzeigen, eine neue Vision, für deren Ziele wir uns bewusst aufopfern. In gleicher Weise kann auch die Neptun-Opposition, die wir mit etwa Anfang 80 erleben, für Verwirrung und Hilflosigkeit stehen, oder aber für eine spirituelle Verklärung, für die gelassene oder freudige Gewissheit bald wieder eins zu werden mit dem Urgrund allen Seins.

Pluto ♇

Wo immer wir uns im Leben etwas vormachen, wo immer wir nicht tief genug geschaut haben oder uns die Dinge einfach nur schön zusammenreimen, verlangt Pluto stets Wandlung und zwingt uns zur Erkenntnis der tiefer liegenden Wahrheit. In diesen oftmals schmerzhaften Prozessen verbirgt sich allerdings auch stets die Chance, dass wir zutiefst gewandelt und regeneriert daraus hervorgehen. Aufgrund seiner extrem schwankenden Geschwindigkeit ist Plutos Zyklus jedoch so unregelmäßig, dass sich daraus nicht ableiten lässt, wann ein Pluto-Plutoaspekt »normalerweise« im Leben eintritt. Diese Themen lassen sich nur im individuellen Horoskop erkennen.

Zeichenerklärung

schnelle Planeten	**langsame Planeten**	**Aspekte**
☉ = Sonne	♃ = Jupiter	☌ = Konjunktion
☽ = Mond	♄ = Saturn	⚹ = Sextil
☿ = Merkur	⛢ = Uranus	□ = Quadrat
♀ = Venus	♆ = Neptun	△ = Trigon
♂ = Mars	♇ = Pluto	☍ = Opposition

Die einzelnen Abschnitte

(Die angegebenen Lebensjahre zeigen die Bandbreite, innerhalb welcher der jeweilige Aspekt durchschnittlich eintritt. Ihre Thematik ist aber nicht auf diese Zeitspanne begrenzt.)

Lebensbeginn: ☉ ☽ ☿ ♀ ♂ ♃ ♄ ⛢ ♆ ♇

Alle Planeten stehen in ihrer Startposition und jeder wird in seiner eigenen Geschwindigkeit durch das Horoskop laufen. Wir werden unsere Beobachtung auf die Zyklen der Langsamläufer ♃ ♄ ⛢ ♆ konzentrieren.

Ab 6. und 7. Lebensjahr ♃ ☍ ♃, ♄ □ ♄

Einschulung

Jupiter eröffnet neue Möglichkeiten. Das Kind geht »schon« zur Schule, ein Wachstumsschritt, der mit Stolz erlebt wird. Wenn kurz darauf Saturn sein erstes Quadrat bildet, stellt sich allerdings heraus, dass alles seinen Preis hat, dass es gilt, sich an einen festen Stundenplan zu gewöhnen, Kontinuität zu entwickeln und auch vieles zu lernen, was nicht unbedingt Spaß macht, sondern mühsam ist und ebenso viel Fleiß wie Genauigkeit verlangt. Wann immer Saturn auf die Bühne tritt, beginnt einmal mehr »der Ernst des Lebens«, was sich juristisch auch in der beschränkten Geschäftsfähigkeit ausdrückt, die das Kind mit Sieben erlangt.

Ab 12. bis 14. Lebensjahr ♃ ☌ ♃, ♄ ☍ ♄

Pubertät

Mit dem Abschluss des ersten Jupiterzyklus geht die Phase der Kindheit zu Ende und die Adoleszenz beginnt. Firmung und Konfirmation erinnern noch an die Riten, die in alter Zeit diesen Übergang begleiteten. Man sagt, dass das erste Rauchen und andere Heimlichkeiten, die in diese Zeit fallen, eine unbewusste Kompensation für diese verblassten Bräuche sind. Die Uhr (♄), die man dazu früher geschenkt bekam, verdeutlichte das neue Zeitbewusstsein, das den Beginn der Jugend kennzeichnet. Der für diese Phase typische Wachstumsschub (♃) führt anfangs zu ziemlich ungelenken Bewegungen, da man noch nicht weiß, wo man mit den viel zu langen Armen und Beinen eigentlich hin soll. Auch das deutlicher aufkommende Schamgefühl, das wachsende Schuldbewusstsein, die Minderwertigkeitsgefühle gehen auf Saturns Konto, während Jupiters Expansionslust dazu drängt, immer wieder über die Stränge zu schlagen und Neuland zu erkunden – durch Bücher, durch Abenteuer/Reisen und nicht zuletzt beim anderen Geschlecht.

Ab 18. Lebensjahr ♃ ☍ ♃

Schulabschluss, vorverlegte Volljährigkeit

Die Zeit des großen Kräfteüberschusses, des Führerscheins, der lauten Motorräder, der Übertreibungen. Ende der Schulzeit, Beginn einer Ausbildung. Für viele Jungen die Zeit ihren Kräfteüberschuss beim Militärdienst abzulassen. Oftmals durch äußere Faktoren (Ausbildung, Studium, Militär, Sprach- und Studienaufenthalte im Ausland) bedingtes Verlassen des Elternhauses und damit Entdecken einer neuen Welt und anderer Lebensformen.

Ab 21. Lebensjahr ♄ □ ♄, ♅ □ ♅

Ablösung, traditionelle Volljährigkeit

Endgültiges Verlassen des Elternhauses. Hinaus in die Freiheit. Endlich tun und lassen können, was man will. Es besser machen als die Eltern, die ja bekanntlich von vorvorgestern sind. Aber nach diesem Ausbruch (♅) aus der einengenden Struktur (♄) zeigt sich das grenzsetzende Prinzip (♄) früher oder später in den Spielregeln der Gesellschaft, in der Eigenverantwortung, der Notwendigkeit, sein Geld zu verdienen und sich mit der Wirklichkeit zu arrangieren.

Ab 24. Lebensjahr ♃ ☌ ♃

Basis für den Erfolg

Der beginnende dritte Jupiterzyklus birgt wertvolle Bausteine für wichtige Lebensziele. Durch Studium oder praktische Fortschritte im Beruf oder die Gründung einer Familie wird die Basis ausgebaut.

Ab 28. bis 30. Lebensjahr ♄ ☌ ♄, ♆ ⚹ ♆, ♃ ☍ ♃

Beginn der individuellen Phase

Bei der ersten Wiederkehr Saturns finden wichtige Bilanzierungen statt, insbesondere in Bezug auf die Ausbildung und die sich daraus ergebenden beruflichen Chancen. Vor allem aber markiert sie den Eintritt in das zweite Lebensdrittel, in dessen Verlauf es darum geht, die individuelle Eigenart herauszukristallisieren. Die uns angeborene Fähigkeit, andere nachzuahmen, war im ersten Lebensdrittel überlebenswichtig. Doch ab hier ist sie nur noch schädlich. Es geht nicht länger darum, Vorbildern nachzustreben. Wir müssen selbst herausfinden, wer wir sind und was zu uns gehört. Dieser Übergang wird vielfach als problematisch erlebt, weil zunächst einmal viel zurückgelassen werden muss, ohne dass ersichtlich ist, was an neuen Werten dafür gewonnen wird. So beginnt hier einmal mehr der Ernst des Lebens. Diesmal allerdings in der Form, dass der letzte Flaum der Jugend verloren geht und damit auch mancher Bonus von Nachsichtigkeit. Die wachsende Verantwortung wiegt schwer. Das Leben, das zuvor vielleicht wie eine amüsante Vergnügungsreise aussah, erweist sich immer mehr als schwierige Bergbesteigung. »Life is a mountain, not a beach« – Das Leben ist ein Berg, kein Strand – heißt es nun plötzlich, und manche haben das

Gefühl in einem Tunnel zu stecken, an dessen Eingang ein Schild hängt: »Infolge technischer Probleme bleibt das Licht am Ende des Tunnels bis auf Weiteres ausgeschaltet!«

Im günstigen Fall erweist sich Neptun als Schutzengel und Seelenführer, auf den auch in solch dunklen Stunden Verlass ist. Er kann allerdings auch Fluchtendenzen verstärken, wenn die bilanzierte Gegenwart zu bedrückend ist, und nur das Abtauchen oder das Abhauen eine Lösung verspricht. Die abschließende Jupiter-Opposition ist dann meist ein Startschuss, der das Ende des Tunnels und das Durchstarten auf der neuen Wegstrecke signalisiert.

Ab 35. bis 36. Lebensjahr ♄ □ ♄, ♃ ☌ ♃

Festlegung und Hochblüte

Mitte Dreißig geraten viele in eine heftige Krise, wenn Saturn uns bewusst macht, dass unsere »Garantiefristen« schon abgelaufen sind. Der Höhepunkt unserer Vitalität liegt schon viele Jahre zurück und die Arztbesuche sind nicht mehr so unbekümmert, wie sic früher waren. Für viele stellt sich (vielleicht) zum ersten Mal die Frage, ob das jetzt wirklich schon alles ist, ob man dem gewählten Beruf bis zur Pensionierung Tag für Tag nachgehen muss, ob man mit diesem Mann, dieser Frau wirklich alt werden will, oder ob man den Rest des Lebens tatsächlich in dieser Wohnung, in diesem Ort verbringen soll. Je nachdem wie die Bilanzierung (♄) dieses Vorläufers der Midlife-Crisis ausfällt, wird der vierte Jupiterzyklus als mutiger Neuanfang erlebt, als erfolgreiches Durchstarten in die Phase, auf der wichtige Höchstwerte des Lebens erreicht oder aber zu einem waghalsigen Abenteuer werden, bei dem das Glück all das wettmachen soll, was zuvor versäumt wurde. Dabei kann Jupiter zu einem vertieften Sinngefühl führen oder – im problematischen Fall – zu einer verbitterten Mischung aus Arroganz und Zynismus.

Ab 42. bis 44. Lebensjahr ♃ ☍ ♃, ♄ ☍ ♄, ♅ ☍ ♅, ♆ □ ♆

Lebenswende

Dieses seit der Geburt größte Zusammentreffen wichtiger Aspekte in den Zyklen der langsamen Planeten, zeigt die Bedeutung der Lebenswende. Die Krise (♄), die typischerweise mit dieser Zeit einhergeht, erkennt der Mensch am sichersten daran, dass er völlig unvorbereitet (♅) hineingerät und dann hofft, in ein bis zwei Wochen würde er sich wieder so gut fühlen wie zuvor. Tatsächlich ist es aber eine lange Zeit, in der sich die Blickrichtung des Lebens ändert. Waren die Augen bislang auf den Gipfel (♃) gerichtet, den es zu ersteigen gilt, eröffnet sich nunmehr der Blick in das Tal, in dem der Weg begann und wo er enden wird (♄). Und so mancher erkennt mit Schrecken, dass wir auf dem Gipfel überall am Rande des Abgrunds stehen. Überraschend (⛢) ändern sich die Vorzeichen des Lebens. Nicht nur die biologischen Uhren gehen anders. Auch Chronos (♄) fängt an verrücktzuspielen (⛢). Seit den unendlich langen Jahren der Kindheit wurde die Zeit immer schneller und jetzt, wo die Anzahl der mit Wahrscheinlichkeit verbliebenen Jahre auf eine überschaubare und vorstellbare Zahl zusammengeschrumpft ist (♄), überschlagen sie sich plötzlich (⛢) und rasen erschreckend schnell an uns vorbei. Aber auch die Inhalte und Werte (♃) verändern sich. Die Auseinandersetzung mit dem Tod (♄) wird unvermeidlich, nicht zuletzt in Folge schwieriger Krankheiten oder erster Todesfälle unter Gleichaltrigen. Und heftiger als je zuvor stellen sich Sinnfragen (♃): »Ob das alles war?« »Ob wir nicht vielleicht alles verkehrt gemacht haben?« »Ob es vielleicht die letzte Chance ist, noch einmal ganz von vorn anzufangen (⛢)?« Je negativer die Bilanz (♄) ausfällt, umso heftiger ist die Versuchung alles hinzuwerfen und sich in stolzer Resignation zurückzuziehen (♃/♄), oder aber auszubrechen (⛢) und auf gut Glück (♃) einen Neuanfang(⛢) zu wagen oder einer Vision (♆) zu folgen, vielleicht sogar dem Traum (♆), auf eine Insel zu ziehen (⛢). Die Insel symbolisiert das Besondere (⛢). Man gehört nicht zum Normalen und glaubt deshalb, dass dort andere Lebensgesetze gelten. In diesem Traum übersieht man allerdings, dass man sich ja selber mitnimmt. Und damit leider auch alle Probleme (♄).

Aber selbst dort, wo die Bilanzierung zufriedenstellend ist, kommt es zu großer Verunsicherung, denn die Antworten, die wir für die Fragen am Lebensvormittag gefunden haben, befriedigen nicht die Fragen, die sich uns am hier beginnenden Nachmittag stellen. Und es kann lange dauern, bis wir verstehen, dass wir neue Antworten brauchen und noch länger, bis wir sie gefunden haben.

Nachdem wir im Leben endlich, vielleicht nach großen anfänglichen Schwierigkeiten Fuß fassen konnten und letztlich sogar Souveränität entfaltet und nun scheinbar alles im Griff haben, wird hier in der Lebensmitte plötzlich alles anders, und wir kennen uns nicht mehr aus. Energien, die bislang in äußeren Aufbau und Erfolg flossen, müssen nunmehr in inneres Wachstum fließen, was zunächst natürlich ungewohnt und weit unattraktiver scheint. War die Aufgabe der ersten Lebenshälfte der Aufbau der persönlichen Existenz und der Beitrag zum materiellen Wohlstand der Gesellschaft, so wird der Mensch in der zweiten Lebenshälfte zum Träger von Kultur und Bildung, und auch hier können Versäumnisse der ersten Lebenshälfte große Lücken aufweisen, die zutiefst verunsichern und nicht leicht zu füllen sind.

Während die erste Lebenshälfte weitgehend aus den angeborenen Talenten und Kraftreserven, mit einer robusten Gesundheit und mit Charme und Schönheit der Jugend gemeistert wird, muss die zweite Lebenshälfte aus erworbenen Fähigkeiten gestaltet werden. Deshalb konfrontiert sie uns so gnadenlos mit Versäumnissen und Fehlverhalten der ersten Hälfte. Deshalb scheiden sich von jetzt an bei jeder Klippe mehr und mehr die Geister. Von nun an sehen wir immer mehr gescheiterte und verkrachte Existenzen in unserem Umfeld; denn schon lange gilt, dass jede weitere Hürde auf dem Lebensweg nur dann genommen werden kann, wenn die vorhergehende erfolgreich gemeistert wurde. Und auch wenn wir selbst nicht resignieren, müssen wir doch bedauernd erfahren, dass uns auf dem weiteren Weg immer weniger Menschen begleiten.

Ab 46. bis 50. Lebensjahr ♃ ☌ ♃, ♄ □ ♄

Ernte

Wer bei der Krise um die Lebenswende nicht hängen geblieben ist, dem bringt die fünfte Jupiterphase neuen Auftrieb, dank dessen weitere Höchstmarken in vielen Lebensbereichen erreicht werden können. Es ist die Zeit der beginnenden Ernte, in der Jupiter äußeren Ruhm, aber auch ein tiefes Sinngefühl und große Dankbarkeit für das Erreichte mit sich bringen kann. Im problematischen Fall verwechselt er allerdings Quantität mit Qualität und zeigt sich als umfassende Verfettung, dumpfe Bequemlichkeit und zunehmende Engstirnigkeit. Gerade Männer führt das Saturn-Quadrat Ende 40 oftmals in eine heftige, verschleppte Midlife-Crisis. Weil bei ihnen die biologischen Uhren nicht so sichtbar voranschreiten wie beim weiblichen

Geschlecht, glauben viele bis dahin, dass der Alterungsprozess doch ein vorwiegend weibliches Problem sei, von dem sie mehr oder weniger freigestellt sind. Während Frauen sich inzwischen meist gut von den Umstellungen der Lebenswende erholt haben, sind Männer umso heftiger schockiert, wenn das passiert, was sie nie für möglich hielten: Sie werden 50! Und nicht wenige kaufen sich vor Schreck schnell eine Harley-Davidson, heiraten eine 28-Jährige und zeugen sofort ein Kind, um sich ihre ewige Jugend zu beweisen. Doch jung sind wir nur einmal; nur unreif können wir für immer bleiben.

Die Spuren, die der Zahn der Zeit bis hierher hinterlassen hat, sind ohnehin unübersehbar. Ganz zu schweigen davon, wie zahnlos die meisten ohne die moderne Zahnchirurgie inzwischen aussehen würden.

50 ist aber auch die Zeit, in der die Lebenslügen platzen. Bis hierhin können wir uns noch manches vormachen und an unsere eigenen Ausreden glauben. Doch von jetzt an macht Saturn immer unmissverständlicher bewusst, dass Chancen vertan sind und all das Schönreden nichts nützt, weil für vieles die Zeit einfach vorbei ist und die Luftschlösser zusammenbrechen. Nicht, dass von nun an nichts mehr kommt. Aber manches Versäumte lässt sich nicht mehr nachholen, und Ansprüche und Erwartungen müssen an das Machbare angepasst werden. Dass kann für manchen eine echte Demutsübung sein.

Ab 54. bis 58. Lebensjahr ♃ ☍ ♃, ♄ ☌ ♄, ♆ △ ♆

Beginn der spirituellen Phase

Das dritte Lebensdrittel, das durch Saturns zweite Wiederkehr in der zweiten Hälfte der 50er Jahre eingeleitet wird, macht deutlich, dass es nun nach und nach darum geht, von der äußeren Bühne des Erfolgs abzutreten, Macht und Verantwortung abzugeben und Jüngeren Platz zu machen. Das hört sich oftmals leichter an, als es wirklich ist. Denn abnehmen tut hier nicht nur manche Last, die wir vielleicht gerne hergeben, sondern auch unsere Wichtigkeit. Und das gefällt dem Ego ganz und gar nicht. Deshalb greift so mancher, vielleicht zur eigenen Überraschung, schnell noch einmal zurück und hält an einem Stuhl oder einer Aufgabe fest, aus Angst vor der gähnenden Leere, die sich sonst womöglich vor ihm auftut. In solchen Fällen wird der Ablöseprozess herb und harzig und kann zu Verbitterung und einer immer größeren Enttäuschung vom Leben führen. Hat der vorausgehende Jupiteraspekt dagegen die Horizonte einmal mehr erweitert und das Augenmerk auf vertiefte Sinnfragen gelenkt oder ein neues Interesse an Kunst und Kultur geweckt, wird der entstehende Freiraum sehr bald mit sinnvollen Themen erfüllt sein, aus denen sich auch neue Kontakte und Freundschaften ergeben können. Gerade darin liegt eine nicht zu unterschätzende Bedeutung. Da zu diesem Zeitpunkt meist auch die letzten Kinder ausgezogen sind und manche alte Freundschaft sich überlebt hat, liegt eine große Gefahr auf dem weiteren Weg in zunehmender Vereinsamung. Deshalb ist es so wichtig zu verstehen, dass Kontakte von hier an die natürliche Tendenz haben, sich aufzulösen. Neue zu knüpfen ist jederzeit möglich, aber das geht nicht von selbst. Es bedarf des Engagements und einer liebevollen Pflege.

Vor allem der abschließende Neptunaspekt kann beim Eintritt in diese neue Phase eine Vision vom Reichtum dieser Zeit vermitteln, deren Inhalt mehr und mehr darin besteht, uns allmählich von der Welt zu lösen und uns transzendenten Themen und spirituellen Erfahrungen zuzuwenden; denn das Ziel dieses langen Abschnitts ist es, zunehmend selbstloser zu werden, um am Ende gut zu sterben. Das Alter, das hier langsam beginnt, gleicht einer Reise in die Nacht, bei der sich die Erde mehr und mehr verbirgt, während der Himmel sichtbar wird.

Dazu gehört auch, dass die Sinne langsam nachlassen, als wollte uns das Leben sagen, dass es Zeit ist für den »milden Blick« und es nun immer weniger wichtig wird, nach draußen zu hören als nach innen zu lauschen.

Ab 60. Lebensjahr ♃ ☌ ♃

Ehre

Die sechste Jupiterphase ist für viele die Zeit der großen Lobreden, aber auch eine Phase wohlwollender Großzügigkeit, in der man andere unterstützt und Nachfolger protegiert. Oft aber ist es auch die Zeit neuer Bildung, wie das wachsende Interesse am Seniorenstudium zeigt, oder einer neuen Lust am Reisen, wobei man zwar anders als mit 16 reist, aber nicht weniger neugierig und unternehmungslustig. Im günstigen Fall verstehen wir hier, dass es nicht so wichtig ist, wie alt wir werden, sondern wie wir alt werden. Wird Jupiter dagegen eher auf einer trägen und bequemen Ebene erlebt, dann führt er nun zu recht rundlicheren Figuren und einem opi- und omahaften Verhalten.

Natürlich stellt Jupiter wieder einmal die Frage nach dem Sinn, und der heißt nun immer mehr, weitergeben und für andere da sein; vor allem für die jüngeren Generationen, in denen das weiterleben wird, was wir ihnen geben. Und wem das Leben nun immer sinnloser zu werden scheint, der beherzige, was Henning Scherf, der ehemalige Bürgermeister Bremens in diesem Alter von den Alten sagte: »Wir sind nicht das Problem dieser Republik, sondern wir sind ihre Chance. Wir sind die klassische ehrenamtliche Basis dieser Gesellschaft.«

Ab 63. bis 66. Lebensjahr ♄ □ ♄, ♅ □ ♅, ♃ ☍ ♃

Spätlese

Die Quadrate von Saturn und Uranus in dieser Zeit zeigen einen bedeutsamen Umbruch an. Zum einen macht Saturn einmal mehr – vielleicht sogar schmerzlich – bewusst, dass wir älter werden, etwa zeitgleich aber signalisiert Uranus neue Freiheit. Als schwierige Mischung bedeutet das, plötzlich (♅) aus festen Bahnen (♄) geworfen zu werden. Dann steht Uranus vor allem für Exzentrik und Saturn für Verbitterung, was als Mischung zu Altersstarrsinn führen kann, zu Leere, Langeweile und Sinnlosigkeit. Dann finden sich hier die ewigen Lobredner vergangener Zeiten, die geistig, seelisch und körperlich immer mehr erstarren. Von ihnen sagte Wieslaw Brudzinski: »Aschehaufen haben es gern, wenn man sie für erloschene Vulkane hält.« Als Bereicherung aber stehen diese Konstellationen für eine große Freiheit, in der man ohne jeden Leistungs- oder Erfolgsdruck den eigenen Interessen nachgehen kann. Zweckfreie Bildung heißt dieses Zauberwort, das die Freiheit verleiht, sich aus purem Interesse voller Liebe selbst mit dem scheinbar unbedeutendsten Thema zu befassen oder das exotischste Gebiet zu erforschen.

Saturn mahnt aber auch, daran zu denken, in welchem Zustand wir die Welt zurücklassen werden. »Die meisten von uns spüren die Verpflichtung, unseren Kindern eine bessere Welt zu hinterlassen, zumindest keine schlechtere. Aber sie leben nicht danach«, sagte dazu Jakob von Uexküll. Noch aber ist Zeit im besten Sinne zu einem Weltverbesserer zu werden.

Ab 70. bis 72. Lebensjahr ♃ ☌ ♃, ♄ ☍ ♄

Bonusdekaden und Altersweisheit

In der Mitte des dritten Saturnzyklus und der spirituellen Phase beginnt die siebte Jupiterphase, die das Erblühen der gütigen Weisheit des Alters und damit neue Erfüllung mit sich bringen kann. Für manchen symbolisiert die Saturn-Opposition das endgültige Zerbrechen lang gehegter Wertmaßstäbe, Glaubensgrundsätze und Welterklärungsmodelle, die nunmehr ausgedient haben, weil Jupiter den Blick auf ein umfassenderes, ganzheitliches Verständnis der Wirklichkeit jenseits aller Polarität eröffnet. Als weit weniger attraktive Alternative dazu kann die Saturn-Opposition allerdings auch Altersstarrsinn und beginnende Vergreisung ankündigen.

Ab 78. bis 80. Lebensjahr ♃ ☍ ♃, ♄ □ ♄

Wahre Heimat

Während Saturn nach und nach den Bewegungsradius verkleinert und vielleicht auch zwingt, Begrenzungen hinzunehmen, eröffnet Jupiter einen neuen Blickwinkel auf die wahre, innere Heimat. C. G. Jung sagte von dieser Zeit: »Ein Junger, der nicht kämpft und siegt, hat das Beste seiner Jugend verpasst. Und ein Alter, der auf das Geheimnis der Bäche, die von Gipfeln in die Täler rauschen, nicht zu lauschen versteht, ist sinnlos; eine geistige Mumie, die nichts ist als erstarrte Vergangenheit«.

Gewiss stellt sich auch für manchen die Frage, was mit einem nur noch kurzen Lebensrest anzufangen sei, welcher Sinn darin noch liegen könne. Je nach persönlichem Weltbild mag Jupiters Antwort lauten: Es ist immer noch Zeit, Erleuchtung zu finden oder »wenigstens« tiefen inneren Frieden, um letztlich in großer Dankbarkeit diese Welt zu verlassen.

Ab 82. bis 84. Lebensjahr ♆ ☍ ♆, ♃ ☌ ♃, ♄ ☌ ♄, ⛢ ☌ ⛢

Erlösung, All-Einheit

Wenn Neptun die Hälfte des Tierkreises durchlaufen hat, öffnet er unser geistiges Auge für die andere Wirklichkeit, für die unsichtbare Hälfte des Rads von Werden und Vergehen. Jupiter, Saturn und Uranus, die in diesen Jahren ihre Zyklen gemeinsam vollenden, signalisieren zugleich, dass sich dieses Rad auch für uns auf den Umkehrpunkt zubewegt. Damit ist die Zeit gekommen, die letzten Dinge zu ordnen (♄), bevor der Tod, der ein ganzes Leben lang in uns heranreifte, als dessen letzte Frucht (♃) hervortritt, uns aus dieser Welt befreit (⛢) und wieder eins werden lässt mit der All-Einheit (♆).

Die Zyklen und Themen der langsam laufenden Planeten als tabellarische Übersicht

Alter	Konstellation	Jupiterphase	Saturnphase	Thematik
1	☉ ☽ ☿ ♀ ♂ ♃ ♄ ⛢ ♆ ♇	Kindheit	Körperliche Phase	Geburt
2				
3				
4				
5				
6				Einschulung
7	♃☍♃, ♄□♄			Geschäftsfähigkeit (juristisch)
8			Entfaltung der körperlichen, seelischen, geistigen Anlagen	
9				
10				
11				
12	♃☌♃			
13				
14	♄☍♄	Adoleszenz		Pubertät
15				
16				Ende der Kindheit (jur.)
17				
18	♃☍♃			Kraftprotzerei, Militär, vorverlegte Volljährigkeit
19				
20				
21	♄□♄, ⛢□⛢			Volljährigkeit
22				
23				
24	♃☌♃	Familie, Beruf		
25				
26				Basis des Erfolgs
27				
28			**2. Geburt**	Vision/Sehnsucht/Flucht
29	♄☌♄, ♆⚹♆			
30				Reife, Ernst, Schwere, Ausbildungsbilanz
31	♃☍♃		Individuelle Phase	
32				
33				Neuer Auftrieb
34				
35			Festlegung	
36	♄□♄	Hochblüte		Schwere Krise = Risiko + Chance
37	♃☌♃			
38			Hervorbringen der Eigenart	
39				
40				
41				Midlife-Crisis
42	♃☍♃, ♄☍♄, ⛢☍⛢		Gestaltung der Lebensaufgabe	
43				Ausbruchstendenzen
44	♆□♆			
45				
46		Ernte		Ruhm
47				
48	♃☌♃			Verschleppte Midlife-Crisis
49			oder zunehmende Enttäuschung vom Leben	
50	♄□♄			
51				
52				
53				
54	♃☍♃			
55				Bilanzierung
56				Verantwortung übergeben, Ältestenrat, Selbstlosigkeit.
57	♄☌♄, ♆△♆		**3. Geburt**	
58				
59			Spirituelle Phase	
60		Spätlese		
61	♃☌♃			Was lassen wir zurück?
62				
63			Weg zur Altersweisheit oder Langeweile, Leere, Sinnlosigkeit und Verbitterung	Ehre, Ehrenamt
64	♄□♄, ⛢□⛢			
65				Abschied, Schwere und neue Freiheit
66				
67	♃☍♃			
68				
69				Reiselust
70	♃☌♃			
71				Ernst
72	♄☍♄	gütige Weisheit		
73				Zweckfreie Bildung
74				Altersweisheit
75				
76				
77			Verklärung oder Vergreisung	
78	♃☍♃			Lebensgeheimnisse
79				
80	♄□♄			
81				Erlösung, Vision, Ganzheitserfahrung
82	♆☍♆			
83				
84	♃☌♃, ♄☌♄, ⛢☌⛢			

Denn wir sind nur die Schale und das Blatt,
der große Tod, den jeder in sich hat,
das ist die Frucht, um die sich alles dreht.

Rainer Maria Rilke

Der folgende, wunderschöne Text stammt aus unbekannter Quelle. Er wird zumeist dem argentinischen Dichter Jorge Luis Borges zugeschrieben, ist aber wohl nicht von ihm:

Wenn ich mein Leben noch einmal leben könnte

Im nächsten Leben würde ich versuchen, mehr Fehler zu machen.
Ich würde nicht so perfekt sein wollen,
ich würde mich mehr entspannen.

Ich wäre ein bisschen verrückter, als ich es gewesen bin,
ich würde viel weniger Dinge so ernst nehmen.
Ich würde nicht so gesund leben.
Ich würde mehr riskieren,
würde mehr reisen,
Sonnenuntergänge betrachten,
mehr Bergsteigen,
mehr in Flüssen schwimmen.

Ich war einer dieser klugen Menschen,
die jede Minute ihres Lebens fruchtbar verbrachten;
freilich hatte ich auch Momente der Freude,
aber wenn ich noch einmal anfangen könnte,
würde ich versuchen, nur mehr gute Augenblicke zu haben.

Falls du es noch nicht weißt,
aus diesen besteht nämlich das Leben;
nur aus Augenblicken;
vergiss nicht den jetzigen.

Wenn ich noch einmal leben könnte,
würde ich von Frühlingsbeginn an
bis in den Spätherbst hinein barfuß gehen.
Und ich würde mehr mit Kindern spielen,
wenn ich das Leben noch vor mir hätte.

Aber sehen Sie … ich bin 85 Jahre alt
Und weiß, dass ich bald sterben werde.

Ira
superbia

Die sieben Todsünden – astrologisch gesehen

Kann man zu Beginn des Wassermannzeitalters allen Ernstes etwas so Antiquiertes wie die Todsünden aus der Mottenkiste holen? Jetzt, wo wir doch alle auf dem Weg zu kosmischem Bewusstsein sind und allenfalls noch »light und bleifrei« sündigen? Was soll da ein so völlig überholtes, nach muffigen Beichtstühlen riechendes Thema?

Wer einmal das Dickicht beiseiteräumt und den Staub abwischt, wer die Drohgebärden weglässt und auch das Kapital, das die Kirche aus der Angst vor diesen allerübelsten Verfehlungen geschlagen hat, der kann aus diesem Konzept tatsächlich auch heute noch wirklich wertvolle Einsichten gewinnen.

Das deutsche Wort Sünde geht auf Absondern zurück und meint die Absonderung von Gott. Ein sündiger Mensch lebt demnach in Gottesferne, in völliger Verlorenheit. Wenn wir das Göttliche als Mitte, Sinn und Tiefe verstehen (so wie der Basler Religionsphilosoph Hans Urs von Balthasar das Ziel aller Spiritualität definierte), dann wird diese Verlorenheit zum Verlust der Mitte, des Lebensmittelpunktes. Eben das machen auch die Worte deutlich, die die Bibel für Sünde benutzt. Sowohl das hebräische *chat'at* wie das griechische *hamartia* bedeuten ursprünglich »Verfehlen des Wesentlichen«, »Verfehlen des Ziels« und das »Verfehlen der Mitte«.

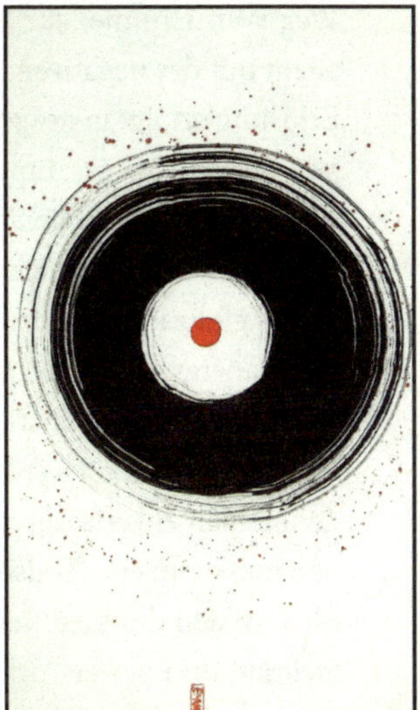

Bild links *»Die sieben Todsünden«, Hieronymus Bosch, spätes 15. Jahrhundert*
Bild rechts: *»Leere des Zen 12«, Klaus Holitzka, 1991*

Im Unterschied zu den lässlichen Sünden bedeutet die Todsünde, so weit aus der Mitte gefallen zu sein, so einseitig geworden zu sein, dass dafür der höchste Preis zu bezahlen ist, der Preis der Lebendigkeit. Während das Mittelalter die Strafe als Verlust des Seelenheils und als ewige Verdammnis ins Jenseits verlegte, scheint sie bei genauer Betrachtung vielmehr schon zu Lebzeiten stattzufinden. Hier im Diesseits opfern wir ein Gutteil unserer Lebendigkeit, unserer Lebensenergie und Lebensfreude, wenn wir diesen Sünden verfallen. Und deshalb ist das Thema heute so aktuell wie eh und je.

Ein einheitliches Konzept der sieben Todsünden gibt es nicht. Nicht einmal die Zahl war stets die gleiche. Der heutige Katalog geht auf Papst Gregor den Großen zurück, der ihn Ende des 6. Jahrhunderts zusammenstellte als: Stolz, Trägheit, Neid, Wollust, Zorn, Völlerei und Geiz.

Auch wenn die Zuordnung zu den sieben Planeten weder ursprünglich noch eindeutig ist, hat sie doch sehr alte Wurzeln. Schon in den Seelenwanderungslehren der Antike findet sich das Bild, dass die Seele auf ihrem Weg vom Himmel zur Erde durch die sieben Sphären fällt und dabei vor allem mit der negativen, der sündigen Planetenenergie »infiziert« wird. Die Erlösung erfolgt in umgekehrter Richtung durch den Aufstieg über jene sieben Stufen zurück zum Himmel. Das Bild besagt, dass der Sturz aus der ursprünglichen Einheit in die Einseitigkeit führt, aus der heraus nur die Gegenbewegung zurück zur Ganzheit führen kann.

Es gibt zahllose astrologische Deutungen von Licht- und Schattenseiten der Planeten und ihrer Aspekte. Dieses alte Konzept der sieben Todsünden aber lässt die problematische Seite jedes Planetenprinzips in einer sehr eigenen Weise deutlich werden. Dabei geht es nicht um neue Kochbuchrezepte, denen man zuverlässig entnehmen könnte, wie ein Planet im Horoskop stehen muss, um ein »Todsündenkandidat« zu sein. Es geht vielmehr um einen Blick in den dunklen Bereich jedes Planeten, der sich selbst bei günstigster Stellung und bester Aspektierung durch Vereinseitigung und Unmaß auftun kann.

Erfahrungsgemäß hat jeder Mensch einen Hang zu mehreren Todsünden, doch ist das nicht immer leicht zu erkennen. Deshalb gibt es bei jeder Todsünde einen Fragenkatalog, mit dem man sich schnell auf die Schliche kommen kann.

Das Merkmal eines kleinen Menschen ist,
dass er hochmütig wird, wenn er merkt,
dass man ihn braucht.

Friedl Beutelrock

⊙ Stolz

Es gibt einen gesunden Stolz, den wir als glückliche Zufriedenheit erleben, wenn wir etwas Wertvolles erreicht haben. Kranker Stolz zeigt sich dagegen in Überheblichkeit und Selbstgefälligkeit und steigert sich in extremen Fällen zum Größenwahn. Diese Todsünde gilt als die verbreitetste und wird stets an erster Stelle genannt, so wie auch ihre astrologische Entsprechung, die Sonne, als wichtigster Planet bei der Deutung stets an erster Stelle steht. Als typische Egokrankheit, als Ichaufblähung, trägt diese Fehlhaltung viele Namen und zeigt sich blasiert, arrogant, dünkelhaft, hochnäsig, geziert und selbstverliebt, als Großmaul, Diva oder Wichtigtuer. Stolz ist aber nicht nur eine Haltung, die man im Feuerelement, insbesondere im selbstbewussten Zeichen Löwe vermutet; vielmehr kann Stolz auch gerade aus einer Egoschwäche entstehen. Während ein gereiftes Ego gefestigt ist und damit sowohl belastbar als auch im guten Maße beugsam, schwankt ein unreifes Ego zwischen den Extremen knallhart und wachsweich hin und her. Mal ist es rücksichtslos, skrupellos despotisch, selbstherrlich und voller Allmachtsphantasien, dann wieder eitel und empfindsam als Primadonna männlichen oder weiblichen Geschlechts, die ständig pikiert und beleidigt ist, oder in dem typischen Reaktionsmuster eines kleinen Geistes, der, sobald er merkt, dass man ihn braucht, sofort alles verkompliziert und alles ebenso genussvoll wie unnötig in die Länge zieht. Das Tückische am Stolz ist, dass er in versteckter Form auch im scheinbaren Gegenteil erscheinen kann, in großer Bescheidenheit und tugendhafter Genügsamkeit. Auch nicht stolz zu sein kann uns mit großem Stolz erfüllen.

Allen Formen des Stolzes ist eins gemein: Das tiefe, manchmal nur heimlich oder weitgehend unbewusst gelebte Gefühl, etwas ganz Besonderes zu sein. Und so wundert es denn nicht, dass sich als Folge dieser verbreitetsten Todsünde ausnahmslos jeder Mensch als Ausnahme betrachtet. Und Ausnahmen sind nicht an die allgemeingültigen Bedingungen gebunden, sondern dürfen für sich selbstverständlich Sonderregeln in Anspruch nehmen. Überall glauben sie Privilegien zu haben und räumen sich einen Sonderstatus ein. Was für andere gilt, gilt noch lange nicht für sie. Ärgerlich nur, dass die anderen dieselben Vorrechte für sich reklamieren.

Eine solche Lebenseinstellung kann natürlich zu hartnäckigen Problemen führen, wenn man zum Beispiel glaubt, einfach klüger als alle anderen zu sein und sich deshalb frei von allen Selbstzweifeln auf Geschäfte einlässt, von denen man keine Ahnung hat. Oder wenn man zu besonders ist, einen Beruf zu erlernen, weil man doch als Genie geboren ist, oder wenn man seine krausen Gedankengänge gern als Philosophie verbrämt und nicht verstehen kann, warum die Welt nicht mit angehaltenem Atem der großen Wahrheit lauscht. Lebensgefährlich wird es, wenn man zu besonders ist, um Probleme zu haben und deshalb mit niemandem darüber spricht, geschweige denn einen Therapeuten oder Arzt aufsucht. Und wie viel unnötigen Ärger man sich mit dieser Haltung im Alltag einhandelt, weiß jeder, der es nicht nötig hat, Gebrauchsanweisungen zu lesen.

Am liebsten aber träumt das stolze Ego den Traum von der eigenen Autarkie, der sich gern hinter dem Streben nach Vollkommenheit oder dem inständig gehegten Wunsch nach Erleuchtung verbirgt. Bei genauer Betrachtung zeigt sich, dass man sich vom erstrebten Zustand erhofft, endlich von irdischen Bedingungen befreit zu sein, in sich zu ruhen, wie ein in sich geschlossenes System, und deshalb niemanden zu brauchen, niemanden mehr um Hilfe bitten zu müssen, nie mehr Abhängigkeit, Ohnmacht oder Verletzungen zu erleben, allesamt sehr menschliche Egofantasien, die allerdings mit Erleuchtung nichts zu tun haben. Ein Mensch aber, der glaubt, schon so »weit« zu sein, wähnt sich über den Dingen und ist sich natürlich zu schade für manches, was weniger Erleuchtete noch tun müssen. Damit klemmt er sich von wichtigen Erfahrungen ab und glaubt, sich auf vieles gar nicht erst einlassen zu müssen. Die Folge ist oft eine stolze Resignation, mit der man sich mehr und mehr aus dem Leben zurückzieht.

Der Preis an Lebendigkeit, den wir für diese Todsünde zahlen, ist hoch: Die mangelnde Bereitschaft, uns zu verbeugen, lässt uns in wichtige Erfahrungsbereiche gar nicht erst eintreten. »Es gibt Dinge, die jeder leicht haben kann, nur bücken muss er sich danach«, sagte Adalbert Stifter.

☉ Stolz – Arroganz – Selbstgefälligkeit – Eitelkeit – Hoffart

Fragen:

- Wo oder unter welchen Umständen wäre es für mich ein Horror, um Hilfe bitten zu müssen?
- Wie schnell erlebe ich etwas als Schikane?
- Wann habe ich jemandem süffisant bewiesen, dass ich ihn nicht brauche?
- Aus welchen Bereichen habe ich mich in stolzer Resignation zurückgezogen?
- Wo schaue ich auf Menschen herab, die noch nicht so weit sind? Die »das« noch nötig haben?
- Wie schnell bin ich empört?
- Wie schwer fällt es mir, um Hilfe zu bitten?

Oskar Adler, einem der namhaftesten Astrologen des 20. Jahrhunderts, verdanken wir ein sehr anschauliches Bild für das Zusammenspiel von Sonne und Mond. Er verglich das Kräftespiel dieser beiden Planeten mit einem Fesselballon, wobei die Sonne die nach oben strebende Kraft verkörpert und der Mond das Gegengewicht, unsere erdverbundene Natur. In der richtigen Mischung kommt es zu einer langsamen, aber steten Höherentwicklung, die einem gesunden Reifeprozess entspricht. Da die Sonne dazu neigt, uns über den Dingen schweben zu lassen, bedeutet ein Zuviel, dass wir abheben und uns aus irdischer Tiefe ausklinken. Überwiegen dagegen die Mondkräfte, ist die Erdgebundenheit so groß, dass gar keine Höherentwicklung stattfindet, aber auch keine Überwindung von Problemfeldern. Der Mensch bleibt allein seiner Triebnatur verhaftet und fühlt sich den Lebensproblemen hilflos und zumeist leidend ausgesetzt. Genau das ist das Problem der nächsten Verfehlung.

Eigentlich bin ich ganz anders,
nur komme ich so selten dazu!

Ödön von Horváth

☽ Trägheit

Diese Todsünde wird oftmals belächelt, weil man meint, sie müsse von lustlosen Puritanern oder anderen ruhelosen Ehrgeizlingen erfunden worden sein. Aber hier geht es nicht um eine Faulheit, die der Mensch genießt, nicht um eine Auszeit, die man sich wirklich gönnt. Wenn jemand den lieben Gott mal einen guten Mann sein lässt, wenn jemand wirkliche Muße pflegt, hat das nichts mit der hier gemeinten Trägheit zu tun – sonst wäre diese Todsünde ja – ähnlich der Muße – in heutiger Zeit vom Aussterben bedroht. Hinter dieser Fehlhaltung verbirgt sich vielmehr eine Unfähigkeit, etwas zu erreichen, weil es dazu an Kraft und Durchhaltewillen fehlt. Stattdessen fällt man eher früher als später in ein tiefes Phlegma zurück, in einen Zustand chronischer Lustlosigkeit, in dem man das Leben apathisch und leidend an sich vorbeitreiben lässt. Permanente Unzufriedenheit mit allem, was man vorfindet, ständiges Mäkeln sowie die Unfähigkeit, etwas zu ändern sind ebenso typische Symptome wie die nachhaltige Verweigerung sein Leben zu verdienen. Die Energie reicht nur bis zum Herbei- oder Wegwünschen, aber nie, um etwas wirklich anders zu machen. Gerade hierin spiegelt sich die Parallele zur Astrologie. Während die Sonne Gradlinigkeit und eine Willenskraft verkörpert, die am Widerstand wächst, entspricht die Wunschkraft und die zyklische Natur des Mondes einer unbeständigen Energie, die Zuflucht zu Scheinwirklichkeiten sucht und sich phantastische Lösungen erhofft.

Nicht dass es gänzlich an Versuchen fehlt, den inneren »Schweinehund« zu überwinden und etwas grundlegend zu verändern. Aber entweder bleiben die Lösungen gleich im Vorsatz stecken oder es führt zu den Scheinlösungen der Quartalsaktionen. Dann wird beispielsweise das Chaos in den eigenen vier Wänden tatsächlich mit einem ungeheuren Energieaufwand an einem Tag beseitigt, weshalb man sich als Entschädigung für die übergroße Mühe einige Tage zufrieden zurücklehnen darf, womit das Chaos Schritt für Schritt wieder Einzug erhält, bis zur nächsten Quartalsaktion.

Leider ist diese Todsünde – ebenso wie alle anderen – nur selten mit Einsicht in die eigene Schuld gepaart. Selbst dort, wo es zu wahren Tiraden an Selbstvorwürfen kommt, bleiben sie fruchtlos, weil sie in der reinen Selbstanklage stecken bleiben, ohne etwas zu verändern. Zumeist aber wird der eigene Misserfolg als Gemeinheit des Schicksals gedeutet und zur unverdienten Tragödie ausgestaltet, während der Erfolg anderer stets billige Gründe hat, einfach günstigere Ausgangsbedingungen, Erbschaften, Protektion oder eben Glück, wovon Jean Cocteau so treffend sagt: »Wir müssen ja an das Glück glauben, wie sonst könnten wir uns den Erfolg derer erklären, die wir nicht mögen?« Es liegt nahe, dass Jammern und Klagen über das eigene Schicksal ebenso selbstverständlich zu dieser Todsünde gehören wie Schuldzuweisungen und Missgunst, alles in allem eine Mischung, aus der letztlich eine tief sitzende Bosheit ebenso hervorgehen kann wie Depressionen und abgrundtiefe Hoffnungslosigkeit.

Gerade in der Welt der Esoterik ist diese Haltung weit verbreitet. Nicht wenige erhoffen sich von der Welt der Magie, durch die Kraft guter Wünsche oder einfach durch das Ziehen einer günstigen Karte, dass die aufgelaufenen Probleme ganz von selbst, wie von Zauberhand verschwinden. Mit eigentlicher Esoterik hat das aber ebenso wenig zu tun wie mit einer ganzheitlichen Sicht der Welt.

Der Preis an Lebendigkeit, den diese Todsünde fordert, ist eine Unmenge an lethargischen Stunden, die in dumpfer, hoffnungsloser Schwere gefristet werden, sowie die vielen nicht verwirklichten Möglichkeiten, die allesamt auf dem Konto ungelebten Lebens landen. Mit zunehmendem Alter aber wird es für jeden Menschen immer wichtiger, diesen Saldo genau im Auge zu haben. Es ist unvermeidbar, dass er sich aufbaut, da kein Mensch alle Möglichkeiten verwirklichen kann, die ihm das Leben bietet. Wenn aber dieser Saldo weit attraktiver ist als die Summe des gelebten Lebens, dann sind Verbitterung, Groll und Bosheit für die zweite Lebenshälfte vorprogrammiert.

☽ **Trägheit – Launenhaftigkeit – Verantwortungslosigkeit – Phlegma – Hoffnungslosigkeit**

Fragen:

- Was habe ich trotz vieler guter Vorsätze/Anläufe bis heute nicht verwirklicht?
- Wie groß ist mein Konto ungelebten Lebens?
- Wo ist es mir peinlich, wenn das Gespräch auf ein Thema kommt, das »eigentlich« schon längst erledigt sein sollte?
- Wo mogle ich oder belüge ich mich selbst, weil ich lieber glaube »eigentlich« schon viel weiter zu sein?

Am Grabe der meisten Menschen trauert,

tief verschleiert, ihr ungelebtes Leben.

Håkan Nesser

Neidische Menschen haben es doppelt schwer:
Sie ärgern sich nicht nur über das eigene Unglück,
sondern auch über das Glück der anderen.

Hippias

☿ Neid

Die dritte Todsünde, Neid oder Eifersucht, würde man nach heutigem Verständnis spontan der Venus zuordnen. Traditionell wird sie aber mit Merkur gleichgesetzt, der sicherlich über die Verschlagenheit und die List verfügt, die in diesem Umfeld zu Hause ist und vielleicht auch dem dazugehörigen negativen Denken. Die bekannten Merkurprobleme wie Lüge und Betrug zählen dagegen nicht zu den Todsünden, selbst wenn sie uns als Lebenslügen und Selbsttäuschung hartnäckig von der Selbsterkenntnis abhalten und damit zugleich von der Erkenntnis der Mitte und des Weges.

Diese Problematik wird an einem einfachen Bild anschaulich. Merkur, als der sonnennächste Planet, kreist so nah um die Sonne, dass er sich auch im Horoskop stets in ihrer Nähe befindet. Er kann nur im Sonnenzeichen selbst oder in einem der beiden Nachbarzeichen stehen. Wenn wir die Planeten Gestalt annehmen lassen, dann wird die Sonne zum König und Merkur zu dessen Berater. Die Vorstellung aber, dass der König oder sein Berater an wirklich objektiver Information und Erkenntnis interessiert sind, ist etwas arglos. Seit alter Zeit haben sich auch die größten Tyrannen gern von ihren Hofschranzen schmeicheln lassen, wie gütig, gerecht und wie überaus liebenswert sie seien. Ebenso scharwenzelt Merkur (unsere Erkenntniskraft) immer eng um die Sonne (unser Ego) herum und wird sich hüten, unliebsame, das Ego kränkende Nachrichten aufzutischen. Viel lieber filtert er alles heraus, was uns schmeichelt und ist stets schnell bei der Hand, wenn

Kritik und andere unangenehme Erkenntnisse zu unseren Gunsten uminterpretiert werden müssen. Damit ist er der Erbauer unserer Lebenslüge, in die wir uns versteigen, und die uns oft hartnäckig und nachhaltig von Selbsterkenntnis und der Erkenntnis unseres Weges abhält. Dennoch zählt die Lebenslüge nicht zu den Todsünden.

Eifersucht ist eine oft verharmloste, manchmal auch romantisierte Fehlhaltung, die manchem sogar als Beweis wirklicher Liebe gilt, obwohl sie bei genauer Betrachtung bestenfalls mit Eigenliebe zu tun hat. Zumeist ist sie verdrängt; denn auf die Frage, ob jemand eifersüchtig sei, kommt als typische Antwort: »Ja, früher mal!« Gut verdrängt heißt aber nicht gut erledigt, sondern bedeutet nur, dass etwas in uns wirkt, dessen wir uns nicht (mehr) bewusst sind. Und das ist gerade bei der Eifersucht gefährlich, denn sie zählt zu den »mörderischen« Todsünden. Ein Gutteil aller Morde geht ja tatsächlich auf ihr Konto.

Neid und Eifersucht entstehen oft als Folge der Trägheit oder des verletzten Stolzes und entpuppen sich als ein Trieb, Menschen, denen es anscheinend besser geht, zu erniedrigen oder zu vernichten. Die durch und durch destruktive Seite dieser Haltung ist leicht daran zu erkennen, dass sie niemals etwas Erstrebenswertes aufbaut, sondern nur zerstört, und dabei auch vor dem eigenen Glück nicht Halt macht. Krankhafte Eifersucht hat etwas so Zerfressendes, dass sie auch gesunde Beziehungen zerstören kann, weil der durchaus treue Partner es früher oder später nicht mehr schafft, sich der ständigen Verdächtigungen zu erwehren, oder weil der eifersüchtige Partner trotz aller Gegenbeweise so sehr von der Untreue des anderen überzeugt ist, dass er es irgendwann nicht länger »mitmachen« kann. So zerstört diese Todsünde sehr oft gerade das, was der Mensch begehrt und beschränkt sich dabei nicht auf die Liebe.

Als Neid findet man sie unter Nachbarn, Freunden und Geschwistern, im Beruf, aber auch in unpersönlichen Beziehungen. Das Auto des Nachbarn, das Glück eines Freundes, die Attraktivität der Schwester, die Beförderung des Kollegen kann ebenso den Neid erwecken wie der gewinnende Charme eines Stars, die Privilegien der Schönen und Reichen oder der phänomenale Erfolg eines Selfmademans. Dabei erweist sich gerade der unbewusste Neid als höchst destruktiv, weil er sich in so sachliche Argumente kleidet, dass der Neider nicht wirklich weiß, was er tut, und sogar glauben kann, aus guten Gründen zu handeln. Er macht den anderen schlecht, bezweifelt dessen Kompetenz, Loyalität oder Aufrichtigkeit, streut üble Verdächtigungen aus, die zwar allesamt frei erfunden sind, an denen aber dennoch etwas dran sein könnte, und erzeugt so ein giftiges Klima von Verlogenheit und übler Nachrede. Das Ziel ist stets, dem anderen zu schaden.

Dennoch ist diese Leidenschaft auch hochgradig selbstzerstörerisch. Sie zerfrisst die Seele, raubt den Schlaf, vernichtet alle Lebensfreude und kann sich bis zu unverhohlenem Hass steigern. Krankhafter Neid kennt kein Glück, es sei denn das süffisante Lächeln der Schadenfreude. Als Massenphänomen findet man sie bei Katastrophentouristen ebenso wie bei den Gaffern, die sich im bequemen Sessel beim Reality TV »informieren«, indem sie fasziniert die Schreckensbilder vom Schaden anderer betrachten.

Was wir als Preis für diese Verfehlung opfern, ist Glück, Erfüllung, Zufriedenheit und alle Lebensfreude.

☿ Eifersucht – Neid – Schadenfreude – Missgunst – Boshaftigkeit – Hass

Fragen:

- Wo kann ich einem Menschen etwas partout nicht gönnen?
- Wann habe ich jemanden »ganz sachlich« schlecht gemacht? Was waren meine wahren Motive?
- Wo raubt mir das Glück, der Erfolg, der Reichtum eines anderen den Seelenfrieden?
- Wann habe ich mich hämisch über den Schaden eines anderen gefreut?
- Wo bin (oder war) ich voller Hass?
- Wie stark faszinieren mich Katastrophenmeldungen?

Alles Unheil dieser Welt
hat seinen Ursprung in der Gier.

Buddha

♀ Wollust

Die vierte Todsünde, die Wollust, wird der Venus zugeordnet. Sie wird zumeist als Relikt aus Zeiten körperfeindlicher Prüderie belächelt und in ihrer Bedeutung unterschätzt. Sie beschränkt sich nämlich keineswegs auf sexuelles Verlangen. Wollust bedeutet, von einem genussverheißenden Objekt der Begierde derart besessen zu sein, dass man es um jeden Preis und immer wieder haben muss. Dieser Wunsch überflutet das Bewusstsein und versteift sich dort zu einer fixen Idee, die für nichts anderes mehr Raum lässt. Da Lust aber immer nur vorübergehend zu befriedigen ist und bei jedem neuen Aufkeimen nach mehr verlangt, ist der Weg dieser Verfehlung vorgezeichnet: So wie der Versuch, Durst mit Salzwasser zu stillen, nur zu immer größerem Durst führt, der nach immer mehr Wasser verlangt, führt auch die Wollust sehr schnell von der Qualität zur Quantität, vom Genuss zur unstillbaren Genusssucht, die nach immer mehr Vergnügen in immer kürzerer Zeit verlangt, weshalb die Verschwendungssucht gern im Fahrwasser der Wollust mitsegelt. Gier macht nicht satt, sondern süchtig.

Die Vorstellung, auf diese Art tatsächlich mehr zu erleben, erweist sich als Illusion, weil die zwangsläufige Verflachung des Erlebens keine tiefe Befriedigung ermöglicht. Ohne Tiefe aber gibt es nicht den Zauber der Ergriffenheit, den Venus so sehr liebt. Und deshalb wird die ganze Welt früher oder später als fauler Zauber erlebt, als eine gigantische Mogelpackung.

In ihrer trostlosen Form führt diese Verfehlung zu bösartiger Verbitterung, zu einem Hass auf alle Objekte, die die Befriedigung der Lust scheinbar verweigern, und nimmt damit immer destruktivere, oftmals sadistische Züge an.

Was wir als Preis für diese Verfehlung opfern, ist die Lebenslust und die Freude am Schönen, an deren Stelle Abstumpfung und Zynismus treten.

♀ Wollust – Gier – Verschwendungssucht – Machthunger – sexuelle Sammelwut

Fragen:

- Was schlägt mich immer wieder in Bann und lässt mich Dinge tun, die ich eigentlich nicht (mehr) tun will?
- Wo schieße ich immer wieder über das Ziel, das rechte Maß hinaus?
- Wo bin ich süchtig? Rausch, Spiel, Computer, Konsum, Sex …
- Wo spüre ich, dass ich innerlich abstumpfe?

Die Zerstörung ist die Kreativität
der Hoffnungslosen und Verkrüppelten,
sie ist die Rache, die das ungelebte Leben an sich selber nimmt.

Erich Fromm

♂ Zorn

Die dem Mars entsprechende Todsünde ist der Zorn, die Wut. In einer ihrer extremsten Auswirkungen sprechen wir von Amok, dem malaiischen Wort für Wut. Sie gehört ganz offenkundig zu den »mörderischen« Todsünden, weil ihr spontaner Ausbruch eigenes wie fremdes Leben zerstören kann.

Wut ist eine überwältigende Kraft, die das Bewusstsein verfinstert und die Seele auflodern lässt. Am leichtesten entfesselt sie sich im abgesenkten Bewusstsein der Masse, wo sie unversehens aus an sich zivilisierten Individuen eine Hetzmeute werden lässt. In Verbindung mit Eifersucht und gekränktem Stolz wird sie zur Lust an der Rache, einer überaus destruktiven Energie, die schon viele Kriege ausgelöst hat. So ist Zorn auch das Wort, mit der die Ilias beginnt, in der Homer vom Untergang Trojas berichtet.

Während ihre aktive Form offenkundig zerstörerisch ist, wird ihre subtile Ausdrucksform, in der sie andere zur Weißglut bringt, oft verkannt. Diese destruktive Energie, die die Wut in anderen entfacht, die sie dann sozusagen stellvertretend ausleben, nennt man »passive Aggression«. Sie verschafft sich vorzugsweise Ausdruck, indem sie das Leben lahmlegt und anderen ebenso sinnlos wie schikanös die Zeit raubt – unwiederbringliche Lebenszeit. Alle provokante Trödelei, wie wichtigtuerische Verschlepperei, oberlehrerhafte kolonnenbildende Langsamfahrerei, aber auch die bleierne

Schwere der Bürokratie gehört ebenso hierher wie die nervtötende Trödelei beim Bezahlen an der Kasse im Supermarkt. Besonders elegant verbirgt sich diese destruktive Energie im harmlosen Gewand des Nichtverstehens. Wer sich nachhaltig auf die lange Leitung stellt und sein Gegenüber immer wieder höflich bittet, ihm einen an sich einfachen Sachverhalt nochmals und nochmals zu erklären, beschwört früher oder später im anderen den Zorn herauf. Der Sadismus, der in diesem Verhalten steckt, kommt in eklatanter Weise in der sinnlosen Zerstörung zum Ausdruck, die Computerviren erzeugen, die dann noch zynischerweise unter Namen wie »I love you« in die Welt gesetzt werden.

Vor allem dann, wenn diese Kraft sich – aus Ohnmacht, Feigheit oder moralischen Skrupeln – nicht nach außen gegen die eigentliche Quelle des Zorns richten kann, kehrt sie um und wird selbstzerstörerisch. Dann führt sie beispielsweise als Arbeitswut zum Raubbau am eigenen Körper, die Menschen – mit einem Unterton von Stolz – über ihre Herzinfarkte reden lässt, als seien es Verdienstorden. Oder sie führt in Phasen enttäuschter Liebe zu einer Romantik des Kaputten, in der das Schinden, Ausmergeln und Überfordern des eigenen Körpers durch Exzesse verschiedenster Art fast wie eine Genugtuung erlebt wird.

Was wir als Preis für diese Todsünde opfern ist Frieden, Gesundheit und natürlich alles, was bei einem Wutanfall zu Bruch geht.

♂ Zorn – Wut – Zerstörungslust – Rachegelüste

Fragen:

- Wo brause ich auf und würde am liebsten sofort zuschlagen?
- Wie schnell bin ich empört?
- Wo räche ich mich (für verletzten Stolz), indem ich jemand freundlich anlächle, aber am ausgestreckten Arm verhungern lasse?
- Wie leicht lasse ich mich aus Ungeduld zu Unachtsamkeit hinreißen?
- Wie oft hört man mich fluchen?
- Wo räche ich mich durch Schaden, den ich mir selbst zufüge?

Der größte Feind des Guten
ist des Guten zu viel.

Verfasser unbekannt

♃ Völlerei

Die dem Jupiter entsprechende Todsünde ist die Völlerei, die Maßlosigkeit. Sie ist mit der Wollust verwandt und wird leicht mit ihr verwechselt.
Während dort aber die Begierde einem bestimmten lustversprechenden Objekt gilt, so geht es hier einfach um wahlloses Vollstopfen nach dem Motto: Zu viel ist nicht genug. Wo Jupiter kein echtes Sinngefühl erzeugt, ergeht er sich leicht in sinnloser Fülle wie unmäßigem Essen und Trinken, um damit die innere Leere zu überwinden. Das Merkmal dieser Todsünde ist eine negative Trance, eine Betäubung, die das Gefühl der Sinnlosigkeit zudeckt. Dazu dient alles, womit wir uns »zudröhnen«, was wir im Unmaß verschlingen, sei es stundenlanges Fernsehen, ständige Musikberieselung, Computerspiele, Surfen im Internet, selbst Bücher, im Unmaß gelesen, lenken davon ab, über deren Inhalt zu reflektieren und tiefsitzende Sinnfragen wahrzunehmen.

Die permanente Reizüberflutung, der wir uns in der modernen Gesellschaft aussetzen, leistet einen großen Beitrag zu dieser Trance. Aber auch der Workaholic, der sich mit Arbeit vollstopft, um seine innere Leere nicht zu spüren, und nicht genug bekommen kann vom Gefühl, wichtig zu sein, gehört ebenso in diese Kategorie wie der Kaufsüchtige, der sich den Sinn des Lebens zusammenkaufen will. Aber selbst derjenige, der im Unmaß meditiert; denn auch das kann zu einer benebelnden Trance führen, die tiefergehende Sinnfragen überdeckt. Man glaubt einfach zu gern, durch ständige Meditation regelmäßige Einzahlungen auf das Erleuchtungskonto zu machen, das sich aber durchaus als »Einlullungskonto« entpuppen kann.

Und was ein Zuviel des Guten bedeutet, kann jeder erleben, der sieht, wie Kinder unserer Wohlstandsgesellschaft nicht nur an Weihnachten so sehr mit Geschenken zugeschüttet werden, dass ihnen alle Wünsche vergehen. Sie sind dann nicht wunschlos glücklich, sondern wunschlos unglücklich.

Was wir als Preis für diese Todsünde opfern ist alles, was das Leben reizvoll, geheimnisvoll und spannend macht. Wir opfern die Wirklichkeit, die nur vernebelt wahrgenommen wird, vor allem aber verfehlen wir ein sinnerfülltes Leben.

♃ Völlerei – Maßlosigkeit

Fragen:

- Wovon kann ich den Hals nicht voll genug bekommen?
- Was stopfe ich blind in mich hinein?
- Womit betäube ich mich?
- Wo gilt für mich »je mehr – je besser«?
- Wie sinnlos erscheint mir das Leben?

Der Geizige macht zahllose Testamente.
Sie haben für ihn den Reiz einer Geldausgabe,
von der er weiß, dass er sie nie erlebt.

Sigmund Graff

♄ Geiz

Die siebte Todsünde, die dem Planeten Saturn zugeordnet wird, ist der Geiz. Im Unterschied zum »Haben wollen« von Wollust und Völlerei liegt hier das Kernproblem im Unwillen, etwas herzugeben oder gar etwas mit anderen zu teilen, selbst dann, wenn man es selber gar nicht (mehr) brauchen kann. So wird der Geizige zum Tyrannen, der alles für sich behalten will. Der Aberwitz liegt jedoch darin, dass er das Gehortete nicht nutzt, weder für sich, und schon gar nicht für andere. Damit wird aus all seinem Geld, das ja an sich ein großes Potenzial darstellt, einfach ein Berg toter Scheine und Münzen.

Aber Geiz beschränkt sich nicht auf Geld, sondern erstreckt sich auf jede Form von Besitz und verhindert darüber hinaus auch Freigiebigkeit im Sinne von Gewähren und Gönnen. Es wird nicht nur nichts verliehen oder geteilt, es wird auch keine emotionale Unterstützung gewährt, geschweige denn Zärtlichkeit geschenkt. Beim Geizigen verkümmert jede Hilfsbereitschaft derart, dass er nicht einmal mehr einen billigen Ratschlag gibt. Die Verkehrung des bekannten Sprichworts beschreibt seinen Zustand treffend: »Spare jeder Zeit, dann hast du immer Not!«

Letztlich dreht der Geizige sich nur noch um sich und erlebt alle anderen Menschen als Bedrohung, weil sie ständig etwas fordern könnten. So liegt es nahe, dass er sich immer mehr verschließt und verhärtet, seinen Reichtum oftmals versteckt, sich mehr und mehr isoliert und an allem im Leben das Interesse verliert, außer an seinem Besitz, den er aber niemals nutzen wird.

Und dennoch sinnt er gern darüber nach, wie er sein ungenutztes Leben »verlängern« könnte, indem er sein Vermögen eines Tages vererbt. Da aber mögliche Erben und deren Kinder sich immer wieder als unwürdig erweisen, weil sie in seiner Fantasie nichts Eiligeres zu tun haben, als all sein Erspartes in Saus und Braus zu verprassen, kommt es heute zu immer mehr Stiftungen, die viele Vorteile bieten: Durch die Satzungen kann man einen solchen Vermögensschwund weitgehend verhindern, die Erbschaftssteuer lässt sich ganz oder zumindest teilweise sparen, und sie tragen vor allem den Namen des Geizkragens, den sie so gewissermaßen verewigen.

Der Preis, den wir für diese Todsünde zahlen, heißt Einsamkeit und ein lebender Toter zu sein. Oder wie es Friedrich Schiller sagt: »Wie arm bist du, wie bettelarm geworden, seitdem du niemand liebst, als dich.«

♄ Geiz – Habsucht

Fragen:

- Was kann ich auf keinen Fall mit jemandem teilen?
- Für wie anspruchsvoll oder begehrlich halte ich die Menschen in meiner Umgebung?
- Was hätte ich gern und leiste es mir nicht, obwohl ich es mir gut leisten könnte?
- Wo und was horte ich einfach um des Hortens willen?
- Habe ich meine Seele für etwas verkauft, das mir Sicherheit verspricht?
- Wo lebe ich weit unter meinen Möglichkeiten?

Die große Schuld des Menschen ist,
dass er in jedem Augenblick die Umkehr
tun kann und nicht tut.

Martin Buber

Was tun?

Wenn wir diesen Sündenkatalog studiert haben und uns in einigen, vielleicht sogar allen Fehlhaltungen wiederfinden, stellt sich natürlich die Frage, was zu tun ist. Sollen wir auf die Gegenmittel setzen, auf die sieben Tugenden, die die Kirche stets empfohlen hat? Dann wird der Stolz durch die Demut geheilt, die Trägheit durch Eifer, Neid durch Nächstenliebe, Wollust durch Keuschheit, Zorn durch Sanftmut, Völlerei durch Abstinenz und Geiz durch Armut.

Sicherlich trägt auch diese Auffassung wie fast alle alten Überlieferungen einen guten Kern Wahrheit in sich. Aber wie viel nützt es wirklich, sich als stolzer Mensch vorzunehmen, ab sofort demütig zu sein? Wie lange wird es dauern, bis wir auf unsere Demut stolz sind? Und soll man von der Völlerei wirklich ins andere Extrem, in Abstinenz fallen, von der Wollust in die Askese? Wenn diese Tugenden sich als Ergebnisse von Reifeschritten fast wie von selbst einstellen, sind sie gewiss bedeutend und edel. Zwängt man sich aber gewaltsam in ein solches Korsett, dann wird die alte Problematik nicht gelöst, sondern nur zugedeckt und verdrängt. Und das bedeutet, dass wir die alten Verfehlungen unbewusst weiterleben, was die Sache eher schlechter macht, da ja bekanntlich in der Einsicht, also in der Bewusstmachung, der erste Schritt zur Besserung liegt.

Mir scheint ein anderer Gedanke hilfreicher zu sein: Nichts in dieser Schöpfung ist an sich gut oder schlecht. Allein entscheidend ist das Maß. Im Unmaß wird auch das noch so Gute zum Übel, wohingegen selbst das größte Gift in der richtigen Verdünnung zum Heilmittel wird. Insofern gilt es zum richtigen Maß, zur Mitte zurückzufinden. Dazu kann der Umweg über das andere Extrem gelegentlich der richtige Weg sein. Ganz sicher aber hilft eine Bewusstwerdung, die uns sofort hellwach werden lässt, wenn wir aus alter Gewohnheit wieder einmal denken oder uns sagen hören:

»Ohne mich!« »Dafür bin ich mir zu schade.«
»Darauf lasse ich mich nie wieder ein.«
»Es lohnt ja doch alles nicht.«
»Wieso der und nicht ich?«
»Das muss ich haben. Um jeden Preis!«
»Den mache ich fertig.«
»Ich will mehr.«
»Was will der schon wieder von mir?«

Aber bei alldem sollte man bedenken, dass die kleinen Schritte wichtig sind. Zu kurz oder zu hoch gesteckte Ziele entmutigen nur. Kleine Vorsätze beharrlich verwirklicht, führen dagegen zur Lösung.

Denn darin gleichen sich Menschen und Autos:
Laster sind schwer zu bremsen.

Heinz Erhardt

Liebe und Beziehung im Spiel der Elemente[10]

Unsere Beziehungen wären gewiss oftmals einfacher zu leben, aber auch um manche reizvolle Spannungen ärmer, gäbe es nicht wahrhaft elementare Unterschiede in unseren Einstellungen zu Liebe und Beziehung sowie in den Erwartungen an unser Gegenüber. Wenn wir den anderen aber in seinem Element begreifen, kann mancher Konflikt vermieden werden, weil es uns dann leichter fällt, ihn so zu akzeptieren und so zu lassen, wie er ist. Und nicht selten lernen wir dabei gerade diese Andersartigkeit mehr und mehr schätzen. Worin aber liegt sie?

Feuer- und Luftmenschen lieben den Reiz des Neuen, wohingegen *Erd- und Wassermenschen* den Wert des Vertrauten höher schätzen. Deshalb haben feuer- oder luftbetonte Beziehungen oft den Charakter freizügiger Partnerschaften: Man steht einander gegenüber, toleriert oder betont sogar die Unterschiede und gewährt sich ein Maximum an Freiheit und Unabhängigkeit. Dagegen sind von *Erde* und *Wasser* geprägte Beziehungen auf ewig geschlossene Verbindungen und Verflechtungen: Man ist zusammengewachsen, betont das Gemeinsame und liebt es, möglichst viel zusammen zu sein und zusammen zu unternehmen. Diese grundsätzliche Gegenüberstellung kommt auch in unserer Sprache zum Ausdruck. Mit den männlichen Elementen *Feuer* und *Luft* drücken wir Trennendes aus: Wir *feuern* jemanden, oder setzen ihn an die *Luft*. Mit den weiblichen Elementen betonen wir das Beständige und das Verbindende: verwurzeln, verschmelzen, verankern, zusammenwachsen und ineinander aufgehen sind Bilder, die die Sprache den Elementen Erde und Wasser entnommen hat.

Die Sternzeichen in den vier Elementen

Feuer	**Luft**	**Erde**	**Wasser**
Widder	Waage	Steinbock	Krebs
Löwe	Wassermann	Stier	Skorpion
Schütze	Zwillinge	Jungfrau	Fische

Bild links *Collage: »Die vier Elemente«*

Schon in der Art, wie die einzelnen Elemente das Herz des anderen zu gewinnen suchen, zeigen sich elementare Unterschiede:

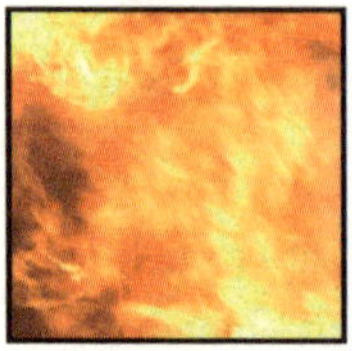

Von wahrer Eroberung darf eigentlich nur der *Feuermensch* reden. Er liebt es, sich in Szene zu setzen und der begehrten Person so lange zu imponieren und um sie zu kämpfen, bis er sie – mit gebührender Pose, versteht sich – auf Händen über die Schwelle trägt. Damit hat es sich dann aber oft auch schon, denn die Stärke und die Lust des *Feuermenschen* liegt im Erobern, nicht so sehr im Dabeibleiben.

Der *Luftmensch* erobert nicht. Er überredet. Will er Sie für sich gewinnen, wird er mit Worten brillieren. Er redet so lange mit Ihnen, bis Sie mit sich reden lassen. Es ist geradezu unglaublich, was er alles weiß und wie geschickt er es auszudrücken versteht. Man hat oft den Eindruck, einen Enzyklopädisten oder eine wandelnde Bibliothek vor sich zu haben. Es ist faszinierend, mit welcher Leichtigkeit er aus einer Fülle von Büchern zitiert, und wie charmant er seine Geschichten erzählt. (Unter uns gesagt: Er hat all die Bücher, von denen er spricht, natürlich niemals gelesen. Als echter *Luftmensch* liest er immer nur das Inhaltsverzeichnis und die Klappentexte auf dem Buchumschlag! Den Rest kann er sich dann denken.) Aber wenn Sie am Ende des Abends nicht mehr wissen, wo Ihnen der Kopf steht, und Sie von seinem Scharfsinn, seiner Klugheit, seiner witzigen, charmant plaudernden Art und seinen vielen Geschichten und Ideen beeindruckt, benommen und verzaubert sind, dann ist der *Luftmensch* am Ziel, dann sind Sie ihm ins Netz gegangen.

Will der *Erdmensch* jemanden für sich gewinnen, entwickelt er die wohl einmalige Fähigkeit, den anderen zu »ersitzen«. Er ist einfach immer da. Er ist da, wenn der andere ihn braucht, aber ganz sicher auch dann, wenn der andere ihn gerade ganz und gar nicht brauchen kann. Und er kann warten. Er kann warten und immer wieder warten. Er wartet so lange, bis Sie sich so an ihn gewöhnt haben, dass Sie nicht mehr auf ihn verzichten können. Dann ist seine Stunde gekommen, dann ist er am Ziel. Tief zufrieden darüber, alle anderen »ausgesessen« zu haben, nimmt er am Ende seinen Platz an Ihrer Seite ein – und bleibt.

Dem *Wasserelement* entstammen die großen Verführer. Hier finden sich die Poeten, die wahren Liebenden, die hinreißenden Schwärmer, die vor Sehnsucht Schmachtenden, aber auch die, deren unergründlich dunkle Tiefe lockt: die unwiderstehlichen Versucher, die verführerischen Circen. Der *Wassermensch* beflügelt Ihre Sehnsüchte und Ihre Phantasien, und er gewinnt Ihr Herz, weil er in die Rolle Ihres Traumbildes schlüpfen kann, und weil Sie sich von ihm so tief verstanden fühlen, wie von keinem anderen Menschen.

Trafen Amors goldene Pfeile tief ins Herz, können sich daraus sehr unterschiedliche Beziehungsstrukturen entwickeln. Der Hitze des *Feuers* entspricht die Kampfbeziehung. Man betrachtet den anderen als Kampfgefährten, verbündet sich mit ihm, um gemeinsam für all die heißen und hehren Ziele zu kämpfen, für die *Feuer* gern entflammt. Und wenn es keine solchen Ziele gibt? Kein Problem: Dann kämpft man eben gegeneinander. Hauptsache es wird nicht langweilig. Im *Feuer* ist auch die Streitbeziehung zu Hause, die ihre Kraft aus der Reibungswärme bezieht, die entsteht, wenn sich beide aneinander reiben. Da *Feuer* ein besonderes Talent für dramatische Auftritte besitzt, werden Streitereien gern großartig in Szene gesetzt. Je nach Geschick der Inszenierenden wirkt das Ganze für Außenstehende höchst bedrohlich oder einfach nur albern, abgeschmackt und in jeder Hinsicht unglaublich. Den Beteiligten selbst aber tut ein Streit immer wieder gut. Zum einen beweist seine Heftigkeit, wie viel man einander bedeutet, und zum anderen erfolgt dann die Versöhnung. Sie allein ist es schon wert, sich immer wieder mal heftig zu streiten.

Im Gegensatz dazu wirkt die *Luftbeziehung* recht kühl. Manchmal scheint es sogar, dass hier die Idee der Beziehung wichtiger ist, als die Beziehung selbst. Wie immer geht es dem *Luftmenschen* auch in der Partnerschaft um das Modell, und deshalb liebt er es, an den Spielregeln zu feilen, um sie stets weiter zu verfeinern. Er perfektioniert beständig die Beziehungsformel, damit ein mobilégleiches, reibungsloses Miteinander möglich wird. Seine Ideen sind natürlich vollkommen, und dank seiner vielen Verbesserungsvorschläge müsste die Beziehung mit der Zeit auch ganz tadellos »funktionieren« – wären die Menschen nur nicht ach so unvollkommen! Der *Luftmensch* nennt sein Ideal gern die erwachsene Beziehung, weil sie scheinbar frei ist von »Kindereien«, »albernen« Gefühlen und »primitiver« Eifersucht. Und natürlich muss sie frei sein von seelischer, materieller, körperlich-sinnlicher Abhängigkeit und von »irrationalen«, moralischen Schranken. In der *Luftbeziehung* wird Unabhängigkeit und Individualität mehr betont, als in jedem anderen Element. Die luftige Verbindung ist leicht beschwingt, und auch wenn Abwechslung und der Reiz des Neuen hier mehr zu Hause sind als in jeder anderen Beziehung, kann sie sich dennoch als sehr beständig erweisen und höchst erfreulich entfalten. Abwechslungsfreude und Neugierde dürfen eben nicht mit Untreue gleichgesetzt werden.

Der *Erdmensch* liebt das Beständige, Gewachsene, Vertraute. Für ihn ist eine Beziehung wie guter Wein. Sie reift mit den Jahren. Im Beziehungsalltag gilt für ihn vor allem eins: Anwesenheitspflicht! Und das ist für ihn keine leere Formel: Nichts überzeugt ihn mehr davon, dass seine Beziehung lebendig und intakt ist, als die vertraute, greifbare Nähe des anderen. Das kann schon mal bizarre Formen annehmen, wie etwa gemeinsam fernsehen müssen. Der *Erdmensch* argumentiert in solchen Fällen: »Wozu habe ich schließlich geheiratet? Alleine fernsehen hätte ich auch so gekonnt!« Es liegt nahe, dass *Erde* nicht verstehen kann, wie andere Menschen eine dauerhafte Beziehung über größere Entfernungen führen können. *Erde* stellt sich stets die Frage nach dem Nutzen. Und was will man denn mit einem Partner, der irgendwo am Ende der Welt wohnt, mit dem man nicht ständig zusammen sein kann? Die *Erdbeziehung* ist von Beständigkeit und Routine gekennzeichnet, denn die Wiederholung des Gleichen gibt den *Erdmenschen* Sicherheit und Vertrauen. Natürlich ist nicht jeder für eine solche Beziehung geschaffen. Man muss schon Rituale mögen:

Immer mit den gleichen Freunden ins gleiche Lokal zu gehen und jedes Jahr zur gleichen Zeit in denselben Urlaubsort. Das gefällt dem *Erdmenschen*, und er nickt tief zufrieden, denn da weiß er, was er hat.

Völlig anders erlebt der *Wassermensch* seine Beziehung. Ihm geht es vor allem um die seelischen Schwingungen, um den tief gefühlten emotionalen Einklang. Deshalb kann er – im Gegensatz zum *Erdmenschen* – problemlos eine Beziehung selbst über Tausende von Kilometern führen. Man schaut nachts zur vereinbarten Stunde gemeinsam in den Mond, spürt, dass sich dort die Seelen berühren, fühlt sich geliebt und ist glücklich. Weil der Traum viel schöner ist, als es die Wirklichkeit je sein kann, wendet der *Wassermensch* seine Aufmerksamkeit verständlicherweise seinem Innenleben zu und schätzt die äußere, greifbare Erfahrung vergleichsweise gering. Er kann sich glücklich mit dem inneren Bild des geliebten Menschen zurückziehen und vom ihm träumen. Er weiß ihn um sich, auch wenn er nicht anwesend ist. Der Preis einer solchen Traumbeziehung kann allerdings sein, dass sie bleibt, was sie ist: Ein Traum, der niemals Wirklichkeit wird. In Liebesdingen kann sich der *Wassermensch* letztlich aber nur selbst täuschen, von anderen lässt er sich nichts vormachen. Im Gegenteil: Die Instinktsicherheit des *Wassers* kommt gerade im zwischenmenschlichen Bereich zu großer Entfaltung. Er hat ein enormes Spürwissen über das, was im anderen vor sich geht. Darin ist er höchstens vorübergehend irritierbar, wirklich hinters Licht führen aber lässt sich der Wassermensch nicht.

Natürlich bringt jedes Element seine eigene Energie in die Beziehung ein. Mit einem *Feuermenschen* geht es oftmals heiß zu. Durch seine spontane, temperamentvolle Art trägt er Lebendigkeit, Schwung und viel Überraschendes und Aufregendes in die Verbindung, aber auch leidenschaftliche Auseinandersetzungen, Streit und dramatische Auftritte. *Feuer* vermag wie kein anderes Element Menschen zu begeistern, zu motivieren und neuen Mut zu wecken. Wenn sein Gegenüber aber für alle feurigen Impulse und Vorschläge immun ist, sich träge und lustlos hängen lässt oder trübsinnig wird, dann kann der *Feuermensch* sehr ungeduldig, unruhig und ungehalten werden. Er heizt dem anderen ein, macht ihm ein »Feuer unter dem Hintern« und hofft, ihn so wieder zum Mitspielen zu bewegen. Den Anblick von Untätigkeit, vor allem aber von ohnmächtigem Leiden hält *Feuer* einfach nicht aus.

Luft bringt frischen Wind in die Beziehung. Der *Luftmensch* liebt das Leichte, Beschwingte, sorgt für neue Ideen und unterhaltsame Gespräche. Langweilig wird es mit ihm nie. In seiner charmant witzigen Art verbreitet er gern Heiterkeit und frühlingshafte Unbekümmertheit. Aber er sorgt auch für Klarheit, wo dunkle Wolken die Erkenntnis trüben. Sein wacher Verstand durchschaut sein Gegenüber und dessen Lebenssituationen scharfsinnig und schnell, wobei seine kühle, nüchterne Art auch sehr desillusionierend wirken kann. Er ist ein exzellenter Berater, der es versteht, auch sehr komplexe oder tiefsitzende Probleme zu analysieren und originelle Lösungswege aufzuzeigen.

Die *Erdenergie* bedeutet für eine Beziehung Sicherheit, Stabilität, Zuverlässigkeit, Routine und Beständigkeit. Dadurch wird der *Erdmensch* für seinen Partner nicht selten ein wichtiger Stützpfeiler. *Erde* hat eine beruhigende Wirkung und holt den anderen von feurigen Ausbrüchen, aus abgehobenen Luftschlössern oder ausufernden Fantasien gern wieder auf den Boden der Tatsachen zurück. Das ist natürlich nicht jedermanns Geschmack. Was der eine als stabilisierend und beruhigend erlebt, ist für den anderen ein schwerer Dämpfer, der ihm das Wasser ausschüttet, das Feuer löscht oder den Wind aus den Segeln nimmt.

Wasser bringt Bewegung in die Beziehung und tiefe Gefühle. *Wasser* hat die größte Anpassungsbereitschaft. Verbunden mit außerordentlichem Einfühlungsvermögen führt das in manchen Fällen dazu, dass der *Wassermensch* das innere Traumbild des Partners zu verkörpern lernt und ihn damit verzaubert. Fällt er diesem Traumbild allerdings selbst zum Opfer und hält es für seine wahre Identität, wird daraus gefährliche Selbstverleugnung. In jedem Fall führt seine Einfühlungsgabe dazu, dass der *Wassermensch* die im Partner verborgenen Fähigkeiten erkennt und sie – durchaus unbewusst – gleich einer Muse aus ihm »hervorliebt«. Und natürlich vermag er jeden Wunsch von den Augen des geliebten Menschen abzulesen. Nähe, seelische Geborgenheit und das Gefühl zuinnerst verstanden zu werden, ist das, was der *Wassermensch* dem anderen gibt. Dies umso mehr, wenn dieser mit den gelegentlichen Launen des Wassers gut umzugehen weiß.

Bekanntlich sehnen sich alle Menschen nach Bewunderung, und die Anerkennung von einem geliebten Menschen tut besonders gut. Wofür Ihr Gegenüber bewundert werden möchte, wie Sie den anderen dazu bewegen können, zu tun, was Sie möchten, und was Sie unbedingt vermeiden müssen, um sie oder ihn nicht zu vergraulen, ist – ein weiteres Mal – elementar sehr unterschiedlich:

Völlig unkompliziert ist das bei *Feuer*, denn ein *Feuermensch* möchte ganz einfach für alles bewundert werden und darüber hinaus auch noch im Besonderen für seine Großartigkeit, seinen Mut und seine Willensstärke. Und Sie können einen *Feuermenschen* ganz leicht dazu bewegen etwas zu tun, was Sie von ihm möchten: Loben Sie ihn einfach dorthin! Es macht gar nichts, wenn Ihnen das befremdlich vorkommt, oder Ihr Lob anfangs etwas unbeholfen ist. In seiner Großzügigkeit sieht der *Feuermensch* über solche Schwächen leicht hinweg. Ja, im Gegenteil, er erklärt Ihnen gerne, wie Sie es beim nächsten Mal besser machen können, wie Sie ihn richtig loben. Nehmen Sie das dann ruhig wörtlich und machen Sie es genau so. Unbedingt vermeiden aber sollte man beim *Feuermenschen* stets eins: Dieses böses Wort heißt Kritik. Schon gelinde Formen gelten gleich als Majestätsbeleidigung. Wenn Sie ihn nicht vergraulen wollen, hüten Sie besser Ihre Zunge. Kritik nutzt auch nichts. Er fühlt sich nur verkannt. Loben ist wirklich viel besser, damit erreichen Sie bei ihm ganz sicher, was Sie wollen.

Ein *Luftmensch* möchte für all sein Wissen bewundert werden und natürlich dafür, dass er so belesen, so geistreich, so scharfsinnig ist und auch für komplizierteste Probleme eine geschickte Lösungen findet. Er möchte aber auch von Ihnen hören, dass er ein charmanter Unterhalter ist, dem Sie gern lauschen, und der so viel weiß. Wenn Sie ihn motivieren wollen, packen Sie ihn am besten bei seiner Neugier. Rascheln Sie einfach mit etwas Papier, und schon will er lesen, was darauf steht. Oder aber Sie reizen ihn mit der Verlockung: »Ich zeige Dir etwas, das du noch nie gesehen hast ...«, und schon folgt er Ihren Spuren. Wenn Sie ihn nicht vergraulen wollen, müssen Sie bei ihm zweierlei vermeiden. Sie dürfen ihn – der die Intelligenz für sich gepachtet hat – nicht für dumm verkaufen, und Sie dürfen ihm nicht die Flügel beschneiden. Der *Luftmensch* liebt die Freiheit. Solange Sie die Türen offen lassen, wird er gehen und immer wiederkommen. Versuchen Sie ihn aber einzusperren, ist er plötzlich verschwunden.

Dem *Erdmensch* schmeichelt es, wenn Sie sein Durchhaltevermögen bewundern, seine Beständigkeit, seine Bereitschaft Verantwortung zu übernehmen und seine Neigung, Absichten in die Tat umzusetzen und etwas einmal Begonnenes tatsächlich zu Ende zu führen. Es schadet aber ganz sicher nicht, wenn Sie darüber hinaus anerkennende Worte für seine praktischen Fähigkeiten, seine Geschicklichkeit, seine Genauigkeit und seine wirklich große Zuverlässigkeit finden. Auch der *Erdmensch* ist einfach zu motivieren. Böse Zungen sagen, er sei käuflich. Der *Erdmensch* findet, dass man das auch netter ausdrücken kann und sagt: »Eine Hand wäscht die andere«. Verlocken lässt er sich allerdings auch gern von sinnlichen Genüssen. Bei ihm geht die Liebe oft durch den Magen. Verärgern tut man ihn am sichersten, wenn man Zusagen bricht, auf die er sich verlassen hat, und wenn man ihn belügt. Das mögen andere Menschen sicherlich auch nicht, aber niemand kann so schwer damit umgehen wie der *Erdmensch*. Und natürlich sollten Sie ihn nicht unnötig in seinen eingefahrenen Gewohnheiten behindern oder seine Sinneslust frustrieren.

Der *Wassermensch* mag es, wenn Sie seine große Liebesfähigkeit, sein Feingefühl, sein tiefes Einfühlungsvermögen und sein oft bedingungsloses Hingabevermögen anerkennen und bewundern. *Wasser* hat den richtigen Riecher und kann dem, der diese Gabe wertzuschätzen weiß, ein weiser Weggefährte sein. Mit großer Instinktsicherheit vermag er bislang verborgene und nicht gelebte Fähigkeiten und Talente in Ihnen aufzuspüren, und Ihnen bei deren Entfaltung zu helfen. Das sollten Sie lobend anerkennen. Motivieren lässt er sich entweder gar nicht oder ganz leicht. Das Tor zu seiner Seele öffnet sich wie von selbst durch die richtige Stimmung. Aber die richtige Stimmung ist eben immer nur die, die richtig stimmt. Stellt sie sich nicht ein, geht eben nichts. Manchmal helfen äußere Faktoren wie zum Beispiel Musik, die Stimmung zu verbessern. Aber allein, als technisches Hilfsmittel eingesetzt, bewirken sie nichts. Von selbst geht beim *Wassermenschen* alles, auf Knopfdruck aber gar nichts. Schnell vergraulen können Sie ihn, wenn Sie versuchen, mit bohrenden Fragen in ihn einzudringen oder ihn mit sehr gescheiten Ansichten zu belehren. Er verträgt auch keinen Zynismus und versteht überhaupt keinen Spaß, wenn Sie über seine Gefühle scherzen oder spotten. »Was sich liebt, das neckt sich«, ist eine Luft-Wahrheit, die ein *Wassermensch* bestimmt nie unterschrieben hat.

Natürlich hat jedes Element seine eigenen Vorlieben und Gepflogenheiten in der Welt von Erotik und Sexualität. Während die männlichen Elemente Feuer und Luft prickelnde Aufregung, Eroberung, Abwechslung und das Neue suchen, schätzen die weiblichen Elemente Erde und Wasser mehr den Reiz von Vertrautheit und Geborgenheit.

Die Leidenschaft des *Feuermenschen* erglüht in temperamentvoller Begierde, großartig und durchaus dramatisch in Szene gesetzt. Seine große Fähigkeit liegt in der vollen Hingabe an den Augenblick (weniger an den Partner). Er ist der Regisseur, der sich selbst meisterhaft in Szene zu setzen versteht und hier einmal mehr der Beste sein will. Wundern Sie sich also nicht, wenn Sie zwischendurch den Eindruck haben, sich auf dem Sportplatz zu befinden, wo es um Medaillen geht. *Feuer* findet vor allem brenzlige Situationen äußerst erregend, aber auch die versöhnende Vereinigung nach hitzigen Auseinandersetzungen. Das soll allerdings nicht heißen, dass jeder sexuellen Begegnung unbedingt ein Streit vorausgehen muss.

Von *Luft* heißt es, es sei das leidenschaftsloseste Element, und Lästerzungen behaupten sogar, dass ein echter *Luftmensch* auch schon mit einem guten Gespräch über Sexualität zufrieden sei. Wahr daran ist, dass er tatsächlich gern über Sexualität spricht, dass ein interessantes, geistreiches, spannendes Gespräch auf ihn eine starke erotische Faszination ausübt, und dass er kein schweigender Genießer ist, sondern offene Ohren für Verbalerotik hat. Wahr ist auch, dass der *Luftmensch* neugierig ist und deshalb mit Vorliebe herausfindet, was andere Menschen bewegt, und was sie empfinden. Diese Neugier kann der Grund sein, dass die sexuelle Bühne manchmal zum Experimentierfeld wird. Wenn seine Lust am Ausprobieren gebremst wird und Routine ihren Platz einnimmt, ist es leicht um die erotische Spannung geschehen. Deshalb sollten Sie seiner Experimentierfreudigkeit eher wohlwollend begegnen.

Erde liebt natürlich auch in der Sexualität das Regelmäßige. Im Unterschied zur *Luft* ist der *Erdmensch* kein Freund kurioser Experimente. Er weiß, was ihm guttut, und das will er am liebsten ohne Verrenkungen und ohne lange Umstände. Spötter sprechen hier von Hausmannskost. Den *Erdmenschen* stört das wenig. Seine Körpersinne sind so stark entwickelt, dass er einer ursprünglichen Sinnlichkeit aus tiefster Seele frönen kann, ohne sie zu den Raffinessen zu »verfeinern«, die der *Luftmensch* so sehr liebt. Doch nicht nur das Regelmäßige, sondern auch das Ewige liegt dem *Erdmenschen* am Herzen. Und so bedeutet ihm die schnelle, unverbindliche Begegnung nichts. Er ist in allen Lebenslagen ein Marathonläufer, und nicht selten ist ihm auch die Sexualität ein willkommener Platz, sein Durchhaltevermögen zu beweisen.

Ähnlich und doch ganz anders erlebt der *Wassermensch* die Sexualität. Für ihn gibt es ja gerade nicht eine Wiederholung des Gleichen, sondern immer nur die des Ähnlichen. Deshalb liebt er es jedes Mal ein bisschen anders. Für ihn wäre es tödlich auf eine bestimmte Routinehandlung festgelegt zu werden. Er braucht die vertraute Geborgenheit einer beständigen Beziehung, in der er sich dank seiner eigenen Wandlungsfähigkeit immer wieder anders erfahren kann. Seine außerordentliche Stärke liegt in einer vollkommenen Hingabefähigkeit. Der *Wassermensch* besitzt die Gabe, mit dem Partner körperlich zu verschmelzen und sich vom tiefsten Gefühl der Einheit verzaubern zu lassen. Und er liebt den Rausch. Den Liebesrausch, zu dem ihn die sexuelle Lust beflügelt, aber auch jeden anderen Rausch, der ihn so verführbar macht.

Parallelen zwischen den vier Elementen und der Typenlehre von C. G. Jung[11]

Mit seiner Typenlehre wollte Carl Gustav Jung ein Modell schaffen, das den bisherigen Typologien in mehrfacher Hinsicht überlegen war. Zum einen sollte es mit seinem Modell jedem Menschen möglich sein, sich problemlos selbst einzustufen, zum anderen wollte er zeigen, dass es eine feststehende Dynamik innerhalb der vier Grundcharaktere gibt. Beides ist nicht so überzeugend gelungen. Das Problem der Selbsteinstufung fällt den meisten Laien beim Jung'schen Modell oft schwerer als bei anderen Systemen, und die feste Dynamik wird auch im Kreise heutiger Jungianer infrage gestellt. Dennoch ist Jungs Typenlehre hochinteressant, nicht nur wegen ihrer Tiefe, sondern vor allem, weil ihr ein ganzheitliches Konzept zugrunde liegt, demzufolge wir in der ersten Lebenshälfte drei Funktionen unseres Bewusstseins herausbilden, wohingegen die Entfaltung der vierten Funktion die Aufgabe der zweiten Lebenshälfte ist.

Das größte Verwirrspiel dieser Typologie liegt für die meisten zunächst in den Bezeichnungen. Jung unterscheidet den Denktyp, den Fühltyp, den Empfindungstyp und den intuitiven Typ. Was ein Denktyp ist, kann sich jeder vorstellen. Wo aber der Unterschied zwischen Fühlen, Empfinden und Intuieren liegen soll, wird dem Neuling sicherlich nicht sofort klar, weil diese Ausdrücke im allgemeinen Sprachgebrauch leicht durcheinandergeworfen werden und mehr oder minder das Gleiche zu bezeichnen scheinen. Etwas salopp ausgedrückt meinen diese drei Begriffe bei Jung Folgendes:

1. Fühlen entspricht dem Bauchurteil, dem spontanen Gefühlsausdruck.
2. Empfinden steht für die äußere und sinnliche Wahrnehmung: anschauen, anfassen, riechen, hören, schmecken.
3. Intuieren ist dagegen die innere, übersinnliche Wahrnehmung. Riechen heißt hier, den richtigen Riecher zu haben und instinktsicher zu sein.

Bild links *Margarete Petersen-Tarot: Der Narr*

Gerade dieser letzte Begriff wird am leichtesten missverstanden; denn Intuition ist nach Jung nicht das, was der Astrologe dem Planeten Uranus zuordnet. Das wäre der Gedankenblitz, der dem »Heureka« des Archimedes entspricht. Was Jung Intuition nennt, ist mehr ein Einfühlungsvermögen, das den so Veranlagten von innen her erfahren und erspüren lässt, welche Möglichkeiten in einer Sache liegen.

Jung spricht von vier Bewusstseinsfunktionen und macht deutlich, dass es nicht darum geht, sich in der Beschreibung eines Typen wiederzufinden, sondern zu erkennen, dass wir im Lauf unseres Lebens alle vier Funktionen zu Entfaltung bringen sollen. Zwei dieser Funktionen dienen der Urteilsbildung und zwei der Wahrnehmung. Sie stehen einander wie folgt gegenüber:

Zwei Urteilsfunktionen: Denken – Fühlen

Zwei Wahrnehmungsfunktionen: Empfinden – Intuieren

Mit den Urteilsfunktionen bilden wir uns ein Urteil von einer Sache. Das kann über den Kopf oder den Bauch geschehen. Mit der Denkfunktion bringt der Kopf ein Verstandesurteil hervor, das auf Nachdenken, Vergleichen, Ausrechnen und Überlegen beruht. Dieses Urteil ist kühl und bedacht und erhebt den Anspruch auf Ausgewogenheit und Objektivität. Die Fühlfunktion kann ebenso ein Urteil fällen, es ist aber im Unterschied zum Denkurteil impulsiv, unüberlegt, subjektiv und wertend. Finden wir also auf der Denkebene zu einem emotionslosen, wertfreien (nicht wertlosen!) Urteil, das einem mathematischen Ergebnis vergleichbar wäre (richtig oder falsch), so bedarf es der Fühlfunktion, um ein spontanes, leidenschaftliches Urteil zu fällen, das zugleich ausdrückt, was uns die Angelegenheit wert ist, was sie uns emotional bedeutet (gut oder schlecht). Mithilfe der Denkfunktion wägen wir ab, mittels der Fühlfunktion wagen wir etwas.

Durch die Wahrnehmungsfunktionen nehmen wir die Dinge dagegen wahr, ohne dass dadurch ein Urteil entsteht. Mit der Empfindungsfunktion erfahren wir eine Sache von außen, durch die intuitive Funktion spüren wir die Möglichkeiten, die in ihr liegen. So hat der Empfindungstyp sein Augenmerk auf der Form, auf der äußeren Struktur, auf Farbe, Geruch und anderen äußeren Merkmalen. Der intuitive Typ kann diese Aspekte sogar gänzlich übersehen, dafür aber spürt er, was in der Sache steckt.

Wenn die vier Typen auf eine Party kommen, wird sie jeder anders erleben. Der Denktyp vergleicht die Party mit anderen und kommt so zu dem Ergebnis, dass sie so ähnlich ist, wie die Party bei Karl, die nicht so toll war, aber doch besser als die bei Hildegard, die ganz langweilig war. Und so findet er diese Party nicht so schlecht. Der Fühltyp gibt sich mit solchen Überlegungen nicht gern ab. Er kommt auf die Party, und etwas in seinem Bauch sagt ihm sofort, ob sie toll ist oder unmöglich. Durch die Brille des Empfindungstypen sieht das ganze Bild wieder völlig anders aus. Er sieht, was es zu essen und zu trinken gibt, er riecht das betörende Parfum einer schönen Frau, er hört die Musik, und wenn das alles für ihn stimmt, fühlt er sich behaglich. Der intuitive Typ kommt in den seltensten Fällen pünktlich, manchmal auch überhaupt nicht, spürt dann aber sofort, was in der Luft liegt: Ob die Atmosphäre stimmt, ob und welche Chancen er hat und in welchen Raum, an welchen Platz er sich am besten begibt.

Bei jedem Menschen sind diese vier Bewusstseinsfunktionen unterschiedlich stark. Um sie zu unterscheiden, erhielten sie innerhalb ihrer Hierarchie die folgenden Bezeichnungen:

1. **Die Hauptfunktion.** Darunter ist die Bewusstseinsfunktion zu verstehen, die man zeitlich am meisten einsetzt. Sie verkörpert also nicht unbedingt das, was einem am meisten bedeutet, sondern, was man am meisten tut: Sich Gedanken machen (Denken), spüren, wozu man Lust hat (Fühlen), die Welt sehen, schmecken, riechen, hören, fühlen (Empfinden) oder zu spüren und zu ahnen, was in der Luft liegt (Intuieren). Die Hauptfunktion beherrschen wir so gut wie unsere Muttersprache.
2. **Die Hilfsfunktion.** Sie ist normalerweise fast so gut entwickelt wie die Hauptfunktion und wird deshalb gelegentlich damit verwechselt. Sobald der Mensch eine Situation mit seiner Hauptfunktion nicht bewältigt, schaltet er sofort auf die erste Hilfsfunktion um. Sie entspricht einer zweiten Sprache, die man richtig gut beherrscht und in die man automatisch wechselt, wenn man mit der Muttersprache nicht weiterkommt.
3. **Die dritte Funktion, auch zweite Hilfsfunktion genannt.** Sie steht dem Menschen zwar noch bewusst zur Verfügung, hat aber bereits die Tendenz, phasenweise ins Unbewusste abzutauchen. Nur wenn die ersten beiden Funktionen in einer Situation versagen, schaltet sich diese zwei-

te Hilfsfunktion ein. Sie gleicht einer Fremdsprache, die man nicht gut spricht, mit der man sich aber noch verständlich machen kann.

4. **Die inferiore oder minderwertige Funktion.** Sie ist zunächst gänzlich unbewusst und steht zur Bewältigung von Lebenssituationen nicht zur Verfügung. Im Gegenteil, die Qualitäten dieser Funktion werden oft als störend, lächerlich, peinlich oder auch ganz unkritisch als überwältigend erlebt. Sie gleicht einer Sprache, die uns weitestgehend fremd ist und sich irgendwie komisch anhört. Diese Funktion bildet einen Teil unseres Schattens. Sich dieser Seite zuzuwenden wird zur Aufgabe in der zweiten Lebenshälfte.

Die Zuordnung der vier Jung'schen Typen zu den vier Elementen ist leider nicht widerspruchsfrei zu lösen. Überzeugend und unstrittig ist nur die klare Entsprechung von **Denken und Luft,** sowie **Empfinden und Erde**. Dagegen ist die Zuordnung von Feuer und Wasser nicht eindeutig. Einerseits spricht gerade die spontane, wertende Urteilsbildung für die Gleichsetzung von **Fühlen und Feuer**, andererseits sind feurige Qualitäten wie Unternehmungslust, Pioniergeist, der Mut Neues zu wagen und etwa neue Produkte auf den Markt zu bringen, klare Merkmale der intuitiven Funktion. Die Gleichsetzung von **Intuition und Wasser** liegt nahe, wenn man sieht, dass die Intuition als der richtige Riecher beschrieben wird, und dass dieser Typ eben gerade nicht wertet. Ferner ist die musische Seite des *Wassermenschen* sowohl als Künstler und Poet, wie auch als Muse eines geliebten Menschen ganz und gar kennzeichnend für die intuitive Funktion. Dem steht aber gegenüber, dass Wasser vortrefflich der Fühlfunktion entspricht, weil diese mit der echtesten Aufopferungsbereitschaft verbunden ist und in ihrer introvertierten Form geradezu als »stille Wasser gründen tief« beschrieben wird.

So nimmt es nicht Wunder, dass sich auch führende Jungianer in der Frage der Zuordnung dieser beiden Elemente nicht einig sind. Liz Greene, die bekannteste Astrologin aus diesem Kreis, setzt **Fühlen mit Wasser** gleich und **Intuition mit Feuer**, wohingegen die Amerikanerin Zipporah Dobyns der **Intuition das Wasser** und dem **Fühlen das Feuer** zuordnet. Karen Hamaker-Zondag, die in ihrem Buch *Elemente und Kreuze* die Elementartypen mit den Jung'schen Typen gleichsetzt, folgt der Zuordnung von Liz Greene. Andere Jungianer, mit denen ich gesprochen habe, teilen mehr die Sicht von Zipporah Dobyns. Bleibt als Resümee nur die Feststellung, die Edward F. Edinger in seinem Buch *Der Weg der Seele* trifft: »Obwohl die vier Elemente nicht haargenau mit den vier Funktionen gleichgesetzt werden können, besteht eine annähernde Parallelität.«

Eine weitere Besonderheit der Jung'schen Typologie liegt darin, dass jeder der vier Typen in seiner introvertierten und in der extravertierten Ausprägung beschrieben wird. Für den Extravertierten zählen Fakten, für den Introvertierten Grundsätze. Der Extravertierte fühlt sich von der Außenwelt angezogen, den Introvertierten fasziniert seine Innenwelt. Diese hochinteressante Unterscheidung lässt sich in gewisser Weise auch auf die vier Elemente übertragen, würde aber den Rahmen dieses Buches sprengen. In aller Kürze aber mögen die nachfolgenden Gegenüberstellungen eine Idee dieser beiden Ausdrucksformen geben.

Extravertiertes Feuer: Der glühende Eiferer und Weltverbesserer, der predigend durch die Lande zieht. Der Fernsehprediger als Showmaster.
Introvertiertes Feuer: Der wirklich fromme und moralisch gefestigte Mensch, dem es vor allem darum geht, im Einklang mit seinen Überzeugungen zu leben.
Extravertierte Luft: Das wandelnde Lexikon. Der Vortragsredner, der auf das Publikum reagiert und von ihm abhängig ist.
Introvertierte Luft: Der Grundlagenforscher. Der Vortragsredner, der die von ihm gefundene Wahrheit oder das seiner Meinung nach Wesentliche unbeirrbar vorträgt, auch wenn das Publikum nach und nach den Saal verlässt.
Extravertierte Erde: Der Praktiker, der Techniker, der Architekt, die Hausfrau. Menschen, denen die Bewältigung der Alltagswirklichkeit Spaß macht und keinerlei Probleme bereitet.
Introvertierte Erde: Das Fotografenauge. Ein Mensch, der alle äußeren Eindrücke blitzartig aufnimmt und mit größter Detailtreue im Innersten speichert, oft ohne dass andere etwas davon merken.
Extravertiertes Wasser: Der helfende Mensch oder der Manager in einem Unternehmen, der spürt, welches Produkt jetzt gute Marktchancen hat.
Introvertiertes Wasser: Der Prophet, der Visionär, der Dichter, der Künstler, in dem ein großes Werk, eine kühne Vision heranschwillt und eines Tages aus ihm herausflutet.

Jheronimus bosch

Von der Steinzeit ins Wassermannzeitalter

When the Moon is in the Seventh House
And Jupiter aligned with Mars
Then Peace will rule the Planets
And Love will rule the Stars
This is the Dawning of the Age Of Aquarius

Musical Hair

Spätestens seit das Musical *Hair* in den 60er Jahren das Aufkommen einer neuen Ära besang, ist das Wassermannzeitalter in aller Munde. Wie es scheint, erwarten viele davon, dass nun innerhalb kürzester Zeit die Welt von allen Übeln befreit wird, während andere mit glasklaren Argumenten zu beweisen suchen, dass die Theorie der Weltzeitalter jeder Tradition und vor allem jeglicher Substanz entbehrt. Dieses Konzept, so heißt es, sei von Helena Blavatski Ende des 19. Jahrhunderts erfunden worden und niemals zuvor in der 5000-jährigen Geschichte der altehrwürdigen Astrologie beachtet worden. Worum geht es dabei eigentlich?

In ihrer Frühzeit ist die Astrologie aus der Kalenderberechnung hervorgegangen. Aus den zyklischen Himmelsbewegungen ließen sich die richtigen Zeiten für Saat und Ernte ablesen, und schon bald ermittelte man daraus auch günstige und ungünstige Zeiten für die Geschäfte und Unternehmungen des Staates. Persönliche Horoskopie taucht dagegen erst viel

Bild links *Collage aus »Die Anbetung der Heiligen Drei Könige«, Hieronymus Bosch, ca. 1510, und dem Narren (Archetyp des Wassermannzeitalters) – Anspielung auf den »Narrenkönig«, der zentral hinter den Heiligen Drei Königen steht.*

später auf. So ist der Jahreslauf der erste und wichtigste Bezug der Astrologie. Zu dessen auffallendsten Phänomenen, die der Mensch seit ältesten Zeiten beobachtet, zählen die vier heiligen Stationen, die die Sonne Jahr für Jahr durchläuft: der längste Tag, der kürzeste Tag und die beiden Tag- und Nachtgleichen. Mit der Frühlingstagundnachtgleiche beginnt – im Gegensatz zu unserem heutigen Kalender – der archetypische Jahreslauf. Dieser eindeutig zu ermittelnde Tag bildet in der Astrologie den Beginn des Tierkreises, jener scheinbar die Erde umgebenden Bahn, die für unsere Zeitrechnung so entscheidend wurde. Die Zeit, die die Sonne braucht, um diese Strecke zu durchwandern, nennen wir ein Jahr, und aus der Zeit, die der Mond für die Umrundung der Erde braucht, ging der ursprüngliche Monat hervor. Schon früh hat man diese Bahn in zwölf gleiche Abschnitte untergliedert, die wir heute saloppperweise Stern*zeichen* nennen, und man hat sie nach den Stern*bildern* benannt, die damals am Himmel in diesen gedachten Sektoren standen. Aber zu keinem Zeitpunkt waren die Stern*zeichen* mit den Stern*bildern* identisch. Stern*bilder* kann man am Himmel sehen. Es sind Fixsternkonstellationen völlig unterschiedlicher Größe. Die Jungfrau beispielsweise, das größte dieser Sternbilder, ist fast dreimal so lang wie ihr Nachbar, die Waage. Demgegenüber handelt es sich bei den sogenannten Stern*zeichen* um stets gleich lange Streckenabschnitte von jeweils 30 Grad im Jahreslauf der Sonne.

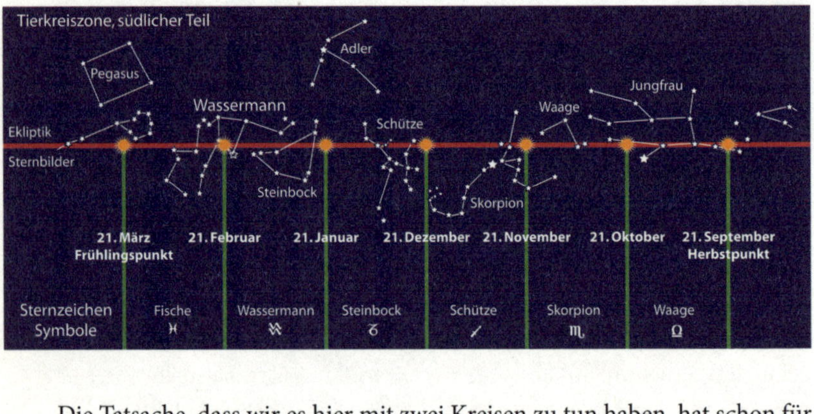

Die Tatsache, dass wir es hier mit zwei Kreisen zu tun haben, hat schon für viel Verwirrung und manche unsinnige Behauptung gesorgt. Die Astrologie beschäftigt sich mit Stern*zeichen*, also mit den gleichen Segmenten im

Kreis, der dem Jahreslauf der Sonne entspricht. Man nennt ihn den tropischen Tierkreis (von griechisch *tropai* = Wende, Sonnenwende). Dort beginnt Jahr für Jahr der Streckenabschnitt Widder mit der Frühlingstagundnachtgleiche, zur Zeit der Sommersonnenwende betritt die Sonne dann am längsten Tag den Streckenabschnitt Krebs, bei der Herbsttagundnachtgleiche wechselt sie in die Waage und am kürzesten Tag betritt sie mit der Wintersonnenwende den Abschnitt, den wir Steinbock nennen. Die Astronomie dagegen befasst sich mit dem siderischen Tierkreis (von lateinisch *sidus* = Stern), der sich aus den Sternbildern am Fixsternhimmel ergibt, die vor langer Zeit hinter den Sternzeichen des tropischen Kreises gestanden haben und ihnen ihre Namen gaben.

Inzwischen aber ist dieser Fixsternhimmel weitergewandert; denn infolge einer Kreiselbewegung der Erdachse scheint sich der Tierkreis um die Erde zu drehen. Diese Bewegung, die man Präzession nennt, ist mit einem Grad in 72 Jahren zwar recht langsam, aber über die Jahrhunderte addieren sich auch diese kleinen Schritte zu einer bemerkenswerten Strecke. In ungefähr 2160 Jahren sind es 30 Grad, immerhin ein Zwölftel des Kreises. Eine ganze Umrundung, die damit etwa 25 920 Jahre dauert, nennt man seit alters her ein platonisches Jahr.

Am Jahreslauf der Sonne aber hat sich in all den Jahrtausenden nichts geändert. Nach wie vor erreicht sie Jahr für Jahr am Tag der Frühlingstagundnachtgleiche den Beginn ihrer Umlaufbahn, dessen erste 30 Grad die Astrologen Widder nennen. Zugleich aber sagt ein heutiger Astronom, dass sie im Stern*bild* Fische steht. Beide haben recht. Man muss nur wissen, worauf die Aussage Bezug nimmt. Spricht man von Stern*zeichen* im tropischen Tierkreis, also den gleichlangen und gleich bleibenden Streckenabschnitten im Jahreslauf der Sonne um die Erde, oder spricht man von den unterschiedlich großen Stern*bildern* des siderischen Tierkreises am Fixsternhimmel, die ganz langsam weiterziehen? Damit wird das beliebteste Argument gegen die Astrologie Makulatur. Ihr wird ja immer wieder vorgehalten, dass sie Planeten in Stern*bildern* vermutet, in denen sie schon seit mindestens 2000 Jahren nicht mehr stünden. Wer so argumentiert, hat nicht verstanden, dass es sich um zwei unterschiedliche Bezugssysteme handelt, um zwei Kreise, die beide richtig sind, und bei denen sich jede Position von dem einen Kreis jederzeit exakt auf den anderen »umrechnen« lässt.

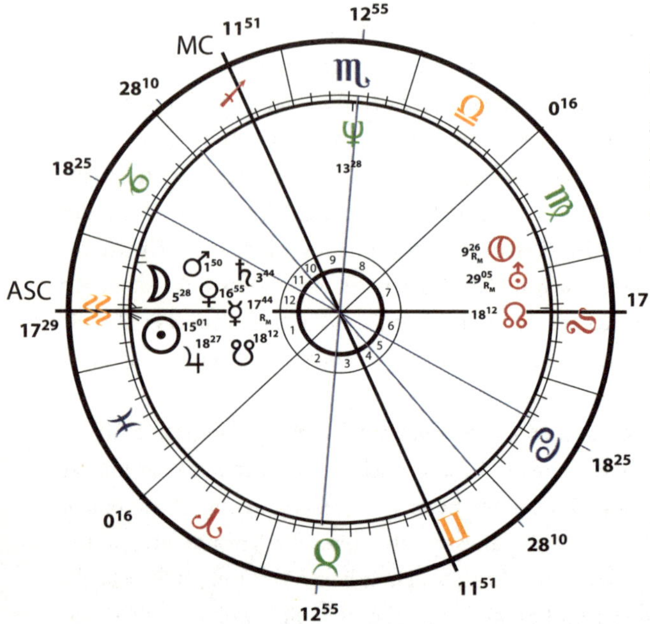

Beginn des Wassermann-zeitalters? Horoskop zum Sonnenaufgang am 4. 2. 1962

Nur für eine Feststellung betrachtet die Astrologie den Fixsternhimmel, nämlich zur Berechnung des jeweiligen Weltzeitalters. Das Stern*bild*, in dem die Sonne steht, wenn sie am Tag der Frühlingstagundnachtgleiche das Stern*zeichen* Widder betritt, zeigt uns an, in welchem Zeitalter sich die Menschheit befindet. Das war für die letzten ca. 2000 Jahre das Sternbild Fische, weshalb wir heute vom zu Ende gehenden Fischezeitalter sprechen. Da die Bewegung »rückwärts« durch den Tierkreis geht, wird die Sonne in den kommenden ca. 2000 Jahren stets im Sternbild Wassermann stehen, wenn sie auf ihrer Laufbahn den Frühlingspunkt erreicht.

Wenn das so klar ist, stellt sich natürlich die Frage, warum so wenig Einigkeit darüber besteht, wann das neue Zeitalter denn nun tatsächlich beginnt. Während viele den Beginn an den Anfang des 20. Jahrhunderts gelegt haben, halten andere die außerordentliche Ballung aller sieben klassischen Planeten im Zeichen Wassermann Anfang Februar 1962 für den himmlischen Auftakt dieses neuen Aeons. Noch andere gehen viel weiter zurück. Sie sehen bereits im erwachenden Humanismus der Renaissance die wassermännischen Ideen zum Durchbruch kommen. In der Malerei jener Zeit löst sich der Mensch erstmals aus der unscheinbaren und unpersönlichen Darstellung alter Meister heraus, gewinnt markante, individuelle Züge und tritt wahrhaft rahmenfüllend ins Bild. Einige vermuten sogar in den bis heute geheimnisvollen Gemälden des Hieronymus Bosch Visionen dieses neuen Zeitalters. So etwa im Narrenkönig, den er aus bislang nicht hinreichend erklärten Gründen den Heiligen Drei Königen zur Seite stellt. Immerhin gilt der Narr in der Astrologie als Archetyp des Zeichens Wassermann. Aber auch in der nach wie vor rätselhaften Symbolik sowie der Freizügigkeit seines Gartens der Lüste.

Akribische Rechner aber betrachten die Himmelsbewegungen und kommen zu dem Schluss, dass die Sonne in unserer Zeit am Tag der Frühlingstagundnachtgleiche immer noch in den letzten Graden des Stern*bilds* Fische steht (am 1. 1. 2000 auf 23°51'11") und deshalb vor dem Jahre 2500 vom Wassermannzeitalter keine Rede sein kann. Dem halten andere entgegen, dass bereits in unserer Zeit, wenn die Sonne am Tag der Frühlingstagundnachtgleiche aufgeht, alle Sterne des Sternbilds Fische untergegangen sind und das Fischezeitalter damit offenkundig vorüber ist. Was nun?

Der Grund für die Uneinigkeit liegt einfach in den höchst unterschiedlichen Größen der Sternbilder am Himmel. Die Astrologie ist gewohnt, mit den stets 30° langen Stern*zeichen* zu rechnen, weshalb es bei der Erstellung eines Horoskops keinerlei Unsicherheiten gibt. Die Stern*bilder*, die wir zur Ermittlung der Weltzeitalter betrachten, sind aber in ihrer Ausdehnung völlig verschieden und es gibt zudem – angesichts ihrer Zwischenräume – bislang auch zu wenig Erfahrungswerte, wo die »Wirkung« des einen Sternbilds denn nun genau aufhört, und die des nächsten beginnt. Da helfen auch die erst 1928 international vereinbarten Sternkarten nicht weiter. Ob die Grenzen, die seither die Sternbilder voneinander trennen auch für die Wechsel der Weltzeitalter relevant sind, ist ungewiss. Ganz sicher haben solche Überlegungen bei der Festlegung dieser Grenzen keine Rolle gespielt. Letztlich tut das aber wenig zur Sache, da derartig große Epochen ohnehin nicht mit einem Paukenschlag beginnen, sondern in langen Übergangsphasen entstehen. Aus diesen Gründen finden Sie im Weiteren auch nur auf jeweils 2000 Jahre gerundete Zeitspannen für die jeweiligen Zeitalter.

Aeon steht in einem Tierkreis, Großes Bodenmosaik aus einer römischen Villa bei Sentinum, 200 bis 250 n. Chr.

Schon die Antike kannte die Vorstellung von Weltzeitaltern, die man seither nach dem altiranischen Gott Aeon auch Äonen nennt. Doch obwohl das langsame Vorrücken des Fixsternhimmels vermutlich schon den Babyloniern, ganz gewiss aber seit dem zweiten vorchristlichen Jahrhundert in Griechenland bekannt war, haben wir keinerlei Hinweise darauf, dass man auch damals schon von *astrologischen* Weltzeitaltern ausging. Vielleicht ist diese Vorstellung tatsächlich ein Kind der Neuzeit, aber ist sie deshalb weniger richtig? Sicher geht es nicht darum alle Erscheinungen, Entwicklungen und Ereignisse eines Äons mit zwanghafter Akribie vom jeweiligen Sternbild herzuleiten. Das kann nur zu einer Flut von Widersprüchlichkeiten führen.

Aber es gibt höchst interessante Analogien, die eine überzeugende Verbindung schaffen zwischen dem archetypischen Hintergrund des Sternbildes, das ein Weltzeitalter regiert und dem jeweiligen Zeitgeist. Dabei ist es vor allem eine sehr bedeutsame Entwicklung, die auffällig mit den Weltzeitaltern der historischen Zeit korrespondiert, und das ist die Wandlung des höchsten, was sich die Menschen vorstellen können: Die Wandlung ihres Gottesbild.

Beginnen wir in der Jungsteinzeit mit dem Zwillingezeitalter (6000 bis 4000 v. Chr.), das in einem Zeitraum liegt, den Historiker die Vorzeit nennen. Unser Wissen darüber ist gering, und Aussagen über Kulte und Gottesvorstellungen sind vielfach spekulativ. Der unstete Zwillingsgeist aber entspricht ganz dem Nomadentum jener Zeit, mit dem ihm eigenen Gottesbild. Es ist die Pansophie, die Lehre von der beseelten Natur, der heiligen Landschaft, in der sich in jedem Strauch, in jeder Quelle oder im Hauch des Windes ein Gott, eine Göttin offenbaren kann. Der Boden ist heilig, und allein schon der Gedanke, sich Besitzrechte an Mutter Erde anzumaßen, war frevelhaft. Besonders große Verehrung erfuhr in dieser Zeit der Mond, da er als großer Wanderer, der jede Nacht in anderer Gestalt an einem anderen Orte erscheint, ein himmlisches Vorbild aller Nomaden ist. Vielleicht wurde er deshalb als Halbmond das Zeichen des Islams, jener Weltreligion, die in einer Nomadenkultur entstanden ist.

In der historischen Zeit können wir bis auf das Stierzeitalter (4000 bis 2000 v. Chr.) zurückblicken und finden dort Kulte und Religionsvorstellungen, die dem Archetyp des Bauern entsprechen, der das Zeichen Stier verkörpert. Es ist die Zeit der Sesshaftwerdung, der Beginn der Gartenbaukulturen und des Ackerbaus, worin sich typische Stierqualitäten ebenso spiegeln wie in der Neigung, Erreichtes abzusichern und trotzig zu verteidigen. Die zeigt sich im aufkommenden Städtebau und findet ihre bis heute größte Manifestation in der chinesischen Mauer, die im Stierzeitalter erbaut wurde, um den sesshaften Völkern Schutz vor den Überfällen der Nomaden zu gewähren. In der Astrologie gilt der Stier als eines der weiblichsten Zeichen. Dementsprechend huldigte die Menschheit in jener Zeit der Großen Mutter, die als Himmelskönigin unter vielen Namen wie Kybele, Diana, Artemis, Astarte, Hathor, Ischtar und Inanna verehrt

Michelangelos Moses, San Pietro in Vincoli, Rom

wurde, während sich auf Erden zahlreiche Stierkulte finden. Ein letztes uns bekanntes Aufflammen dieses Ritus war der berühmte Tanz um das Goldene Kalb, von dem das Alte Testament berichtet. Aber zu dieser Zeit waren Stierkulte schon »verpönt«, die Welt befand sich bereits im Widderzeitalter und der gehörnte Moses nahm soeben auf dem Sinai die göttlichen Gesetze der neuen Religion in Empfang.

Mit Aufkommen des Widderzeitalters (2000 v. Chr. bis zur Zeitenwende), dem als Archetyp der Krieger entspricht, werden die Götter kriegerisch, wie wir es vom alttestamentarischen Gott Jahwe nicht nur bei der Eroberung von Jericho lesen oder von den olympischen Göttern beim Krieg von Troja. In der Astrologie gilt der Widder als das diesseitsbezogenste Zeichen, dem entspricht die völlig untranszendente, rein vermenschlichte Gottesvorstellung vor allem bei den Griechen und Römern. Götter sind wie Menschen, bis auf den Unterschied, dass sie ewig jung und zudem unsterblich sind. Dem Widder sagt man Egoismus nach, und auch der ist neben unberechenbaren Wutanfällen ein typisches Merkmal der Gottheiten jener Zeit, die vom Menschen Gehorsam, Rauch- und Trankopfer fordern und sich ansonsten nicht sonderlich um ihn kümmern. Und wen wundert es bei der Machoqualität des Zeichens Widder, dass der Himmel von nun an von männlichen Göttern regiert wird, während die großen Göttinnen dämonisiert wurden und früher oder später in der Unterwelt, wenn nicht in der Hölle landen? Am bekanntesten und zugleich tragischsten ist wohl die Dämonisierung Evas, der Urmutter der Menschen, deren Name »Mutter alles Lebendigen« bedeutet. In einer älteren Version der bekannten Geschichte war sie die Herrin des Paradiesgartens, und die Schlange ihr Gefährte. Mit ihrer Verfluchung aber wird Eva zur Trägerin der Urschuld und danach in der Bibel mit keinem Wort mehr erwähnt.

Seit der Zeitenwende bis in unsere Tage leben wir im Fischezeitalter. Diesem Zeichen entspricht als Archetyp der Mystiker, was sich in der Mystifizierung des Göttlichen spiegelt, wie wir sie im christlichen Mysterium der Dreieinigkeit finden und später auch im Sufismus des Islams. Diese völlig neue Vorstellung, dass Gott die Liebe ist, entspricht der Fischesymbolik ebenso wie die Opfer- und Erlösungsthematik, die sich im Bild eines Gottes findet, der sich selbst opfert, um dadurch die Menschen zu erlösen. Und wer will, der kann auch die Widersprüchlichkeit dieser Gottesvorstellung als mystische Wahrheit verstehen: Der Schöpfergott, dem bei der Schöpfung mit der Entstehung des Bösen offenbar ein Fehler unterlaufen ist, empört sich darüber derartig, dass er die sündig gewordenen Menschen kurzerhand aus dem Paradies vertreibt. Nachdem ein paar Jahrtausende vergangen sind, schickt er seinen Sohn auf die Erde, der hier freiwillig den Tod erleiden muss, damit Gottvater selbst sich mit seiner missratenden Schöpfung versöhnt. Das darf man nun wirklich nicht rational hinterfragen, sondern kann es nur als mystische Wahrheit verstehen.

Und was ist, so gesehen, vom aufkommenden Wassermannzeitalter zu halten? In der historischen Zeit wird damit erstmals ein Weltzeitalter von einem Sternbild regiert, dass einen Menschen darstellt. Und der Archetyp, der die Wassermannidee verkörpert, ist der Humanist. Dem entspricht die Tatsache, dass der Mensch in den Mittelpunkt tritt und sich selbst mehr und mehr als ein Teil des Göttlichen begreift. Das sollte nicht als Anmaßung missverstanden werden, dass der Mensch sich nun gottgleich wähnt. Aber wenn Gott nicht irgendwo in der Abgeschiedenheit ist, sondern in allem, dann ist er auch in jeder Zelle unseres Wesens. Und könnte es nicht sein, dass in dieser Schöpfung eine göttliche Kraft um Bewusstwerdung ringt, und wir Menschen an diesem Prozess vorrangig teilhaben, weil wir zu Trägern des Bewusstseins geworden sind? Das wäre zumindest ein höchst wassermännischer Gedanke.

Die Weltzeitalter und ihre religiösen Ideen				
Zeitepoche zirka	**Zeitalter**	**Archetyp des Sternbilds**	**Religiöse Idee der Epoche**	**Ausdrucksform**
- 6000 bis - 4000	Zwillinge-zeitalter	der Unstete	Pansophie, Animismus Naturverehrung	Heilige Landschaft
- 4000 bis - 2000	Stier-zeitalter	der Bauer	Verehrung der Großen Mutter	Stierkulte, Muttergott-heiten
-2000 bis 0	Widder-zeitalter	der Krieger	kriegerische, eifersüchtige, egoistische Götter	männliche Götter, die Olympier, Jahwe
0 bis 2000	Fische-zeitalter	der Mystiker	Mystifizierung des Göttlichen, allumfassende Liebe	Gott ist die Liebe, Mysterium der Dreieinigkeit
2000 bis 4000	Wasser-mannzeit-alter	der Humanist	der Mensch begreift sich als Teil des Göttlichen	Philosophie, Tiefenpsycho-logie, Chaos-forschung

Es gibt aber noch zahlreiche weitere Phänomene, die spürbar erkennen lassen, wie sehr das Wassermannprinzip unsere Wertvorstellungen und unseren Zeitgeist prägt. Zu den auffallendsten Merkmalen des Wassermanns gehören das Streben nach Unabhängigkeit sowie der Abbau von Hierarchien und Schranken aller Art. Führt man sich vor Augen, wie die vergangenen zwei Jahrhunderte von Unabhängigkeitsbestrebungen, Unabhängigkeitskriegen und Unabhängigkeitserklärungen geprägt waren, wie Kolonien sich aus der Bevormundung befreiten, wie aber auch der Abbau zwischen Rassen, Klassen und den Geschlechtern aufkam und vorangetrieben wurde, dann ist es gewiss nicht falsch, davon auszugehen, dass die französische Revolution den Beginn des Wassermannzeitalters darstellt. Dies umso mehr, als dass deren Parolen: »Freiheit, Gleichheit, Brüderlichkeit« wassermännischer nicht sein können.

Im Tierkreis steht der Wassermann dem Löwen gegenüber, der dem Archetyp des Königs entspricht. Die Rolle des Gegenspielers übte der Wassermann in alter Zeit als Narr aus, dem einzigen Ratgeber, der dem König die Wahrheit sagen durfte. Seit der französischen Revolution aber mutierte der Narr zum Rebellen, der den König vom Thron stößt. Vielleicht klingt das in dem merkwürdigen Narrenkönig an, den Hieronymus Bosch als vierten zu den Heiligen Drei Königen gesellte.

Besonders faszinierend aber ist es zu beobachten, wie der Geist der Neuzeit darum ringt, dem Wassermannprinzip auf einer besonders schwierigen Ebene gerecht zu werden: Die seit alter Zeit bestehende, scheinbar unüberwindliche Kluft zwischen Glauben und Wissen muss geschlossen werden. Die Religion des neuen Zeitalters darf nicht im Widerspruch zum Wissen stehen, ebenso wie die Wissenschaft sich nicht länger nahezu zwangsneurotisch gegen alles abschirmen darf, was sich nach Religion, Spiritualität oder Transzendenz anhört. Noch sind diese Berührungsängste hoch. Noch kann man sich nicht recht vorstellen, dass der wissenschaftliche Geist seine so ausgeprägte Bevorzugung der nackten Fakten aufgibt und wieder beginnt, die Frage nach Sinn und Bedeutung zu stellen. Noch absurder aber scheint der Gedanke, dass eine Religion wissenschaftlich beweisbar sein könnte. »Dann wäre es ja keine Religion mehr«, denken viele. So tief ist das Bild dieses unüberwindbaren Widerspruchs zwischen Glauben und Denken in uns verankert.

Und dennoch sprechen viele Anzeichen dafür. Sie zu erkennen und zu beobachten gehört zu den aufregendsten Phänomenen unserer Zeit (siehe dazu Seite 90).

A

T

R

O

ROTA TARO ORAT TORA ATOR

Was ist Tarot?

Viele sagen *das* Tarot, andere dagegen *der* Tarot, und es gibt Bücher, in denen es sogar *die* Tarot heißt. Die Tarotkarten ist zweifellos richtig, für Tarot aber stellt der Duden nur zwei Artikel zur Auswahl: der oder das. Die meisten sprechen den Namen als Taro aus, weil die Schreibweise eindeutig französischer Herkunft ist, andere aber sagen Tarot, weil sich für sie das erste T mit dem letzten T zu einem Rad zusammenschließt:

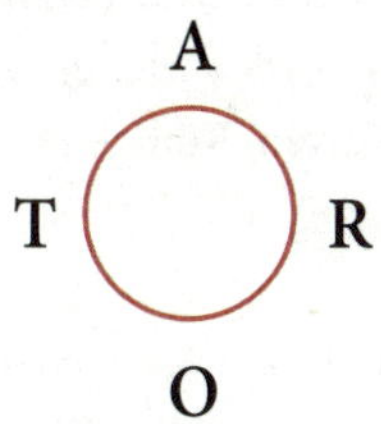

In den verschiedenen Kombinationen dieser vier Buchstaben (ROTA = lat. *das Rad*. ORAT = lat. *verkündet*. TORA = hebr. *das Gesetz*. ATOR = ägyptische Einweihungsgöttin) verbirgt sich nach Meinung des amerikanischen Tarotkenners Paul Foster Case die eigentliche Bedeutung der Karten: ROTA TARO ORAT TORA ATOR = das Rad des Tarot verkündet das Gesetz der Einweihung.

Formal handelt es sich dabei um einen Satz von 78 Karten, der sich in zwei Segmente gliedert. Eine Gruppe von 22 Karten, die man die Großen Arkana (lat. *Geheimnisse*) oder auch Trumpfkarten nennt, besteht aus Einzelmotiven wie Narr, Magier, Schicksalsrad, Tod und Teufel, aber auch Sonne, Mond und Stern. Die größere Gruppe von 56 Karten, die man die Kleinen Arkana nennt, entspricht in Aufbau und Struktur unseren heutigen Spielkarten. Es gibt zehn Zahlenkarten vom Ass bis zur Zehn und darüber hinaus vier Hofkarten: König, Königin, Ritter und Bube, also eine mehr als in den heutigen Spielkarten.

Bild links *ROTA TARO ORAT TORA ATOR = Das Rad des Tarots verkündet das Gesetz der Einweihung – Collage mit einem Ausschnitt der Karte Glück des Crowley-Tarots.*

Die nachprüfbare Geschichte des Tarot ist eher kurz, für viele sogar verblüffend kurz. Dafür ranken sich umso mehr geheimnisvolle Geschichten um den Ursprung der Karten. Erste Erwähnung finden sie im 14. Jahrhundert. Am 25. Mai 1377 verbot der Magistrat der Stadt Florenz ein Kartenspiel namens »naibbe«. Dieses Wort für Spielkarten hat sich als Naipes bis heute im Spanischen erhalten. Eine erste ausführlichere Beschreibung verdanken wir Bruder Johannes, einem Dominikanermönch aus Rheinfelden bei Basel. In seinem *Tractatus de moribus et disciplina humanae conversationis*, der heute im Besitz des Britischen Museums in London ist, schreibt er unter anderem »Anno Domini 1374 kam ein Spiel zu uns, das ein Kartenspiel genannt wird, und das in wunderbarer Weise den Zustand dieser Welt beschreibt. Doch woher es stammt, wer es erfunden hat und was man damit tut, entzieht sich meiner Kenntnis.« Im Weiteren beschreibt er ein Vierfarbenspiel mit jeweils 10 Zahlenkarten, Königen und anderen Hofkarten.

Im Jahre 1939 wurde im Topkapi Museum von Istanbul ein Kartenspiel entdeckt, das aus dem 14. Jahrhundert stammt und uns mit aller Wahrscheinlichkeit die Motive zeigt, die Bruder Johannes vor Augen hatte. Es scheint, dass diese Karten von den Mamelucken stammen, eine Herrscherkaste, die seit Mitte des 13. Jahrhunderts Syrien und Ägypten regierten. Sie waren offenbar große Polospieler, da sie den Poloschläger in den Karten verewigten. Zusammen mit den byzantinischen Krummschwertern, den Kelchen und den Münzen entstanden so die vier Serien, die im Tarot als Stäbe, Schwerter, Kelche und Münzen bekannt sind, aus denen die Spielfarben Kreuz, Pik, Herz und Karo hervorgingen.

Nachdem Karten – vermutlich aus dieser Quelle – nach Europa gelangt waren, verbreiteten sie sich in Windeseile, sodass sie am Ende des 14. Jahrhunderts in den meisten der damals namhaften Städte Europas bekannt waren. Diese Erkenntnis verdanken wir dem Schicksal, das Karten von früh an beschieden war: Sie wurden vielerorts verboten, und diese Verbote trug man in die Amtsregister ein. Nach allem, was wir heute wissen, handelte es sich dabei jedoch stets um Spielkarten. Spuren, die auf Orakelkarten oder gar auf Tarot hinweisen, gibt es nicht.

Oben: Karten der Mamelucken, darunter: Tarot de Marseille, unten: Mantegna-Tarot

Im Laufe der Zeit entstand eine Vielfalt von Kartensätzen mit unterschiedlichsten Motiven, aber auch wechselndem Umfang. Von einer 50 Karten umfassenden Kupferstich-arbeit aus Ferrara, die Andreas Mantegna zugeschrieben wird und unter anderem von Albrecht Dürer kopiert wurde, bis hin zu dem aus 97 Blatt bestehenden »Minchiate«. Dieses Kartenspiel aus Florenz verdankt seine ungerade Zahl der Tatsache, dass man es dort als unschicklich empfand, neben dem Papst auch eine Päpstin unter den Trumpfkarten zu haben, weshalb sie kurzerhand ersatzlos gestrichen wurde.

Die ersten uns bekannten Kartensätze, die in Umfang und Aufbau den heutigen Tarotkarten entsprechen, wurden im typischen Stil der Renaissance im 15. Jahrhundert für italienische Fürsten gemalt und hießen einfach DIE TRÜMPFE (I TRIONFI). Dieser frühe Name hat wiederholt zu der Vermutung geführt, dass die Motive der 22 Trumpfkarten, den Triumphzügen entnommen sind. Dabei handelte es sich um Umzüge, die man gern an Fürstenhöfen aufführen ließ, und deren Wurzeln bis weit in die vorchristliche Zeit zurückreichen. Auch Francesco Petrarcas Gedicht *Die Triümphe* wird in diesem Zusammenhang erwähnt, allerdings ohne dass daraus eindeutige Entsprechungen hergeleitet werden konnten.

Obwohl das etwa um 1428 entstandene Visconti-Sforza-Deck fast vollständig erhalten blieb, ist uns der Aufbau der Trumpfkarten dieses ersten Tarots der Renaissance unbekannt. Die Karten sind weder nummeriert noch tragen sie Namen, wohl aus dem einfachen Grund, weil in der damaligen Zeit nur die wenigsten lesen und schreiben konnten. Die heute übliche Reihenfolge der Großen Arkana taucht erstmals 1557 in Lyon auf. Etwa auf die gleiche Zeit geht auch der Name Tarot zurück. Gegen Ende des 16. Jahrhunderts nennt sich die Zunft der französischen Kartenmacher »Tarotiers«, wobei leider nicht überliefert ist, was man mit diesem Wort verbunden hat. Sicherlich ist es italienischen Ursprungs, denn dort nannte man die Karten schon um 1530 Tarocchi (Einzahl *Tarocco*), woraus sich das deutsche Wort Tarock ableitet. Aber schon 1550 stellt der Dichter Alberto Lollio aus Ferrara fest, dass Ursprung und Bedeutung dieses Wortes im Dunkeln liegen.

Die Karten, deren Motive, Namen und Struktur inzwischen als klassisch gelten, nennt man den *Tarot von Marseille*. Sie haben ihre Wurzeln im 15. und 16. Jahrhundert, fanden ihre heutige Form aber erst in der

Mitte des 18. Jahrhunderts. Nach allem, was wir wissen, scheint es sich bis dahin um ein reines Karten*spiel* gehandelt zu haben. Von einer symbolischen Deutung der Karten gibt es bis zu diesem Zeitpunkt keine Spur.

Das ändert sich im Jahre 1781. Damals betrat Antoine Court de Gébelin (1719–1784), einer der großen Universalgelehrten seiner Zeit, einen Pariser Salon, in dem Tarot gespielt wurde. Fasziniert von den Motiven der Karten, erkannte er darin etwas, das nach seinen eigenen Worten noch niemand zuvor darin gesehen hatte. Die Karten waren für ihn ohne jeden Zweifel ägyptischen Ursprungs. In seiner für diese Zeit nicht untypischen, spontanen Art, erkannte der Gelehrte intuitiv alsbald die folgenden drei Hintergründe, die sich seither geheimnisvoll um die Karten ranken, auch wenn wir inzwischen mit großer Sicherheit wissen, dass alle drei Vermutungen nicht stimmen:

- Tarot ist ein altägyptisches Weisheitsbuch.
- Die Karten wurden von den Zigeunern nach Europa gebracht.
- Die 22 Trumpfkarten, die man später die Großen Arkana nannte, bringen bildhaft Bedeutung und Symbolik der 22 hebräischen Buchstaben zum Ausdruck.

Im Laufe des 20. Jahrhunderts erlangte Tarot weltweit eine Popularität, die bis dahin unvorstellbar war. Alles begann im *Hermetic Order of the Golden Dawn*, dem *Orden der Goldenen Morgenröte*, kurz *Golden Dawn* genannt, der 1888 in England gegründet wurde. In diesem Kreise befasste man sich intensiv mit Tarot, wobei man zunächst an die französische Tradition anknüpfte und wichtige Werke erstmals ins Englische übersetzte. Samuel Liddle Mathers (1854–1918), einer der Mitbegründer des Golden Dawn, war die treibende Kraft bei der Entwicklung eines neuen, komplexen Systems, das Alchemie, Astrologie, Kabbala, Magie, Nummerologie und Tarot schlüssig in sich vereint. Tatsächlich betrachteten sich die Mitglieder des Ordens als eine kleine Elite, die als einzige Gruppierung in der Welt den wahren Schlüssel zu diesem Geheimwissen besaß.

Unter den namhaften Persönlichkeiten, die zu diesem Orden gehörten, befanden sich zwei Mitglieder, die in der Welt des Tarots Geschichte machen sollten. Arthur Edward Waite (1857–1942) und der von ihm in den Golden Dawn eingeführte Aleister Crowley (1875–1947), der die Mitglieder allerdings schnell so polarisierte, dass es seinetwegen zu der Spaltung kam, die 1903 nach nur 15-jähriger Geschichte das Ende des Ordens bedeutete. Beiden aber verdanken wir sehr beliebte Neugestaltungen der Karten, die wesentlich zur heutigen Popularität des Tarots, aber auch zur Verbreitung des Gedankenguts des Golden Dawn beigetragen haben.

Soweit die nüchternen und für manchen Tarotliebhaber ernüchternden Fakten. Die vielen Ursprungslegenden sind natürlich viel verzaubernder. So erzählt etwa der französische Tarotkenner Papus:

> *Das alte ägyptische Reich stand einst, vor einigen tausend Jahren, unter der Bedrohung von einem mächtigen Feind erobert und zerstört zu werden. Angesichts dieser Gefahr befürchtete die Priesterschaft des Landes, dass das mühsam im Laufe der Zeit von ihnen erworbene Wissen durch die drohende Katastrophe unwiderruflich verloren gehen könnte. Da versammelten sich die oberen Priester, um darüber zu beraten, wie dieses Wissen der Menschheit trotz Vernichtung und Zerstörung erhalten und weitergegeben werden könnte.*
>
> *Ein Priester machte den Vorschlag, dieses Wissen in tief ausgehauene Zeichen und Symbole auf die Wände und Mauern der Pyramiden einzumeißeln. Aber sein Vorschlag wurde abgelehnt mit der Begründung, dass auch die stärksten Mauern schließlich von Menschenhand erbaut*

wurden und somit vergänglich sind. Ein anderer Priester wollte die zehn weisesten und klügsten Köpfe des Landes auswählen, um sie in die Geheimnisse einzuweihen, die sie dann, vor ihrem Tod wiederum anderen, von ihnen für weise befundenen Menschen, weitergeben sollten. Gegen diesen Vorschlag erhob aber ein Priester den Einwand: »Weisheit hat keinen dauerhaften Bestand, und schon oft ist aus einem Weisen ein Narr geworden. Damit ist der Fortbestand unseres Wissens nicht gesichert. Aber es gibt etwas, das bei Menschen dauerhaften Bestand hat, nämlich das Laster. Lasst uns deshalb unsere Weisheit und unser Wissen dem Laster anvertrauen. Nur auf diese Weise ist gesichert, dass es alle Schwankungen und Veränderungen der Zeit überdauern kann.«
Dieser Vorschlag wurde allgemein für gut befunden, und man ging daran, das gesamte Wissen der Priester in Bildern auf Spielkarten zu zeichnen, die dann dem Volk übergeben wurden, damit es seinen Lastern und Leidenschaften frönen konnte.

Der amerikanische Tarotexperte Paul Foster Case, der 1922 den Orden B.O.T.A. als eine Nachfolgeorganisation des Golden Dawn gründete, erzählt eine ähnliche Geschichte, nur dass er dabei den Ursprung der Karten nach Fez in Marokko verlegt.

Und immer wieder wird Moses ins Spiel gebracht, der in die ägyptischen Mysterien eingeweihte Hohepriester. Er habe, wenn nicht die Karten, so doch zumindest dieses Wissen beim Auszug aus Ägypten mit nach Palästina gebracht, wo es dann im Volke Israel eine Verbindung mit der Kabbala einging. Im Umfeld dieser Ursprungsvermutung leitet man den Name Tarot von der Thora her. Die Thora sind die fünf Bücher Mose, der Beginn des Alten Testaments und das mosaische Gesetz des jüdischen Volkes.

Für keine dieser Vermutungen gibt es ernsthafte, historische Belege. Nach allem, was wir wissen, sind die Karten ein Kind der Renaissance. Doch unabhängig von seinem Alter ist eines gewiss: Tarot überliefert uns in den Großen Arkana eine Lebensweisheit, die älter ist als das ganze Papier. Denn in ihrer Bildersprache erzählen uns die Karten die wohl älteste Geschichte der Welt, die Geschichte von einem Menschen, der aufbricht, um das große Werk zu vollbringen. Diese Erzählung ist in allen Kulturen bekannt und sie wird in allen Sprachen in immer gleicher Weise erzählt, mit denselben Motiven, in derselben Struktur. Es scheint als wäre es so etwas wie ein »mitgebrachtes Wissen« der Seele, das sich früher oder später überall dem Bewusstsein mitgeteilt hat. Aus Jung'scher Sicht handelt es sich dabei um das archetypische Muster einer Parabel, die den Lebensweg des Menschen beschreibt.

»Mutus Liber«,
erstmals 1677 erschienen

So viele Märchen- und Mythenbücher diese Erzählung aber auch füllt, bildhaft als Ganzes hat sie nur einmal Gestalt angenommen, und zwar in den 22 Großen Arkana. Dieses Herzstück des Tarots wird damit zu etwas, was in der Welt der Alchemie eine berühmte Parallele hat. Dort gibt es das »Mutus Liber«, das stumme Buch, das nur mit Bildern den alchemistischen Prozess beschrieb, der zum Stein der Weisen führt. Nur wer diese Bilder lesen kann, versteht die Botschaft. Ein solches stummes Buch bilden auch die Großen Arkana, die uns in 22 Bildern anschaulich den Weg der Selbstwerdung des Menschen beschreiben. Diese archetypische Wahrheit ist der eigentliche Schatz, der sich im Tarot verbirgt. Wie, wann und durch wen er dort hineingekommen ist, bleibt auch weiterhin das Geheimnis der Karten.

Die 56 Karten der Kleinen Arkana haben dagegen keine solche Dimension. Sie sind nach allem, was wir wissen, niemals zu anderen Zwecken als zum Kartenlegen gebraucht worden. Bis zum Beginn des 20. Jahrhunderts waren diese 56 Karten auch nicht aussagekräftiger als unsere Spielkarten illustriert. Sie zeigten die dem Wert der Karte entsprechende Anzahl an Symbolen. So waren auf der Karte ZWEI SCHWERTER eben 2 Schwerter zu sehen und auf den ACHT MÜNZEN 8 Münzen.

Diese Karten zu deuten war genauso schwierig wie die Deutung von Pik Zwei oder Karo Acht. Entweder musste man dazu die Bedeutung aller

Karten auswendig gelernt haben, oder aber die Symbolik der Zahl mit der Bedeutung der Stäbe, Schwerter, Münzen oder Kelche kombinieren und daraus die Bedeutung folgern. Das änderte sich 1909, als der von Arthur Edward Waite entworfene und von Pamela Colman Smith gestaltete Rider-Tarot erschien, bei dem erstmals auch die Kleinen Arkana illustriert waren. Seitdem führen Bilder zur Bedeutung aller 78 Karten.

So begrüßenswert diese Bereicherung auch ist, sie sollte nicht dazu führen, dass man den großen Unterschied übersieht, der zwischen Bildern liegt, die im Lauf der Jahrhunderte aus dem kollektiven Unbewussten der Menschheit aufgetaucht sind – wie man es bei den 22 Großen Arkana vermuten darf –, gegenüber Illustrationen, die von einem Menschen ausgedacht wurden, und sei dieser Mensch auch noch so genial. Ein ausgedachtes Bild ist gewiss hilfreich, um eine Bedeutung zu veranschaulichen, es erreicht jedoch nie Gehalt und Symboltiefe eines archetypischen Bildes. Aus diesem Grund ist es wenig ergiebig, über Details in den Bildern der Kleinen Arkana zu grübeln. Sie illustrieren schlicht und einfach ein Thema. So zeigt uns die Drei Kelche den Erntedanktanz, wie die Früchte zu Füßen der Tanzenden erkennen lassen. Wer diese Aussage in der Illustration erkennt, weiß, was die Karte sagen will: Eine Entwicklung hat einen guten Verlauf genommen, die Ernte ist eingebracht, der Mensch ist dankbar und zufrieden. Mehr veranschaulicht das Bild nicht. Jegliche Spekulation darüber, warum eine der tanzenden Grazien goldene Schuhe trägt, während die der anderen blau sind, oder welche Art von Obst und Gemüse dort ausliegt, ist nebensächlich, wenn nicht müßig.

ΓΝΩΘΙ
ΣΕΑΥΤΟΝ

Zufall und Zufallsorakel

Die Nähe zwischen Orakel und Spiel ist ein Phänomen, das sich nicht auf Tarotkarten beschränkt. Auch andere Spiele sind aus alten Orakeln hervorgegangen, wie zum Beispiel das Würfeln, das Auslosen oder das Mikado. Hintergrund ist bei alledem die Überzeugung, dass der Zufall etwas Bedeutsames ist. Die heute oftmals zu hörende Bemerkung »Es gibt keinen Zufall« meint zwar dasselbe, ist aber genau genommen falsch. Richtiger müsste es heißen, dass es keinen sinnlosen Zufall gibt. Das würde der ursprünglichen Bedeutung dieses im Mittelalter entstandenen Wortes entsprechen, mit dem man seither etwas bezeichnet, das einem Menschen zufällt, also unvorhersehbar zuteil wird. Dass es sich bei Zufällen um reine Willkür, um absurdes Schicksal, um blindwütiges Walten des Lebens handelt, ist ein Standpunkt, den der aufgeklärte Geist schon allein deshalb gern eingenommen hat, weil er sich damit aus der Verlegenheit half, Erklärungen für unerklärliche Phänomene finden zu müssen. Inzwischen aber hat die Bereitschaft, hinter dem Zufall ein bedeutsames Wirken zu vermuten, beachtlich zugenommen. Worum geht es dabei?

Wenn wir das Wissen vom Heilsweg des Menschen, wie ihn die verschiedensten spirituellen Lehren der Menschheit beschreiben, in die Sprache der Psychologie übersetzen, dann liegt unser Lebensziel in der Ganzwerdung, und die Kraft, die jeden von uns dorthin drängt, ist das Selbst. So benannte C. G. Jung das größere Ganze, das sowohl das Bewusste als auch das Unbewusste eines Menschen umfasst. Da unser Ich als Zentrum des Bewusst-

Bild links *Würfelt Gott – Gott würfelt nicht?! Und wenn doch, wann und wo, und mit welchem Ziel, und was bedeutet das für uns – »Zufall« oder »Zu-fallen« – oder doch »Erkenne dich selbst«?*
Collage aus Michelangelos Gottvater (»Die Erschaffung von Sonne, Mond und Vegetation«), ein paar fallender Würfel und dem Rad der Karte Glück aus Aleister Crowleys Thoth Tarot.

seins nur ein Teil dieses Selbst ist – und mit höchster Wahrscheinlichkeit nur ein sehr kleiner Teil – kann es sich natürlich kein umfassendes Bild vom größeren Ganzen machen und deshalb auch nicht mit Bestimmtheit über dessen Natur sprechen. Wir können aber seine Botschaften beachten, die wir in Träumen und Eingebungen empfangen, und sein Wirken beobachten, wie es sich in den vielen zufälligen Phänomenen unseres Lebens zeigt. Natürlich gehört hier, ähnlich wie in der subtilen Quantenphysik, der Beobachter zum Experiment. Wer Träume nur für Schäume hält, dem werden sie kaum etwas Sinnvolles sagen können. Wer aber Eingebungen des Unbewussten ebenso wie zufällige Begebenheiten mit freundlicher Aufmerksamkeit studiert, dem wird manch merkwürdige Erfahrung im besten Sinne des Wortes merk–würdig sein.

Mit dieser Betrachtungsweise lassen sich auch Orakel verstehen, die gerade durch ihre zufällige Konstellation eine bedeutsame Aussage machen, auch wenn eine solche Vermutung im krassen Gegensatz zur wissenschaftlichen Betrachtungsweise steht. Und genau hier wird der Vorwurf laut, der im Zusammenhang mit Tarot immer wieder zu hören ist: »Aber wenn man die Karten fünfmal hintereinander legt, dann wird man doch jedes Mal durch andere Karten eine andere Antwort bekommen.« Das ist ebenso richtig, wie es falsch ist. Tatsächlich kommen in einem solchen Fall zumeist andere Karten, nur beweist das nichts. Lediglich die rationale Beweisführung beruht auf der Wiederholbarkeit eines Experiments. Dazu ist es notwendig, den Zufall nach allen Regeln der Kunst auszuschließen, und die geplante Versuchsreihe ungestört in einem geeigneten Rahmen, einem abgeschirmten Labor, durchzuführen. Gelingt das Experiment beliebig oft, ist damit der Beweis erbracht. Die Zufallsorakel aber gehören ebenso wie die Träume zur irrationalen Welt und lassen sich deshalb nicht mit rationalen Mitteln messen. Auch ein Traum ist nicht erst bedeutsam, wenn man ihn fünfmal geträumt hat. Ebenso wenig lebt ein Zufallsorakel von der Wiederholbarkeit. Während in der rationalen Welt der Zufall als unkalkulierbare Größe und unerwünschter Störenfried gilt, der jedes Experiment durcheinanderbringen kann, erweist er sich in der irrationalen Welt als wichtigster, aussagekräftiger Faktor. Deshalb ist die Konstellation einer ersten und einzigen Kartenlegung bedeutsam, und die Tatsache, dass sie nicht wiederholbar ist, beweist nichts.

Folgen wir der Jung'schen Psychologie in der Annahme, dass im Unbewussten Kräfte ruhen, die uns Menschen führen, dann lässt sich Tarot auch als Dialog zwischen dem Bewussten und dem Unbewussten verstehen. Denn ebenso wie andere Erlebnisse und Erfahrungen, die wir machen, vom Unbewussten bewirkt werden, damit wir daraus lernen, an ihnen wachsen und reifen, so treten auch die Ratschläge des Tarots als Botschaften des Unbewussten in unser Leben. Dieser Hintergrund lässt Orakel in einem gänzlich anderen Licht erscheinen und zu einer einzigartigen Quelle der Selbsterkenntnis werden. Damit sie so verstanden werden, ließ der Philosoph Thales von Milet am Tempel zu Delphi die berühmte Inschrift »Erkenne dich selbst« anbringen, und machte damit den eigentlichen Sinn aller Orakel deutlich. Wer diese Botschaften aufnimmt und sich von ihnen führen lässt, wird seinen eigenen, der jeweiligen Individualität entsprechenden Weg gehen und zu sich selbst finden. Wer dagegen das Unbewusste nur als ein magisches Wunderland betrachtet, dessen Zauberkräfte das Ich schamlos ausbeuten darf, um sein grenzenloses Geltungsbedürfnis und seine naiven Glückserwartungen zu stillen, wer damit die Lottozahlen berechnen will oder Tarot als spirituelle Versicherung gegen Unannehmlichkeiten des Lebens betrachtet, wird günstigstenfalls enttäuscht, vielleicht aber auch schlimmen Schiffbruch erleiden. »Jede Annäherung an das Unbewusste aus Nützlichkeitsgründen«, so warnt die Jungianerin Marie-Louise von Franz, »hat destruktive Wirkungen.« Und sie vergleicht diesen Vorgang mit der rücksichtslosen Ausbeutung der Wälder, dem Raubbau an der Natur und dem habgierigen Plündern der Bodenschätze, was alles in allem nur zur Störung des biologischen Gleichgewichts führt. Im Verfehlen der Mitte aber liegt die ursprüngliche Bedeutung des Wortes Sünde. Vielleicht ist es diese Gefahr, die die Tarotkarten immer wieder als das Gebetbuch des Teufels in Verruf gebracht hat.

Die vielen Gesichter des Tarots

Seit den 80er Jahren des 20. Jahrhunderts sind immer neue Tarotdecks entstanden und ständig werden es mehr. Wird die bunte Welt der Karten mit jeder dieser Neugestaltungen um eine Facette reicher oder einfach nur kunterbunter? Gewiss sind unter den Hunderten nicht wenige, die nur eine quantitative Erweiterung der Tarotlandschaft bilden, während andere zweifellos eine qualitative Bereicherung darstellen, die sehr zu begrüßen ist.

Nach welchem Maßstab lässt sich die Güte eines Kartendecks überhaupt beurteilen? Gibt es Karten, die die Wahrheit sagen, weil sie »richtig« sind, während andere Karten »falsch« sind und den Frager deshalb in die Irre führen? Wohl kaum. Zufallsorakel, zu denen Tarot ebenso wie das I Ging und die Runen gehören, geben ihre Antwort aus einer zufälligen Konstellation im Frageaugenblick. Diese Aussage zu erkennen, sie zu lesen und richtig zu übersetzen, ist alles, worauf es ankommt. Entscheidend ist also nicht, welches Orakel besser oder schlechter »funktioniert«, sondern welche Sprache man spricht, welches Orakel man am besten versteht. Das Gleiche gilt für die verschiedenen Kartensätze, die allesamt ihre eigene Sprache haben. Um sie zu deuten, muss man natürlich die Illustrationen und die Symbolik verstehen, um dann in der jeweils eigenen Bildersprache Antworten auf zuvor gestellte Fragen zu finden.

Wenn man Tarot dagegen als ein Weisheitsbuch aus alter Zeit betrachtet, das uns in den 22 Großen Arkana gleich einem Bildband das Wissen vom Lebensweg des Menschen überliefert, dann macht es wirklich große Unterschiede, mit welchem Tarotdeck man sich befasst. Denn auf dieser Ebene wird sofort ersichtlich, dass diese tiefe Dimension von manchem Neugestalter der Karten nicht erfasst, vielleicht auch gar nicht erkannt wurde und deshalb in diesen Decks natürlich auch vergeblich gesucht würde.

Bild links *Der Stern aus dem Margarete Petersen-Tarot und Der Stern (Ausschnitt) aus Aleister Crowleys Thoth Tarot*

Nur auf dieser Ebene kann man beurteilen, ob die Neugestaltung einer Karte richtig oder falsch ist. Einzig entscheidend ist dabei, ob ihre eigentliche, archetypische Qualität verstanden und durch analoge Symbole angereichert wurde, oder ob die Veränderung eine Verzerrung der ursprünglichen Bedeutung ist. Wenn etwa ein Tarot einen Gehängten zeigt, der am Galgen aufgeknüpft ist, dann darf man sicherlich annehmen, dass der Schöpfer dieser Karten am Namen der Karte klebte, aber nicht verstanden hat, worum es beim GEHÄNGTEN geht. Wird er dagegen mit dem rechten (= bewusst) statt dem linken (= unbewusst) Bein an ein T-Kreuz gehängt, dem Zeichen der Auserwählten, dann liegt darin eine Anreicherung der ursprünglichen Symbolik. Sie verfälscht nichts, sondern geht über das Bisherige hinaus, indem sie deutlich macht, dass das Opfer, um das es hier unter anderem geht, von Auserwählten auch bewusst (= rechte Seite), das heißt freiwillig erbracht wird. Und wenn zudem das Holz des Kreuzes frische Sprossen treibt, liegt darin ein Hinweis auf die neue Lebenskraft, die durch das Opfer hervorgebracht wird.

Die gleiche Karte zeigt im 1944 erschienenen Tarot von Aleister Crowley den Menschen, der ohnmächtig zwischen Leben und Tod gekreuzigt ist. Während ihn oben die Lebensschlange – gleich dem sprichwörtlich seidenen Faden – noch hält, ist seine Aufmerksamkeit – sein Kopf – auf die untere Todesschlange gerichtet. All das sind keine Verfälschungen ursprünglicher Symbolik, sondern Amplifikationen, das

heißt Anreicherungen, wie sie sich auch in der Jung'schen Traumarbeit als nützlich erwiesen haben, um Traumsymbolik besser und tiefer zu verstehen. Darin zeigt sich die wirklich qualitative Bereicherung durch neue Tarots, die große Geister geschaffen haben – im Unterschied zur rein illustrativen Vielfalt der übrigen.

Aber nicht nur die Bilderwelt der Karten ist vielfältig. Je mehr Tarotbücher man liest, umso weniger hat man den Eindruck, dass es sich dabei immer noch um das gleiche Orakel handelt. Zum Teil sind einzelne Deutungen oder Darstellungen derart widersprüchlich, dass nicht nur den Tarotneuling gelegentlicher Zweifel an der Ernsthaftigkeit des Tarotorakels beschleicht. Denn selbst wenn man sorgfältig die Spreu vom Weizen trennt und sich nur an anerkannte Autoren und Experten hält, wird man die unterschiedlichsten Deutungen finden. Aber auch das liegt in der Natur der Sache, denn Einigkeit besteht immer nur über die Oberfläche, die wir alle gleichermaßen sehen können. Tiefe muss dagegen gedeutet werden. Und je tiefer die Symbolik der Karten ist, umso weiter können die Deutungen voneinander abweichen und dennoch richtig sein. Bei einer wirklich tiefen Symbolik ist nicht einmal mehr die Meinung des Schöpfers das Entscheidende. Denn wenn es sich um Inhalte des kollektiven Unbewussten handelt, die durch den Neugestalter in die Karten geflossen sind, dann kann deren Symbolik weit über das hinausgehen, was dem Schöpfer während seines Schaffens bewusst wurde. Dann ist es, ähnlich wie bei echten Kunstwerken, durchaus rechtens wenn andere darin weit mehr erkennen, als dem Künstler bei seiner Arbeit vorschwebte und bewusst war. Nur dort, wo die Kartendarstellungen einfach ausgedacht wurden, also ein reines Kopfprodukt sind, gibt es keine nennenswerte Tiefe. In diesen allerdings wenig bedeutsamen Fällen hat der Gestalter wirklich das letzte Wort.

Der Hauptgrund für viele Irritationen liegt vor allem in der irrigen Annahme, dass esoterische Systeme wie Tarot, Kabbala, Astrologie oder das I Ging miteinander austauschbar sein müssten, ebenso wie eine Tarotkarte, gleichgültig aus welchem Deck sie gezogen wird, selbstverständlich die identische Bedeutung haben müsse, wie ihre Entsprechung in einem anderen Deck. Natürlich gibt es viele Parallelen zwischen den verschiedensten Tarots und ebenso zwischen den einzelnen Orakelsystemen. Aber eine exakte Gleichsetzung käme doch einer Verarmung gleich, denn wenn zwei Tarotdecks oder zwei Orakel wirklich identisch wären, dann wäre eines der beiden überflüssig.

Es liegt in der Natur eines Symbols, dass es eine umfassende und damit zumeist mehrdeutige Bedeutung hat. Oftmals ist es gerade dieser Hintergrund, der auch große Kenner der Materie zu ganz unterschiedlichen Ergebnissen kommen lässt; so zum Beispiel in den Karten der Kleinen Arkana von Arthur Edward Waite und Aleister Crowley. Die Kompetenz dieser beiden Neugestalter in Sachen Tarot steht gewiss außer Zweifel. Dennoch hat etwa ein Viertel der 40 Zahlenkarten in beiden Decks eine komplett andere Bedeutung. Das hat unter anderem damit zu tun, dass im Rider-Tarot alle Vierer-Karten eine Stabilität verkörpern, die nur noch für die Stäbe (Willenskraft) als positiv angesehen wird, bei Kelchen (Gefühle), Schwertern (Verstand) und Münzen (Materie) dagegen als problematisch gilt. Crowley wertet die Vierer-Karten dagegen durchweg (noch) positiv, womit ihre Bedeutung in seinem Deck oft kaum von den Dreier-Karten zu unterscheiden ist. Die Qualität der Vier gleicht gewissermaßen dem Zustand der Sattheit, den man als noch gut oder schon als ein wenig des Guten zu viel deuten kann. Einen ähnlich grundlegenden Unterschied findet man in der Deutung der Zwei Stäbe: Zwei, die Zahl der Polarität in Verbindung mit dem Feuerelement (Stäbe). Stellt man sich dabei

zwei Feuerscheite vor, die wie im Crowley-Tarot einander kreuzen, dann werden die Flammen lodern, nimmt man sie dagegen auseinander – wie im Rider-Waite-Tarot –, dann werden die Flammen erlöschen. Beide Aussagen lassen sich also mit der dieser Karte zugrunde liegenden Symbolik überzeugend verbinden.

Somit können die unterschiedlichen und auch widersprüchlichen Kommentare verschiedener Tarotkenner einen immer umfassenderen Blick auf die Karten eröffnen und zu tieferem Verständnis führen. Je tiefgründiger aber eine Karte verstanden wird, umso treffsicherer und lebendiger lässt sie sich in einer konkreten Situation erfassen und deuten. Denn ebenso wie bei einer Fremdsprache helfen auswendig gelernte Texte nur wenig weiter. Wer Tarot gut und flüssig deuten will, muss dessen Bildersprache verstehen und fließend sprechen. Und wie es für das Erlernen einer Sprache günstig ist, immer wieder in das entsprechende Land zu reisen und mit den verschiedensten Menschen zu sprechen, ist es auch beim Tarot außerordentlich hilfreich, die Karten aus den unterschiedlichsten Perspektiven betrachtet und verstanden zu haben.

11
8

Die Umnummerierung der Karten Kraft und Gerechtigkeit

Arthur Edward Waite ist der Schöpfer der Rider-Waite-Tarotkarten, die 1909 erschienen und heute weltweit das mit großem Abstand bekannteste Tarotdeck bilden. Darin hat Waite die zuvor übliche Zählfolge der Karten verändert, indem er die achte und die elfte Karte der Großen Arkana (Gerechtigkeit und Kraft) austauschte. Er selbst hat diesen Schritt nie öffentlich erklärt, sondern lediglich festgestellt, dass er diese Veränderung infolge ihn überzeugender Gründe getan habe.

Die umnummerierten Karten: Die beiden linken Karten zeigen die traditionelle Nummerierung im Tarot de Marseille, die beiden rechten die neue Nummerierung im Rider-Waite-Tarot.

Da Aufbau und Nummerierung der Karten aus den nachstehenden Gründen bedeutsam sind, stellt sich natürlich die Frage, welche Zählfolge zutreffender ist.

Bild links *Collage aus den Figuren der Karten Kraft und Gerechtigkeit, eines Bildnisses der Nut und des Pythagoras aus der »Schule von Athen«.*

1. Die Zahlensymbolik hat im Abendland eine lange Tradition. Sie bietet einen wertvollen Schlüssel zum Verständnis der Karten. Mit ihrer Hilfe kann man prüfen, welche Karte besser zur Symbolik der Acht und der Elf passt.
2. Die Großen Arkana spiegeln den archetypischen Lebensweg des Menschen, wie er als »Reise des Helden« die Grundstruktur der Mythen und Märchen bildet. Wenn dabei zwei Stationen ausgetauscht werden, stimmt die Geschichte nicht mehr.
3. Am Schluss einer Kartendeutung kann man die Quintessenz ermitteln. Dazu zählt man die Zahlen der aufgedeckten Karten zusammen und reduziert sie gegebenenfalls durch Bildung von Quersummen so lange, bis sich eine Zahl zwischen 1 und 22 ergibt. Die dieser Zahl entsprechende Karte der Großen Arkana zeigt als die »Quintessenz«, was der Fragende im Zusammenhang mit der Kartendeutung bedenken, tun oder beachten sollte oder macht einen abschließenden Vorschlag für den ersten Schritt. In diesem Fall werden die Zahlen gleich zweimal wichtig: Bei der Ermittlung der Quintessenzzahl und bei der Feststellung, welche Karte den Weg weist, wenn Acht bzw. Elf das Ergebnis ist.

A. E. Waite hat sich nur spröde und spärlich zu seiner Umnummerierung geäußert. Heute wissen wir, dass es vor allem astrologische Entsprechungen der Karten waren, die ihn dazu bewegten. Wie wenig diese Überlegungen überzeugen, zeigt der Artikel Astrologie und Tarot auf Seite 327*ff*.

Da ich die alte – im Marseiller Deck noch erhaltene – Zählfolge für die Richtige halte, möchte ich hier die Gründe aufführen, die mich überzeugen:

Aus Sicht der Zahlensymbolik

Die Zahl Acht

a) Schon für Pythagoras (570–480 v. Chr), dem Vater der abendländischen Zahlenmystik, war Acht die Zahl der Gerechtigkeit, da sie sich in immer gleiche Einheiten unterteilen ließ:
$8 = 2 \times 4 \quad 4 = 2 \times 2 \quad 2 = 2 \times 1.$

b) Die quer liegende Acht, die Lemniskate ∞, gilt als Symbol zweier miteinander harmonisch verbundener Bereiche oder Welten. Wir finden sie auf der Karte des MAGIERS als Ausdruck der Harmonie zwischen Bewusstem und Unbewusstem. Auf der Karte KRAFT zeigt sie die Harmonie des zivilisierten Menschen mit seiner animalischen Natur. Welche Bedeutung dieser Aspekt für das Thema Gerechtigkeit hat, wird durch die folgende Betrachtung deutlich:

c) Während das Quadrat oder das Kreuz als Symbol der Vier für die irdische Realität steht, die Null oder der Kreis dagegen die göttliche Hemisphäre oder das Absolute verkörpert, symbolisiert das Achteck oder der achteckige Stern die Mittellinie zwischen dem Bereich des Irdischen (Quadrat) und des Göttlichen (Kreis).

Achteck und Achtstern zeigen so das Äußerste, was dem Menschen möglich ist, wenn er von der irdischen Welt (Quadrat) zur göttlichen (Kreis) strebt. Für die irdische Gerechtigkeit bedeutet dies, dass sie nach vollkommener, göttlicher Gerechtigkeit streben muss, wohl wissend, dass sie diese Vollkommenheit nie erreichen kann. In der Farbsymbolik wird die Trennlinie durch Violett ausgedrückt, der letzten Farbe des Regenbogens, die der Mensch sehen kann. Ihr folgt Ultraviolett als Symbol der unsichtbaren, transzendenten Welt. Das zeigt Waite auf seiner GERECHTIGKEITSKARTE durch den violetten Vorhang. Vor dem göttlich-goldenen Hintergrund symbolisiert er die gleiche Trennlinie wie das Achteck als Mittellinie zwischen Quadrat und Kreis. Nur mit der Elf hat die Gerechtigkeit nichts zu tun.

Die Zahl Elf

Elf gilt als die Zahl der Sünde, denn sie ist eins mehr als die zehn Gebote und versinnbildlicht so die Überschreitung der göttlichen Ordnung. So lässt Friedrich Schiller seinen Wallenstein durch dessen berühmten Astrologen Seni warnen: »Meide die Elf! Elf ist die Zahl der Sünde, Elf ist eins mehr als die zehn Gebote.« Auf den ersten Blick mag das auf uns etwas befremdlich wirken. Ein Blick in verschiedene Kulturen zeigt uns jedoch, wie sehr Zehn die göttliche Ordnung symbolisiert.

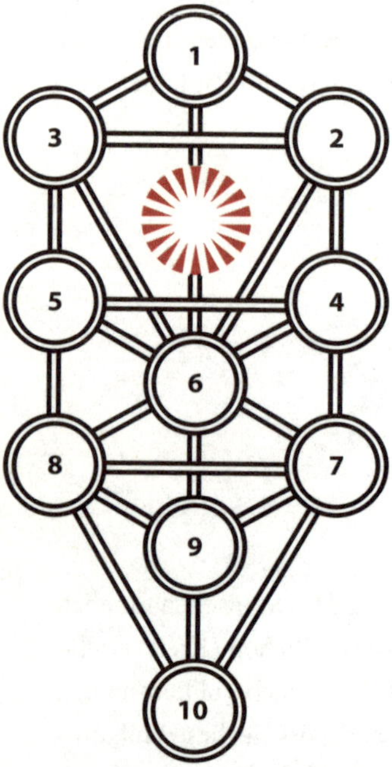

Die jüdisch-christliche Tradition kennt die zehn Gebote, das heilige Symbol der Pythagoräer war die Tetraktys, eine Dreiecksfigur, die aus zehn Punkten besteht, und im fernen Osten begegnen wir der Zehn in den zehn Bildern der Zen-Geschichte »Der Ochse und sein Hirte« als Sinnbild des Wegs zur Vollkommenheit. Das zentrale Symbol der Kabbala ist der Baum des Lebens, der mit seinen zehn Sefirot (Energiezentren) ein Modell des göttlichen Bauplans des gesamten Kosmos ist.

Wenn aber Zehn Ausdruck des vollkommenen Zustandes oder der göttlichen Ordnung ist, dann kann die Elf tatsächlich als Zahl der Überschreitung verstanden werden. So kennt auch die Kabbala eine verborgene elfte Sefira, die der verbotenen Frucht am Paradiesbaum entspricht.

Von dem sündigen Hintergrund dieser Zahl erzählt eine alte Überlieferung, die erklärt, wie und warum der ägyptische Kalender im Jahr 4241 v. Chr. von 360 auf 365 Tage umgestellt wurde, wodurch das Sonnenjahr mit 365 Tagen seither um elf Tage länger ist als das Mondjahr mit 354 Tagen:

In jenen Tagen, als alle Jahre noch 360 Tage hatten, verfluchte einst Ra der erhabene Sonnengott seine Gemahlin Nut, die Mutter der Götter, weil sie ihn stets mit Liebhabern betrog. Er schwor, dass sie die Früchte ihrer Fehltritte weder unter seiner Herrschaft noch der des Mondes zur Welt bringen könne; das heißt weder bei Tag noch bei Nacht, weder im Monat noch im Jahr.

Das erfuhr einer ihrer Liebhaber, der große Thot. Er sann auf Hilfe. Mit einem Brettspiel, das er gerade erfunden hatte, machte er sich auf den Weg zur Mondgöttin, der tagsüber die Stunden ziemlich lang wurden. Thot schlug ihr vor, sich die Zeit mit einem Spiel zu vertreiben, und er überredete sie, dabei den 72. Teil des Jahres (360 : 72 = 5 Tage) einzusetzen. Sie spielten den ganzen Tag. Mal neigte sich das Glück zur Mondgöttin, mal zum Erfinder des Brettspiels. Aber er wäre gewiss nicht der große Thot gewesen, den die Griechen auch den Listenreichen nennen, wenn er dieses Spiel zum Schluss nicht mit einem großen Wurf gewonnen hätte. So nahm er der arglosen Mondgöttin fünf Tage ab, eilte damit zum Horizont, zertrennte dort das Band des alten Jahres und fügte die fünf neuen Tage ein. Da sie weder unter der Herrschaft der Sonne noch des Mondes standen, konnte Nut an jedem dieser Tage gebären. So kam die Sünde (die Folge ihrer Fehltritte) doch zur Welt. Die Stelle aber, an der Thot das alte Band des Jahres durchschnitten hatte, war der Augenblick, an dem der Hundsstern Sirius erstmals im Jahr wieder zu sehen ist. Die Menschen nennen sie deshalb bis heute die Hundstage, die heißesten des Jahres. Seit jenem denkwürdigen Spiel hat der Kalender 365 Tage. Die fünf Tage aber, die die Mondgöttin verlor, verkürzten ihr Mondjahr, weil es ja in Nächten gezählt wird, sogar auf 354.

Die Elf steht somit für eine »Zeit zwischen den Zeiten«. Viele Kulturen kennen einen solchen Abschnitt im Jahr, an dem die normalen Verhältnisse kopfgestellt sind. In diesen tollen Tagen vergisst der sonst kultivierte Mensch seine Zivilisation und wird wieder eins mit den archaischen Kräften, denen er entstammt. Die Saturnalien der Römer und viele Narrenfeste, in denen statt der normalen Ordnung die verkehrte Welt regierte, gehen darauf zurück. Uns blieb der Karneval, der markanterweise am 11.11. um 11 Uhr 11 beginnt und von einem 11-köpfigen Präsidium geleitet wird.

Die Lust am wilden Treiben und die animalische Kraft, die auch den braven Bürger übermannte und seine guten Sitten vergessen ließ, galt natürlich als Sünde. Diese animalische Seite zeigt uns die Karte Kraft im roten Löwen, den eine Nymphe liebevoll zähmt und an einer Blumengirlande führt.

So finden wir die Thematik der Zahl Elf nur in dem Motiv der Kraft wieder, wie die Zahl Acht ihrerseits hervorragend die Idee der Gerechtigkeitskarte wiedergibt.

Aus mythologischer Sicht

Die achte Karte

Wenn wir die Karten der Großen Arkana als archetypischen Lebensweg des Menschen studieren, dann stehen die ersten sieben Karten für die Kindheit und das Heranwachsen des Helden. Der WAGEN bedeutet das Ende dieser Phase und zeigt den Aufbruch des Helden, der hinauszieht in die Welt. Deshalb muss die nächste Karte die erste Erfahrung zeigen, die jemand macht, der sein Elternhaus verlässt, das ihm bislang Schutz und Geborgenheit gab, um nun eigene Wege zu gehen. Als Erstes lernt er sicherlich, dass er ab sofort für alles und jedes selbst verantwortlich ist, dass es ihm so gut und so schlecht gehen wird, wie er für sich sorgt, dass er stets erntet, was er gesät hat. Genau das sind die zentralen Themen der Karte GERECHTIGKEIT.

Diesem Schritt aus der Kindheit ins erwachsene Alter entspricht auch der Schritt vom eher unbewussten zum bewussten Menschen. Deshalb ist es so bemerkenswert, wie das Erwachen zum Bewusstsein in der Zahl Acht zum Ausdruck kommt. In vielen europäischen Sprachen besteht der Unterschied zwischen dem Wort »Nacht« – einem Symbol des Unbewussten – und dem Wort »Acht« darin, dass das anführende »N« entfällt, mit dem in diesen Sprachen das Wort »Nein« beginnt, das seinerseits wiederum in den Symbolbereich des Unbewussten gehört:

Nacht	*Acht*	–	deutsch und holländisch
Night	*Eight*	–	englisch
Nuit	*Huit*	–	französisch
Notte	*Otto*	–	italienisch
Noche	*Ocho*	–	spanisch
Noite	*Oito*	–	portugiesisch
Nox	*Octus*	–	lateinisch
Natt	*Atte*	–	schwedisch/norwegisch

So »erinnern« sich all diese Sprachen daran, dass die Acht Ausdruck der vom »negativen N« befreiten Nacht ist und den neuen Tag und das erwachte Bewusstsein verkörpert. Genau das ist ein wichtiges Thema der Karte

Gerechtigkeit, die das bewusste, kluge, überlegte und vernünftig begründete Urteil darstellt im Unterschied zur Herzensentscheidung der Karte Die Liebenden, die als sechste Karte dem Aufbruch des Helden vorausgeht. Waite hat diesen rationalen Aspekt dadurch zum Ausdruck gebracht, dass er auf seiner Karte die rechte (bewusste) Seite betont, indem er die Gerechtigkeit mit dem vorgestreckten rechten Fuß zeigt. Nur in seiner Zahl findet sich das Thema nicht.

Die 11. Karte

Das Rad des Schicksals als zehnte Karte entspricht auf dem Lebensweg des Menschen der Aufgabe, für die wir auf die Welt gekommen sind. Dementsprechend wird die folgende Karte zeigen, wie wir darauf reagieren. Sich mit heiliger Leidenschaft der Aufgabe widmen, wäre gewiss die beste Reaktion und zugleich die schönste Entsprechung der Karte Kraft. Viele Geschichten erzählen aber von der empörten Weigerung des Helden, sich der Aufgabe zu beugen. Hybris nannten die Griechen diese Weigerung, die vom stolzen Löwen der Karte Kraft durchaus symbolisiert werden kann. Und sie wussten auch, dass die Götter diesen Frevel sofort bestraften. Folgerichtig sehen wir den Helden auf der folgenden Karte als Gehängten. Er steckt in der Klemme.

Somit ist aus Sicht der Zahlenmystik und der Mythologie die alte Struktur der Großen Arkana gegenüber der von Arthur Edward Waite eingeführten Zählfolge vorzuziehen.

Mit Tarot den Alltag entdecken

Tarot ist ein reizvoller Schlüssel zu den Geheimnissen, die uns im Alltag umgeben. Was damit gemeint ist, macht die Tarotkarte 10 MÜNZEN deutlich. In einem Torbogen, der zu einem Gutshof führt, begegnen sich zwei Menschen. Sie schauen sich nicht an und werden wohl aneinander vorbeigehen. Ganz sicher aber werden sie ebenso wenig wie das Kind auf dem Bild die geheimnisvolle Gestalt des alten Mannes wahrnehmen, der in den Weinreben neben dem Tor verborgen ist. Auf ihn wurden nur die Hunde aufmerksam, die Symbole größter Instinktsicherheit. So liegt die Bedeutung dieser Karte – neben Fülle und allem äußeren Reichtum, den sie natürlich auch anzeigen kann – vor allem darin, dass wir wahren Reichtum erst dann entdecken, wenn wir nicht hektisch durch den Alltag laufen, sondern unsere Augen den Dingen öffnen, auf die uns die Instinkte aufmerksam machen. Dass es sich hierbei durchaus um die angenehme und süße Seite des Lebens handelt, zeigen uns die Weintrauben auf dem Bild.

Den Blick auf Wichtiges zu lenken, das oft im Verborgenen liegt, dabei hilft die Tageskarte. Wir dürfen allerdings nicht dem verständlichen Irrtum verfallen und in dieser Karte stets den Hinweis auf das scheinbar wichtigste Tagesereignis suchen. Denn was an einem Tag wirklich wichtig ist, wissen wir oft genug erst Wochen oder Monate später. Unser Bewusstsein neigt dazu, vieles einfach aus unserer Wahrnehmung auszublenden. Das ist ein Segen dort, wo wir sonst durch Reizüberflutung zerrissen würden. Ein Problem aber wird es stets dann, wenn wir Wesentliches nicht wahrnehmen, weil wir uns auf eine fixe Idee versteift haben. Wenn wir uns zum Beispiel auf einer Party mit einem bestimmten Menschen verabredet haben, der zu unserer großen Enttäuschung nicht erscheint, dann kann dieses Nichterscheinen unser Bewusstsein so sehr besetzen, dass für uns die ganze Party nur aus der Abwesenheit dieses einen Menschen besteht.

Bild links *10 Münzen aus dem Universal-Waite-Tarot*

Mit der Tageskarte gibt das Unbewusste uns einen Wink, mit dem es auf Gegebenheiten, Begegnungen oder Erfahrungen aufmerksam macht, an denen wir sonst wahrscheinlich achtlos vorübergelaufen wären.

Wie geht man dabei vor? Ganz einfach: Breiten Sie die verdeckten Tarotkarten zu einem Fächer aus, und ziehen Sie daraus morgens – mit der linken Hand – eine Karte. Das ist Ihre Tageskarte. Sie können sie sofort betrachten und dann schauen, wo und in welcher Form Ihnen dieses Thema im Laufe des Tages begegnet. Wenn Sie sich jedoch auf diese Art schon manchen Tag vermiest haben, weil Sie morgens eine Karte zogen, die Sie partout nicht mögen, dann spricht auch nichts dagegen, die Karte verdeckt zu lassen und erst am Abend zu betrachten. Bedenken Sie stets: Tarot ist keine Mutprobe! Wenn Sie Lust haben, die Tageskarte sofort zu betrachten, tun Sie das, wenn nicht, tun Sie es erst abends; und wenn Sie überhaupt keine Lust haben, eine Karte zu ziehen, oder es einmal vergessen, dann lassen Sie es eben. Zwang oder zu viel Routine hat beim Tarot noch nie gutgetan. Haben Sie aber eine Karte gezogen, sollten Sie sich abends zumindest kurz damit beschäftigen. Das bringt Ihnen dreierlei Früchte:

1. Wenn Sie jeden einzelnen Tag abends noch einmal Revue passieren lassen, werden Sie bald spüren, dass Sie deutlich bewusster leben. Es ist eben vor allem der Alltag, aus dem unser Leben besteht. Ihn bewusst wahrzunehmen und zu gestalten, heißt intensiver zu leben.

2. Es ist spannend, die Entwicklung eben jener »Kleinigkeiten« zu beobachten, auf die Tarot hingewiesen hat, die Sie aber ohne diesen Hinweis vielleicht nicht richtig wahrgenommen oder ganz übersehen hätten.

3. Da Sie nach einiger Zeit mit jeder Tarotkarte mindestens eine persönliche Erfahrung verbinden, werden Sie mit deren Bedeutung in einer sehr persönlichen und unvergesslichen Weise vertraut. Ihre eigenen Erfahrungen können Ihnen das Bedeutungsspektrum einer Karte natürlich erheblich besser erklären als viele Worte es vermögen.

Wenn Ihnen die Karten noch fremd sind, mag es hilfreich sein, aus einem Tarotbuch Anregungen zu suchen, um herauszufinden, wo die jeweilige Bedeutung überhaupt zu suchen sein könnte. Entscheidend aber ist es, dass Sie Ihre persönliche Zuordnung aus Ihrer Alltagserfahrung machen.

Natürlich können Sie einzelne Karten auch zu anderen Anlässen oder Zeitabschnitten ziehen. Sie können Karten auf Ereignisse ziehen, auf eine Begegnung, für ein Projekt, oder als Urlaubskarte, Hinweiskarte oder Entscheidungskarte. Und Sie können Wochen-, Monats- oder auch Jahreskarten ziehen.

Wenn Sie an dieser Art, die Karten zu befragen und zugleich kennenzulernen Gefallen finden, können Sie das Ganze noch um eine interessante Variante erweitern: Ziehen Sie aus den 22 Karten der Großen Arkana die Hauptkarte und als ergänzende Erklärung eine Karte aus den Kleinen Arkana. So mag Ihnen der Teufel als Wochenkarte zeigen, dass Sie in dieser Zeit in Versuchung geführt werden. Kommt die 9 Stäbe hinzu, werden Sie widerstehen, wohingegen die 9 Schwerter als Zusatzkarte vor Gewissensbisse und Reue warnt, 4 Kelche bedeuten ein Katergefühl, 8 Schwerter, dass Sie sich im Griff haben, 7 Schwerter dagegen, dass Sie sich selbst bemogeln, 2 Münzen stehen für Wankelmut und 7 Kelche für höchste Verführbarkeit. Am besten ziehen Sie die 5 Stäbe, die Sie auffordern, die Herausforderung anzunehmen und an ihr zu wachsen. Das bedeutet, dass Sie mit dem Feuer spielen dürfen, aber höllisch (!) aufpassen müssen, sich nicht die Finger zu verbrennen.

Tarot online – Hokuspokus, Cyberquatsch oder ernst zu nehmender Ratgeber?

Ist es nicht lächerlich, absurd oder zumindest völlig unseriös sich auf elektronischem Weg die Karten zu legen, wenn dort letztlich ein Zufallsgenerator darüber entscheidet, welche Karte man »zieht«? Ich gebe gerne zu, dass dies auch für mich zunächst höchst befremdlich war, mich andererseits aber auch die teilweise sehr verblüffenden Antworten tief beeindruckt haben.

Dafür wie Tarot »funktioniert« gibt es zwei verschiedene Erklärungen. Die eine ist psychologisch gefärbt und geht davon aus, dass das Unbewusste über ein beachtliches Wissen und Ahnungsvermögen verfügt – unter anderem über zukünftige Entwicklungen – und dieses Wissen in seiner bildhaften Sprache in Träumen und auf anderen Wegen dem Bewusstsein mitteilt. Eine dieser Bildersprachen ist Tarot. Beim Kartenlegen stellt so gesehen das Bewusste dem Unbewussten eine Frage, deren Antwort das Unbewusste Karte für Karte einzeln buchstabiert. Eine wichtige Voraussetzung ist dabei gewiss eine ungestörte Intuition beim Mischen, Ziehen und Deuten der Karten. Das alles einem Computer zu überlassen erscheint in der Tat ziemlich abwegig.

Es gibt aber eine weitere Erklärung, die auf einer anderen Überlegung beruht. Aus einer spirituellen Sicht betrachtet ist Zeit nicht nur eine Quantität, die bedeutungslos dahinfließt. Zeit hat vielmehr auch eine Qualität, die jedem Augenblick seine eigene Bedeutung verleiht. Das ist die Anschauung, die den meisten Orakeln zugrunde liegt. Während uns der Zeiger der Uhr die Zeitmenge anzeigt, können wir aus dem Stand der Gestirne oder der Symbolik einer Zufallskonstellation ablesen, was der Augenblick bedeutet. Nimmt man hinzu, dass in einer ganzheitlichen Sicht der Welt, Frage und Antwort eine Einheit, ein Ganzes bilden, dann liegt es nahe, dass im Frageaugenblick auch die Antwort auf die Frage liegt. Wem es also gelingt, die Augenblicksqualität zu erkennen, der kann aus dieser Symbolik die Antwort ablesen. Darin aber liegt gerade das Wesen des Zufalls, dass er uns in der zufälligen Konstellation, die Qualität des Augenblicks bildhaft vor Augen führt. Und eben das ist das typische Wesen vieler Orakel, die in ihrer Weise die Deutung dieser Symbolik ermöglichen. Der Astrologe schaut dazu an den Himmel – zumindest früher, heute schaut er zumeist in den Computer

– um aus dem Stand der Planeten die Qualität des Ortes zu ermitteln, von dem aus sie betrachtet werden. Die alten Chinesen warfen das I Ging und schauten dann in einem der ältesten Weisheitsbücher der Menschheit die Bedeutung des so ermittelten Hexagramms nach. Der Tarotkundige legt sich die Karten, die Druiden befragten die Runen und der Kaffeesatzleser erkennt die Bedeutung des Augenblicks aus der Symbolik des Kaffeesatzes. Die Zeitqualität kommt auf allen Ebenen zum Ausdruck und dabei ist es unwichtig, was den Zufall bewirkt hat. Bedeutsam ist er allemal, auch wenn es »nur« ein elektronischer Impuls war, der ihn auslöste.

Ob der Ratschlag der Karten ernst zu nehmen ist, hängt nach meiner Erfahrung nicht davon ab, wie die Karten gelegt wurden. Viel entscheidender ist es dagegen, wie die Frage gestellt wird, da Tarot erfahrungsgemäß genauso antwortet: klare Frage – klare Antwort, keine Frage – keine Antwort, ernste Frage – ernste Antwort, dumme Frage – dumme Antwort, und wenn die Frage »nur so« gestellt war, ist die Antwort natürlich auch »nur so«. Aber auch eine von Wünschen durchtränkte Frage kann zu einer Antwort führen, die zwar die Wünsche spiegelt, nicht aber die zukünftige Entwicklung zeigt. Aber natürlich ist letztlich jeder am besten beraten, sich die Karten in der eigenen und liebsten Weise zu legen, mit der man sich am wohlsten fühlt.

Die Engel in den Großen Arkana

Engel sind Boten Gottes. Das besagt schon ihr Name, der auf das griechische *Angelos* zurückgeht und Bote heißt. Dieses Wort steckt auch in Ev–angelium, was ja frohe Botschaft bedeutet. Die Vorstellung von Engeln als geflügelte Wesen finden wir schon im alten Persien. Von dort hat sie das Judentum, das Christentum und der Islam übernommen.

Im 5. Jahrhundert versuchte Dionysius Areopagita, der erste Bischof von Athen, in den zahlreichen widersprüchlichen Überlieferungen eine Ordnung zu erkennen und fand neun himmlische Chöre: Die *Seraphim*, das sind flammende, sechsflüglige Lichtwesen, die den Thron Gottes umschweben. Und die *Cherubim*, vier geflügelte Wesen in Menschen- oder Tiergestalt, wie sie auf dem RAD DES SCHICKSALS zu sehen sind. Sie gelten als Wächter des Paradieses und Träger des göttlichen Throns.

Seraphim und *Cherubim* sind auch für die Urbewegung des Kosmos zuständig (primum mobile), während die übrigen sieben Chöre für die Bewegung der sieben Planeten sorgen. Die *Throne* bewegen Saturn,

Bild links *Collage aus einer Nachtaufnahme vom Mont Saint Michel in der Normandie und der Karte Mäßigkeit, die eine Abbildung des Erzengels Michael darstellt.*
Bild unten: *»Gott in seiner Herrlichkeit«, Abbildung aus dem Stundenbuch des Duc de Berry*

die *Herrschaften* Jupiter, die *Fürstentümer* Mars und die *Mächte* die Sonne. Venus wird von den *Tugenden* bewegt, Merkur von den *Erzengeln*, und die einfachen *Engel* kümmern sich um den Mond.

Namentlich bekannt sind uns die wenigsten Engel. Sogar einige der berühmtesten, von denen die Bibel berichtet, bleiben namenlos. So etwa der Engel, der im letzten Moment verhindert, dass Abraham seinen Sohn Isaak opfert und ihn stattdessen lehrt, einen Widder als Ersatzopfer zu töten. Ein kulturhistorisch ungemein bedeutender Schritt, der die Zeit der Menschenopfer beendet. Oder die Engel, die über dem Stall von Bethlehem das *Gloria in excelsis deo* sangen, ebenso wie der Engel, der den Stein vom Grabe Jesus wegrollte. Sie alle bleiben anonym und selbst der Volksglaube, der in solchen Fällen oft nachhilft, sagt uns nicht, wie sie heißen.

Erzengel, deren Bezeichnung *Erz* sich vom griechischen *archein* ableitet, was Ober, Führer oder Haupt bedeutet, sind dagegen namentlich bekannt. Ihre Anzahl wird mal mit sieben, mal mit vier angegeben. Die Bibel erwähnt drei, zumindest die katholische Bibel, die das Buch Tobit enthält, das von Luther nicht in die evangelische Bibel übernommen wurde. Diese drei Engel sind auch in den Großen Arkana zu sehen:

Raphael, dessen Namen bedeutet »Gott hat geheilt«. Von ihm erzählt das Buch Tobit die folgende Geschichte:

Der alte Jude Tobit lebt in Ninive in der Verbannung und erblindet. Tobias, sein vorbildlicher Sohn, macht sich auf den Weg, um alte Schulden einzutreiben und dieses Geld dem Vater zu bringen. Dabei wird er von Raphael begleitet, der sich allerdings nicht zu erkennen gibt.

Im Land Medien, in das sie reisen, lebt Sara, eine junge Frau, die vom Pech verfolgt ist. Schon siebenmal wollte sie heiraten und jedes Mal starb der Bräutigam in der Hochzeitsnacht. Schuld daran, so wusste man, war der Dämon Aschmodai. Sara ist verständlicherweise untröstlich und will eigentlich Selbstmord begehen. Da kommt im rechten Moment Tobias und verliebt sich in die schöne, traurige Frau. Glücklicherweise hat Raphael ein Heilmittel dabei, das den bösen Dämonen besiegt. Tobias heiratet Sara – und überlebt die Hochzeitsnacht. Glücklich kehrt er mit Frau, Geld und einem Heilmittel Raphaels zu seinem blinden Vater zurück, der daraufhin wieder sehen kann.

Raphael gilt als Erzengel der Heilung und ist ein Schutzengel der Liebenden. Man sagt auch, er habe Noah die Baupläne für die Arche gebracht, und sehr viel später im leidgeprüften 14. Jahrhundert, sei er es gewesen, der den Menschen die Engelwurz schenkte als Heilpflanze gegen die Pest.

Zudem ist er der Regent der Sonne und der Schutzengel für den Baum des Lebens im Garten Eden. All das zeigt die Tarotkarte Die Liebenden, auf der er schützend seine Hände über Adam und Eva ausbreitet. Über allem strahlt die kraftvolle Sonne, und die Früchte am Baum der Erkenntnis sind noch unberührt. Es heißt auch, dass Raphael ins Paradies gekommen sei, um Adam und Eva vor dem Fehltritt zu warnen. Der englische Mystiker William Blake hat das in einem Bild festgehalten.

Erzengel Raphael mit Adam und Eva, Illustration zu Miltons »Paradise Lost«, William Blake, 1808

Bekanntlich hat die Ermahnung nicht oder zumindest nicht lange gewirkt. Die Sünde, die daraufhin in die Welt kam, bedeutet Absonderung und meint den Verlust der All-Einheit, des Ganzen. Wenn man es genau nimmt, war es allerdings schon vorher darum geschehen. Denn ein Garten Eden, in dem es Früchte gibt, die man essen darf und solche, die verboten sind, trägt schon dualistische Züge unserer Welt und ist nicht mehr das Paradies uranfänglicher Einheit.

Raphael steht für Liebe und Heilung, er führt Menschen in heilsame Beziehungen. Zudem gilt er als Schutzengel der Reisenden und ist somit auch der Begleiter auf unserer Lebensreise, die ja mit der nächsten Tarotkarte Der Wagen beginnt. Natürlich ist die reine Liebe der 6. Karte nichts, was wir fertig vorfinden, sondern ein in Aussicht gestellter Idealzustand, zu dem wir hinwachsen können und sollen. Auf dem Individuationsweg, dem Weg der Selbstwerdung, bildet die Liebe die wichtigste Bühne unseres Reifungsprozesses, auf der wir auch immer wieder tiefe Verletzungen erleiden. Gerade darum ist es wohltuend zu wissen, dass uns Raphael mit seiner Heilkraft zur Seite steht.

Michael

Der bekannteste Erzengel ist Michael. Sein Name bedeutet »Wer ist wie Gott?« Er gilt als Anführer aller Engel, als Hüter des Paradiestores und vor allem als Bezwinger des Satans. Oft wird er kämpferisch mit einem Schwert dargestellt, den Teufel als Drachen unter seinen Füßen.

Seit Otto der Große 955 mit dem heiligen Michael im Banner die ungarischen Reiter auf dem Lechfeld schlug, wurde der Erzengel zum Schutzpatron des Heiligen Römischen Reiches und in der Folge auch zum ebenso geehrten wie geliebten Schutzengel Deutschlands.

Als man in der Normandie aufgrund einer Michaelsvision die Kirche Mont Saint Michel errichtete, wurde sie bald zu

Michael schwebt über dem Mont Saint Michel und kämpft mit dem Drachen. Abbildung aus dem Stundenbuch des Duc de Berry, 1410–1416

einem Wallfahrtsort, und es heißt, dass die deutschen Pilger auf dem Weg dorthin Lieder über ihren Michel gesungen hätten. Deshalb wurden sie schon bald von den Franzosen die »Michels« genannt, woraus letztlich der deutsche Michel als Karikatur des Deutschen hervorging.

Im Tarot ist Michael nicht kriegerisch dargestellt, sondern in einer anderen, sehr bedeutenden Funktion als Seelenführer auf der Karte Mäßigkeit. Nach christlicher Überlieferung führt dieser Erzengel die Seele des Verstorbenen auf ihrem Weg ins Jenseits, so wie er dem Volk Israel beim Auszug aus Ägypten als Feuersäule voranging und es leitete. Auf der Tarotkarte sieht man diesen Weg, der zur Sonne, zum Licht und zum Gipfel führt. Die gefährlichen Passagen aber findet man in den Karten Teufel und Turm, die der Mässigkeit folgen. Deshalb stellt sich mancher Tarotbetrachter die Frage, wie es dennoch zu diesen schwierigen Erfahrungen kommen kann, wenn man doch schon seinen Schutzengel gefunden hat. Die Antwort ist einfach. Schutzengel führen die Seele nicht um die Gefahren herum, sondern hindurch, wie es der englische Maler Sir Edward Coley Burne-Jones in seinem Gemälde »Liebe leitet den Pilger« (1896/97) so wunderschön darstellt. Am besten erkennt man die Funktion des Seelenführers in unserem Gewissen, das uns als Einziges letzte Gewissheit darüber gibt, ob wir auf dem richtigen oder dem falschen Weg sind.

Gabriel

Der dritte Erzengel ist Gabriel, dessen Name bedeutet »Meine Stärke ist Gott«. Er ist der Engel der Verkündigung. So verkündet er dem überglücklichen Zacharias, dass er Vater (von Johannes dem Täufer) wird und mit der Lilie in der Hand, dem Zeichen seelischer Reinheit, überbringt er Maria das berühmte *Ave Maria, gratia plena* und verkündet ihr, dass sie Jesus gebären wird.

So ist Gabriel der Verkünder der guten Botschaft, der Gnade und der Auferstehung. Als solchen zeigt ihn die 20. Tarotkarte, GERICHT. Zu den Klängen der Posaune öffnen sich die Gräber, und die Toten stehen auf. Die Fahne an der Posaune ist die Auferstehungsfahne, mit der Jesus oftmals dargestellt wird, wenn er aus dem Grabe tritt. Sie bedeutet, dass die Passionszeit, die Leidenszeit vorüber und der Augenblick der Erlösung gekommen ist.

Raphael, Michael und Gabriel sind unstrittig drei Erzengel. Aber wer ist der Vierte? Zumeist wird Uriel genannt, dessen Name »Mein Licht ist Gott« bedeutet. Er gilt als der Engel der unteren Bereiche,

Gabriel verkündet Maria, dass sie Jesus gebären wird.
Abbildung aus dem Stundenbuch des Duc de Berry, 1410–1416

der Erde und der Unterwelt. Vielleicht ist er deshalb etwas lichtscheu, denn man sagt, er sei der namentlich nicht erwähnte Engel gewesen, mit dem Jakob eine ganze Nacht gerungen hatte, bis er ihn dann in der Morgendämmerung losließ, weil er bei Anbruch des Tages verschwinden musste, was für eine Lichtgestalt ja doch etwas merkwürdig ist. In jedem Fall wird er in der Bibel nicht genannt und erscheint auch nicht im Tarot.

»Auferstehung Christi«, Piero della Francesca, Fresko, um 1460–64

Gefallene Engel

Engel sind nicht, wie man vielleicht vermuten würde, über alle Zweifel erhaben. In der Nähe von Menschen sind sie sogar extrem verführbar. Deshalb gibt es so viele gefallene Engel und solche, die man Hell's Angels nennt. Während im Allgemeinen viel über das Geschlecht der Engel diskutiert wurde, gab es bei den gefallenen Engeln nie einen Zweifel. Sie sind ausnahmslos männlich. Vielleicht weil Frauen sie zu Fall brachten?

Schemchasai und Asael

Das äthiopische Henochbuch, ein etwa 2200 Jahre alter, außerbiblischer Text, erzählt uns davon eine Geschichte. Danach war bereits zehn Generationen nach Adam die Menschheit so verdorben, dass nur noch Hass, Habgier und Bösartigkeit regierten. Maßlos von seinen Geschöpfen enttäuscht, plante Gott die Welt in der Sintflut untergehen zu lassen. Da boten ihm seine besten Engel an, zu den Menschen zu gehen, um sie zu ermahnen, zu belehren und ihnen so eine letzte Chance zu geben, sich zum Guten, zur Wahrheit und zur Gerechtigkeit zu bekehren.

Ziemlich desillusioniert fragte Gott seine Engel, ob sie sich ihrer Tugendhaftigkeit denn so sicher seien? Natürlich waren sie von sich überzeugt, denn schließlich waren sie ja so etwas wie Vorzeigeengel. Zu guter Letzt ließ Gott sich trotz aller Bedenken auf den Vorschlag ein und schickte sie mit zahlreichen Ermahnungen zu den Menschen. Ihre Anführer hießen Schemchasai und Asael.

Kaum waren sie auf der Erde, fanden sie Evas Töchter so hinreißend, dass sie sich gleich scharenweise mit ihnen einließen. Man sagt, dass vor allem Lilith ihre unwiderstehlichen Verführungskünste spielen ließ. So zeugten die Engel mit den Menschen die Nephilim, ein Geschlecht der Riesen, und sie machten ihre Kinder mächtig, indem Schemchasai sie in Magie und Heilkunst unterwies und Asael die Männer den Gebrauch von Waffen lehrte und – als Pendant – die Frauen das Schminken. Zuletzt gab es auf der ganzen Erde nur noch eine einzige keusche Jungfrau namens Istahar, die natürlich von allen Engeln belagert und bedrängt wurde. In höchster Not zeigte sie sich willig, verlangte jedoch: »Leiht mir zuerst eure Flügel.« Ein Engel ließ sich darauf ein, und kaum hatte Istahar Flügel, entschwand sie schleunigst zum Himmel, wo sie noch heute als das Sternbild Jungfrau zu sehen ist.

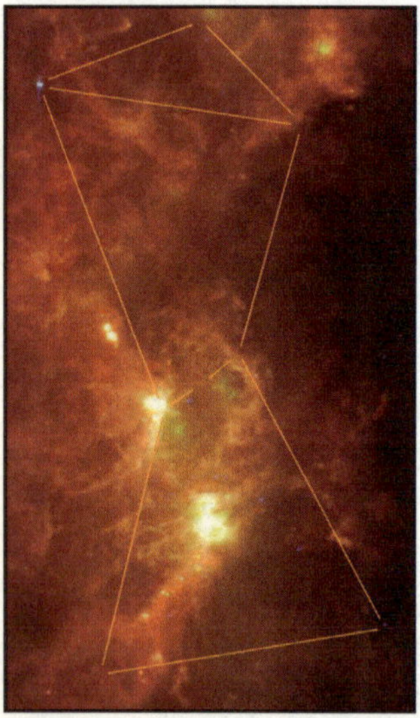

Für die übrige Schöpfung aber brach die Endzeit an. Von diesem letzten Rettungsversuch enttäuscht, drohte Gott erneut mit der Sintflut. Daraufhin wurde Schemchasai reumütig. Er hatte Angst um seine vielen Kinder, die er sehr liebte und bereute aufrichtig und zerknirscht, was er getan hatte. Zum Zeichen seiner Buße sieht man ihn noch heute als das Sternbild Orion, das nach der hebräischen Mythologie Schemchasai zeigt, der kopfüber am südlichen Firmament aufgehängt ist. Diesen gefallenen, reumütigen und büßenden Engel finden wir im Tarot natürlich in der Karte des GEHÄNGTEN.

»Der Sündenbock«, William Holman Hunt, 1854

Asael hat dagegen nichts bereut und so wurde er zum Inbegriff des Bösen. Es heißt, dass die Erzengel ihn überwältigten, und er seither fernab in der Wüste in einer tiefen Höhle gefesselt liegt. Dort hat er für das Volk Israel aber eine wichtige Funktion. Am höchsten jüdischen Feiertag, dem Versöhnungstag Jom Kippur belädt der Hohepriester jedes Jahr einen Ziegenbock mit allen Sünden und der ganzen Schuld des Volkes und jagt ihn dann zur Entsühnung aller als Sündenbock mit »Schimpf und Schande« in die Wüste zu Asael.

Im Tarot hat der Teufel diese Bocksgestalt. Und während Schemchasai als Büßender für Umkehr steht und als Gehängter schon wieder von einem Heiligenschein umgeben wird, steht der Teufel für die verdrängten Teile unseres Wesens, die so abgespalten sind, wie der zu Asael gejagte Sündenbock. Gut verdrängt ist allerdings noch lange nicht gut gelöst.

Übrigens ist diese Überlieferung wohl ein Grund, warum Frauen bis heute gehalten sind, in der Kirche ihre Haare zu verdecken. Sie könnten sonst die Engel verführen! Zumindest schreibt Paulus in seinem Brief an die Korinther wörtlich, dass sie das »um der Engel willen« tun sollen.

Luzifer

Es gibt aber auch eine andere Herleitung des Teufels, zumal wenn man ihn Luzifer, den Lichtbringer nennt. Luzifer ist der lateinische Name für den Morgenstern, aus dessen Bewegung sich diese Geschichte auch ableitet. Wenn er morgens im Osten aufgeht, verkündet er das Licht des Tages, denn immerhin ist er (der Planet Venus) nach Sonne und Mond das dritthellste Licht am Himmel. Sobald dann aber die Sonne aufgeht, wird es so hell, dass das Licht des Morgensterns für unsere Augen nicht mehr zu sehen ist. Er ist einfach ganz plötzlich verschwunden, vielleicht abgestürzt? Um dieses Phänomen rankt sich die Geschichte, dass ein Kleiner (Morgenstern) auch einmal ganz groß sein will und sich vordrängelt. Wenn dann aber der Große (Sonne) kommt, stürzt der Kleine vom Himmel. Dieses Motiv findet sich in den Erzählungen vom Himmel stürzender Söhne wie Ikarus und Phaëton, aber vor allem im Mythos von Luzifer, dem Leuchtenden, dem schönsten aller Engel.

Von ihm berichtet die hebräische Mythologie, dass er der Lieblingsengel war, an dem Gott große Freude hatte. Im Alten Testament heißt es dazu: »Du warst das Abbild der Vollkommenheit, voller Weisheit und über die Maßen schön. (...) Weil sich dein Herz erhob, dass du so schön warst, und du deine Weisheit verdorben hast in all deinem Glanz, darum habe ich dich zu Boden gestürzt.«

Wenn man sich das Luzide dieses Engels verdeutlicht als den lichtbringenden Logos, der das Licht des Bewusstseins in den Menschen entzündet, dann kann man sich leicht die Freude vorstellen, die Gott empfunden haben mag, als er sah, wie seine Geschöpfe sich ihrer selbst bewusst wurden. Diese faszinierend schöne Seite zeigt William Blake in seiner Darstellung Luzifers (1805).

Satan wird aus dem Himmel geworfen und stürzt in die Hölle. Illustration zu Miltons »Paradise Lost«, Gustave Doré, 1866

Solange der Verstand dem Ganzen dient, ist er ein Segen. Sobald er jedoch die Macht an sich reißt, sich Allmachtsphantasien überlässt und beansprucht, die oberste oder gar einzige Instanz zu sein, wird es problematisch. Und genau das tut Luzifer, wenn er sagt: »Ich will auffahren über die Wolken und gleich sein dem Allerhöchsten.« Daraufhin kommt es zum Krieg im Himmel. Luzifer zieht mit seinen Scharen gegen die himmlischen Mächte, wird aber von den Engeln Gottes unter der Führung Michaels besiegt und aus dem Himmel geschleudert. Er stürzt in die Hölle und ist in ihrem Inneren im Eismeer eingefroren. Dennoch sagt er sich grimmig: »Es ist besser in der Hölle zu herrschen als im Himmel zu dienen.«

Damit sind vor allem Selbstherrlichkeit, Stolz, Egomanie und Machtgier Luzifers Attribute, die auch ihre Entsprechung in der Teufelskarte im Tarot haben.

Raphael, der Engel der Heilung, hilft auf der Karte Die Liebenden die äußere Verbindung zu heilen. Er kann auch der Schutzengel sein, wenn es darum geht, die innere Spaltung und Zerrissenheit zu heilen, die der Teufel als Diabolo (Verwirrer) geschlagen hat. Doch:

Jeder von uns hat den eigenen Engel und den eigenen Teufel.
Nur sind die Engel faul und machen oft Urlaub,
während die Teufel stets fleißig sind.

Andrzej Szczypiorski

Der MOND.
KRAFT.
GERECHTIGKEIT.
MÄSSIGKEIT.
TOD.
Der HIEROPHANT.

Zwei ungleiche Schwestern: Astrologie und Tarot[12]

Was haben die beiden bekanntesten Orakel des Abendlands miteinander gemein? Sind sie gleichen Ursprungs oder zumindest miteinander verwandt? Viele, die diesen Fragen nachgingen, kamen dabei zu ebenso vielen, allerdings durchaus widersprüchlichen Ergebnissen. Wie ähnlich oder gar verwandt sind die beiden Systeme tatsächlich? Zunächst einmal fallen große Unterschiede auf:

Über den Ursprung der Astrologie wissen wir viel, über den Ursprung des Tarots so gut wie nichts. Die Sternenkunde schaut unbestritten auf eine ehrwürdige Geschichte von über 5000 Jahren zurück. Nach der Sesshaftwerdung der Völker machte das Aufkommen des Ackerbaus einen Kalender notwendig, um günstige Zeiten für Saat und Ernte sowie die religiösen Feiertage zu berechnen. Dazu erwiesen sich die Bewegungen des Himmels als ideale Grundlage. Die vier heiligen Stationen der Sonne, der längste Tag, der kürzeste Tag und die beiden Tagundnachtgleichen waren schon längst bekannt. Sie gliederten den Jahreslauf in die vier Jahreszeiten, von denen jede einen Beginn, eine Hauptphase und einen Übergang zur nächsten hat. Das legte eine Drittelung dieser vier Sektoren nahe, die zu der Zwölfteilung führte, die uns bis heute als Tierkreis vertraut ist. Nachdem die Planeten mit ihrer Wanderung durch diese Zeichen wichtige Hinweise für den Ackerbau gaben, lag die Vermutung nahe, dass ihre Bewegung auch für andere wichtige Entscheidungen Zeichen setzte. Daraus entstand die Astrologie, die sich in ihrer langen Geschichte zu einem großartigen Welterklärungsmodell entwickelte, das in einzigartiger Weise das sinnvolle

Bild links *Collage aus »Der anatomische Mensch« aus dem Stundenbuch des Duc de Berry und 12 Karten aus dem Universal-Waite-Tarot.*

Zusammenspiel von Mensch und Kosmos beschreibt. In all den Jahrtausenden war es vor allem die Elite der Völker, die sich mit dieser »Königin der Wissenschaft« befasste.

Ähnliches kann man von Tarot nicht sagen. Es sei denn, man greift eine der zahlreichen Legenden auf, die den Ursprung in Marokko, Ägypten, Indien oder Atlantis vermuten. Sie erzählen, dass die Karten als altehrwürdiges Weisheitsbuch über Jahrtausende in geheimen Zirkeln weitergegeben wurden, bevor sie dann im 15. Jahrhundert ins Licht der Öffentlichkeit traten, ohne jedoch sogleich in ihrer wahren Natur erkannt zu werden. Natürlich lassen sich solche Spekulationen nie mit völliger Gewissheit ausschließen, aber alle Fakten sprechen tatsächlich dafür, dass Tarot ein Kind der Renaissance ist. Die ältesten uns bekannten Karten, die in Aufbau und Art dem heutigen Tarot entsprechen, wurden etwa 1428 für den Mailänder Herzog Filippo Maria Visconti gemalt und werden nach den beiden Adelsgeschlechtern Visconti und Sforza heute *Visconti-Sforza-Tarot* genannt.

Damals kannte man das Wort *Tarot* allerdings noch nicht. Die Karten hießen einfach »I Trionfi« oder »Das Spiel der Trümpfe«, weil eben darin das eigentlich Neue lag. Man hatte die Trumpfkarten erfunden und sie den »normalen Spielkarten« hinzugefügt. Erst um 1530 taucht das italienische Wort *Tarrochi* auf, ohne dass ein Hinweis auf dessen Ursprung und Bedeutung erhalten blieb. Nach allem, was wir wissen, handelte es sich dabei um ein reines Unterhaltungsspiel, bis im Jahre 1781 der französische Gelehrte Antoine Court de Gébelin in der Symbolik der Karten intuitiv ein altägyptisches Weisheitsbuch erkannte. Erst danach begann man, Karten zu legen und zu deuten. So ist die bekannte Geschichte des Tarotorakels keine 300 Jahre alt und im Unterschied zur »Königin der Wissenschaften« wurden Karten in der Öffentlichkeit nicht geachtet, sondern oftmals als Gossenspiel wenn nicht gleich als Teufelswerk geächtet.

Dieser enorme Unterschied in der Wertschätzung zwischen Astrologie und Tarot hat aber wohl auch noch einen weiteren Grund. Die Astrologie ist berechenbar. Rechnen und Astrologie gehören so eng zueinander, dass man im römischen Reich Astrologen auch Mathematiker nannte. Und was berechnet werden kann, suggeriert uns Sicherheit. So ist ein richtig berechnetes Horoskop die Momentaufnahme des Sternenhimmels aus irdischer Sicht, deren Richtigkeit auch von der Astronomie nicht bestritten wird. Ob diese Konstellation allerdings bedeutsam oder belanglos ist, darüber können die Meinungen zwischen Astronomen und Astrologen natürlich auseinandergehen. In jedem Fall aber beruht die Aussage der Astrologie auf einer berechneten, unzweifelhaften Basis.

Das Kartenorakel dagegen macht seine Aussage aufgrund einer zufälligen Konstellation. Das ist für viele eine harte Nuss, zumal wenn der Zufall als sinnlos, absurd, dumm oder beliebig angesehen wird. Zudem lassen sich die Karten immer wieder auf die gleiche Frage legen, wodurch sie scheinbar immer wieder neue Antworten geben, darunter natürlich auch völlig widersprüchliche. Deshalb erscheint vielen das eindeutig berechnete Horoskop eine weitaus solidere Grundlage. Sie übersehen dabei allerdings, dass die Basis der Berechnung, also beispielsweise der Zeitpunkt der Geburt, auf den es gestellt wird, in aller Regel ein »zufälliger Augenblick« ist, der ebenso gut früher oder später liegen könnte.

Die beiden Methoden lassen sich gut mit den großen Lichtern am Himmel vergleichen. Die berechenbare Astrologie entspricht dem Prinzip der Sonne, die konstant und leicht vorhersehbar ihre immer gleiche Bahn zieht. Tarot ist dagegen ein Orakel, das mehr die Qualität des Mondes hat. Dessen Bewegung ist weit unbeständiger. Mal nimmt er zu, mal nimmt er ab, dann ist er voll, dann ist er leer, mal macht er die Nacht taghell, mal ist er für einige Nächte ganz verschwunden, stets geht er zu einer anderen Zeit an einem anderen Ort auf und gelegentlich scheint er sogar tagsüber. Ebenso unberechenbar oder launisch erscheint Tarot. Doch wer sich mit seiner lunaren Natur befasst hat, wer die Bildersprache der Karten kennt, der weiß, wie sehr sie die Intuition beleben und welch bemerkenswert klare Aussagen sie machen. Natürlich wirken sich diese Eigenarten auf das Ansehen aus, und so wundert es nicht, dass die messbare Astrologie von Männern (☉) an Universitäten gelehrt und an Königshöfen (einem Sonnenprinzip) betrieben wurde. Die Kunst des Kartenlegens gilt dagegen als eine Domäne der Frau (☽) und wurde von früh an mit dem fahrenden Volk (ebenfalls ein Mondprinzip) in Verbindung gebracht, also mit Kreisen, die bis in die Neuzeit geächtet wurden.

Reste davon sind immer noch zu spüren, denn bis auf den heutigen Tag sind sich Astrologen und »Tarotisten« oft nicht grün. Viele Astrologen schauen verächtlich auf die Kartenleger herab, die ihrerseits die angeblich eingebildeten und kopflastigen Astrologen nicht so recht mögen. Es gibt auch keine dem Astrologen entsprechende Berufsbezeichnung. Tarotist und Tarotloge klingt konstruiert und gestelzt, Kartenleger eher verächtlich, und eigentlich gibt es diese Bezeichnung nur in der weiblichen Form als die Kartenleger*in*.

Auch im Publikum gibt es einen großen Unterschied zwischen der Erwartung an eine astrologische Beratung und an eine Tarotsitzung. Menschen, die astrologischen Rat suchen, bringen – zumindest in unseren Breiten – in aller Regel Interesse und Bereitschaft mit, Probleme tiefer zu verstehen, an sich selbst zu arbeiten und eigene Verantwortung zu übernehmen. Von einer Kartendeutung wird dagegen oft weit mehr Wahrsagequalität erwartet, wenn nicht gleich ein paar magische Tricks, mit denen sich Probleme schnell und schmerzlos wegmachen lassen.

Bei allen Unterschieden basieren die beiden Orakel jedoch auf der gleichen Überzeugung. Sie interpretieren die Qualität des Augenblicks in ihrer eigenen Weise. Während die Astrologie die Zeitqualität für einen bestimmten Ort vom Himmel abliest, deutet der Tarotkundige die Symbolik einer Konstellation, in der sich die Qualität des Augenblicks durch den Zufall offenbart. Damit sind beide Orakel auch im eigentlichen Sinne esoterisch, denn sie suchen die Wirklichkeit hinter der Wirklichkeit. Sie betrachten die sichtbare Ebene (Sterne, Karten) und interpretieren die im Hintergrund verborgene Bedeutung.

Die erste systematische Entsprechungslehre zwischen astrologischen Prinzipien und Tarotkarten geht auf Jean-Baptiste Pitois (1811–1877) zurück, einem französischen Historiker und Journalisten, der unter dem Pseudonym Paul Christian bekannt wurde. Er verknüpfte nicht nur Astrologie und Tarot, ihm verdanken wir auch die bis heute gebräuchliche Bezeichnung Arkanum/Arkana (lat. *Geheimnisse*) für die 22 Karten, die bis dahin einfach Trumpfkarten genannt wurden. In seinem 1870 erschienenen Buch *Histoire de la Magie* beschreibt er die Tarotkarten auch erstmals als Bilder und Stationen eines Einweihungswegs. Aber mit Christians astrologischer Zuordnung war nur ein Anfang gemacht. Dem folgten viele andere durchaus eigenwillige und vor allem widersprüchliche Systeme.

Worin liegt das Problem? Die zweite Hälfte des 19. Jahrhunderts war, allem voran in der Wissenschaft, vom Glauben geprägt, mit dem Verschwinden der letzten weißen Flecken auf der Landkarte die Welt und die Wirklichkeit bald in den Griff zu bekommen. So heißt es beispielsweise, dass William Lord Kelvin, einer der bedeutendsten Physiker jener Zeit, Studenten vom Studium der Physik abriet, weil – bis auf einige Geringfügigkeiten – alles in diesem Bereich erforscht sei, und das wenige habe man bis zum Ende ihres Studiums gewiss entdeckt. Im Jahr 1908 machte der Leiter des Londoner Patentamtes sogar den Vorschlag, das Patentamt zu schließen, weil alle wesentlichen Erfindungen gemacht seien.

Es scheint der Weisheit der Natur zu gefallen, die Dinge gerade in dem Augenblick kippen zu lassen, wo die Hand nach dem Ganzen greift, wenn der Mensch glaubt, gleich alles erreicht zu haben. Das ist wohl der Teufel, der im Detail steckt; jenem Detail, das gerne übersehen wird, im entscheidenden Augenblick aber für dem Umbruch des Ganzen sorgt. So kam es innerhalb einer Generation zwischen Einsteins Relativitätstheorie (1905) und Heisenbergs Unschärferelation (1925) zum gewaltigsten Umsturz, den das wissenschaftliche Weltbild je erlebt hat. Gleiches geschah in anderen Bereichen wie der Kunst oder der Religion.

Von diesem Zeitgeist blieb auch die Esoterik nicht verschont. So wie man im wissenschaftlichen Bereich auf der Suche nach der Urschrift und der Ursprache war, auf die sich alle heutigen Schriften und Sprachen zurückführen lassen, waren auch die Okkultisten, wie sich die Esoteriker damals nannten, auf der Suche nach dem »missing link«. Sie suchten das fehlende Glied, mit dem sich alle esoterischen Systeme eindeutig verknüpfen lassen. Man versprach sich davon Einblick in das letzte Geheimnis, in die Weltformel, die aller Wirklichkeit zugrunde liegt.

Eben diesen Schlüssel glaubte der Magier Éliphas Lévi (1810–1875), einer der führenden Okkultisten seiner Zeit, im Tarot gefunden zu haben. Die Karten waren für ihn das bislang fehlende Verbindungsstück zwischen Magie und Kabbala, und so schuf er erste Entsprechungstabellen zwischen den 22 Karten der Großen Arkana, den 22 Buchstaben des hebräischen Alphabets und dem Sefirotbaum, dem zentralen Symbol der Kabbala. Andere berühmte Persönlichkeiten aus der Welt des Tarots, wie Paul Christian, Oswald Wirth und Papus griffen diese Arbeiten auf, verfeinerten und erweiterten sie.

Am Ende des 19. Jahrhunderts wanderte das geistige Zentrum des Tarots von Paris nach London. Dort war 1888 der hermetische Orden der Goldenen Morgenröte entstanden, der zwar bald schon wieder auseinanderbrach, aber in den zwölf Jahren seiner Existenz ein höchst umfassendes und ausgefeiltes System an magischen Theorien entwickelte. Darin spielte Tarot eine Schlüsselrolle. Man griff zunächst die Arbeiten Lévis auf, veränderte sie jedoch schon bald so grundlegend, dass ein ganz eigenes System entstand. Auch hier war jener zuvor erwähnte Zeitgeist zu spüren, denn die durchaus namhaften und gebildeten Mitglieder des Ordens waren zutiefst davon überzeugt, über ein höchst exklusives Geheimwissen zu verfügen, zu welchem außer dem kleinen Kreis eingeweihter Ordensmitglieder kein Mensch in der ganzen Welt Zugang hatte. Dementsprechend streng wurde das Geheimnis der richtigen Zuordnung der Tarotkarten gehütet; allerdings vergebens. Aleister Crowley, dessen Mitgliedschaft ohnehin zur Spaltung des Ordens führte, veröffentlichte zum Entsetzen der anderen Mitglieder diese geheimen Entsprechungstabellen.

Nach diesem Verrat gab es keinen Grund mehr, die Verbreitung des esoterischen Tarots auf eingeweihte Kreise zu beschränken, und so veröffentlichte Arthur Edward Waite 1909 die heute weltweit bekanntesten Tarotkarten, den berühmtem Rider-Waite-Tarot. Eine der markantesten Veränderungen gegenüber allen vorhergehenden Decks war die Umnummerierung der beiden Karten Kraft und Gerechtigkeit. Waite hat sich zwar nie dazu geäußert, was ihn zu diesem Schritt bewogen hat, aber es handelt sich dabei ganz offenkundig um eine »Richtigstellung« aufgrund der astrologischen Zuordnung.

Wie überzeugend oder verwunderlich diese Entsprechungen für uns heute auch sein mögen, im Golden Dawn, wie man den Orden kurzerhand nennt, stehen die ersten drei Karten Der Magier, Die Hohepriesterin und Die Herrscherin für Merkur, Mond und Venus. Die folgenden Karten werden dann den Tierkreiszeichen zugeordnet: Der Herrscher = Widder, Der Hierophant = Stier, Die Liebenden = Zwillinge, Der Wagen = Krebs. Und hier würde nun in der ursprünglichen Reihenfolge des Tarots als 8. Karte die Gerechtigkeit folgen, die aber weit weniger zum Tierkreiszeichen Löwe passt als die 11. Karte Kraft, auf der ja die Zähmung des Löwen dargestellt ist. Daher die Umkehrung. Als Jungfraukarte folgt dann Der Eremit, und weil Das Rad des Schicksals mit Jupiter gleichgesetzt wird, entspricht die Gerechtigkeit auf ihrem neuen Platz 11 nun der Waage. Aber dann geht es nicht mehr so recht weiter. Der Gehängte fällt wieder aus dem Rahmen und entspricht schlicht und einfach dem Element Wasser, während der Tod dem Skorpion zugeordnet ist, die Mässigkeit dem Schützen, wohingegen der Steinbock zum Teufel wird. Weil Der Turm dem kriegerischen Mars entspricht, gehen die Tierkreiszeichen erst mit Der Stern weiter, der das Wassermannprinzip verkörpert, Der Mond wird den Fischen und Die Sonne der Sonne zugeordnet. Das Gericht schließlich steht für das Feuerelement und Die Welt für Saturn.

Man muss nicht tief in die Symbolik der Karten eindringen, um sich über manche dieser Entsprechungen zu wundern. Im Golden Dawn aber wurden diese Zuordnungen nicht nur als Geheimwissen gepflegt, sondern geradewegs zu einem Dogma erhoben.

Das Problem der »richtigen Zuordnung« hat eine ganz einfache Ursache. Natürlich lassen sich alle Tarotkarten in astrologische Symbolik übersetzen und beschreiben. Nur die Gleichsetzung von den 22 Karten der Großen Arkana mit 10 Planeten und 12 Zeichen funktioniert nicht. Es gibt keine Karte der Großen Arkana, die z. B. dem Prinzip Zwillinge oder Jungfrau wirklich entspricht. Andererseits gibt es viele, die man als klare Entsprechung der Sonne betrachten könnte. Der Magier etwa, der für solares Bewusstsein steht, oder Der Herrscher, der die Sonne als Souverän verkörpert, natürlich auch die Karte Die Sonne selbst, und letztlich auch Die Welt, die das erreichte Ziel als Selbstverwirklichung darstellt, worin die Astrologie ebenfalls ein Thema der Sonne sieht.

Zuordnung der Karten der Großen Arkana zu den Sternbildern nach dem System des Golden Dawn

Symbole für Sternzeichen, Planeten und Elemente					
Zeichen		**Planeten**		**Elemente**	
♈	Widder	☉	Sonne	🜂	Feuer
♉	Stier	☽	Mond	🜁	Luft
♊	Zwillinge	☿	Merkur	🜃	Erde
♋	Krebs	♀	Venus	🜄	Wasser
♌	Löwe	♂	Mars		
♍	Jungfrau	♃	Jupiter		
♎	Waage	♄	Saturn		
♏	Skorpion	♅	Uranus		
♐	Schütze	♆	Neptun		
♑	Steinbock	♇	Pluto		
♒	Wassermann				
♓	Fische				

Die nachstehende Tabelle mit den bekanntesten Entsprechungsregeln zeigt, wie stark die Systeme voneinander abweichen. Keine einzige Karte wird durchgängig dem gleichen Prinzip zugeordnet. In der Spalte ganz rechts finden Sie Zuordnungen, wie sie dem heutigen Astrologieverständnis wohl am ehesten entsprechen, wenn man denn überhaupt den 10 Zeichen und den 12 Planeten die 22 Großen Arkana aufzwingen will.

Astrologische Zuordnung der Grossen Arkana

	Paul Christian	Ely Star	Eteilla	Oswald Wirth	Papus	Golden Dawn/ Case/ Crowley/ Waite	Dali Tarot	Ansata Tarot[13]	Jungianisches Tarot[14]	Plausibler Vorschlag
Narr	🜁	-	☉	-	-	🜁	♏	♇	♇	♅
Magier	△	♒	♒	♉	♒	☿	☉	☉	♅	☿
Hohepriesterin	☽	☽	☽	-	☽	☽	☽	☽	♆	☽
Herrscherin	♀	-	♀	-	♀	♀	⊕	♍	♀	♉
Herrscher	♃	♃	♂	♍	♃	♈	♃	♃	♈	♃
Hierophant	♂ / ♈	♈	♈	♈	♈	♉	☿	♄	♉	♐
Liebenden	☽ / ♉	☽ / ♉	♉	♐	♉	♊	♍	☿	♊	♀
Wagen	☉ / ♊	☉ / ♊	♊	-	♊	♋	♐	♐	☿	♈
Gerechtigkeit	♀ / ♋	♀ / ♋	♋	♎	♋	♎	♎	♎	♎	♍
Eremit	♃ / ♌	♃ / ♌	♌	-	♌	♍	♆	♆	♍	♑
Schicksalsrad	☿ / ♍	☿ / ♍	♍	♑	♍	♃	♑	♑	♃	♄
Kraft	♂	♂	♂	♌	♂	♌	♌	♌	♌	♌
Gehängte	☽ / ♎	☽ / ♎	♎	-	♎	▽	♅	♅	♋	♆
Tod	▽	-	-	-	-	♏	♄	♏	♏	♏
Mäßigkeit	☉ / ♏	☉ / ♏	♏	-	♏	♐	-	-	♐	♎
Teufel	♄ / ♐	♄ / ♐	♐	-	♐	♑	♂	♂	♑	♇
Turm	♃ / ♑	♃ / ♑	♑	♏	♑	♂	♈	♈	♂	♂
Stern	☿	☿	☿	♓	☿	♒	♀	♀	♒	♒
Mond	♀ / ♒	♀ / ♒	♒	♋	♒	♓	♋	♋	☽	♋
Sonne	♃ / ♓	♃ / ♓	♋	♊	♊	☉	♊	♊	☉	♊
Gericht	♄	♄	♄	-	♄	△	♓	♓	♓	♓
Welt	☉	☉	-	-	-	♄	♉	♉	♄	☉

Was nun? Im Laufe der letzten 100 Jahre hat sich Tarot in jeder Hinsicht aus alter dogmatischer Enge befreit. Das gilt für die vielen Neugestaltungen der Karten, für die höchst unterschiedlichen Schlüssel zu ihrer Deutung, für den Umgang mit den Karten, aber auch für ihre ungeheure Verbreitung, die weit über den Kreis von Eingeweihten hinausgeht. Deshalb sollte man auch solche Zuordnungen undogmatisch behandeln und sie unter den Tisch fallen lassen, wenn sie sich nicht als plausibel erweisen.

Vielleicht mögen Sie selbst einmal probieren, welches Entsprechungssystem für Sie am besten »funktioniert«? Es gibt nämlich eine interessante Methode, drei persönliche Karten zu ermitteln, die von dem amerikanischen Tarotexperten Paul Foster Case entwickelt wurde:

1. Die Karte, die ein zentrales Problem im Leben darstellt, errechnet sich aus der Summe von Aszendent und Sonnenzeichen. Schauen Sie in der nachstehenden Auflistung diese beiden Zeichen nach, und addieren Sie die Zahlwerte der entsprechenden Karten. Falls die Summe größer als 21 ist, wird die Quersumme gebildet. Die dieser Zahl entsprechende Tarotkarte der Großen Arkana symbolisiert das Problem.
2. Die Lösung dieses Problems zeigt die Karte, die sich aus der Differenz zwischen der Zahl der Aszendentenkarte und der des Sonnenzeichens ergibt. Ziehen Sie dazu einfach die kleinere von der größeren Zahl ab.
3. Eine Hilfe zum Verständnis und zur Lösung findet sich in der Differenz zwischen den beiden Karten, die Sie so erhalten haben.

Zuordnung nach heutiger Plausibilität

Zeichen	Zahl	Tarotkarte	Planet	Zahl	Tarotkarte
Widder	7	Wagen	Sonne	21	Welt
Stier	3	Herrscherin	Mond	2	Hohepriesterin
Zwillinge	19	Sonne	Merkur	1	Magier
Krebs	18	Mond	Venus	6	Liebenden
Löwe	11	Kraft	Mars	16	Turm
Jungfrau	8	Gerechtigkeit	Jupiter	4	Herrscher
Waage	14	Mäßigkeit	Saturn	10	Rad des Schicksals
Skorpion	13	Tod	Uranus	0	Narr
Schütze	5	Hierophant	Neptun	12	Gehängte
Steinbock	9	Eremit	Pluto	15	Teufel
Wassermann	17	Stern			
Fische	20	Gericht			

George W. Bush ist Krebs (= 18) mit Löweaszendent (= 11). Er hat demnach die Problemkarte 18+11= 29, Quersumme 2+9 = 11 = Kraft. Sie steht bekanntlich für den Einklang zwischen dem zivilisierten Menschen und seiner animalischen, durchaus unbewusst aggressiven Natur. Die Lösung dieses Problems ergibt sich aus der Differenz zwischen den beiden Karten 18-11 = 7 = Der Wagen. Dort geht es unter anderem darum, auseinanderlaufende Kräfte (die beiden Sphingen) zu vereinen, um vorwärtszukommen. Vermitteln zwischen den beiden Themen kann die Differenz zwischen Kraft 11 und Der Wagen 7, also die 4 = Der Herrscher, eine Karte die zu Wirklichkeitsnähe auffordert und zeigt, dass beharrlich an der Lösung gearbeitet werden muss.

Zuordnung des Golden Dawn

Zeichen	Zahl	Tarotkarte	Planet	Zahl	Tarotkarte
Widder	4	Herrscher	Sonne	19	Sonne
Stier	5	Hierophant	Mond	2	Hohepriesterin
Zwillinge	6	Liebenden	Merkur	1	Magier
Krebs	7	Wagen	Venus	3	Herrscherin
Löwe	8	Kraft	Mars	16	Turm
Jungfrau	9	Eremit	Jupiter	10	Rad des Schicksals
Waage	11	Gerechtigkeit	Saturn	21	Welt
Skorpion	13	Tod			
Schütze	14	Mäßigkeit	**Element**	**Zahl**	**Tarotkarte**
Steinbock	15	Teufel	Wasser	12	Gehängte
Wassermann	17	Stern	Feuer	20	Gericht
Fische	18	Mond	Luft	0	Narr

Hierbei ergäbe sich für George W. Bush aus Krebs = 7 und Löwe = 8 als Problemkarte 15, Der Teufel, wohingegen die Lösung in der Differenz von 8–7 = 1 liegt und damit beim Magier. Als Vermittler ergibt sich aus dem Abstand beider Karten 15 - 1 = 14 die Mässigkeit, also die richtige Mischung. Wenn man sieht, wie Bush andere Länder als Achse des Bösen verteufelt, ist die Problemkarte gewiss plausibel. Die Lösung läge darin, aktiv an Aufgaben und Probleme heranzugehen, um sie zu meistern (Magier), wobei das richtige Maß hilfreich ist, das wohl in der richtigen Mischung zwischen Licht und Schatten, zwischen schwarz und weiß liegt. In diesem Fall führen offenbar beide Berechnungsarten zu sinnvollen Aussagen. Natürlich können Sie auch die anderen Zuordnungen aus obiger Tabelle für sich ausprobieren.

Die wirklich fruchtbare Verknüpfung von Astrologie und Tarot liegt aber auf einem ganz anderen Gebiet. Beide Instrumente ergänzen sich wunderbar als Wegweiser auf dem Lebensweg:

Die Kindheit des Helden – Der symbiotische Zustand

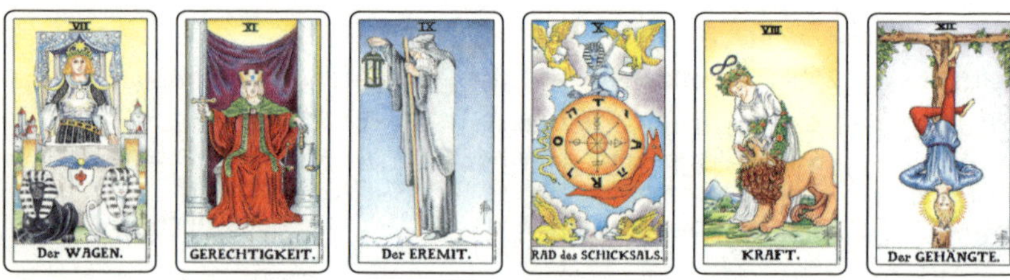

Aufbruch und Erwachsenwerden – Reifung und Persönlichkeitsentfaltung

Der Initiationsprozess – Die transpersonale Öffnung

In den 22 Karten der Großen Arkana veranschaulicht uns Tarot in seiner Symbolsprache den Lebensweg des Menschen, wie er aus vielen Mythen und Märchen bekannt ist, die uns die Geschichte erzählen von einem, der aufbricht, das große Werk zu vollbringen.

Dabei illustrieren jeweils sechs Karten ein Drittel des Weges, 1. Heranreifen, 2. individuelle Entfaltung, 3. Initiation. Die Astrologie kennt diese drei Phasen von Saturn, der durch seinen 29-jährigen Umlauf unser Leben in eben diese drei Abschnitte gliedert. Auch aus den Zyklen der anderen, langsam laufenden Planeten lassen sich wichtige Erkenntnisse über die einzelnen Lebensphasen ablesen (siehe dazu 209*ff*), während die Tarotkarten die Aufgaben und Themen dieser Abschnitte bildhaft verdeutlichen.

Vor allem in der Praxis aber ergänzen sich diese beiden Systeme hervorragend, wie das Ganze und das Detail. Der Blick in das Horoskop lässt sehr schnell das Grundsätzliche erkennen, während die Karten spezielle Fragen anschaulich beantworten. Geht es zum Beispiel um den Berufsweg, gibt das Horoskop wichtige Auskünfte über Fähigkeiten, Interessen und Talente, über Bereiche der Selbstverwirklichung und über die Berufung. Die Frage aber, ob der Ratsuchende die Stelle bei der Firma A oder B annehmen soll, lässt sich mit den Tarotkarten durch eine Entscheidungslegung viel anschaulicher und unmittelbarer beantworten als durch die Astrologie; es sei denn, man ist ein Meister der Stundenastrologie.

Gleiches gilt für Liebe und Beziehungen, wo das Horoskop wichtige Themen zeigt, wie das Selbstbild, das Suchbild, die »innere Beziehung« und Harmonie und Spannungen. Worin aber ein sinnvoller Schritt liegt, um einen Konflikt zu lösen, ob man es überhaupt noch einmal versuchen soll oder nicht und wie ein leidiges Muster Schritt für Schritt überwunden werden kann, wird mit den Tarotkarten sehr viel schneller und anschaulicher deutlich als im Horoskop. Bei diesem sich ergänzenden Zusammenspiel zeigt das Horoskop unsere Seelenlandschaft und gibt die Richtung an, während Tarot sich immer wieder als guter Freund und wertvoller Begleiter auf dem Weg erweist.

Anhang

Anmerkungen

1 Den ganzen Roman findet man online im Internet unter www.symbolon.de/downtxt/esel.htm
2 Rudolf Falb, von dem ich diese Deutung habe, spricht von der »keltischen Thor-Rune«.
3 Der ganze Text findet sich auf Mittelenglisch im Internet unter http://www.angelfire.com/ok2/ordinal/Wedding.txt
4 Wie sich diese astrologischen Zeitalter errechnen und was sie bedeuten, finden Sie im Kapitel *Von der Steinzeit ins Wassermannzeitalter (Seite 269ff).*
5 Aus Hajo Banzhaf und Brigitte Theler: *Du bist alles, was mir fehlt*
6 Marie-Louise von Franz: *Die Erlösung des Weiblichen im Manne,* Aktualisierte Neuauflage, Zürich – Düsseldorf 1997 (Walter Verlag)
7 Emma Jung: *Animus und Anima,* Seite 19
8 C. G. Jung: *Die Psychologie der Übertragung,* Grundwerk Band 3, Seite 209
9 Eine ausführliche Beschreibung finden Sie in Hajo Banzhaf: *Tarot und der Lebensweg des Menschen.*
10 Aus Hajo Banzhaf: *Die vier Elemente in Astrologie und Tarot*
11 Aus Hajo Banzhaf: *Die vier Elemente in Astrologie und Tarot*
12 Aus Hajo Banzhaf: *Gut beraten mit Tarot*
13 1981 erschienene Tarotkarten von Paul Struck mit einem Kommentar von Bernd A. Mertz
14 1988 erschienene Tarotkarten von Robert Wang

Literatur

JAN ASSMANN: *Die mosaische Unterscheidung,* München/Wien 2003
RUDOLF FALB: *Das Land der Inca in seiner Bedeutung für die Urgeschichte der Sprache und Schrift,* Wiesbaden 1989 (Erstauflage 1883)
MARIE-LOUISE VON FRANZ: *Die Erlösung des Weiblichen im Manne,* Aktualisierte Neuauflage, Zürich – Düsseldorf 1997 (Walter Verlag)
JEAN GEBSER: *Ursprung und Gegenwart,* München 1973
C. G. JUNG: *Die Psychologie der Übertragung,* Grundwerk Band 3
EMMA JUNG: *Animus und Anima, TB 1990*
SHAHRUKH HUSAIN: *Die Göttin,* Köln 2001
OTHMAR KEEL: *Gott weiblich: Eine verborgene Seite des biblischen Gottes,* Gütersloh 2008
ROBERT VON RANKE-GRAVES: *Die weiße Göttin,* Berlin 1981
Griechische Mythologie, Reinbek 1984
Hebräische Mythologie, Reinbek 1986
JULIUS SCHWABE: *Archetyp und Tierkreis,* Basel 1951, (Verlag Benno Schwabe)
KEN WILBER: *Eine kurze Geschichte des Kosmos,* Frankfurt 1997
JEAN GEBSER/KEN WILBER/NICOLAI SCHIRAWSKI: *Die Zukunft der Menschheit,* P.M. Magazin 01/2005

Informationen zum Kapitel *Die Entwicklung des menschlichen Bewusstseins im Laufe der Weltzeitalter* unter: http://www.welt-geschichte.de/html/die_ersten_hochkulturen.html sowie
http://de.wikipedia.org/wiki/4D

Wesentliche Gedanken zum Kapitel *Die Rückkehr der Orakel* verdanke ich dem Buch *Der Ursprung des Bewusstseins durch den Zusammenbruch der bikameralen Psyche* von JULIAN JAYNES, Reinbek 1988, das vollständig als e-book im Internet zu finden ist unter:
http://www.conspiracyresearch.org/forums/index.php?act=attach&type=post&id=347

Interessante, geistreiche und kritische Internetseiten zum Kapitel *Von der Steinzeit zum Wassermannzeitalter*:
http://www.greatdreams.com/aquarius.htm
http://www.sternwelten.at/ar_wassermannzeitalter.shtml
http://home.t-online.de/home/nchesberg/inhalt.htm

Worterklärungen

Amplifikation: Anreicherung oder Ergänzung von Bildern aus der Psyche (z. B. Träume) durch Symbole aus Märchen, Mythen, Religion und Kunst zum besseren Verständnis und einer erweiterten Interpretation.

Arkana: Plural des lateinischen Wortes *Arcanum* = Geheimnis.
Die Tarotkarten werden in die Großen und die Kleinen Arkana unterteilt.

Deck: Ein komplettes Tarotset mit 78 Karten.

Myste: Der Geweihte, der Eingeweihte eines Mysterienkults.

Präzession (lat. *Vorrückung*): Das langsame Vorrücken des Fixsternhimmels.

Return eines Planeten (astrologischer Fachausdruck): Die Rückkehr eines Planeten zu seiner Geburtsposition. Die Planeten werden im Geburtsbild (Horoskop) scheinbar festgehalten. Sie laufen jedoch weiter auf ihrer Bahn. Demnach kehrt z. B. Saturn nach ca. 29 Jahren zu seiner Ausgangsposition im Horoskop zurück. Jupiter macht dies bereits nach 12 Jahren.

Siderischer Tierkreis (von lat. *sidus* = Stern): Der Kreis, der sich aus den sichtbaren Sternbildern zusammensetzt, die jedoch unterschiedlich lang sind, sich zum Teil überlappen und andererseits auch große »Lücken« aufweisen.

Synchronizität: Ein von C. G. Jung geprägter Begriff, der das sinnvolle zeitliche Zusammentreffen von zwei Ereignissen bezeichnet, die in keinem kausalen Zusammenhang stehen.

Triptychon (griech.): dreiteiliges Altarbild mit festem Mittelteil und zwei Flügeln.

Tropischer Tierkreis (von griech. *tropai* = Wende, Sonnenwende):
Die Bahn, die die Sonne und alle anderen Planeten um die Erde ziehen und als deren Beginn der Frühlingspunkt gilt.

Bildquellen

S. 8	Hermann Betken: *Mandala*
S. 13	Wolfram von Eschenbach (um 1170–1220) *Parzival – Kampf mit dem roten Ritter*, Wandgemälde aus d. Zyklus *Die Parzivalsage* von Ferdinand Piloty d. J., u. a. im Sängersaal von Schloss Neuschwanstein. Archiv für Kunst und Geschichte, Berlin
S. 18	Hermann Betken: Collage aus der Karte *Hohepriesterin* AGM AGMüller, Neuhausen am Rheinfall / © 1990 U.S. Games Systems und Karl Friedrich Schinkels: *Bühnenbild zu Mozarts Zauberflöte (1791), 1816* Archiv für Kunst und Geschichte, Berlin
S. 19	Tarotkarte aus dem *Universal-Waite-Tarot* AGM AGMüller, Neuhausen am Rheinfall / © 1990 U.S. Games Systems
S. 22	*Torarolle,* Wikipedia/Museums-Synagoge Wlodawa Tarotkarte (Ausschnitt) aus dem *Universal-Waite-Tarot*
S. 24	Tarotkarte aus dem *Universal-Waite-Tarot* AGM AGMüller, Neuhausen am Rheinfall / © 1990 U.S. Games Systems Hermann Betken (nach einer Vorlage des Autors): *Modell des Tempels von Jerusalem*
S. 25	Tarotkarte aus dem *Universal-Waite-Tarot* AGM AGMüller, Neuhausen am Rheinfall / © 1990 U.S. Games Systems
S. 26	Tarotkarte aus dem *Universal-Waite-Tarot* AGM AGMüller, Neuhausen am Rheinfall / © 1990 U.S. Games Systems
S. 26	Hermann Betken (Foto nach Vorgaben des Autors): *Apfelsterne*
S. 27	Tarotkarte (Ausschnitt) aus dem *Universal-Waite-Tarot* AGM AGMüller, Neuhausen am Rheinfall / © 1990 U.S. Games Systems
S. 29	*Schwarze Madonna von Tschenstochau,* 15. Jh. Wikipedia/Schwarze Madonna Tschenstochau
S. 30	Antikes Mosaik aus Ravenna, um 565 Wikipedia/Antikes Mosaik aus Ravenna Tarotkarte aus dem *Aleister Crowley Thoth Tarot* AGM AGMüller Neuhausen am Rheinfall / © Ordo Templi Orientis, New York
S. 37	Michiel I Coxcie: *Der Tod von Abel,* um 1539 Museo Nacional del Prado, Madrid
S. 38	*Medusa,* Nachbildung aus dem 5. Jh., Wikipedia/Matthias Kabel
S. 39	Hermann Betken (nach einer Vorlage des Autors): *Isis Schlangengöttin*, um 1600 v. Chr., Archäologisches Museum Kreta Archiv für Kunst und Geschichte, Berlin
S. 41	*Echnaton,* Stele aus dem Palast des Pharaos Echnaton in Tell al Amarna Sandro Vannini
S. 42	Michelangelo: *Moses,* Wikipedia/Rom, Basilika San Pietro in Vincoli *Mykenische Fruchtbarkeitsgöttin,* 13. Jh v. Chr. Archiv für Kunst und Geschichte, Berlin

S. 44	Raffael: *Schule von Athen,* 1508–1511 Wikipedia
S. 45	Hermann Betken (nach einer Vorlage des Autors): *Inschrift*
S. 46	*Der Prophet Jesaja,* Buchmalerei um 975 aus Konstantinopel Nationalbibliothek Paris
S. 47	*Isis nährt Horus,* Jungfrau und Kind. Neuntes Jahrhundert
S. 55	Hermann Betken (nach einer Idee des Autors): *Mondsichel*
S. 56	Michelangelo: *Die Erschaffung von Sonne, Mond und Vegetation.* 1511 Detail mit der Darstellung Gottvaters, Sixtinische Kapelle Wikipedia
S. 57	Michelangelo: *Die Erschaffung von Sonne, Mond und Vegetation.* 1511 Wikipedia/Deckenfresko Sixtinische Kapelle
S. 59	*Stonehenge,* www.fotolia.com/Maximilian Effgen
S. 63	Nicolas Poussin: *Die Anbetung des goldenen Kalbes,* um 1635 Archiv für Kunst und Geschichte, Berlin
S. 64	Hermann Betken (nach einer Vorlage des Autors): *Höhlengleichnis*
S. 68	Hermann Betken (nach einer Vorlage des Autors): Grafik *Allee,* www.fotolia.com/Carmen Steiner Masaccio: *Dreifaltigkeitsfresko,* um 1425, Dom Florenz
S. 69	Camille Flammarion: *L'atmosphère météorologie populaire,* Holzschnitt 1888 neu koloriert von Hermann Betken
S. 72	Giovanni Battista Agnese: *Zodiacus* Museum Civico, Venedig
S. 83	*Bienen,* www.digitalstock.de/R. Ferrari
S. 86	Anton Nyström: *Marduk kämpft mit Tiamat,* 1900 Wikipedia
S. 87	Hermann Betken (nach einer Vorlage des Autors): Grafiken
S. 95	Hermann Betken (nach einer Vorlage des Autors): Grafik
S. 96	*Höhlenmalerei,* Irangi bei Kondoa, N. Cirani
S. 97	Joan Miró: *Bleu II,* 1961 Successió Miró / VG Bild Kunst, Bonn 2009
S. 103	*Helixnebel,* Nasa Images
S. 104	Edward Burne-Jones: *The Weel of Fortune,* 1884 Musée d'Orsay, Paris
S. 106	Simon von Taisten: *Johannes auf Patmos,* Pfarrkirche St. Ägidius in Mitterolang Wikipedia/Wolfgang Sauber
S. 107	Johannes Kepler: *Horoskop für Wallenstein,* 1608 Archiv für Kunst und Geschichte, Berlin
S. 110	Hermann Betken: Kartenstapel
S. 111	Tarotkarte aus dem *Universal-Waite-Tarot* AGM AGMüller, Neuhausen am Rheinfall / © 1990 U.S. Games Systems

S. 112	Tizian: *Adam und Eva,* um 1550 Museo Nacional del Prado, Madrid
S. 113	Tarotkarten aus dem *Universal-Waite-Tarot* AGM AGMüller, Neuhausen am Rheinfall / © 1990 U.S. Games Systems
S. 114	Tarotkarten aus dem *Symbolon Tarot* AGM AGMüller, Neuhausen am Rheinfall
S. 118	Herbert J. Draper: *Odysseus widersteht den Sirenen,* ca. 1909 Ferens Art Gallery, Hall
S. 119	J. A. D. Ingres: *Ödipus löst das Rätsel der Sphinx,* 1808 Wikipedia/Museum Louvre, Paris
S. 122	Hermann Betken: *Geld-Collage*
S. 124	*Münzen,* www.reppa.de
S. 126	*Inflationsgeld,* www.banknoteworld.com
S. 133	Tarotkarten aus dem *Universal-Waite-Tarot* AGM AGMüller, Neuhausen am Rheinfall / © 1990 U.S. Games Systems
S. 134	Tarotkarten aus dem *Universal-Waite-Tarot* AGM AGMüller, Neuhausen am Rheinfall / © 1990 U.S. Games Systems
S. 138	Hermann Betken: Collage aus Michelangelos Deckenfresko zur Schöpfungsgeschichte in der Sixtinischen Kapelle (Ausschnitt *Die Delphische Sibylle*), 1509 und der Karte *Der Gehängte* aus dem *Aleister Crowley Thoth Tarot* AGM AGMüller Neuhausen am Rheinfall / © Ordo Templi Orientis, New York
S. 141	Mauro Conconi: *Achill und Thetis,* 1840 Archiv für Kunst und Geschichte, Berlin Lorenzo Ghiberti: *Moses erhält die Gesetzestafeln auf dem Berg Sinai,* Relief am Ostportal des Baptisterium in Florenz/Wikipedia
S. 142	*Geflügelter Genius* British Museum, London
S. 143	Tarotkarte aus dem *Aleister Crowley Thoth Tarot* AGM AGMüller Neuhausen am Rheinfall / © Ordo Templi Orientis, New York
S. 146	*Odin,* 18. Jh. Wikipedia/Arni Magnússon Institute in Island
S. 147	Babylonisches Tonmodell der Schafsleber, 2000 v. Chr., Wikipedia Edward Burne-Jones: *Schreckenshaupt,* 1887 Staatsgalerie Stuttgart
S. 149	Attische Trinkschale: *Aigeus und Themis,* 5. Jh. v. Chr., Wikipedia
S. 151	Tarotkarte aus dem *Visconti-Sforza-Tarot* AGM AGMüller, Neuhausen am Rheinfall / © 1984 U.S. Games Systems
S. 152	Cellarius: *Harmonia Macrocosmica,* Universitätsbibliothek Utrecht
S. 154	Jan Hoffmann: *Firmament,* Gemälde nach einem Deckenfresko aus dem Palazzo Farnese, janhoffmann04@gmx.de
S. 156	*Welle,* www.fotolia.com/Felipe Oliveira
S. 157	Hermann Betken (nach einer Vorlage des Autors): Grafik

S. 158	Tarotkarte aus *Aleister Crowley Thoth Tarot* AGM AGMüller Neuhausen am Rheinfall / © Ordo Templi Orientis, New York
S. 168	Hermann Betken: Collage aus der Tarotkarte *Der Turm* aus dem *Visconti-Sforza-Tarot* und einem Foto AGM AGMüller, Neuhausen am Rheinfall © 1984 U.S. Games Systems und www.fotolia.com/HD Connelly
S. 171	Tarotkarten aus dem *Universal-Waite-Tarot* AGM AGMüller, Neuhausen am Rheinfall / © 1990 U.S. Games Systems
S. 172	Hermann Betken (nach einer Vorlage des Autors): Grafik
S. 174	Hermann Betken: *Symbole*, Collage
S. 177	Friedenstaube, Wikipedia/Elembis
S. 178	Tarotkarten aus dem *Universal-Waite-Tarot* AGM AGMüller, Neuhausen am Rheinfall / © 1990 U.S. Games Systems
S. 180	Cellarius: *Harmonia Macrocosmica,* Universitätsbibliothek Utrecht
S. 184	Hermann Betken (nach einer Vorlage des Autors): Grafiken
S. 185	Hermann Betken (nach einer Vorlage des Autors): Grafik
S. 186	*Astronomische Uhr,* Altes Rathaus von Prag, www.fotolia.com/Blurvisions
S. 194	Stundenbuch des Herzogs und der Herzogin von Bedford: *Turmbau zu Babel,* um 1423–1430, Archiv für Kunst und Geschichte, Berlin
S. 195	Hermann Betken (nach einer Vorlage des Autors): Marduk-Tempel
S. 196	Cellarius: *Harmonia Macrocosmica,* Universitätsbibliothek Utrecht
S. 197	Hermann Betken (nach einer Vorlage des Autors): Grafik
S. 198	Hermann Betken (nach Vorlagen des Autors): Grafiken
S. 201	Hermann Betken (nach Vorlagen des Autors): Grafiken
S. 203	Hermann Betken (nach Vorlagen des Autors): Zeichnungen
S. 204	Hermann Betken: *Planetenzyklen,* Collage, mit Bildern von Nasa Images
S. 207	*Baumringe,* www.fotolia.com/Inka Schmitz
S. 227	Hermann Betken: *Regenbogen*
S. 228	Hieronymus Bosch: *Die sieben Todsünden,* Ausschnitt, spätes 15. Jahrhundert Museo Nacional del Prado, Madrid
S. 229	Klaus Holitzka: *Leere des Zen 12,* 1991, www.holitzka.de
S. 231–246	Details aus Hieronymus Bosch: *Die sieben Todsünden* Museo Nacional del Prado, Madrid
S. 250	Hermann Betken (nach Vorlage des Autors): *Die vier Elemente,* Collage Wasser und Luft: Foto Hermann Betken, Feuer: David Bignolet/www.fotolia.com, Erde: EcoView/www.fotolia.com
S. 251–261	Detailansichten Wasser, Feuer, Erde und Luft Wasser und Luft: Foto Hermann Betken, Feuer: David Bignolet/www.fotolia.com, Erde: EcoView/www.fotolia.com
S. 262	Der Narr aus dem Margarete Petersen-Tarot *Königsfurt-Urania-Verlag*

S. 268 Collage aus: Hieronymus Bosch: *Die Anbetung der Heiligen Drei Könige,* (Ausschnitt) und der Tarotkarte Der Narr aus dem *Universal-Waite-Tarot*
Museo Nacional del Prado, Madrid und
AGM AGMüller, Neuhausen am Rheinfall / © 1990 U.S. Games Systems

S. 270 Hermann Betken (nach einer Vorlage des Autors): Grafik

S. 272 Hermann Betken (nach einer Vorlage des Autors): Grafik

S. 274 Großes Bodenmosaik aus einer römischen Villa bei Sentinum, um 200–250 n. Chr.
Wikipedia/Glyptothek München

S. 276 Michelangelo: *Moses*
Wikipedia/Rom, Basilika San Pietro in Vincoli

S. 280 Hermann Betken: Collage aus der Karte X Glück des *Aleister Crowley Thoth Tarot* (Ausschnitt)
AGM AGMüller, Neuhausen am Rheinfall / © 1990 U.S. Games Systems

S. 283 *Karten der Marmelucken,* Topkapi Museum, Istanbul
Tarotkarten aus dem *Tarot de Marseille,* France Cartes, Saint Max Cedex
Tarotkarte aus dem *Mantegna-Tarot*
Königsfurt-Urania Verlag / © Lo Scarabeo, Turin

S. 284 Tarotkarte aus dem *Visconti-Sforza-Tarot*
AGM AGMüller, Neuhausen am Rheinfall / © 1984 U.S. Games Systems
Tarotkarte aus dem *Tarot de Marseille*, France Cartes, Saint Max Cedex

S. 285 *Hermetisches Rosenkreuz des Golden Dawn*
AGM AGMüller Neuhausen am Rheinfall / © Ordo Templi Orientis, New York

S. 286 Tarotkarten aus dem *Universal-Waite-Tarot*
AGM AGMüller, Neuhausen am Rheinfall / © 1990 U.S. Games Systems
Tarotkarten aus dem *Aleister Crowley Thoth Tarot*
AGM AGMüller Neuhausen am Rheinfall / © Ordo Templi Orientis, New York

S. 288 Titelbild der deutschen Übersetzung des *Liber Mutus,* 1677
Wikipedia / Kolorierung Hermann Betken

S. 289 Tarotkarten aus dem *Tarot de Marseille,* France Cartes, Saint Max Cedex
Tarotkarten aus dem *Universal-Waite-Tarot*
AGM AGMüller, Neuhausen am Rheinfall / © 1990 U.S. Games Systems

S. 290 Hermann Betken: *Würfelt Gott?* Collage aus: Michelangelo *Die Erschaffung von Sonne, Mond und Vegetation.* 1511, Detail mit der Darstellung Gottvaters, Sixtinische Kapelle/Wikipedia, der Karte X Glück (Ausschnitt) aus dem *Aleister Crowley Thoth Tarot*, AGM AGMüller Neuhausen am Rheinfall / © Ordo Templi Orientis, New York und dem Foto *Würfel,* www.fotolia.com/Matthias Klenk

S. 294 Hermann Betken: *Der Stern* aus dem *Margarete Petersen-Tarot, Königsfurt-Urania-Verlag*
und *Der Stern* (Ausschnitt) aus *Aleister Crowleys Thoth Tarot* (Collage)
AGM AGMüller Neuhausen am Rheinfall / © Ordo Templi Orientis, New York

S. 296 Tarotkarte aus dem *Universal-Waite-Tarot*
AGM AGMüller, Neuhausen am Rheinfall / © 1990 U.S. Games Systems
Tarotkarte aus dem *Tarot de Marseille*, France Cartes, Saint Max Cedex

S. 297	Tarotkarte aus dem *Aleister Crowley Thoth Tarot* AGM AGMüller Neuhausen am Rheinfall / © Ordo Templi Orientis, New York
S. 298	Tarotkarte aus dem *Universal-Waite-Tarot* AGM AGMüller, Neuhausen am Rheinfall / © 1990 U.S. Games Systems
S. 299	Tarotkarte aus dem *Aleister Crowley Thoth Tarot* AGM AGMüller Neuhausen am Rheinfall / © Ordo Templi Orientis, New York
S. 300	Hermann Betken: Collage aus einem Bild der *Nut*/Wikipedia, der *Schule von Athen (*Ausschnitt Pythagoras) und zwei Karten aus dem Universal-Waite-Tarot
S. 301	Tarotkarten aus dem *Tarot de Marseille*, France Cartes, Saint Max Cedex Tarotkarten aus dem *Universal-Waite-Tarot* AGM AGMüller, Neuhausen am Rheinfall / © 1990 U.S. Games Systems
S. 302	Ausschnitt aus: Raffaello Sanzio: *Schule von Athen,* 1509, Wikipedia
S. 303	Hermann Betken (nach einer Vorlage des Autors): Grafik
S. 304	Hermann Betken (nach einer Vorlage des Autors): Grafik
S. 308	Tarotkarte aus dem *Universal-Waite-Tarot* AGM AGMüller, Neuhausen am Rheinfall / © 1990 U.S. Games Systems
S. 311	Tarotkarten aus dem *Universal-Waite-Tarot* AGM AGMüller, Neuhausen am Rheinfall / © 1990 U.S. Games Systems
S. 314	Hermann Betken: Collage aus einem Foto von Mont Saint Michel und der Karte XIV Mäßigkeit aus dem *Universal-Waite-Tarot* Wikipedia/Ben Lieu Song und AGM AGMüller, Neuhausen am Rheinfall / © 1990 U.S. Games Systems
S. 315	Tarotkarte aus dem *Universal-Waite-Tarot* AGM AGMüller, Neuhausen am Rheinfall / © 1990 U.S. Games Systems *Stundenbuch des Duc de Berry,* Wikipedia/Musée Condé, Chantilly
S. 317	Tarotkarte aus dem *Universal-Waite-Tarot* AGM AGMüller, Neuhausen am Rheinfall / © 1990 U.S. Games Systems William Blake: Raphael mit Adam und Eva, Illustration zu Miltons *Paradise Lost,* 1808, Wikipedia/Museum of Fine Arts, Boston
S. 318	*Stundenbuch des Duc de Berry* Wikipedia/Musée Condé, Chantilly
S. 319	Walter Hanel: *Inflationskarikatur*
S. 319	Edward Coley Burne-Jones: Liebe leitet den Pilger, 1896/97, Fotografie einer Reproduktion von Manfred Augustin
S. 320	Tarotkarte aus dem *Universal-Waite-Tarot* AGM AGMüller, Neuhausen am Rheinfall / © 1990 U.S. Games Systems *Stundenbuch des Duc de Berry* Wikipedia/Musée Condé, Chantilly
S. 321	Piero della Francesca: *Auferstehung Christi,* um 1460–1464 Archiv für Kunst und Geschichte, Berlin
S. 322	*Orion,* Nasa Images
S. 323	William Hunt: *Der Sündenbock,* 1854 Wikipedia, Nationalmuseum Liverpool

S. 323	Tarotkarten aus dem *Universal-Waite-Tarot* AGM AGMüller, Neuhausen am Rheinfall / © 1990 U.S. Games Systems
S. 324	William Blake: *Luzifer,* um 1810, Tate Gallery London
S. 325	Gustave Doré: Illustration zu John Miltons *Paradise Lost,* Wikipedia
S. 326	Hermann Betken: Collage aus: *Stundenbuch Duc de Berry,* Foto und 12 Karten aus dem *Universal-Waite-Tarot* Wikipedia/Musée Condé, Chantilly, Hermann Betken, AGM AGMüller, Neuhausen am Rheinfall / © 1990 U.S. Games Systems
S. 334	Tarotkarten aus dem *Universal-Waite-Tarot* AG Müller, Neuhausen / © 1990 U.S. Games Systems Hermann Betken (nach einer Vorlage des Autors): Grafik
S. 338	Tarotkarten aus dem *Universal-Waite-Tarot* AGM AGMüller, Neuhausen am Rheinfall / © 1990 U.S. Games Systems
S. 350	Porträt des Autors: Armando Bertozzi, Astrologie Heute
Umschlag:	Porträt des Autors: www.tarot.de; Astronomische Uhr, Altes Rathaus in Prag, www.fotolia.com/Blurvisions; Hermann Betken: Collage Die vier Elemente (Wasser und Luft: Foto Hermann Betken, Feuer: David Bignolet/www.fotolia.com, Erde: EcoView/www.fotolia.com); Camille Flammarion: *L'atmosphère météorologie populaire,* Holzschnitt 1888, neu koloriert von Hermann Betken; Orion, Nasa Images

Trotz größter Sorgfalt und umfangreicher Recherche ist es uns, auch bedingt durch den plötzlichen Tod des Autors kurz nach Abgabe des Manuskripts, nicht in allen Fällen gelungen, die Bildquelle zu ermitteln. Berechtigte Ansprüche bleiben in jedem Fall gewahrt.

Hajo Banzhaf – Ein Nachruf von Johannes Fiebig

Autor, Tarot-Meister und Astrologe, Vortragsredner und Seminarleiter, geboren am 15. 05. 1949 um 00.02 Uhr in Gütersloh, gestorben 11. 02. 2009 um 14.45 Uhr in München. Nach dem Abitur absolvierte er ein Sprachstudium in Frankreich, ein Philosophiestudium in Münster sowie eine zwölfjährige Laufbahn in einer Münchener Privatbank. Seit 1985 war er freiberuflich tätig, davon gut 8 Jahre als Herausgeber der Buchreihe »Kailash«. Er ist Autor oder Co-Autor von 21 Büchern über Astrologie und Tarot, von denen »Das Arbeitsbuch zum Tarot« in 20 Sprachen erschienen ist.

»Hajo Banzhaf war und ist eine der führenden Persönlichkeiten der Tarot-Welt, einer der großen Vermittler zwischen esoterischer Tradition und moderner Lebensdeutung. Wir werden sein Werk ehren und pflegen und seine Arbeit, sein Anliegen weitertragen.

Hajo Banzhaf hat in den Jahrzehnten seiner Arbeit als Autor Grundlegendes zur Popularität und Akzeptanz des Tarot als Teil der Alltagskultur beigetragen. Seine Seminare und Vorträge zum Tarot und zur Astrologie sind legendär und haben Zehntausende Menschen mit der Welt der Symbolsprachen vertraut gemacht. Mit der Gründung des Tarotverbandes e. V. hat er den vielen Interessierten und praktisch mit dem Tarot tätigen Menschen in Deutschland eine Plattform und Struktur gegeben.

Zwei Tage vor seinem Tod hatte Hajo das Manuskript dieses Buches abgeschlossen. Das vorliegende Werk sollte zu seinem 60. Geburtstag am 15. Mai 2009 erscheinen. Nun ist es auf einmal zu seinem Vermächtnis geworden. Man kann tot sein, lange bevor man stirbt. Und man kann leben, lange nachdem man gestorben ist! Durch sein Werk, durch die lebendigen Eindrücke und Visionen, die er in den Herzen vieler Menschen hinterlassen hat – und weiterhin weckt –, lebt Hajo weiter.

Mein großer Dank gilt allen Beteiligten, die unter großem Einsatz das Manuskript druckfertig gemacht haben, besonders Sabine Lechleuthner für Textbearbeitung und Recherche, Antje und Hermann Betken, Margit Krysta und Sabine Lechleuthner für die umfangreiche Bildredaktion und Dieter Banzhaf für Koordination und engagierte Unterstützung.« *Johannes Fiebig*

Nachwort

Vor ein paar Monaten berichtete mir Hajo ganz begeistert von der geplanten Veröffentlichung seiner Artikel und Vorträge zu seinem 60. Geburtstag. Damals ahnten wir nicht, dass er das Erscheinen der Quintessenz seines Wissens nicht mehr erleben würde – und auch nicht, dass »Zwischen Himmel und Erde« sein letztes Werk und damit sein Vermächtnis werden würde.

Ich freute mich auf das Lektorat. Es war mir immer eine Ehre, Hajos Bücher zu redigieren. Seit 1991 verband uns eine persönliche Freundschaft, die durch eine fruchtbare Arbeitsgemeinschaft erweitert wurde. So war ich für ihn Sekretärin und Lektorin, und er war für mich Mentor, Lehrer und ein großzügiger und humorvoller Arbeitgeber. Nicht selten verlegten wir – die beiden Stiergeborenen – unsere Arbeitsgespräche in ein Restaurant.

Die schwierigen Umstände der letzten Jahre durch die Erkrankung und den Tod seiner Frau, ließ aus unserer Freundschaft auch eine Art Schicksalsteam erwachsen. Unsere Gespräche drehten sich nach Brigittes Ableben nun auch um den Sinn des Lebens und die ständige Präsenz des Todes. Für Hajo war es ganz wichtig, dass man das Leben bis zum allerletzten Moment sinnvoll gestaltet, angesichts schwerer Schicksalsschläge oder einem wissentlich nahen Ende nicht verbittert und vor allem die Hoffnung nie aufgibt.

Hajo schrieb während der Monate vor seinem Tod täglich an diesem Werk. Er hatte große Freude daran und suchte und fand eine Menge Bilder für das Buch, von denen zwei mit einer besonderen Erinnerung verbunden sind: Das Engelbild auf Seite 319 entdeckten wir in einer Ausstellung in München und führten lange Gespräche darüber. Dieses »Liebe führt den Pilger« vermittelt auch etwas von Hajos Lebensoptimismus. Zum letzten Weihnachtsfest schenkte er mir das Bild, das für mich nun unerwartet auch Trost bedeutet. Die zweite wichtige Abbildung ist die Collage auf Seite 314 – Hajo war absolut begeistert davon. Der Erzengel Michael als Seelenführer hatte ihn immer tief beeindruckt. Wochenlang zerbrachen wir uns den Kopf nach einem passenden Titel und als sein Verleger Johannes Fiebig *Zwischen Himmel und Erde* fand, war Hajo sehr angetan.

Überschattet wurde diese ganze Zeit von einer bevorstehenden Operation. Anfang Dezember 2008 wurde bei Hajo eine angeborene Gefäßfehlbildung im Kopf festgestellt, die ein stark erhöhtes Schlaganfallrisiko durch ein Aneurysma bedeutete. Hajo entschloss sich zu einem chirurgischen Eingriff, denn er hatte noch viel vor: Er wollte wieder Vorträge halten, Seminare leiten, er hatte Pläne für zwei weitere Bücher – und er wollte reisen. Hajo war immer neugierig auf das Leben und ungeheuer wissensdurstig.

Am Tag, als er ins Krankenhaus ging, am 9. Februar, schickte er mir morgens das Manuskript zum vorliegenden Buch. Wir gingen es noch einmal durch und als ich sagte: »Hajo, das ist Dein Lebenswerk, es ist wunderbar geworden«, freute er sich sehr.

Am 11. 2. sollte ich ihn besuchen, er hatte die OP gut überstanden und war bester Dinge. Ausgestattet mit Blumen und einer Menge Arbeitsmaterial kam ich freudig um 15.00 Uhr auf die Station – und erfuhr, dass Hajo soeben an einer Lungenembolie gestorben war. Fassungslos und tief geschockt nahm ich Abschied von Hajo. Ich dankte ihm, dass er mich zu Astrologie und Tarot geführt und ausgebildet hat, und dass er mein Leben durch seine tiefe Menschlichkeit ungemein bereichert hat. Hajo besaß eine Mischung aus Begeisterungsfähigkeit, Überzeugungskraft, aber auch Hingabe und Demut, und er respektierte jeden Menschen wie er war, mit all seinen Stärken und Schwächen. Neben Hajo konnte jeder sich angenommen fühlen. Ich dankte ihm für sein Vertrauen und für das Stück gemeinsamen Lebensweges in Freundschaft.

Antje Betken, ihrem Mann Hermann, Margit Krysta, Johannes Fiebig und mir fiel die Aufgabe zu, das Buch nun ohne Hajo auf den zu Weg bringen. Das war nicht immer leicht. Zu vielen Bildern fehlten uns Informationen, die Hajo uns noch geben wollte, und Rückfragen waren auch nicht mehr möglich. In dieser gemeinsamen Arbeit, in der uns Hajos Bruder, Dieter Banzhaf, sehr unterstützt hat, erlebten wir viele traurige und schöne Momente gleichzeitig. Traurig, weil Hajo uns so fehlt, und schön, weil wir so beeindruckt sind von seinem immensen Wissen und seinem Engagement aus vollem Herzen, mit dem er dieses Lebenswerk zusammengestellt und vollendet hat.

Ich wünsche Ihnen, liebe Leserinnen und Leser, dass dieses Buch Sie mitnimmt auf eine spannende Reise *Zwischen Himmel und Erde* und dass Sie in möglichen Einsichten und Erkenntnissen, die Sie dort gewinnen werden, Hajo Banzhaf begegnen, und er dadurch weiterlebt und weiterwirkt.

Sabine Lechleuthner